牟宗三先生全集㉑

現象與物自身

牟宗三　著

《現象與物自身》全集本編校說明

金貞姬

　　《現象與物自身》一書之撰寫開始於1972年。是年秋，牟先生在香港中文大學講授「知識論」課程。為授課之需要，他以一面口述，一面手寫的方式，花了八個月的時間，於1973年夏完成本書之初稿。1975年8月，本書由台灣學生書局出版。本書序文並於同月刊載在台北《鵝湖月刊》第2卷第5期。

　　牟先生於1971年出版的《智的直覺與中國哲學》一書是本書之前奏，1985年出版的《圓善論》則是本書系統之完成。本書中諸多重要觀念之進一步討論，則散見於牟先生在1982年冬於台灣大學哲學研究所講授的課程中，其內容已由林清臣整理成《中西哲學之會通十四講》一書，於1990年出版。

序

　　本書是吾所學知者之綜消化，消化至此始得一比較妥貼之綜述。綜述之起因由於一時忽而想到，初無預定之計畫。1972年秋為諸生講知識論一課，頗覺為難，將如何講授呢？乃想將吾平素所思者作一系統的陳述，此或許可給諸生一大體之端緒。如是，乃一面口述，一面筆寫，時閱八月而書成。實則四十餘年來未曾一日廢學輟思，固非短暫之時間即可得此也。

　　本書內容以康德的現象與物之在其自己之分為中心，而以中國的傳統哲學為說明此問題之標準。康德哲學之難不在其系統內部各種各別的主張之不易被人信服，而在其通識與洞見之難於被把握。這一方面由於這通識與洞見是虛的，一方面亦由於康德本人對之不甚通透，或至少亦缺乏一能使之通透之傳統。如果我們真能真切地把握住他心中所閃爍的通識與洞見，則他的系統內部的各種主張亦甚為顯然，小出入雖或不可免，然大端是不可爭辯地妥當的。但說到真切地把握住他心中所閃爍的通識與洞見，這真是談何容易！因為他心中所閃爍的通識與洞見不只是他個人主觀的、一時的靈感，而乃是代表著一個客觀的、最高的而且是最根源的問題。如果那只是他個人主觀的、一時的靈感，有誰能猜測它呢？如果它是一個客

觀的問題，縱使是最高的而又是最根源的，亦須有義理以通之；縱使是發自於他個人的見地，我們亦須把它當作一個客觀問題，依學問底途徑以深切著明之。但是康德表示他的洞見卻只是輕描淡寫地輕輕一點，說我們所知的只是現象，而不是物之在其自己；說物之在其自己可爲智的直覺之對象，但智的直覺只屬於上帝所有；又說上帝只創造物之在其自己，不創造現象。這樣的點示，當然有一種洞見在內，但人們不能由之而知物之在其自己底確義究如何，智的直覺底確義究如何。光只是這幾個字眼有什麼用呢？有幾人能眞切於這幾個字眼底眞實意義？這最高而又最根源的洞見，如果不能有義理以通之，依學問底途徑以深切著明之，則現象與物之在其自己底分別永遠不能穩定，而康德的系統內部的各種主張亦永遠在爭辯中而不易使人信服。

這除根據中國的傳統，是很不容易看出這洞見底重大，亦很不容易看出康德的輕描淡寫之不足夠。但是，說到中國的傳統，這亦同樣不是容易把握的；見到中國的傳統與康德的洞見可以相會合，這亦同樣非易事。

我寫《認識心之批判》時，亦如一般人一樣，並未能參透康德的洞見之重大意義；只習聞幾個字眼，把它們擺在那裡，並未能正視而眞切於它們的眞實意義。我當時只從感性知性說起，順這既成的事實說出去；我只見到知性底邏輯性格，由此邏輯性格，我一方保住了康德學底大體精神，一方融攝了時下邏輯分析派的邏輯理論與數學理論，但我並未見到亦不能證成康德所說的知性之存有論的性格，因此，我以爲只此邏輯性格即足夠，並以爲此一系統足以代替康德的那一套。在此邏輯性格之系統下，我們只能講超越的運

用，而不能講超越的決定，因此，實在論的意味當然很重。但我此後，近十年來，重讀康德，我把他的《純粹理性批判》與《實踐理性批判》俱已譯成中文。在此譯述過程中，我正視了康德的洞見之重大意義，並亦見到知性之存有論的性格之不可廢，並相信我能予以充分的證成，此則康德本人所不能作到者，至少其表達法不能使人倍服。此中重要的關鍵即在智的直覺之有無。依康德智的直覺只屬於上帝，吾人不能有之。我以爲這影響太大。我反觀中國的哲學，若以康德的詞語衡之，我乃見出無論儒、釋或道，似乎都已肯定了吾人可有智的直覺，否則成聖成佛，乃至成眞人，俱不可能。因此，智的直覺不能單劃給上帝；人雖有限而可無限。有限是有限，無限是無限，這是西方人的傳統。在此傳統下，人不可能有智的直覺。但中國的傳統不如此。因此，我寫成《智的直覺與中國哲學》一書。在此書中，我重述康德，引出康德書中所說的智的直覺之意義與作用，並述儒、釋、道三家，以明其義理非通過智的直覺之肯定不能說明。如若眞地人類不能有智的直覺，則全部中國哲學必完全倒塌，以往幾千年的心血必完全白費，只是妄想。這所關甚大，我們必須正視這個問題。在西方傳統下，尤其這傳統演變至今日，是無人肯理會這個問題的。即就康德而言，你既把智的直覺只歸給上帝，則人可以完全不理，或只輕描淡寫地帶過去就算了。但當康德說到感觸的直覺時，他便處處與智的直覺相對照。其所以重視此對照，一在明本體界者如自由、不朽、以及上帝不可知，一在明現象與物之在其自己之分爲「超越的區分」，而物之在其自己亦不可知。但是，如果智的直覺只屬於上帝，則現象與物之在其自己之「超越的區分」亦不能被穩定，即不能充分被證成。說吾人的感

觸直覺以及辨解的知性不能及於自由、不朽與上帝，這是顯明的；
但若說它們不能及於物之在其自己（例如說桌子之在其自己），這
便不如此之顯明。物之在其自己之確義是很難規定的。徒說它是
「限制概念」，這並不足以使人明徹地了解其眞實的意義。意義不
確，或太貧乏，則「超越的區分」即難穩定。縱使其義已確（因設
想智的直覺而予以確定的意義），然而由於智的直覺只屬上帝，則
此超越的區分仍不能充分被證成，擋不住人們之只以陸克的區分與
來布尼茲的區分爲滿足，而以你所說的超越區分中的物之在其自己
爲無用，因此，你的知性之存有論的性格所決定的對象爲現象，這
現象義亦不能充分被證成，即充分被穩定得住。但是現象與物之在
其自己之超越的區分是康德哲學底全部系統底重大關鍵，幾乎其書
中每一頁俱見到。這就是其最高而又最根源的洞見。以如此重大之
洞見，而若不能充分證成之，這是很可憾的事。其關鍵唯在「人類
不能有智的直覺」一主斷。這是西方傳統限之使然。由此限制，遂
使其洞見成爲閃爍不定的，若隱若顯的。要想超越的區分能充分被
證成，充分被穩定得住，吾人必須依中國的傳統肯定「人雖有限而
可無限」以及「人可有智的直覺」這兩義。我們由中國哲學傳統與
康德哲學之相會合激出一個浪花來，見到中國哲學傳統之意義與價
值以及其時代之使命與新生，並見到康德哲學之不足。系統而完整
通透的陳述就是現在這部書：《現象與物之在其自己》。至於《智
的直覺與中國哲學》一書則是它的前奏。步步學思，步步糾正，步
步比對，步步參透，必透至此，而後始覺得灑然。

　　我現在這部書不是從下面說上去，乃是從上面說下來。因爲如
果對於我們的感性知性之認知機能，我們不能在主體方面引出一個

對照，由此對照，來把這些認知機能予以價值上的決定，即把它們
一封封住，單憑與上帝相對照，則我們不能顯明豁然地知這些認知
機能只能知現象，而不能知物之在其自己，而現象與物之在其自己
底殊特義亦不能穩定得住，因此，它們兩者之間的超越區分亦不能
充分被證成。說我們的感性知性不能及於上帝、不朽與自由，這是
顯明的，但說它們不能及於物之在其自己則並不如此之顯明。從我
們的感性知性說上去或說出去，我們的感性知性是敞開的，是一個
既成的事實，並未予以價值上的決定與封限；而到需要說它們所知
的只是現象，而不是物之在其自己時，便憑空引出了這超越的區分
而予以重大的封限；但這超越的區分是一個重大的預設，事前並未
有交代，亦未予以充分的釐清；單憑與上帝相對照，這區分本身就
脆弱不穩，物之在其自己這一概念本身就很糊塗（隱晦），因此，
現象這一概念底殊特義亦不能被穩定。如是，因著這樣不穩的超越
區分而來的對於我們的感性知性之封限亦封不住，人們可以不理，
或只隨著康德那麼說，很少能真切正視其確義，而且不正視還好，
愈正視愈糊塗，亦無法正視其確義，因為這超越區分本身就糊塗
故。如是人們只在這敞開的、事實的感性知性之範圍內膠著糾纏。
在這裡愈糾纏愈支離。如是，觸途成滯，漫無定準。這樣漫蕩下
去，則超越的區分這個洞見就愈隱晦，而康德所開的本體界就因而
愈冥闇。最近有一個英國人講《純理批判》底分解部，其序文中有
云康德書中幾乎每一頁都有錯誤。我不知他如何發見這麼多的錯
誤。依我現在的論點觀之，若順敞開的、事實的感性知性之範圍內
膠著支離下去，本可有見仁見智的種種不同的說法，因為超越的區
分這一大括弧未能充分括得住故。如果這一括弧括得住，使人心思

豁然開朗，則並無那麼多的錯誤，不但無多錯誤，而且可說無一錯
誤，都是必然的，當然技術上的，辭語上的小疵病、小出入，自不
能免。錯誤者是由於人們根本未得其宗本故。人們之不能得其宗
本，講康德者負一部分責任，因為未能正視其洞見故；康德本人亦
負一部分責任，因為他未能把他的洞見予以充分說明與證成故。而
他之所以不能充分說明與證成其洞見是由於他為他的傳統所限故。
他有此洞見已是很卓越的了。可是他一閃爍出此洞見。便理應能充
分說明之與證成之。洞見之發是他個人的靈光之閃爍；但一旦發
出，此洞見是一個客觀問題，亦可以說是聖哲生命之所共契。

　　我今從上面說起，意即先由吾人的道德意識顯露一自由的無限
心，由此說智的直覺。自由的無限心既是道德的實體，由此開道德
界，又是形而上的實體，由此開存在界。存在界的存在即是「物之
在其自己」之存在，因為自由的無限心無執無著故。「物之在其自
己」之概念是一個有價值意味的概念，不是一個事實之概念；它亦
就是物之本來面目，物之實相。我們由自由的無限心之開存在界成
立一本體界的存有論，亦曰無執的存有論。我們對於自由無限心底
意義與作用有一清楚而明確的表象，則對於「物之在其自己」之真
實意義亦可有清楚而明確的表象，物之在其自己是一朗現，不是一
隱晦的彼岸。

　　我們這一部工作是依儒家孟子學底傳統之了義來融攝康德的道
德哲學，因為康德對於道德一概念之分析不盡不穩故，我們須「依
了義，不依不了義」故。

　　自由無限心既朗現，我們進而即由自由無限心開「知性」。這
一步開顯名曰知性之辯證的開顯。知性，認知主體，是由自由無限

心之自我坎陷而成，它本身本質上就是一種「執」。它執持它自己
而靜處一邊，成爲認知主體，它同時亦把「物之在其自己」之物推
出去而視爲它的對象，因而亦成爲現象。現象根本是由知性之執而
執成的，就物之在其自己而縐起或挑起的。知性之執，我們隨佛家
名之曰識心之執。識心是通名，知性是識心之一形態。知性、想像
以及感性所發的感觸直覺，此三者俱是識心之形態。識心之執是一
執執到底的：從其知性形態之執執起，直執至感性而後止。我們由
此成立一「現象界的存有論」，亦曰「執的存有論」。現象之所以
爲現象在此得一確定的規定。現象與物之在其自己之殊特義俱已確
定而不搖動，則它們兩者間的超越區分亦充分被證成而不搖動。物
之在其自己永不能爲識心之執之對象，識心之執永不能及之，此其
所以爲「超絕的」。

　　我們這一部工作是以佛家「執」之觀念來融攝康德所說的現象
界，並以康德的《純理批判》之分解部來充實這個「執」，因爲佛
家言識心之執是泛心理主義的，重在說煩惱，認知主體不凸顯故。

　　說到康德的分解部，我們對於知性之執作超越的分解，此有兩
重：一是邏輯概念之超越的分解，此見知性之邏輯性格；一是存有
論的概念之超越的分解，此見知性之存有論的性格（存有論是現象
界的存有論）。前者是吾前作《認識心之批判》所具備者，今則綜
述於此。後者是康德的《純理批判》之分解部所具備者，今則簡介
於此。依知性底邏輯概念之超越的分解，我們只能說超越的運用，
而不能說超越的決定，因此，實在論的意味重，但此實在論，吾名
之曰「暫時的實在論」。吾以此暫時的實在論來融攝時下不滿於康
德的主體主義的各種實在論。「暫時」云者以只從邏輯概念方面說

始如此。如果知性之執同時起現邏輯概念，同時亦起現存有論的概念，則此「暫時的實在論」最後終歸於康德所主張的「經驗的實在論」。那就是說，時下那些不滿康德的主體主義的各種實在論實皆不能逃脫康德的「經驗的實在論」之範圍。而如果我們眞了解識心之執是一執執到底的，則先驗主義與經驗主義亦無嚴格的對立：各種實在論固可說，因爲康德本亦主「經驗的實在論」。彼等以爲可以反康德者實皆由於不自覺仍是在識心之執之範圍內。故最後，康德義乃爲必然的也。然必須有兩種超越的分解始能有此開闢。有此開闢，現象與物之在其自己之超越的區分始必然而不可搖動，而知性爲自然立法亦必然而不可搖動。

對自由無限心而言，我們有「無執的存有論」。對識心之執而言，我們有「執的存有論」。此後者以康德爲主。前者以中國的哲學傳統爲主。我們於「無執的存有論」，於佛家方面說的獨多，因爲可資以爲談助者多故，執與無執底對照特顯故，而存有論之意義亦殊特故；然而仍歸宗於儒者，這是因爲由道德意識顯露自由無限心乃必經之路故，獨眞切而顯豁故。儒、釋、道三家同顯無限心，無限心不能有衝突。因此，如來藏心、良知明覺以及道家的道心不能有相礙處；而敎之入路不同所顯的種種差別亦可相融和而無窒礙。此是此時代所應有之判敎與融通。

關於這一部工作，我只是「依法不依人，依義不依語」，來作「稱理而談」的融攝。這須要對於中國的哲學傳統有確定的了解。此需要長期無偏執的學思工夫。關此，我的辛勞已見之於《才性與玄理》、《心體與性體》，以及《佛性與般若》。我這裡的綜述是以這三部書爲根據的。

　　說到對於中國哲學傳統底了解，儒家是主流，一因它是一個土生的骨幹，即從民族底本根而生的智慧方向，二因它自道德意識入，獨爲正大故；道家是由這本根的骨幹而引發出的旁枝；佛家是來自印度。這三個傳統都有其長期的講習與浸潤，因而亦產生了豐富的文獻。說到文獻，佛家最多，儒家次之，道家又次之。然而它們的中心觀念總是在人們的講習中永永活著，不在文獻之多不多也。既有如此多之文獻，我們雖不必能盡讀之，然亦必須通過基本文獻之了解而了解其義理之骨幹與智慧之方向。在了解文獻時，一忌浮泛，二忌斷章取義，三忌孤詞比附。須剋就文句往復體會，可通者通之，不可通者存疑。如是，其大端義理自現。一旦義理浮現出來，須了解此義理是何層面之義理，是何範圍之義理，即是說，須了解義理之「分齊」。分者分際，義各有當。齊者會通，理歸至極。此而明確，則歸於自己之理性自在得之，儼若出自於自己之口。其初也，依語以明義。其終也，「依義不依語」。「不依語」者爲防滯於名言而不通也。凡滯於名言者，其所得者皆是康德所謂「歷史的知識」，非「理性的知識」。初學者以及從未超出其學派的人皆是如此。然必須工夫到，始可語於「依義不依語」。淺嘗輒止，隨意妄說者，則不得以此語自解也。因爲凡是一大教皆是一客觀的理性之系統，皆是聖哲智慧之結晶。我們通過其文獻而了解之，即是通過其名言而期望把我們的生命亦提升至理性之境。如果自己的生命根本未動轉，於那客觀的義理根本未觸及，爲得動輒說「依義不依語」耶？汝所依者豈眞是義乎？此時還是多下點初學工夫爲佳。初學工夫亦須要切、要實、要明確，逐步通其旨歸，向理性方面消融。凡是滯於名言而妄立同異者，或是在名言上玩點小聰

明以朝三暮四者，或是混漫義理分際而顢頇會通者，亦是文字工夫
不切實故也。文字工夫到家，歷史的亦即是理性的。（此所謂文字
工夫是指理會義理語言底語法、語意而言，不就文字學如《說文》
底立場而言）。

　　《才性與玄理》是以疏通魏晉時代的玄理與玄智爲主，以王弼
注《老》、向秀、郭象注《莊》爲代表，而老莊之本義亦見於此。
「玄理」是客觀地言之之名，以有無「兩者同出而異名，同謂之
玄，玄又之玄，衆妙之門」爲根據。「玄智」是主觀地言之之名，
以「致虛極，守靜篤」，歸根復命之玄覽觀復爲本。玄理是在玄智
中呈現。玄智者虛一而靜，無爲無執，灑脫自在之自由無限心所發
之明照也（知常曰明）。此所謂「自由無限心」之自由不是由道德
意識所顯露者，乃是由道家的超脫意識，致虛守靜之工夫所顯露
者，然其爲「自由」則一也。凡是無爲無執，灑脫自在，無知而無
不知者，都是自由無限心之妙用，因而亦就是玄智之明。王弼之注
《老》、向、郭之注《莊》，對於此玄智玄理之奧義妙義多所發
明，而亦畢竟是相應者。魏晉名士固多可譏議處，然其言玄理，表
玄智，並不謬也。輕浮者視之爲輕浮，眞切者視之爲眞切。勿得動
輒以陋心、慢心、掉舉心而輕忽之。吾人於此須以「依法不依人」
之態度平視之。亦勿得動輒以魏晉自魏晉，老莊自老莊，而視若有
何懸隔者。相應者畢竟是相應者；不相應者，縱同異萬端，亦不相
應。自其異者而觀之，則肝膽楚越也。豈但魏晉玄理不同於老莊？
即老莊之間亦不同也。粘牙嚼舌，虛妄分別，徒增無謂之糾纏。若
知玄智、玄理之端緒，則知王郭等之所闡發者畢竟是相應者。須知
凡是「內容的眞理」（intensional truth，此與邏輯、數學、科學範

圍內之外延的眞理 extensional truth 不同，此言內容與邏輯概念之內容外延之內容亦不同，此只是類比的借用，如言內容的邏輯與外延的邏輯是），都是極富有彈性的。只要知其端緒，則輾轉引申，花爛映發，皆是「未始出吾宗」（《莊子‧應帝王》篇）也。若在此分同異，皆無意趣。（如佛家「緣起性空」一義，輾轉引申，可有種種說。若在此分宗派，立同異，徒增繳繞）。要者在能知此種玄智、玄理是何形態耳。

《心體與性體》則是疏通宋明六百年儒家內聖之學之傳統。此一傳統以九人爲骨幹，周濂溪、張橫渠、程明道、程伊川、胡五峰、朱晦菴、陸象山、王陽明、劉蕺山，其選也。此九人者輾轉觸發，就其畸輕畸重，雖分三系，然實是一道德意識下以心體與性體爲主題所成之內聖之學（或成德之敎）之一個大系統也。此一大系統之經典規範不外先秦儒家《論語》、《孟子》、《中庸》、《易傳》、《大學》，五部書。是故彼九人所遺留之文獻，若能對之有一精確之學知工夫，則其所依據之五部經典之本義亦可通過對刊而得明也。其主題爲心體與性體。心體以《論語》之仁、《孟子》之本心爲依據。性體或依《孟子》之本心即性而言，或依《中庸》、《易傳》之由道體說性體而最後亦與心體爲一而言。性體與心體不一者（此函心與理不一），如伊川、朱子之思路，則是滯於名言之分解，未能往復消融提升，因而心思未能豁朗故。畸輕畸重，影響特大者在此，其他輕重無甚影響也。我們在此只能將伊川、朱子所說之理，使之即於本心而與本心爲一（此一不是合一，乃是自一），不能停滯於其所理會之心，或混漫其所理會之心之分際，而求會通也。我們如眞遵守先秦儒家之道德意識而不逾越，則本心即

性即理這一道德心之創發性（即自由自律性）必不可忽。同時，我們亦不能特貶《中庸》與《易傳》而視之與《論》、《孟》為對立。蓋因本心即性即理之本心即是一自由無限心，它既是主觀的，亦是客觀的，復是絕對的。主觀的，自其知是知非言；客觀的，自其為理言；絕對的，自其「體物而不可遺」，因而為之體言。由其主觀性與客觀性開道德界，由其絕對性開存在界。既有其絕對性，則絕對地客觀地自道體說性體亦無過，蓋此即已預設本心之絕對性而與本心為一也。然既是絕對地客觀地由道體說性體，其所預設者不顯，故如此所說之性體與道體初只是有形式的意義，此只能大之、尊之、奧之、密之，而不能知其具體而真實的意義究如何。此所以橫渠、五峰、戴山，必言以心成性或著性，而仍歸於《論》、《孟》也，亦即是將其所預設者再回頭以彰顯之也，故道體、性體、心體，並不對立也。惟先說道體、性體者，是重在先說存在界，而道體性體非空懸者，故須有一步迴環，由心體之道德意義與絕對意義（存有論的意義）以著成之也。陸王一系由本心即性即理這一心體之道德意義與絕對意義兩界一時同彰，故無須這一步迴環也。無論有此迴環或無此迴環，內聖之學、成德之教中之心體、性體、道體，必皆涵蓋天地萬物而為言，三者是一（雖言之之分際有異）歷來無異辭，而道德界與存在界之必通而為一亦歷來無異辭。滯於道德界而不准通存在界，未得陸王之實；視先說道體、性體以成存在界者為歧出，以為是空懸獨斷之道體、性體，亦未得儒者成德之教之實。圓教無外，焉有割截而不通者耶？深厭形上學者不但於西學之名言未能通曉，即於中國古賢之名言亦未能通曉也。此不過為時代陋風所威脅而不敢正視深遠之義理而已。

　　《佛性與般若》則是疏通南北朝隋唐一期之佛學。佛教來自印
度，經過長期的吸收與消化，完全傳到中國來，成為中國文化發展
中一重要因素。正式吸收自鳩摩羅什來華傳空宗底經論開始，繼之
以唯識宗底經論，再繼之以後期的真常經（有經無論）而開為中國
的真常心宗。這一期底佛學傳統是以空理、空智為主題。空理是根
據「緣起性空」而說，空智則是根據般若智之不捨不著而說。空宗
對於一切法無根源的說明，故自這一義而言，空宗實非一系統。至
唯識宗始有一根源的說明。此有兩系：一是玄奘所傳的唯識學，此
曰阿賴耶緣起，就中國的吸收而言，此曰後期的唯識學；另一系是
真諦所傳的唯識學（所謂攝論宗），此曰如來藏緣起，就中國的吸
收而言，則是前期的唯識學。前期唯識學經過《地論》師（分相州
南道與相州北道之兩系）、《攝論》師（真諦的攝論宗），而集結
於《大乘起信論》：以如來藏自性清淨心與阿賴耶和合而起現一切
法。華嚴宗即是根據前期唯識學而開出者，此是典型的真常心宗。
禪宗自《楞伽》傳心而言，亦是屬於真常心宗。至六祖惠能特重
《般若經》，而言自性般若，則是般若智與真常心合一也。不重教
相之分疏，特重禪定之修行，故特成禪宗。但還有一天臺宗，此則
較特別。此並不屬於真常心系，以彼並不以如來藏緣起說明一切法
也，亦並不唯真心也。真心不是分解地被預設以為本，而是詭譎地
在圓頓止觀中被顯示。此宗乃承空宗而來，比空宗進一步，對於一
切法之根源以及其存在之必然亦有一說明，故亦為一系統。他是以
「一念三千」說明一切法。一念心是剎那心、煩惱心，亦曰「無明
法性心」。無明無住，悟則無明即法性，則是轉念為智，即是智具
三千。法性無住，迷則法性即無明，則是智隱識現，即是念具三

千。故亦曰「從無住本立一切法」。天臺宗之此種特殊風格而與諸
宗異者，唯在講圓教上之圓不圓問題。依天臺宗，必如此方是眞
圓，華嚴宗之圓教是別教一乘圓教，尙不是眞圓也。禪宗可以講
頓，而教相不明。頓可以函作用上的圓，並不函法之存有論上的
圓。此若依天臺宗之術語說，此是化儀上的圓，並非化法上的圓
（頓是化儀，非化法）。禪宗雖自說是上上宗乘，然此只顯強度上
泯絕無寄之窮極，不顯廣度上的法之圓具。天臺宗講圓教已，於圓
頓止觀上，即可函攝化儀上之圓頓也。

吾在《佛性與般若》中，將此長期吸收消化之發展予以脈絡分
明之說明，並將各宗義理系統之特殊性格予以昭顯；而於天臺宗解
說獨多者，以其於佛家式的「無執的存有論」獨能彰顯故也。本書
之簡述亦以天臺宗爲準。

道家以玄理、玄智爲主。儒家講心體、性體、道體，吾人可方
便轉名，說其以性理、性智爲主。佛家以空理、空智爲主。無論玄
智、性智或空智，都是自由無限心之作用。玄理是虛說，是指有、
無之玄同而言。王弼注云：「玄者冥也，默然無有也」。在有、無
之玄同中，亦無「無」亦無「有」，有無一體而化。分解地言之，
無是心之虛靜，擴大而爲萬物之本；有是和光同塵，讓萬物自來而
不爲不執。故玄智就是有、無玄同之道心之明照。在此明照中，物
是自在物也。空理是就法無自性說；空智是實相般若。無論套於何
系統皆然。在實相般若之朗照中，法之實相顯。實相一相，所謂無
相，即是如相。此即是無自性的法之在其自己。性理是就能起道德
創造（即德行之純亦不已）之超越的根據言，此即是性體，擴大而
爲「於穆不已」之道體，成爲存有論的實有性，即是萬物之體性，

萬物底存在之超越的所以然。凡此，皆是客觀地言之也。而性理不離道德的本心，乃即於道德的本心而見。此本心之自由自律、自定方向、自立法則，就是理，亦可以說就是性之所以爲性，性理之所以爲理。此本心，依陽明，即曰「知體明覺」。知體明覺知是知非（自定方向自立法則）即是「性智」，性體所發之智也，即作爲性體的知體明覺所發之智也（雖言所發，此智即知體明覺自己也）。在此性智面前，物，無論行爲物（事），或存在物，皆是在其自己之物，《中庸》所謂成己成物也。

我們只有在長期的浸潤與滲透中，把這玄智、性智與空智弄明確，始能見出康德的不足；而亦只有通過康德的詞語，我們始豁然知玄智、性智與空智所照明而創生地實現之者（儒）、或非創生地實現之者（道）、或只具現之者（佛），乃物之在其自己。如果於此處說體用，則用不即是現象也（三家系統性格不同，故體用義亦不同）。對無限心（智心）而言，爲物自身；對認知心（識心、有限心）而言，爲現象。由前者，成無執的（本體界的）存有論，由後者，成執的（現象界的）存有論。此兩層存有論是在成聖、成佛、成眞人底實踐中帶出來的。就宗極言，是成聖、成佛、成眞人：人雖有限而可無限。就哲學言，是兩層存有論，亦曰實踐的形上學。此是哲學之基型（或原型）。於無執的存有論處，說經用（體用之用是經用）。於執的存有論處，說權用，此是有而能無、無而能有的。

康德哲學與中國的哲學傳統相會合，理應有此消融。中間的相激揚（激濁揚清）、相契入，乃是兩流相會自然激出的浪花。浪花平息，則消融而暢通。如果我們滯於名言，則爾爲爾，我爲我，兩

者可不相干，如是，便不能會合，自然亦不能激出浪花。康德自言
其所言之感性與知性，我們很難說它們是識心之執；順西方傳統，
亦無人想到可於它們加一「執」字。我們不能說康德的分解部是唯
識論。若直以唯識論那套名言去比附康德的分解部，那必無意義。
但若知從泛心理主義的唯識論中理應可有一認知主體，則認知主
體，無論如何理性，如何邏輯，它究竟不是由無限心所發的智的直
覺，如是，說它是識心之執乃是必然的，因認知心仍是識心也，只
不過不取心理學的意義而已。我們習於範疇、法則、邏輯、數學、
理性，這些莊嚴名詞日久，以爲凡此皆與識心之執根本無關。實則
一與智的直覺相對照，顯然可見出它們皆是認知主體之所發，仍是
屬於識心之執之範圍。如果智的直覺只屬於上帝，則說它們屬於識
心之執，這尙不足以引起人之注意，或根本不能爲人所想到。若在
我們人身上能開出自由無限心，由此無限心即可開出智的直覺，則
一經對照，頓時即可充分而顯豁地顯出那些莊嚴的東西實只屬於識
心之執。如是，則憑那些莊嚴的東西所知者只是現象而不是物之在
其自己，這亦成不刊之論。若以爲只憑那些東西便可達到最高的眞
理，以爲我們的知識或理性之境只盡於此，則是依識不依智，而非
所謂「依智而不依識」。康德已知單憑這些東西不能知本體界的自
由、不朽、上帝、以及物之在其自己，此是其功也。但他把智的直
覺推給上帝，則此本體界便成冥闇，人可掉頭不肯顧。此是其不足
處。如是，則「依智不依識」，便成不可能，其由實踐理性所開顯
者亦成掛空而無實，或至少不能充分挺得住，而演變至今日，全成
爲依識不依智，亦不足怪矣。

　　又，如果我們從表面的詞語看，我們亦不能說康德所說的自由

意志就是良知，就是虛一而靜的道心，就是如來藏自性清淨心。但如果我們知道這些都是屬於本體界的，它們便理應同被表示爲是一自由的無限心。此心雖有種種義、種種說，然而其實乃是相滲透而爲一，無限心不能有二故，不能有礙故。康德於「自由」未說爲無限心，又不承認吾人可有智的直覺，但這只是他的分析之不盡，非自由意志本身理應如此也。我們如果能確知其層面與範圍屬於本體界，則以儒家的自由無限心消融之，不爲不合法。

又，如果我們只看表面的字眼，誰能想到於佛家的「緣起性空」處可以說「物之在其自己」？誰能想到誠體成己成物所成之事事物物是事事物物之在其自己？誰能想到知體明覺之感應中之物與事是物與事之在其自己？不特此也，縱使莊子之逍遙無待之自在亦不容易被想到即是康德所說之「物之在其自己」。然而如果知康德所說的「物之在其自己」是對上帝而言，對其所獨有的智的直覺之創造性而言，則在自由無限心前爲「物之在其自己」乃必然而不可移者。如是，在實相般若前可以開出一個無自性的「物之在其自己」，亦是必然的；在明覺感應中之物爲「物之在其自己」，這亦是必然的；至於逍遙無待中之自在，乃至玄同中之有，歸根復命中之物，其爲「物之在其自己」，更不必言矣。中國傳統中的三家以前雖無此詞，然而通過康德的洞見與詞語，可依理而檢出此義。此既檢出，則對見聞之知（儒家）、成心（道家）、識心之執（佛家）而言，萬物爲現象，此亦可順理而立也。此之謂「依義不依語」，「依法不依人」（亦函依理不依宗派）。時下風氣，多斤斤於字面之異，此乃是執文而不通義也。顢頇混同，妄肆比附，固增混亂；滯於文而不通義，不能如康德所云依理性之原則而思考，到

家亦不過只是歷史的知識，永不能得到理性的知識，此已難與之語學矣，而何況即於詞義尚不通者乎？

吾茲所言並非往時三敎合一之說，乃是異而知其通，睽而知其類，立一共同之模型，而見其不相爲礙耳。此是此時代所應有之消融與判敎。一得之愚願與賢者相參證，亦望賢者勿率爾騁口辯也。

目　次

第一章　問題底提出

1.　康德的預設

　　康德的《純粹理性批判》，甚至其哲學底全部系統，隱含有兩個預設：

　　⑴現象與物自身之超越的區分。

　　⑵人是有限的存在（人之有限性）。

第一預設函蘊（implies）第二預設，第二預設包含（includes）第一預設。是則第二預設更爲根本。

　　但是，第二預設，即，人之有限性，爲什麼必然地包含著第一預設，康德並未有使人心思豁順的說明。他當然有說明，但只是隨文點到，未曾積極而確定地予以說明。因此，現象與物自身（物之在其自己）之超越的區分亦只是隨文點到，未曾事先予以清楚而明確的證成。他之隨文點到是通貫性的，從頭起幾乎每一頁都有關於這種區分的點示。以如此重大之義理，就一系統言，如此基本之前題，而卻事先不提出來予以釐清，這在表達方式上是有缺憾的，因此，讀者惑焉。他只在一系統內，就各種成素如感性、知性及理

性，隨文提出這種區分來，以穩固他的關於各種成素之主張。各成素底說明是積極的，清楚而確定的；但這並不能必然地而且顯明地函蘊著這種區分，使人心悅誠服地信服這種區分。可能有一種區分，但不必是他所意許有特殊意義的那種超越的區分。讀者亦只是依強記方式隨康德的辯說而亦那麼說，我看並無幾人能心思豁順地懂得它。疑問、誤解，甚至反對，層出不窮，而爲之辯護者亦層出不窮。但雙方俱不能恰當地得其理之必然，甚至根本不中肯。這不純是因爲人們的愚蠢而然，康德本人的表達方式自有缺陷。康德本人自有他的洞見，但他的表達方式不能顯明而充分地證成其洞見，他或許根本未精熟地透徹其洞見，他只把它若隱若顯地預設在那裡。

既是預設，就必須在就「成素」構成系統以前予以充分地說明以爲根據，而不能非建立地空頭地隨文辯說。康德或以爲就成素底展開，隨文辯說，即可必然地逼至這種區分，在成素底展開中，即可逐步把這預設顯明出來。此或爲可取之路，然縱使如此，康德亦並未作到。因此，終於是一個若隱若顯意義不很明白的預設。要想穩固其關於各種成素之主張，這預設是需要在系統外予以建立地充分證成的，或至少亦需要予以充分的說明以顯明其確義的，不能只說一個「物自身」（物之在其自己）就算了。因爲究竟什麼叫「物自身」，這是很難確定的。若不予以充分的說明（限制），人們可有許多不同的意會。因此，不管我們能知道它，或不能知道它，我們必須把它的意義定住。如果「物自身」底意義搖蕩不定，則現象之所以爲現象亦必隨之而搖蕩不定，如是，則「超越的區分」亦終不能被穩定。說我們所知的自然界中的對象物與上帝、不滅的靈魂

以及意志底自由有別，這是顯明的；但若說我們所知的這個自然界中的對象物只是這個對象物之現象，而不是這對象物之在其自己，進而復說這物之在其自己不能作為我們認知之對象，只現象始可作對象，這便不那麼顯明。這其中可能有一種分別，但不必是康德所說的意許有特殊意義的「超越區分」。若定須是這種「超越的區分」，則必須對之有充分的說明。問題底關鍵似乎是在：這「物自身」之概念是一個事實問題底概念呢，抑還是一個價值意味底概念？這點，康德並未點明，是以讀者惑焉。

2. 康德如何就成素論底展開隨文辯說現象與物自身之分別？

我們可先從感性說起。依康德，外物現於我們的感性主體上即為「現象」（appearance）。這個現象之「現」是認識論的，不是存有論的。這種現象底意義自希臘辯士說「人為萬物底尺度」，以及巴克萊說「存在即被覺知」，而已然。但是，辯士與巴克萊只說「現到我這裡是什麼它就是什麼」（辯士）；具體而現實的存在就是我所覺知的，依存於心的，不為我所知，必為汝所知，不為有限心所知，必為無限心所知，若完全不為任何心靈所覺知，那必不是一具體而現實的存在（巴克萊）。他們兩人並無康德所說的「物自身」一義。到康德始說，凡現到我這裡的，依存於我的覺知的，只是一現象，不是一物自身。他有個「物自身」底預設。物自身是永不能依其物自身底身分而現到我這裡；但它是一個支持點，必須預定之。是則從物自身到現到我這裡而為現象，這其間有一層曲折，

不過這曲折頗難規定。這個「物自身」不是巴克萊所說的「物質」
（matter）。巴克萊說「存在即被覺知」固然函著存在是主觀的，
如辯士之所說，但重要的是在表示凡存在是具體而現實的存在，認
知的心覺是一呈現原則，凡具體而現實的存在必須在與心覺發生關
係中，這個關係使其為一具體而現實的存在，即使其為一呈現。若
既是一存在而又不與任何心覺（有限的或無限的）發生關係，那必
不是一具體而現實的存在，只是一個抽象物。「物質」即是這樣一
個抽象的東西。物質是抽象物，可以去掉；但物自身並非一抽象
物，只是永不能現到我的感性主體上來而已。

我們如何能知現到我這裡的只是現象，而不是物自身？又，如
何能推定一個物自身擺在那裡而永不現，不現於我們的感性主體，
而且永不能為我們的知性主體所認知？

如果我們內在於我們的感性主體，我們不能知有這種區別，亦
不能推定一個物自身。我們須跳出感性主體，對於我們人類的感性
主體加以反省，始能知之。依康德，我們人類的感性主體去攝取外
物以為對象是在一定樣式下攝取之。一定樣式依兩義而被規定。一
是我們的感性主體之特殊的構造，如耳、目、鼻、舌、身之特殊構
造；另一是必須依時空之形式去攝取。依前者而有感覺，內感或外
感；依後者，則對於感覺所與而有直覺。最後終於只有直覺始可將
對象給與於我們，而我們的感性之一定樣式是以時空來標識。既有
一定樣式，即函著有不是此樣式者。凡有一定樣式者皆是有限存
在。其他有限存在底感性是什麼樣式，是否必用時空，我們不得而
知。但是我們知道無限存在沒有感性，當然亦說不到一定樣式。此
如上帝便是。依是，我們確知上帝的直覺是不用時空為其形式的，

因而亦不是「感觸的直覺」。

在此種外於感性的反省下，我們知道我們的感性主體有其特殊性與有限性。我們的感性主體既有一定樣式，則外物之現於此特定樣式下必不同於其現於另一樣式下，因此，我們知其是現象，而不是其為「物自身」之樣子。既有如此多之現樣，而現樣下之物必是現象，而不是物自身，故必須預設有一物自身。

現樣不同下的現象與物自身其分別只是主觀性與客觀性底分別嗎？既有不同的現樣，則現樣下的現象自有主觀性，亦如來布尼茲說有限心子始有觀點，無限心子沒有觀點。有觀點即函有主觀性。在一定樣式下現，則現象亦自有主觀性。但依康德，現象與物自身之分別不是這種主觀性與客觀性底分別。因為康德復進而說，在一定樣式下現的現象復可進而對之作一客觀的決定，使其成為客觀的；但雖是客觀的，它還仍只是現象，而不是物自身。在此，康德的主張是「經驗的實在論」，而不是「經驗的觀念論」，或「材質的觀念論」（material idealism），如巴克萊或笛卡兒之所主者。既是經驗的實在論，則就實在論說，現象即是客觀的。因此，康德並不誇大感性所給的現象之主觀性，亦不以此主觀性來規定現象。因此，物自身亦不是以客觀性來規定的。如果只是以主觀性說現象，則當其成為客觀的，它即是物自身。但康德不以其為客觀的，就說它是物自身。故現象與物自身必皆有其特殊的意義，而不是只以這主觀性與客觀性來規定。

我們如何決定現象底客觀性？

康德答曰：首先是在時空中，其次是在概念中。概念的決定是知性底作用。凡現象通過概念的決定（最根本的是範疇），它們即

有客觀性，有客觀的普遍性相。

　　但是，如果我們只內在於知性，我們亦只能知「多樣地現者」之主觀性與「概念地決定之」之客觀性這種分別，而大可即以這客觀性爲物自身。此如陸克所主張的第一性與第二性之分，第一性是客觀的，同時亦即是物自身。但康德以爲此是經驗的區分。例如虹是現象，雨是物自身。這在物理學底觀點上，無疑是眞的。但康德以爲雨並不是他所說的物自身，因爲它仍然是一經驗的對象，仍是一現象。因此，他所說的區分是超越的，不是經驗的。但若吾人只內在於知性，這種超越的區分是不能被見到的。我們必須外在於知性而對於我們人類的知性（連帶感性）加以反省，始能作到此種超越的區分。我們反省我們人類的知性是使用概念的，並不是直覺的，正如我們的感性是在一定樣式下並以時空爲其形式。其他有限存在，如有知性活動，是否亦使用概念，而且使用與我們人類知性相同的如此這般之概念，則不得而知。但我們確知一無限存在，例如上帝，其知性便不使用概念，而是直覺的。這樣，我們確知我們人類的知性也是在一定樣式下活動的，因此，它也有它的特殊性與有限性。我們即就它的特殊性與有限性而說其所決定的對象雖是客觀的，而卻仍是現象。那不在一定樣式下而且是「智的直覺地」爲上帝所知者則是物自身。如此，我們達到了康德所說的「超越的區分」。

　　由以上的分疏，我們知道在這種超越的區分中，所謂「物自身」，⑴不是巴克萊所欲去掉的那作爲抽象物的「物質」，⑵不是只以客觀性來規定。

　　或者人們可說，你所以範疇而決定成的客觀性仍是主觀的客觀

性。如果我們重視這主觀性（連同感性上的主觀性），我們可說：
我們無論如何總湊泊不到那純粹的客觀性，縱使能接近一點，也是
若隱若顯地接近之，那純粹的絕對的客觀性總不能完全顯露出來。
如此，我們即以此純粹而絕對的客觀性爲物自身。如是，物自身之
概念就是意指一物之「事實上的原樣」而言。我們所知的不是它的
原樣，乃總是歪曲了一點的。可是如果物自身是這個意思，則(1)它
是一個事實概念，(2)我們總可求接近之。如是，我們的知識之不能
達到它乃是一個程度問題，而不是一超越問題。但依康德，物自身
之概念似乎不是一個「事實上的原樣」之概念，因此，也不是一個
可以求接近之而總不能接近之的客觀事實，它乃是根本不可以我們
的感性與知性去接近的。因此，它是一個超絕的概念。我們的知識
之不能達到它乃是一個超越的問題，不是一個程度底問題。物自身
是對無限心底智的直覺而說的。如果我們人類無「無限心」，亦無
「智的直覺」，則物自身對我們人類而言就只是一個消極意義的預
設。可是，我們既可設想其是無限心底智的直覺之所對，則它不是
我們認知上所知的對象之「事實上的原樣」之概念甚顯。縱使譬況
地可以說原樣，如說「本來面目」，亦不是所知的對象之「事實上
的原樣」，而乃是一個高度的價值意味的原樣，如禪家之說「本來
面目」是。如果「物自身」之概念是一個價值意味的概念，而不是
一個事實概念，則現象與物自身之分是超越的，乃始能穩定得住，
而吾人之認知心（知性）之不能認知它乃始眞爲一超越問題，而不
是一程度問題。

　　「代表說」是想一個「事實的原樣」爲純客觀的外物自己。我
們不能以這觀念來想康德所說的物自身。

　　來布尼茲所說的混暗知覺與清明知覺之分別，這分別是一個程度問題，康德說它是邏輯的。我們不能以他所說的「清明知覺」之所知為物自身。康德說我們的知性無論知道得如何清明，也不能達到那物自身。來布尼茲說清明知覺表象上帝，其實其所知的只是形式而可純以數學符號表示之者。此則顯然不是康德所說的「物自身」。若說這就是外物底原樣或本質，則此原樣或本質仍是現象界的。

　　胡塞爾以為由純粹意識底智性以及此智性底邏輯性即可把握對象底純客觀性，而解除了康德的範疇之束縛，其實這仍是未脫離康德所說的現象界的。

　　唯用論者如席勒（Schiller）說「實在是在製造中」（reality in the making），並無固定的實在，亦無所謂物自身。但這種動手動腳所製造的實在，仍是現象界的實在，亦不足以否決或代替康德所說的物自身。

　　哲學家們！如果你們只就我們人類的辨解知性說話，而不就無限心說話，或於我們人類不能點明其轉出無限心及智的直覺之可能，你們休想反對康德，也休想說我們能認知「物自身」。

3.　超越的區分底證成之不充分性

　　我們由康德的隨文點示好像已朦朧地知道他所說的「物自身」不是一個認知上所認知的對象之「事實上的原樣」之事實概念，而是一個高度價值意味的概念。只有如此了解，我們始能了解他所說的現象與物自身之區分是超越的區分。但這只是了解其意義是如

此，尚不是這樣的物自身以及這樣的區分之充分的證成；而且康德的隨文點示亦實不能充分證成這樣的物自身以及這樣的區分，即並不能使人豁然心服。這可以從兩方面來檢查。(1)從物自身那方面說，(2)從我們人類的感性與知性這方面說。

　　從物自身那方面說，物自身好像是一個彼岸。就人類的知識言，這個彼岸只是一個限制概念，此即康德所說只取「物自身」一詞之消極的意義，即只說其不是感觸直覺底一個對象而已。如是，物自身一詞底內容與意義太貧乏，甚至究竟有無具體的內容與眞實的意義亦成問題。因爲凡是具體的內容與眞實的意義都在直覺中呈現，現在只說其不是感觸直覺底對象，而不能說其是什麼直覺底對象（因爲吾人無其他直覺故），則它便無具體的內容與眞實的意義。如是，這便成了一個空洞的概念。此如

$$-（1）=0；-（0）=1$$

物自身好像是個零。以零爲限制概念是無用的。這個限制只有邏輯的意義，並無眞實的意義。零不是一實物，乃是一邏輯物。對於實物說物自身有實義，對於邏輯物說物自身便無實義，只表示這個概念是一個概念（有其爲一概念的自性）而已。此如宇宙與非宇宙，非宇宙是「非有」，只是一個邏輯概念。如是，宇宙是實概念，全宇宙是實物。如果以「非宇宙」作限制，則擋不住人們以全宇宙之實物爲物自身。如果以空洞無內容無眞實意義的物自身爲限制概念，此如說現象與「非現象」，非現象只遮不表，則亦擋不住人們以吾人所知的現象爲物自身。如是，又必落於陸克與來布尼茲的區

分。物自身既不穩定，則現象亦不穩定。這樣，這超越的區分便不是顯明可信服的，亦不是充分證成了的。

　　但是，康德說物自身一概念實不只是一邏輯概念，他又賦之以特定的內容與意義。他設想它可以是智的直覺之對象。但此智的直覺又只爲上帝所有，吾人並不能有之。如是，物自身可爲無限存有底智的直覺所知。如是，物自身一詞便有了設想的特定內容與特定意義，即有了積極的意義。但此積極的意義既是設想的，而又只是屬於上帝的事，則物自身之積極意義仍只是一形式概念，吾人對之仍是漆黑一團。它究竟是怎樣的一種意義呢？吾人全不能知之。吾人在上帝身上構成「智的直覺」這一概念，這種構成全是想像底遊戲，或只由神學而知，總之可說全是戲論。智的直覺之構成既是戲論，則它仍亦不免只是一邏輯概念。如是，則物自身之積極意義仍是形式的，仍是一種對於彼岸之猜想，其具體而眞實的意義仍不能呈現。不但不能呈現，甚至其形式的積極意義亦不見得眞能穩定得住。吾人根據神學知道上帝以智的直覺去覺一物即是創造地去實現一物。我們據此知道了智的直覺之創造性。但是凡是上帝所創造的被造物都是有限的現實存在物。如果這「有限」是決定的有限，則我們不能決定地知道這有限的現實存在物定是物自身，而不是現象。光說上帝的創造，我們不能定知祂所創造的定是物自身，而不是現象，因爲祂的創造是不可思議的事。康德說上帝創造萬物並不帶有時空之形式去創造，因此，其所創造的被造物亦不在時空中，因此，其所創造的是物自身，而不是現象。這是很有意義的一個想法。但是祂不帶有時空形式去創造，而祂所創造的有限的現實存在物有時間性與空間性，因而有生滅性，這豈必定是不可的嗎？上帝

無限，可是祂所創造的卻是有限。上帝不在時空中創造（不帶有時空形式去創造），而祂所創造的卻有時空性，這豈必定是不可通嗎？是以其所創造的若定是有限，則不能穩住其必爲物自身。然則說祂所創造的亦是無限的嗎？這似乎亦不能說。這便成了夾逼的狀態。這裡，我們只有兩可能來解除這夾逼狀態：(1)有限是決定的有限，如此，我們不能穩住其爲物自身；(2)雖有限而可以具有無限性之意義，如是方可穩住其爲物自身。但是這第(2)可能，光只說上帝的創造，不能證成之。因此，若只從上帝那裡說祂以智的直覺去創造，則不能顯明地定知其所創造的必是雖有限而可具有無限性之意義者，即物自身。如是，物自身一概念仍不能穩定得住。它既不能穩定得住，則它的限制作用（與現象相對反的作用）即因而被減殺，可有可無，而人們可以不理，仍就現象說物自身，就吾人之所知說物自身，如胡塞爾者即其例也。如是，現象之義亦不穩定。兩不穩定，則超越的區分即不能充分地被證成，而人亦不能顯豁地信服之，並無疑地接受之。因爲康德並不能充分地穩住物自身一概念之高度的價值意味，亦不能規定出它之「雖有限而可具有無限性之意義」。其實，這種區分當該是必然的，只是康德的表達程序以及其系統底限制不能充分地證成之，亦不能使之成爲顯豁地可信服的，並非完全由於人們之智解不及也。

再從吾人之感性主體與知性主體這方面說。依康德，吾人只有這樣的感性與知性，至於問爲甚麼只有這樣的感性與知性，爲甚麼必須用時間、空間這樣的形式，爲甚麼必須用這樣的概念以及如此多之概念，則沒有理由可說。如是，我們的這樣的感性與知性是個事實問題，是事實上定然的，我們對之不能再加任何顏色，例如說

它們只是「識心之執」，由於此「執」，它們是可轉的。如果它們
只是事實問題，我們將沒有一個顯明的標準可以斷定我們所知的只
是現象，而不是物自身。光說這樣事實的感性與知性，即這樣在一
定樣式下的有限性與獨特性的感性與知性，而不能再進一步加以價
值意味的封限，則我們不能知我們所知的只是現象而不是物自身。
順這事實的感性與知性說出去，我們只能說我們所知的有限，或隱
隱約約的，而不能說我們所知的只是現象而不是物自身。有限是多
少底問題，隱隱約約是程度底問題，而不是質的本質問題。我們豈
不可部分地或若隱若顯地知物自身耶？順有限或隱約說，我們不能
知物之無窮複雜，亦不能窮盡其本相，這是顯明的。但若說我們只
能知現象，而不能知物自身，這便不顯明。而且若順事實的感性與
知性說出去，我們不能決定物自身所指的究竟是物之存在之事實問
題抑還是價值意味問題。如果是事實問題，我們不能決定我們所知
的只是現象，而不是物自身，因而亦不能決定這分別是超越的分
別。如果是價值意味底問題，則我們不能順事實的感性與知性去決
定之。價值意味底問題須要有一個價值底標準去決定；而我們只有
這事實的感性與知性，它們是敞開的，並未被封住，因此，在我們
身上並無一個標準去決定出這有價值意味的物自身。

　　或者說康德是由「自由」來接近這價值意味的物自身。但是，
自由畢竟只是道德理性上的事，與這桌子之為物自身相距甚遠。我
們的知性、感性不能及於自由，但這並不函說亦不能及於物自身，
尤其不能決定這物自身是一個價值意味底概念；而康德亦實未明朗
地決定說物自身是一個價值意味底概念，他說物自身常是與事實問
題不分的。當然，假定自由的無限心可以呈現，而智的直覺亦可

能，則價值意味的物自身即可被穩住，而其價值意味之何所是亦可全部被顯露。但是，這樣一來，我們對於感性與知性即有一價值上的封限，而不是定然之事實。如是，在我們身上，無限心與識心有一顯明的對照，即執與不執之對照；我們即由於此對照而有一標準，以之去決定物自身是一個價值意味底概念，並能顯明地決定我們的知性、感性（即識心之執）之所知定是現象，而不是那有價值意味的物自身，並能充分地決定這分別是超越的分別。但是，這一步，康德並未作到。因爲他不承認吾人可有智的直覺，而自由只是一設準，而即使於此作爲設準的自由他亦並未明顯地把它規定爲無限心，如是，當然更不能有「自由的無限心」之呈現。如是，吾人的知性與感性是敞開的，成爲事實之定然。如是，在吾人身上，並無一顯明之對照以爲標準，藉以去決定物自身是一價值意味底概念，並決定我們所知的只是現象。因此，自由可以契接物自身，這在康德只是一句朦朧的話，並不足夠成一標準足以決定物自身是一個價值意味底概念；而且當他順事實的感性、知性之所及與所不能及而說物自身時，亦未以「自由足以契接之」來規定物自身。因此，人們很容易把他的「物自身」一概念看成是事實概念，如是，我們不能決定我們所知的必是現象而不是物自身，亦不能決定這分別定是超越的分別。

　　以上由物自身與我們的感性、知性這兩方面來表明康德並未能穩定住物自身之概念是一個價值意味底概念。從上帝創造處說，他未能表明物自身是一個「雖有限而可具有無限性之意義」者（無限性之意義是一個價值意味，不是說它是一個現實的無限存在）。從我們的感性、知性這方面說，由於他視感性、知性爲定然之事實，

故他亦未能決定出一個有價值意味的物自身。如果這兩方面俱不能決定地表明出一個有價值意味的物自身，則那當該有價值意味的物自身即成一空洞的概念，而其價值意味亦不能保。如是，人們可以理亦可以不理，仍順我們的事實的感性與知性而說我們所客觀地知之的就是物自身或可幾近於物自身──當作物之存在之事實問題看的物自身。如此一來，陸克的區分、來布尼茲的區分，便已足夠；而懷悌海的「知覺底因果效應」說、胡塞爾的「現象學的還原」說（純粹意識底智思與智思之所對 noetic－noema），以及種種實在論，皆可自以為已知了物自身。實則依康德，這一切實仍概括在現象範圍內，康德的經驗實在論即足以概括這一切。

康德所說的物自身自應是一個價值意味底概念，而不是一個事實底概念。問題是在他的系統不足以充分而顯明地證成這價值意味的物自身，只隱約地把它烘托出是如此，故我們須如此視之而已。例如，當依物理學的觀點，說虹是現象，雨是物自身，康德說這只是經驗的區分，雨之為物自身尚不是超越區分中的物自身，因為仍是一經驗的對象。可是超越區分中超越意義的「雨之為物自身」，如果其價值意味不能決定地被規定出，而且不能顯明地被顯露出，則這個超越意義的「物自身」，超越意義的「雨之在其自己」，既可只成一事實問題，又可只成一光禿禿赤裸裸的「在」，而這個「在」是無用的，如是，這種超越的區分尚不必說它無用，抑且根本穩不住。

4.　超越的區分底充分證成之道路

　　普通常說本體與現象，這是籠統的二分說。如果這本體是指「超絕形上學」（transcendent metaphysics）中的本體說，而不是「內在形上學」（immanent metaphysics）中當作範疇看的「本體屬性」那類的本體（常住體、持續體），則本體直接所面對的不必就是現象。如果我們把上帝類比於本體，則依康德，上帝所面對的不是現象，乃是物自身。如是，這乃成上帝、物自身、現象之三分。這是客觀的籠統的說法。如果詳細言之，乃是：同一物也，對上帝而言，爲物自身，對人類而言，則爲現象。上帝是無限存在，就心而言，是無限心；人類是有限存在，就心而言，是有限心。如是，我們亦可說：對無限心而言，爲物自身；對有限心而言，爲現象。如果我們把心視爲主體，則在康德處是把這主體兩屬的：一是屬於上帝，一是屬於人類；這是把主體錯開了。在康德處，人類是決定的有限存在，因此，是不能有「無限心」的。我們不能就人類既可說有限心，同時亦可說無限心。可是如果我們把無限心只移置於上帝處，則我們不能穩住價值意味的物自身。我們可以在上帝處設想一智的直覺，但我們不能確知祂的直覺所面對而創造之的有限物定是有價值意味的物自身而不是現象。因爲祂所創造的定是有限的存在物；有限是決定的有限。我們可以設想祂的直覺不以時空爲條件去創造有限物；但祂所創造的有限物有時空性，有生滅性，這定是不可的嗎？我們很難在祂所創造的有限物上，（如果有限是決定的有限），設想它雖有限而可具有無限性之意義。如是，物自身

之價值意味便保不住。或者說，我們可以設想：在上帝眼中，其所創造的有限物既無時空性，亦無生滅性，因為上帝不以時空形式看萬物，亦不以生滅觀念想萬物。祂可以說：你生滅你的，我眼中無生滅；你有你的時間性與空間性，這是屬於你的事，我眼中卻無時間性與空間性。如是，我眼中只是物自身，雖然你自身是現象。但是這樣一來，物自身只能是主觀地說，而不能客觀地說。可是康德說物自身定是就客觀的存在而客觀地說之。康德雖然說：「物自身之概念與現象之概念間的區別不是客觀的，但只是主觀的；物自身不是另一對象，但只是就著同一對象而說的表象之另一面相」，但是這作為「另一面相」的表象仍是就客觀的存在說的。今從上帝處說，則如果說你生滅你的，我眼中無生滅，則物自身只成為是主觀地說者；而如果真是「你生滅你的」，則客觀地說，其所創造的有限物便是現象。這樣，價值意味的物自身便穩不住；而且上帝有閉眼不承認現實之嫌。因此，換一個說法亦未嘗不可，即：如果其所創造的真是決定的有限物，如果它真是有時空性，有生滅性，則上帝即如其有時空性而觀之（不是帶有時空形式去觀之），亦未嘗不可；即如其有生滅性而觀之，亦未嘗不可。無論如何，這都是上帝的奧秘，我們不能確知。是以若只從上帝之以智的直覺去創造來說物自身，則我們對於有價值意味的物自身不能有清楚而確定的表象。因為這是屬於上帝的事，我們全無分；只憑猜測，全無定準。

同一物也，對有限心而言為現象，對無限心而言為物自身，這是很有意義的一個觀念，可是康德不能充分證成之。我們如想穩住這有價值意味的物自身，我們必須在我們身上即可展露一主體，它自身即具有智的直覺，它能使有價值意味的物自身具體地朗現在吾

人的眼前，吾人能淸楚而明確地把這有價值意味的物自身之具體而眞實的意義表象出來。我們不要把無限心只移置於上帝那裡，即在我們人類身上即可展露出。如果這一步已作到，我們即須進而把我們的感性與知性加以封限，把它們一封封住，不只是把它們視爲事實之定然，而且須予以價值上的決定。這個決定即是說明它們只是「識心之執」。如果，它們不只是在一定樣式下的事實上的有限性，而且有其本質上的執著性。有限心即是執著心，亦就是識心，故云「識心之執」。作爲認知心的知性亦就是這識心之執。感性的攝取外物亦只是識心之隨順感性行，故亦屬於識心之執。由於這執著性，遂把感性與知性封住了，即定住了（在康德，是敞開未決定的，只視爲事實之定然而不可轉）。由於這執著性之定住，它們所知的必然是現象。它們不但只知現象，而且同時即挑起或縐起現象，由於其執著性而挑起或縐起。它們就著什麼而縐起或挑起現象呢？它們就著無限心處有價值意味的物自身而縐起或挑起現象。

　　執著性由於與不執著的主體（即無限心）相對反而被規定。同一心也，如何由不執著轉而爲執著，這需要說明。不執著者，我們名之曰無執的無限心，此在中國哲學中有種種名，如智心（佛家）、道心（道家）、良知之明覺（儒家）等皆是。執著者，我們名之曰有執的有限心，即認知心，此在西方哲學中，名曰感性、知性，在中國哲學中，名曰識心（佛家）、成心（道家）、見聞之知底知覺運動即氣之靈之心（儒家）。執著性是一個價值性的決定，因此，也可以有，也可以無。當其有也，同時即必然地有現象，其所知的亦必然地是現象。當其化而爲無也，則現象即無，而亦必然地復歸於物自身。如是，我們的感性何以必須以時空爲形式，我們

的知性何以必須使用這樣的概念，則有理由可說。

康德說：「物自身與現象之分不是客觀的，但只是主觀的。物自身不是另一個對象，但只是就著同一對象而說的表象之另一面相」。這是不錯的。但是在他的系統內，對於這同一對象底另一面相，即物自身一面相，並無表象；這一面底表象是虛的。如是，這超越的區分只是主觀的，這主觀義並未充分作到。說實了，主觀只是執與不執的主體所顯的主觀：對執的主體而言為現象，對不執的主體而言為物自身。如是，主觀義乃得極成。

對不執的主體而言何以即為有價值意味的物自身？這樣的物自身何以即能穩定得住？例如在無限心底明照上，一物只是如如，無時間性與空間性，亦無生滅相，如此，它有限而同時即具有無限性之意義。無時空性，無生滅相，此兩語即顯示一價值意味。說「獨化」，是化無化相的，是無有轉化之過程的。說自在自得，是一個價值意味，不是事實問題中的一個光禿禿的「在」。說「無物之物」，這是說物無物相，即不作一有限的現實物看，這表示一個價值的意味，故云「無物之物則用神」：雖物也，而即具有無限性之意義；雖物也，而即是知體明覺之著見。說「一色一香無非中道」，這色與香不作色香看，當體即是中道（「即空即假即中」之中道）：這是一個價值意味的色香，透明了的色香，不是有限現實物的色香。又如，當自由無限心呈現時，我自身即是一目的，我觀一切物其自身皆是一目的。一草一木其自身即是一目的，這目的是草木底一個價值意味，因此，草木不是當作有限存在物看的那現實的草木，這亦是通化了的草木。康德的目的王國本有此義，但他不能充分證成之，從上帝的創造處說，尤其不能穩住此義。以上所說

的俱親切而明確，這才是對於物自身而有的清楚而明確的表象，這不是從上帝的創造處說所能明朗的。這樣的物自身繫於無執的無限心這個主體，無限心覺照之即存有論地實現之，此亦可說創造，但不是上帝的創造，因此，物客觀地就是如此，就是這樣有價值意味的物自身，此就是物之實相：實相一相，所謂無相，即是如相。這不是上帝創造之爲一決定的有限存在，而祂又不以時空形式觀之，不以生滅概念想之，或如其有時空性而觀之，而祂無時空性，如其有生滅性而想之，而祂無生滅性，亦未嘗不可，這類無定準的猜測。

在無限心底明照前，物旣是這樣的物自身，則只當在「識心之執」底認知活動前，它始成爲決定的有限存在物，成爲現象義的對象，因此，它有時空性，有生滅相。此是客觀地從它本身說。若溯時空性之源，則根本是源於識心之執，因此，說時空是主觀的，物之有時空性是我們的感性去攝取外物時以時空爲形式而帶上去的，因此說那被攝取的物有時空性。至於生滅相，若溯其源，則亦是源於識心之執念，由於識心所自立的概念而決定成的：客觀地說，是物之生滅相，主觀地說，是概念之決定。因果相、常住相、共在相，乃至質相（實在相、虛無相）、量相，甚至佛家所謂生滅、常斷、一異、來去，均是如此。此等等相即構成全部現象界。物自身義旣穩定，則現象義亦穩定；反之亦然。如是，現象與物自身之分別是超越的，又是主觀的，這乃充分地被證成。

我們通過識心之執來看我們的知性與感性，這是一個價值底觀點，不是「事實之定然」之觀點。這不是人類學劃類底說法。西方人（康德亦在內）是劃類底觀點：有限是有限，無限是無限。這是

事實定命論底觀點。如果，人乃不可轉，而現象與物自身之分是超越的，又是主觀的，這超越義與主觀義乃不能充分被極成。依我們的說法（實是依中國的傳統），人可是執而不執的。當其執也，他是有限。當其不執也，他是無限。當其執也，他挑起現象而且只知現象。當其不執也，他知同時即實現物自身，而亦無所謂現象。如是，「超越的區分」是主觀的，這主觀義乃得極成，而超越義亦得極成。

人不是決定的有限，他是雖有限而可無限的。此義下章論之。

第二章　德行底優先性

1.　人所首先最關心的是自己的德行、自己的人品

人生而在「存在」中，在行動中。在「存在的行動」中，人亦必同時與其周遭的世界相接觸，因而亦必有見聞之知。這是一個起碼的事實。但人所首先最關心的是他自己的德行、自己的人品，因爲行動更有籠罩性與綜綱性。行動包攝知識於其中而爲其自身一副屬品。他首先意識到他的行動之實用上的得當不得當，馬上跟著亦意識到道德上的得當不得當。處事成務，若舉措的不得當，則達不到目的，因此，他難過。待人接物，若周旋的不得當，他覺得羞恥。羞恥是德行上的事。這是最尖銳，最凸出，而最易爲人所意識及者。知識不及，技藝不及，是能力問題。德行不及是道德問題。前者固亦可恥，但不必是罪惡；而德行不及之愧恥於心則是罪惡之感。故人首先所意識及的是德行；對於德行加以反省以求如何成德而使心安，這亦是首要的問題，而且那亦是最易爲人所首先意識及者。故即使是求知，亦是首先求這種知，此即宋明儒所謂「德性之知」。單對於經驗知識（見聞之知）作反省求如何獲得並改進之，

這乃是後起的事，這是把行動中的副屬品單提出來加以注意，這是一個專題。而綜綱性的問題則是在德行。故古人首重「正德」與「敬慎」。這不但是中國傳統是如此，即在西方，古人明知重智，其目的亦在成德。單重知識，以知識為首出，這乃是後來的事，至少從哥白尼開始，科學知識成立後，始如此。近人以科學知識為唯一標準，以為最首出、最顯明，而德行反成為最遼遠、最隱晦、最不顯明之事。其實這是支離歧出，逐流而忘本。德行底顯明性並不亞於知識。吾人本是首先對此有清楚而顯明的意識的，只是近人因粘著於科學技術，遂把這最顯明者弄成模糊的了。

而且意識到德行求知如何成德，這乃是自己所能掌握的事。孟子云：「求則得之，捨則失之，是求有益於得也，是求之在我者也」。這是最簡易的事。知識乃求之於物，並不如此簡易。人以為太簡易，無精采，無可撥弄處，反而覺得無把柄，難捉摸了。

現在，我依中國傳統宣說：德行優先於知識。存在主義者所宣說的「存在先於本質」（思想上或知識上劃類的本質）是一可取的副題。「我意故我在」比「我思故我在」為更根本，更具體。因此，我們可把康德所列的關於理性底全部業績的問題逆轉其次序，重列如下：

　　⑴我應當作什麼？

　　⑵我可希望什麼？

　　⑶我能知道什麼？

　　　⒜我能以「識」識什麼？

　　　⒝我能以「智」知什麼？

　　⑷人是什麼？

　　在康德，是以(3)為第一的，但他並無識與智之分。他是把智置於上帝的，在人處無識與智之分。我此處言「智」等於智的直覺。《維摩詰經・觀如來品》有云：「不可以智知，不可以識識」。此處援引之分「以識識」與「以智知」為兩種知，而在吾人身上即可見。關於第(1)問題，康德雖亦知實踐理性底優先性，但因他不承認人可有智的直覺，故此優先性乃落空。吾人由道德開無限心，由無限心說智的直覺，故本體界可朗現。

　　又，他雖主道德的神學，但道德與宗教究屬兩層，故他於第(2)問題說宗教（神學）。我依中國傳統，則兩者打並為一，故於第(2)問題說成聖，說天道、性命通而為一。說學，則只有一個道德的形上學，並無道德的神學。說宗教，此即是宗教。說道德，此即是道德底極致、道德的圓成。依道家與佛教說亦然（成聖不礙成佛成眞人，成佛成眞人亦不礙成聖）。

　　最後，關於第(4)問題，人是什麼？我乃答曰：人雖有限而可無限。由於前三問題考慮之不同，故有此第(4)問題之如此答。依西方傳統，不能如此說。人既是雖有限而可無限，故吾可倒轉康德表達之程序，寬說，甚至倒轉一般人之通途，恢復古人之態度，以中國傳統為典型，先說德行，後說知識。或這樣說：先說德性之知，知本體，並知物自身；後說見聞之知，知現象。

　　康德因為不承認人有智的直覺，故他不能言德性之知。是則吾人亦不能有德性之知。吾人所有的只是見聞之知，這是由我們的感性與知性而展現出的，只此才算是知識。我們人類只有這感性與知性足以成知。理性只能推想，實則是無所知的。實踐理性（理性之實踐的使用）可以使吾人直接意識到自由之必要，並可以使吾人契

接物自身，契接上帝與靈魂不滅，然因無智的直覺，故它亦不能成德性之知。不但不能德性地、智的直覺地知不滅的靈魂與上帝（絕對存在），且甚至對於意志自由本身亦不能知。這樣，我們的知性與感性盡了知識底一切。康德只把我們人類的辨解的知性與感性之感觸的直覺與上帝的直覺的知性與智的直覺相對而顯。這是事實之定然之劃類底觀點。我們的知性與感性雖對上帝而有封限，因劃類而得一封限，然而就我們的知性與感性本身說，實在是敞開的，其自身並沒有主觀地被決定，因而被封住，即於其起源上並無決定。它們無起源，無價值上的起源之問題，無「可起現亦可轉化」之問題。因此，它們沒有主觀地內在地被封住，只外在地客觀地對上帝而得一封限。這是事實底劃類之定命論。從這樣敞開的（未主觀地決定的）知性與感性說出去，是無法開「德性之知」的，亦無法充分證成現象與物自身之超越的區分的。因為他把「德性之知」之門封死了，因客觀的劃類之定命觀而封死了。現象與物自身之超越的區分只因與上帝劃類而顯，並沒有內在地主觀地被證成。

2. 「人雖有限而可無限」之意義

海德格在其《康德與形上學底問題》一書223頁至224頁中，說「我能知什麼？」一問題是把人類理性底能力帶進問題中，「我應作什麼？」一問題是把人類理性底義務帶進問題中，「我可希望什麼？」一問題是把人類理性底希望帶進問題中。他分別解釋如下：

　　當有一關於能力的問題，並當一個人界劃這能力底可能性

時，同時這即顯露了一無能。一個無所不能的存有不需要問：「我能去作什麼？」即，「我不能去作什麼？」不只是這樣的存有不需要去問這樣的問題；能去問這樣的問題這乃是相反於它的本性的。這種「不能」〔即不能去問這樣的問題之不能〕不是一種缺陷，乃是一切缺陷以及一切否定之不存在。不管是誰，只要當他問「我能去作什麼？」他即因此一問而洩漏了他自己的有限性。不管是誰，只要當他因著這樣的問題而關涉到他的最內部的業績，他即洩露了他的最內部的本性中的有限性。

當一個義務被帶進問題中，發此問題的人不能置一可否，這樣，他見他自己為「他應當作什麼？」之問題所苦惱。一個基本上關心其義務的人，他了解其自己是通過一「尚未充盡」而了解其自己，這樣，他被迫著去問他自己「他應當作什麼」。這種對於仍未決定的某事之尚未充盡，這種「尚未」即顯露一個人〔一個存有〕他基本上是有限的，因為他的義務是他的最密切的業績。

只要當一個希望被帶進問題中，則此希望便是一種對於求此希望的人能被許可或被否決的某種事。凡被要求的東西就是這樣的一種東西，即它能被期望到或不能被期望到。但是，一切期望皆顯示一缺乏，而如果這缺乏包含著人類理性底最密切的業績，則此人類理性即被肯定為本質上是有限的。

這樣，不只是人類理性因著這三個問題而洩露了它的有限性，而且它的最內部的業績亦就是關切於這種有限性的。

這不是爲的逃避這有限性而消除了這力量、這義務、這希望，這種消除底問題，而是爲的妥把一個人自己執持於這有限性中而使這種有限性成爲確定的，這種成爲確定之問題。

因此，有限性不只是人類理性底一個偶然的特質；人類理性底有限性是關於這有限的能力之「有限化」〔收縮壓緊〕，即是說，是關於這有限能力之「關心」〔關切〕。〔案：英譯者 James S. Churchill 對此「關心」一詞加注語云：依《實有與時間》，關心是「在者之在」（Dasein）底實有，而且即如其本性而觀之，它有一完全存有論的意義，「人之每一現有的特徵，即人生之倫理的價值化與意理的價值化這樣意義的人之每一現有的特徵（ontic characteristic）」是被排除了的。關心底結構，海德格把它表徵爲「早已先於它自己（它自己的在者之在）的實有」，表徵爲「實有於世界」，表徵爲「實有於見於世界中的萬物之間」。（《實有與時間》，頁192）。由於「實有於先」、「實有於世界」、「實有於萬物之間」，「關心」遂有一三重結構，而與時間之三度向相應合。〕

由此，我們可說：人類理性不只是因爲它提出這三個問題它才是有限的，而是恰相反，它之所以提出這三個問題乃是因爲它是有限的，而且實在說來，是如此極端地有限，以至於在其合理性中此有限性本身即有關〔即在起作用 at stake〕。那正因爲這三個問題關切於這獨一的目標，即這有限性，所以這三者之關聯於第四問題：「人是什麼？」

才允許被建立起來。

但是，這三個問題對於這第四問題並不只有一純然偶然的關係。這三者其本身不過就是這第四問題，那就是說，依照它們的本質，它們必須歸約於這第四問題。但是，只有當這第四問題剝奪掉其一般性以及其不決定性，而獲得關於人身上的有限性底一種發問之獨一性格時，這種關係〔即關聯於第四問題之關係〕才是必然的，而且是本質的。

依此，此第四問題並不是隸屬於其他三問題，而是被轉化成第一問題，其他三者由之而被引申出。

案：如果在「有限是有限，無限是無限」底前題下，只以與上帝為外在的劃類的觀點看人，則海德格以上的解說都是對的。但若在「有限而可無限」底前題下，則他的解說為不盡。

首先，在「人能知道什麼？」一問題中的能力問題，此若只從事實上的知性與感性看人的能力，它自然有能有不能，即人的知解能力有限（此若特殊化之，依康德，即只知現象，但並不穩定）。但若吾人能展露出智的直覺，則人亦可知本體與物自身（此種知當然與知現象之知不同）。如是，則人雖有限而實可具有無限性；而那只知現象的知性與感性既可以被轉出而令其有，亦可以被轉化而令其無，如是，它們不只是事實之定然，而且亦是價值上被決定了的，因而是可以升降進退的。當它們被轉出時，它們決定只知現象，此是充分被穩定了的。若從此看人，則人自是有限的。但當它們被轉化時，人的無限心即呈現。若從此看人，則人即具有無限

性。當然具有這種無限性的人不會就是上帝那樣無限的存有，而且根本上亦與上帝不同。例如聖、眞人、佛，都是具有無限性，至少亦在轉出智的直覺下始可成聖、眞人與佛；而且甚至亦可視聖、眞人、佛爲一無限的存在，而這無限的存在亦不同於上帝。

其次，在「人應當作什麼？」一問題中的義務問題，此若只把義務看成是一個應盡而不必能盡，應當是而不必能實是，只就義務這一概念而如此分解，則人當然是決定的有限。但若吾人能展露一超越的本心，一自由的無限心，例如王陽明所講良知，則凡有義務皆應作，亦必能作。知應作而不必能作，其良知必未充分呈現。復次，人或可說：一切義務必不能一時俱作，在時間行程中必尚有未充盡之義務次第出現，因爲人不能一時當一切機故，如是，人仍是有限的。此義自可說。但依儒者，若自無限的進程言，自永不能充盡一切義務，此所以說「眞正仲尼臨終不免嘆口氣」（羅近溪語），此見人的有限性；但若自圓頓之敎言，則亦可以一時俱盡，隨時絕對，當下具足，此即人的無限性。有限不礙無限，有限即融化於無限中；無限不礙有限，無限即通徹於有限中。「先天而天弗違，後天而奉天時」，這兩者原不是相對立的。天且弗違，此固是人之無限性，由無限心之生天生地而然；能奉天時而神明不滯，則「上下與天地同流」，此亦是人之無限性。這樣的具有無限性的存在與那隔離的上帝之爲無限存在不同。

最後，在「人可希望什麼？」一問題中的希望問題，此若只從可得與不可得之一般期望而言，人自是決定的有限。但我們希望絕對，希望圓善（德性與幸福之圓滿的諧和一致），這不必是基督敎傳統下康德的講法，亦可依一自由的無限心之頓現而圓頓地朗現

之。孟子言天爵、人爵。現實上，修其天爵，而人爵不必從之。自
此而言，德性與幸福之間自有距離，它們兩者自是一綜和關係，非
分析關係。但孟子亦說：「君子所性，雖大行不加，雖窮居不損，
分定故也」，此是泯絕無寄地言之也。《中庸》亦言：「君子素其
位而行，不願乎其外。素富貴行乎富貴，素貧賤行乎貧賤，素夷狄
行乎夷狄，素患難行乎患難。君子無入而不自得焉」。雖自得而仍
不免有悲劇意味。若依圓教而言之，則即無德性與幸福之隔絕之可
言。佛具九界（菩薩、緣覺、聲聞，加六道眾生，為九界）而為
佛，則雖處地獄餓鬼，亦非無幸福也。「大而化之之謂聖，聖而不
可知之之謂神」（孟子語）。如是，則雖夷狄、患難、造次、顛
沛，亦皆「天刑」之聖迹，聖者所不避。孔子自稱曰「天之戮民」
（見《莊子‧大宗師》篇），豈有幸福與德性之隔絕耶？相對言
之，夷狄、患難固非幸福，然高堂華廈亦聖者「天刑」之迹，豈無
福累耶？是故聖者作平等觀，說吉，一是皆吉，說凶，一是皆凶，
德性與幸福本無隔絕，即本非綜和，是則絕對地言之也。煩惱即菩
提，菩提即煩惱，固即是圓善也。如是，則人即有無限性，而且即
是一無限的存在，而亦不同於上帝之為無限存在。康德設定上帝來
保證圓善，那是機械的想法；視德性與幸福為一綜和關係。那亦是
機械的想法。非圓教也。

　　由以上之開闔，則人不是決定的有限，而乃是「雖有限而可無
限」。此亦不是偶然的，乃即是人之最內在的本質也。海德格只執
定於有限性，只知對於有限的能力予以「關心」，或收緊壓縮而有
限化之，只知此「關心」之結構為存有論之奠基，而不知對於「有
限而可無限」亦可予以「關心」，而此種「關心」不可說結構，實

是一徹法淵底之滲透，而亦可由之而建立一「本體界的存有論」（noumenal ontology）也。

海德格在其《康德與形上學問題》一書最後一頁（254頁）中有云：「人，因為他的有限性使一存有論，即實有之領悟，對於他為必要，然則當沒有東西能像一無限存有之觀念這樣極端相反於存有論時，去想人是創造的，因而亦是無限的，這能有意義嗎？這是可證成的嗎？」我們對於他這疑問可作這樣的答覆：如果人是決定的有限，則說他是創造的、無限的，自然不能有意義。但若「人雖有限而可無限」，則說他是創造的、無限的，這便有意義，而且可證成。在這裡，一個「本體界的存有論」對於他為必要。海德格的存有論只是「現象界的存有論」（phenomenal ontology）。一個無限的存有，如上帝，自不須存有論，但「雖有限而可無限」的存有則需要一個「本體界的存有論」，因為正是一個本體界的本體（實體）才使他成為創造的、無限的。上帝不需要存有論，正如本體本身不需要存有論。但「雖有限而可無限」的人則需要存有論。本體正是他的實有性，他之為這樣的實有之所以為這樣實有者。這是實有性之提升，真正的實有性，不是現象界的存有論中的實有性——計執的實有性（依康德再加上中國的傳統）。

我們依「人雖有限而可無限」，需要兩層存有論：本體界的存有論，此亦曰「無執的存有論」，以及現實界的存有論，此亦曰「執的存有論」。

我們依德行底優先性與綜綱性來提挈宇宙以見人之本來面目與宇宙之本來面目。我們的感性與知性所攪擾而扭曲的人生與宇宙不是人生與宇宙之本來面目。這是人生與宇宙之僵滯。人陷於此僵滯

而認為是真實，忘其本來面目久矣！故需要本體界的存有論以鬆動
而朗現之。孔子曰：「人之生也直，罔之生也幸而免」。

3.　康德對於思辨形上學所作的區分

康德在《純粹理性批判》超越的方法論第三章〈純粹理性之建
構〉中，關於形上學之思辨部分，即自然底形上學，亦即較狹意義
的形上學（道德底形上學除外），有一完整的區分：

> 形上學，自其較狹意義而觀之，含有兩部分，一部分是純粹
> 理性底超越哲學，一部分是純粹理性底自然學
> （physiology）。
> 超越哲學只在那些「關聯於對象一般而不論及對象之可被給
> 與」的「概念與原則之系統」中處理知性與理性。此一部名
> 曰存有論（ontologia, ontology）。
> 自然學那一部分則是處理（討論）「自然」者，即是說，處
> 理「已給與的對象」之全部（所謂已給與的對象不管是給與
> 於感覺，或，如果我們願意，亦可說是給與於某種其他直覺
> 上），因此，它得名曰自然學——雖然只是理性的〔合理
> 的〕自然學。
> 在此種關於自然底理性的〔合理的〕研究中，理性之使用或
> 是物理的，或是超物理的〔hyperphysical 越過物理的〕，或
> 以更恰當的詞語說之，或是內在的，或是超絕的。
> 理性之內在的使用是關論自然之知識之如其能被應用於經驗

中者；而其超絕的使用則是關論那種經驗對象底連繫，即超離一切經驗的那種連繫。

此種超絕的自然學或以一種內處的連繫（inner connection）為其對象，或以一種外越的連繫（outer connection）為其對象。但是，這兩者俱是超離了一切可能的經驗的。就其討論一種內處的連繫而言之，它是自然全體〔當作一全體看的自然〕底自然學，即是說，它是世界之超越的知識〔關於世界之超越的知識〕。就其討論一種外越的連繫而言之，它是「把自然全體〔把當作一全體看的自然〕關聯到一個在自然以上的存有」這種「關聯到」底自然學，即是說，它是上帝之超越的知識〔關於上帝之超越的知識〕。

另一方面，內在的自然學（immanent physiology）則是把自然視為感覺底一切對象之綜集〔全部〕，因而亦就是恰如其被給與於我們者而觀之，但是其給與於我們是只依照先驗條件而給與於我們，只有在此先驗條件下，它始能被給與於我們。只有兩種這樣的對象：(1)外部感覺底對象，這些對象底綜集〔全部〕名曰「物質的自然」〔corporeal nature 色體自然〕。(2)內部感覺底對象，此曰靈魂〔心靈〕，而依照我們對於靈魂〔心靈〕的基本概念而言，此亦曰「思維的自然」（thinking nature）。「色體自然」底形上學名曰物理學；而由於它必須只含有關於此自然底先驗知識之原則，所以它亦可被名曰「理性的〔合理的〕物理學」。「思維的自然」底形上學則名曰「心靈學」（psychology），而依同樣根據，它必須被了解為只是關於此思維的自然之「理性的

〔合理性〕知識」。

這樣，形上學底全部系統含有四要部：

(1)存有論〔超越的哲學〕；

(2)理性的〔合理的〕自然學〔內在的自然學，包括理性的物理學與理性的心靈學兩支〕；

(3)理性的宇宙學〔關於世界之超越的知識，此是超絕的自然學，以內處連繫爲對象者〕；

(4)理性的神學〔關於上帝之超越的知識，此亦是超絕的自然學，以外越連繫爲對象者〕。

案：這個區分需要進一步的說明。關於存有論，這是傳統形上學中的名稱。康德不欲用這個「驕傲的名稱」，而想以「超越的哲學」代替之。他說：

依此，超越的分解引至這樣一個重要的結論，即知性所能先驗地達到的至多是去預測「可能經驗一般」底形式。而因爲凡不是現象者便不能是經驗底一個對象，所以知性從不能超越了〔越過了〕那些感性底限制，只有在這些限制之內，對象始能被給與於我們。知性底原則只是現象底解釋上的一些規律；而那專斷地想在系統的教義方式中去供給出事物一般底先驗綜和知識（例如因果原則）這一種「存有論」這個驕傲的名稱必須讓位給「純粹知性底分解」這個較謙虛的名稱。（《純粹理性批判》，原則底分解第三章〈一切對象分爲感觸物〔法定象〕與智思物〔本自物〕之根據〉）

據此，則所謂「超越的哲學」即是「純粹知性底分解」，分解之以顯露那作爲「可能經驗一般底形式」的範疇。這些範疇就是知性底純粹概念。知性亦有其原則，這些原則只是爲對於現象底解釋而有的一些規律。知性底這些概念與原則其關聯於對象只是關聯於「對象一般」，而不論及對象之可被給與。論及對象之被給與者是感性論。知性底作用只是統思，即以這些概念與原則先驗地去統思一切現象（所謂對象一般）之普遍的性相，概念應用時所顯的普遍性相，以及在原則底指導下解釋現象所解釋出的普遍性相。此即是康德所說的「超越的哲學」，它「只在那些關聯於對象一般而不論及對象之可被給與的概念與原則之系統中處理知性與理性」。此種處理或討論，康德即名之曰「超越的哲學」，亦曰「純粹知性底分解」（分解是超越的分解），而在以往則名之曰「存有論」。不過以往的存有論是「專斷地想在系統的教義方式中去提供出事物一般底先驗綜和知識」，此即以爲先驗綜和知識可以只經由分析（系統的教義方式）而得之。殊不知分析只是一概念之分析，它從未跳出該概念以外而有所知，即從不能得到綜和的知識（就存有論的知識言，即曰先驗的綜和知識，例如因果原因、常體原則等）。此種獨斷的、驕傲的存有論必須轉化爲超越的哲學，純粹知性底分解。

超越的哲學知道由範疇所成的先驗綜和這一種知識實不是積極的（科學的）知識。如果說它是知識，則亦只是「哲學的知識」，或「存有論的知識」。它是經驗知識可能底形式條件，超越的根據。因果、常體等先驗概念只是經驗以及經驗對象底可能之條件，它們從不能越過感性底限制。它們本身雖只關聯於「對象一般」，無關於對象之如何可被給與，這是就它們本身之普遍性而言，然而

它們所關聯到的對象卻必須由感性而給與。知性只能以概念去思對象，因而也就是去思「對象一般」，但不能給與我們以對象——特定的對象。如果我們以為只由因果、常體等概念底分析便可得到關於事物一般底先驗綜和知識，那便是獨斷論。因為因果、常體等概念所表示的知識是綜和的，不是單由概念底分析便可得到。就其為先驗概念說，它們直接所表示的是先驗的綜和；就其落實而成功特定的經驗知識說，它們是經驗綜和可能底條件或根據，而同時亦即特殊地或例證地被表示或被顯露於經驗綜和中，因而成為經驗綜和中的因果關係或常變關係等。康德即不是單主「邏輯的，先驗的分析」者，亦不是單主「經驗的綜和」者，而乃是於此兩者外復提出一先驗的綜和以使經驗的綜和為可能。即在此先驗的綜和處，他建立起「超越的哲學」以代替那「驕傲的存有論」。但是，存有論，若去其驕傲與專斷，而轉成「超越的哲學」，則此超越的哲學亦可名曰「存有論」，此名仍可保留，此所以在上引的形上學之區分中，康德亦直列存有論也。

此種存有論，海德格名之曰「形上學通論」（metaphysica generalis, general metaphysics），是論「存在物一般」之實有或存有者。我將名之曰「現象界的存有論」（phenomenal ontology），亦曰「執的存有論」。

關於「自然學」方面，康德依理性底使用之或為內在的，或為超絕的，而分為「內在的自然學」（immanent physiology）與「超絕的自然學」（transcendent physiology）。內在的自然學其對象是給與於我們者，此則分兩支：一是理性的物理學，一是理性的心靈學。前者其對象是「色體自然」，後者其對象是「思維的自

然」。然既是內在的，其對象又是給與的，則此兩支當是現象界的理性物理學與現象界的理性心靈學，亦即是超越的哲學（現象界的存有論）依內部感覺底對象與外部感覺底對象之分所釐定出者。但當康德就內在的心靈學而說其對象時，則說此是「內部感覺底對象，即靈魂，而依照我們對於此靈魂底基本概念而言，即思維的自然」。此所謂靈魂或思維的自然當該取其為現象的意義，亦即經驗的意義。因為「靈魂不滅」那個靈魂是「超越的理念」（亦即理性之超絕概念），是不能感觸地被直覺的，因而亦是不能被給與的。康德這裡只說「靈魂」或「思維的自然」（思心自然），這是易生誤會的。給與於感觸直覺中的靈魂或思維的自然是現象意義亦即在時間中的靈魂或思維的自然。

靈魂既有其屬本體界與屬現象界的兩義，則「超絕的自然學」只分兩支：理性的宇宙學（關於世界之超越的知識）與理性的神學（關於上帝之超越的知識），便不夠。依《純粹理性批判》〈超越的辯證部〉所論的「超越理念之系統」，當該有三支，即，須加上「超絕的理性心靈學」。康德說「超越理念之系統」如下：

> 思維主體是心靈學底對象，一切現象底綜集（世界）是宇宙學底對象，而那含有凡能被思的東西底可能之最高條件的那個東西（一切存有底存有）則是神學底對象。這樣，純粹理性為一「超越的靈魂論」（理性的心靈學），為一「超越的世界學」（理性的宇宙學），最後，並為關於上帝底超越知識（超越的神學），提供理念。

　　此三學：超越的靈魂論、超越的世界學、超越的神學，皆是「超絕的自然學」，其對象是不能被給與的，因此，它們只是一個「理念」。在此，超越的靈魂論亦曰「理性的心靈學」，此當該是屬於本體界的，因此，當該名曰「超絕的理性心靈學」，作為其對象的「思維主體」亦當該是屬於本體界的那個靈魂不滅的靈魂。而上區分中「內在的自然學」中的「理性心靈學」既是由內在的自然學而分出，它當然是「現象界的（內在的）理性心靈學」而作為其對象的「思維的自然」或「靈魂」既是內部感覺底對象，亦當然是現象意義的「思維的自然」或「靈魂」。然而康德卻只說這「內在自然學」中的理性心靈學（現象界的），而忘記了「超絕自然學」中亦當該還有一個「超越的靈魂論」（〔超絕的〕理性心靈學）。

　　因此，關於純粹理性底建構中的那個較狹意義的（思辨意義的）形上學之區分可以重新修改如下：

(1)　超越的哲學、純粹知性底分解、現象界的存有論，海德格名此曰「形上學通論」。

(2)　現象界的存有論所釐定的現象的（內在的）理性心靈學與理性物理學，此亦總曰「內在的自然學」，或「內在的形上學」（immanent metaphysics）。

(3)　本體界的理性的心靈學（超越的靈魂論）、理性的宇宙學（關於世界之超越的知識或超越的世界學）、理性的神學（關於上帝之超越的知識或超越的神學），此則總曰「超絕的自然學」，或亦曰「超絕的形上學」（transcendent metaphysics）。海德格名此三支曰「形上學各論」（metaphysica specialis, special metaphysics）。

4. 形上學底統一：道德的形上學：本體界的存有論（無執的存有論）與現象界的存有論（執的存有論）

在以上的區分所分出的各支形上學中，康德所已充分作出的是超越的哲學（現象界的存有論）與內在的形上學。至於超絕的形上學，則因其不承認吾人可有智的直覺，故並未作成。

他說以上的區分是思辨意義的（較狹意義的）形上學。他還有「道德底形上學」（metaphysics of morals）。他由道德底形上學來契接那思辨形上學中的「超絕的形上學」（共三支）。超絕的形上學在思辨理性（理性之思辨的使用）中不能證成，此其所以為「超絕」，然而可由實踐理性（理性之實踐的使用）來證成之，因而可成為「內在的」（實踐地內在的，不是思辨地或觀解地或知識地內在的）。但因為道德底形上學（此不同於「道德的形上學」moral metaphysics）中的「意志自由」是一設準，並無智的直覺以朗現之，故其所契接的超絕形上學中的上帝與靈魂不滅亦只是一設準，故超絕形上學仍未充分地被作成。

上帝與靈魂不滅可是信仰，但自由意志不能只是信仰。康德並未於「自由」處說信仰，但視之為一設準，而不是一知識之對象，則同。縱使不是知識之對象，亦只不是以感觸直覺為底子所成的知識之對象。而感觸直覺所成的知識不是唯一的知識。因此，除感觸直覺所成的知識外，未必沒有智的直覺所成的知識。康德只承認一

種知識，這是很有妨礙的。

我依中國的傳統，可把形上學底全部重新調整如下：

我們依「人雖有限而可無限」底預設，承認兩種知識：

(1)智知，智的直覺所成者。

(2)識知，感觸直覺所成者。

我們將依道德的進路先展露道德的實體以直接地開道德界，此相當於康德的「道德底形上學」——道德之「形上學的解釋」（此詞義同於時空之形上學的解釋，或範疇之形上的推述，乃是對於道德一概念作分解的推演者）。

但此道德的實體雖由人的道德意識而顯露，但卻不限於人類而為一「類名」，因而亦不只開道德界。它是無限的實體，是生化之原理，因此，同時亦開存在界。

就此兩開而統一於一實體說，我們建立一圓教下的「道德的形上學」（實踐的形上學）——依道德的進路對於萬物之存在有所說明。「道德底形上學」重點在道德一概念之分析；「形上學」是借用，義同於「形上的解釋」，而此等於分解的推演，即說明道德之先驗性。「道德的形上學」重點在形上學，說明萬物底存在。此是唯一的一個可以充分證成的形上學。此獨一的形上學，我們將名之曰「本體界的存有論」，亦曰「無執的存有論」。此將證成「物自身」之確義與實義。

我們將依那道德的同時亦是形上學的絕對實體之自我坎陷而開出「識心之執」（感性與知性）。對於此識心之執本身底超越分解便可含有但不只是康德所說的純粹知性之分解。此將含有兩層：

(1)「識心之執」底邏輯意義，由此說明邏輯、數學與幾何，並

說明在知性底統思中只有「超越的運用」而無「超越的決定」的那些邏輯概念。

(2)「識心之執」之存有論的意義（存有論是現象界的存有論），此即康德所說的「超越哲學」，「純粹知性之超越的分解」。

由此兩層合觀，我們開「現象界的存有論」，亦曰「執的存有論」。在此識心之執所成的「執的存有論」之下，我們確定「現象」之意義：現象是識心之執所挑起或縐起的東西，是有而能無，無而能有的。

依此，我們只有兩層存有論：對物自身而言本體界的存有論；對現象而言現象界的存有論。前者亦曰無執的存有論，「無執」是相應「自由的無限心」（依陽明曰知體明覺）而言。後者亦曰執的存有論，「執」是相應「識心之執」而言。康德所說的「內在的形上學」（現象界的理性物理學與理性心靈學，或現象界的自然學）收攝於「執的存有論」下。他所說的「超絕的形上學」（共三支）則收攝於「無執的存有論」下；但吾人不再分別地言超越的神學、超越的宇宙學（世界學）、超越的靈魂論，而只有一「無執的存有論」。不再分別地言「超越的神學」者，以不須再分別言上帝故，自由的無限心即上帝。不再分別地言「超越的靈魂論」者，以「自由的無限心」即永恆常在故，外此，無別言個體靈魂之必要。不再分別地言「超越的宇宙學（世界學）」者，以無執的存有論即函一超越的宇宙學故。現象底全部由識心之執所挑起，它們可間接地統攝於無限心而為其權用。心外無物。識心之外無現象，眞心之外無物自身。如果識心與現象俱是眞心之權用，則它們皆因依止於眞心

而得到其歸宿以及其必然性。

　　分別言之，只無執的存有論方是眞正的形上學。執的存有論不可言形上學。統而爲一言之，視識心與現象爲眞心之權用，則亦可說是一個「道德的形上學」而含有兩層存有論。道德的形上學不但上通本體界，亦下開現象界，此方是全體大用之學。就「學」言，是道德的形上學；就儒者之敎言，是內聖外王之敎（外王本只就政治說，然同是識心之執層，此書不論），是成德之敎。哲學，自其究極言之，必以聖者之智慧爲依歸。

第三章　展露本體界的實體之道路

I.　詞語底解釋

康德在《純粹理性批判》原則底分析第三章〈分一切對象爲感觸物（法定象）與智思物（本自物）之根據〉中有云：

> 現象（appearances），當它們是依照範疇之統一而被思爲對象時，即被名曰「法定象」（phaenomena）。但是，如果我設定一些東西，這些東西是純然的知性之對象，可是縱然如此，它們卻又能即如其爲純然的知性之對象而被給與於一直覺，雖然不是給與於一感觸的直覺——因此，可說是給與於一智的直覺——則這樣的一些東西即應被名曰「智思物」（noumena, intelligibilia）。

這是第一版中之文。依此文，「現象」即是現於感性主體而爲感觸直覺所直覺者。「法定象」即是法則性的概念（範疇）所決定

了的現象（依範疇之統一而決定之）。此時，現象即應被名曰「決定了的對象」此即是「法定象」。appearances 與 phaenomena，通常皆以「現象」譯之。然旣有此分別，則應以「現象」譯前者，以「法定象」譯後者。「智思物」意即純是知性底理智活動所思之物，旣不現於感性，又不爲範疇所決定，但可即如其爲純然的知性之對象，爲純然的智思物，而給與於一智的直覺中。此種「智思物」乃是本身自在之物，或本來自如之物，故依其義，亦可名之曰「本自物」。

第二版對於此章有所修改，有若干段是改寫了的。此改寫之文中有云：

同時，如果我們名某些一定的對象，當作現象看，曰「感觸物」（sensible entities, phenomena），則因爲我們把那「我們於其中直覺它們」的模式與那「屬於它們在其自身」的本性區別開，所以即在此區別中就函著：我們把這後者（就其自己之本性而考慮之，然而我們不能如其自己之本性而直覺之）或我們把其他可能的東西（這其他可能的東西不是我們的感覺之對象，但只通過知性而被思爲對象），置於與前者相對反之地位，而在這樣置對中，我們名它們〔這後者或其他可能的東西〕曰「智思物」（intelligible entities, noumena）。如是，我們的知性之純粹概念，就這些智思物而言，是否有意義，因而是否能是知之之一途徑，這問題便發生。

　　依照此一段文而言，康德仍是把感觸物與智思物兩者視爲相對反。所謂 noumena 即是「智思物」；所謂 " phenomena " 即是「感觸物」。感觸物就是「當作現象看的某些一定的對象」，依照第一版，就是現象「依照範疇之統一而被思爲對象」。因此，感觸物亦可名曰「法定象」。感觸物是 " phenomena " 一詞之所指（就其所指而言），法定象是其客觀之義（就其客觀之義而言）。智思物包括兩種：一種是就現於感性主體的現象而說它們的在其自己之本性，即屬於它們之在其自己而不給與於吾人的感觸直覺中的那本性，此即康德所隨處說的物自身（物之在其自己）；另一種是指「其他可能的東西」說，此其他可能的東西亦不是我們的感覺之對象，但只是通過知性而被思爲對象。此後一種，康德未明指出其是什麼。然旣列入「智思物」中，我們知其當該是指上帝、不滅的靈魂，以及自由意志等而說。即如人，若自其爲現象的身分看，他就是「感觸物」（法定象）；若自其「在其自己」之身分看，他就是一「智思物」。其爲一智思物是就其「在其自己」說；此時，他是一純智地被思的物。如果設定自由意志時，他本身亦可因是一智思物而爲一「睿智體」（ intelligence ）即一睿智的存在。但是草木瓦石似乎只能依其「在其自己」而說爲一「智思物」，但不復能說其自身爲一睿智體。上帝對人而言，是一智思物；就其自身而言，祂亦是一睿智體。不滅的靈魂亦可如此觀。但是自由意志則只可爲一智思物，其自身不能爲一睿智體，因爲它是就人而超越地被分解出，其自身不能獨立也。因爲有這些不同的分際，所以我們可以綜括地說智思物可包括：(1)物之在其自己，此最廣泛；(2)自由意志；(3)不滅的靈魂；(4)上帝。智思物是 " noumena " 一詞之所指（就其

所指而言）；它亦可引申而轉名爲「本自物」，此是就其客觀之義而言之。「本自物」者本身自在自如之物也，此或就其「在其自己」之身分而定，或就其自身復爲一睿智體而定。

依此，智思物（本自物）可依二義定：一、它不給與於感性主體；二、它爲純智所思之對象。它不給與於感性主體，但可設想爲給與於一智的直覺。但康德認爲吾人無此智的直覺，故「智思物」一詞對人而言只取其消極的意義。

智思物（本自物）成一智思界（intelligible world），此亦可轉語而名爲「本自物界」（noumenal world）。感觸物（法定象）成一感觸界（sensible world），此亦可轉語爲「法定象界」（phae-nomenal world）。

「本自物界」集中而總持言之，亦可曰「本體界」。但我們不能把 "noumena" 一詞直譯爲「本體」。因爲我們通常想「本體」（不是當作範疇看的那個常體）是一，意即形而上的實體。但是在智思界中，即在我們所虛籠地名之曰本體界者中，以什麼爲本體，這在康德的系統中，未曾有決定。他在此，是取散列的態度，是批判地散列的。在他的系統內「物自身」不能是本體；就上帝、不滅的靈魂與自由意志，這三者而言，我們不知究竟誰是唯一的本體。因此，我們尚不能以一元論的實體（本體）觀去觀康德的「智思物」（本自物）。因此，只可虛籠地把它們說爲是「本體界」者，而不能著實地直說爲是「本體」。

現象、物之在其自己、自由、不朽、上帝，這一切，康德是批判地散列之的。

本書是想集中而實化地展露一唯一的「本體界的實體」（nou-

menal reality），即無限心，以證成物之在其自己，在此，物之在
其自己（智思物限於此）不只是消極的意義，而且有積極的意義；
並同時由唯一的「本體界的實體」（無限心）辯證地（黑格爾義，
非康德義）開顯一認知主體以證成「法定象界」。

　　當如此作時，我們即不用「智思物」一詞，而直用本體、實
體、體性、實性、眞實、實有（存有論的實有）等詞，以指謂那唯
一的本體（無限心）。

　　此唯一的本體，以儒家爲準，有種種名：心體、性體、仁體、
誠體、神體、道體、知體、意體（獨體）：此皆是超越的，形而上
的實體。此實體對吾人而言，固亦是一「智思物」，但此詞在我們
的系統內不只取其消極的意義，亦取其積極的意義，即，它可呈現
於吾人的「智的直覺」中。因爲吾人既可展露一唯一的本體（無限
心），即可有智的直覺。「智的直覺」即是那唯一的本體無限心之
自誠起明。此「明」既朗照並朗現物之在其自己，亦反照其自身而
朗現其自身，故智思物不只是一消極之彼岸（此就物自身而言），
亦不只是一設準（此就康德以自由、不朽、上帝存在爲實踐理性之
設準而言）。

　　當吾人展露一唯一的本體無限心時，吾人即不復有自由、不朽
以及上帝存在，這三者之並列。

　　當吾人就唯一的本體、實體、眞實、實有，而說體性、實性
時，此體性、實性亦是超越地形而上的意義的。如吾人說仁體、誠
體、心體、性體等是吾人之體性、實性時，此體性、實性即是吾人
之超越地形而上的體性、實性。當朱子說「物物一太極」，並就此
太極之理而言「枯槁有性」時，此性亦是超越地形而上的性。《法

華經》說：「唯佛與佛乃能究盡諸法實相，所謂諸法如是相、如是
性、如是體、如是力、如是作、如是因、如是緣、如是果、如是
報、如是本末究竟等」。此中的「實相」，如以《般若經》的空如
無性來說，則「如是相、性、體、力、作、因、緣、果、報」九項
都是空如無性的，意即如是這般的相、性、體、力等等都是空如無
自性的，故總結云：「如是本末究竟等」，意即從性相之「本」到
果報之「末」畢竟平等。天臺宗解說「究竟等」是就空而爲等，就
假而爲等，就中而爲等。如是相、性、體、力等等皆是「即空即假
即中」，故即是「實相」也。實相一相，所謂無相，即是如相。只
有佛之一切智、一切種智，乃能就諸法之「如是相、性、體、力等
等」，而究盡其實相。其究盡也，是「差而無差，無差而差」地究
盡之，不是抽象地單究其「無差」也。但是就「如是相、性、體、
力等等」的差別而究之，既可是實相無相地（緣起無性地）究之，
亦可以有相地（執有實性自性地）究之。如果是有相地究之，則如
是這般的相、性、體、力等等，便成「法定象」義的相、性、體、
力等等，此皆是執也。此計執義的相、性、體、力等等便是「軌持
義」的法。軌者軌解，可生物議。持者任持，不捨自性。任何法皆
有其自性，此「自性」顯是計執義、法定象義的自性，因爲因緣生
法皆空無性故。此計執的性、相、體、力等等，即是康德所說由概
念而決定成的。

　　依是，吾人依超越地形而上的體性、實性，而言「無執的存有
論」，即「本體界的存有論」；依計執的、法定象義的（亦即內在
的）性、相、體、力等等，而言「執的存有論」，即「法定象界的
存有論」。前者成眞諦，後者成俗諦。

　　康德是不能圓實地極成這兩層存有論的，即不能證成眞俗二諦的，他只極成了俗諦。他的那個智思界（所謂本體界），就自由、不朽與上帝存在言，是只能作爲「實踐理性之設準」的，他並無「智的直覺」以朗現之。在此，須對「設準」一詞加以解說。

　　康德在《實踐理性批判》序文中有一注語云：

　　　　純粹實踐理性底設準，這「設準」一詞語，設或萬一讀者把
　　　　它與純粹數學中的設準之意義相混時，則它很可以引起誤
　　　　會。在純粹數學中，設準是有「必然的確定性」的。它們設
　　　　定「一種活動之可能」，此活動之對象是早已在理論上〔理
　　　　論地或觀解地〕先驗地被知爲是可能的，而且它具有圓滿的
　　　　確定性。但是，實踐理性底設準卻是依必然的實踐法則而設
　　　　定一對象自身之可能〔即上帝與靈魂不滅之可能〕，因而也
　　　　就是只爲一實踐理性之目的而設定之。因此，此被設定的可
　　　　能之確定性總不是理論的〔觀解的〕，因而亦不是必然的
　　　　〔客觀地決定了的必然的〕，那就是說，它不是就對象而說
　　　　的一種已知的必然性，但只是就主體而說的一種必然的設
　　　　定，即在此主體服從其客觀而實踐的法則上而爲一必然的設
　　　　定。因此，它只是一必然的假設。我對於這種「既是主觀而
　　　　又是眞正而無條件的」合理的必然性，找不到比「設準」一
　　　　詞爲更好的詞語以表示之。

案：此注語非常重要。人多不了解其所說的「設準」一詞之意義，因此，多在設準與公準這譯語上爭講。康德明說「它只是一必然的

假設」,「只是就主體而說的一必然的設定」。如何不可以「設準」譯?譯為設準並不減低它的必然性,譯為公準亦並不增高它的必然性。設準可以把假設或設定底意義帶進內,而公準則是想把它隱沒掉,這反不忠實了。又,說「公準」是想向客觀方面轉,這又把那主觀性隱沒了。然而康德明說它只是一主觀的必然。上帝存在、靈魂不滅、意志自由,其自身當然是客觀的。然而這裡的問題不是分析地講它們自身,而是批判地講如何肯定它們。此注語雖就上帝與不朽說,然而康德在實踐理性底辯證中亦把「自由」視為一設準。自由底地位雖不同,然而此三者皆是實踐理性底設準。說它們是設準,當作設準而肯定之,其中「假設」或「設定」底意義不同於試驗科學中的假設,此後者是可以更替或被推翻的,而它們是不可更替亦不能被拒絕的,因此,它們有必然性。但是此必然性是主觀的,即,是就主體而說的,不是就所設定的對象本身而說的。因此,它們的設定底必然性中所含的確定性,即必然地設定其可能這可能之確定性,「總不是理論的(觀解的 theoretical),因而也就是說不是客觀地決定了的必然的(apodictic)。」 “ theoretical ”一詞,順俗譯為「理論的」,實則此是此詞之引申義,自亦與 “ practical ”(實踐的)相對,然而其原義卻是「觀解的」(知解的),此亦與「實踐的」相對也。在此,說「理論的」,易生誤會,故當就「觀解的」或「知解的」來了解。

　　 “ apodictic ”這個「必然」與 “ necessary ”這個「必然」,雖在解釋上可以後者釋前者,然而在分際上這兩者實有不同。 “ apodictic ”這個必然是就判斷底程度說的。判斷底程度有三:或然、實然與必然。這三者只有關於判斷底系詞(copula),無關於

判斷底內容（量、質、關係是判斷底內容）。它們是估量系詞底程度的。「或然的判斷」（problematic judgements）是這樣的一些判斷，即其中的肯定或否定只被視爲「可能的」（possible，可選擇的 optional）。這是以「可能」釋「或然」，然而我們卻不能把「或然的判斷」說爲「可能的判斷」。「實然的判斷」（assertoric judgements）則是其中的肯定或否定是被視爲眞實的（real）或眞的（true）。然而卻不能以「現實」（actual）說「實然」，亦不能把「實然的判斷」說爲「現實的判斷」。最後，「必然的判斷」（apodictic judgements）則是把「實然的判斷」視爲爲知性底法則所決定者，因而也就是視爲先驗地肯定了的，因此，它們皆表示一邏輯的必然性（logical necessity）。這是以「邏輯的必然」釋 “apodictic”，然而我們卻不能把 “apodictic judgement” 說爲 “necessary judgement”。依此，則判斷底這三個程度就是「或是」（可是）、「實是」與「必是」（定是），因而亦可轉語爲可斷、實斷與定斷。

　　 “necessary” 這個「必然」是泛指一物而言，它與「偶然」相對。同時，它亦可分列於一程度底等級中，如可能不可能、存在非存在、必然與偶然。這些是屬於康德所說的程態範疇（程度等級是屬於程態的，判斷底程度等級亦然）。程態範疇是估量存在物的：在什麼情形下是可能的，在什麼情形下是現實的（存在的），在什麼情形下是必然的。但亦可用於判斷或命題而估量其「值」（value）。如上文說：或然的判斷是其中的肯定或否定是「可能的」。這是說或然判斷底值只是可能的。必然的判斷表示一邏輯的必然性。這是說必是、定是的判斷（必斷、定斷）其值是必然的

（necessary）。但於實然判斷（實斷）處，則不能說其值是現實的或存在的，只能說真的。依此而言，可能、現實（存在）、必然，這一系列與或然（可斷）、實然（實斷）、必然（定斷），那一系列究有不同。前一系列用於存在物，則成為可能不可能、存在非存在、必然與偶然。若用於命題之值，則成為可能不可能、真假（不說存在非存在）、必然不必然（不說必然與偶然）。後一系列則只有關於判斷之係詞，近人講邏輯是很少用這一系列的。

依以上的分別，“apodictic”這個必然（定是定斷）是就一實然的判斷（實是實斷）為知性底法則所決定而言。每一判斷代表一知識。知識之成由於直覺與法則。直覺使此判斷為實然的，法則（概念）使之為必然的。這樣的判斷所代表的知識就是康德所說的「觀解的」（理論的）知識。這樣的知識是客觀地決定了的，也可以說是就所知的對象而客觀地判斷了的，因此，這判斷是必斷、定斷，而所判斷的對象之是如此，其是如此是必是定是，因此，它有「必是定是的確定性」（apodictic certainty）。數學判斷有這樣的確定性，故數學判斷皆是定斷；而數學中的設準亦有這樣的確定性，因為它所設定的一種活動之對象是早已先驗地可能的（在觀解上），而且具有圓滿的確定性。（數學中的設準是預設一種構造活動之可能，在此構造活動中的對象是早已先驗地可能的，因此而可定然地依直覺而被構造，因此，那些設準是構造地置定了的，不能有任何虛歉性）。自然科學中限於經驗界的那些「先驗綜和判斷」，由範疇底綜和統一而成者，亦有「必是定是的確定性」，故它們亦皆是定斷，皆是「觀解的」知識。其中的直覺是感觸的直覺，法則是範疇。故就所判斷的對象說，是客觀地判斷了的，決定

了的。康德所說的知識就是這種觀解的知識，而觀解的知識始有
「必是定是的確定性」（所謂必然的確定性）。這當然是現象界的
存有論的知識，使經驗以及經驗底對象為可能者。這「可能」是有
「必然確定性」的可能。當然經驗知識本身還是經驗的綜和，因此
仍是概然的。但此「概然」底可能有必然的確定性，由先驗綜和而
來者。經驗綜和與先驗綜和就是觀解知識底範圍。

　　但是，在實踐理性底設準方面，如所設定的「上帝存在」與
「靈魂不滅」這兩個肯斷便不是一種觀解知識。因為一，對之無直
覺故（感觸直覺不能及，而吾人又無智的直覺）；二，不能以範疇
思之故（範疇底綜和統一不能應用於其上）。因此，它們不是一種
「必是定是的判斷」；所判斷的對象（上帝與不滅的靈魂）之是如
此亦不是必是定是，即不是客觀地被決定了的，因而亦無「必是定
是的確定性」；它們無「就對象說的已知的必然性」，即是說，它
們本身不是一個客觀地、認知地被建立起的對象，而可以使吾人認
知地、必然地肯斷其是如此者。所以它們之為實踐理性底設準只是
「就主體說的一種必然的設定，其為必然是在主體之服從其客觀而
實踐的法則這服從上而為必然的。因此，它們只是一必然的假
設」。這個「必然」是從主體說，不是從對象說；它含有必須、必
要的意思；即使說「然」，亦是主觀需要上的「然」，而不是客觀
的定然。因此，這個「必然」是主觀的必然，雖亦是真正而無條件
的必然。

　　所謂「就主體說」，甚至「就主體之服從其客觀而實踐的法則
說」，這都是籠統的說法。其實是就充分而完整地實現道德法則
說，我們設定靈魂不滅，設定一無限的延續；就實現道德法則所決

定的意志之必然對象即最高善（圓善，德性與幸福之合一）說，吾
人肯定上帝存在。這就是康德注語中所說的「依必然的實踐法則而
設定一對象本身（上帝與靈魂不滅）之可能，因此，也就是只爲實
踐理性之目的而設定其可能」。此就是「就主體」說的「設準」之
意義。

可是這兩個就主體說的設準，其中心關鍵還是在「自由」一設
準。意志底自由雖由道德法則而顯露，然而它仍是一「設準」。它
仍不是就對象本身而說的一種「已知的必然性」，它不是一種觀解
的必然，它不是客觀地、認知地被斷定了的，因爲吾人對之無直覺
（感觸直覺不能及，又無智的直覺以及之）。因此，它仍是主觀地
就實踐理性之道德法則之必須如此這般而被肯斷，即在實踐上邏輯
地逼迫着吾人必須肯斷意志是自由的，否則無條件的道德法則無由
建立。但此種肯斷並不表示吾人對於自由的意志本身已能直覺地知
之，因而可以客觀地、認知地肯斷其是如此。因此，這種肯斷底必
然性不是就意志本身而說的一種「已知的必然性」，其確定性亦不
是客觀地、認知地「必是定是的確定性」。那就是說，「意志自
由」是一個「不能直覺地被建立」的概念。可是它是理性底全部系
統底「拱心石」。

康德在《實踐理性批判》序文中曾扼要地說明自由之概念與上
帝以及不朽那兩個概念之關係：

> 只要當自由之概念之實在性因著實踐理性底一個必然的法則
> 而被證明時，則它即是純粹理性底全部系統之拱心石，甚至
> 也是思辨理性底全部系統之拱心石，而一切其他概念（如上

帝之概念以及不朽之概念），由於是純然的理念，它們在思辨理性中是無物以支持之的，然而現在它們附隨於這自由之概念，並因此自由之概念而得到其穩固性與客觀的實在性；那就是說，它們的可能性是因著「自由實際地存在」（實有自由）這事實而被證明，因為自由這個理念是為道德法則所顯露。

但是，自由是思辨理性底一切理念中我們能先驗地知其可能性的那唯一的一個（但是卻沒有理解它），因為它是我們所知的道德法則之條件。〔康德在此有底注云：我在此說自由是道德法則底條件，此後在正文中我又說道德法則是「我們在其下能首先意識到自由」的條件。我怕人們覺得不一致，所以我只簡單地說：自由是道德法則底成立（或存在）之根據（ratio essendi），而道德法則是自由底認知之根據（ratio cognoscendi）。因為設道德法則不曾早已清楚地在我們的理性中被思想，我們決不能認為我們自己在預定自由這樣一個東西中為合法，雖然這並不是矛盾的。可是設無自由，那必不可能去在我們心中追尋道德法則。〕

但是，上帝與不朽之理念卻並不是道德法則之條件，但只是為此法則所決定的意志底必然對象（最高善）之條件，即是說，是我們的純粹理性之實踐的使用之條件。因此，關於這些理念，我們不能肯定說：我們知道了並理解了它們的可能性，我不要說我們知道了並理解了它們的現實性，甚至它們的可能性，我們亦不能肯定說我們知道了並理解了。但是，它們是這道德地決定了的意志之應用於其對象之條件，此對

象是先驗地給與於意志的,此即「最高善」〔圓善〕是。結
果,在這實踐的觀點中,它們的可能性必須被認定,雖然我
們不能理論地〔觀解地〕知之而且理解之。要想證成這種認
定,只要它們不含有內在的不可能〔矛盾〕,這在一實踐的
觀點中便已足夠。在這裡,當論及思辨理性時,我們所有的
是關於「同意」底一個只是主觀的原則,但是在一同樣是純
粹的但卻是實踐的理性上,這「同意」底主觀原則卻亦是客
觀地妥實的,而此原則,因著自由之概念,給上帝與不朽之
理念以客觀實在性與合法性。不,在去認定它們上,實只有
一主觀的必然性(純粹理性底一種需要)。縱然如此,理性
底觀解知識並未因此而擴大,但只是一可能性被給與,這可
能性以前只是一「問題」,而現在卻變成了一「肯斷」,而
這樣,理性底實踐使用即與觀解理性〔理論理性、知解理
性〕底成素相連繫。而這個需要不是思辨底隨意目的上的一
個純然假設的需要(即如如果我們想在思辨上去把理性帶至
其最高限,我們必須認定某種東西,這種認定便是思辨底隨
意目的上的一個純然假設的需要),但卻是這樣一種需要,
即,這需要它去認定某物是有「法則」底力量去認定之的,
這所認定的某物,若沒有了它,則我們所必須不可免地〔不
可更變地〕要置之於我們面前以為我們的行動之目的的那個
東西〔最高善〕便不能達成其所是。

以上的譯文是根據阿保特(Abbott)底英譯而譯,略參照美人拜克
(Beck)的近譯。文中的意思,我們注意:⑴自由,因為它是道

德法則底條件（存在或成立底根據），所以我們能先驗地知其可能，但卻不能理解之。所謂「不能理解之」，意即對於它無「觀解知識」。因爲吾人對之無直覺故。因此，它終於是實踐理性底一個設準，而並不是一個觀解知識，因而它亦無客觀地、認知地必然確定性。(2)關於上帝與不朽，它們不是道德法則底條件，但只是道德法則所決定的意志之必然對象（最高善）之條件，所以甚至其可能性，不要說其現實性，我們亦不能肯定說我們知道了並理解了。即是說，它們的可能只是實踐理性底一種需要，這需要上的可能，一種只有「主觀必然性」的可能，而並不是一種可以客觀地、認知地知之並理解之的可能。依此需要而予以實踐的、主觀的認定，這認定是主觀地必然的。這種必然，即使是主觀的，在思辨理性上亦不能有。因此，康德說「以前只是一問題，而現在卻變成了一肯斷」。但是，須知此「肯斷」亦是就主體而說的有「主觀必然性」的肯斷，而不是就上帝與不朽本身而說的客觀的肯斷，即不是一個「有客觀的、認知的必然確定性」的肯斷。

以上所注意的兩點復見之於《實踐理性批判》正文分析部第三章末〈純粹實踐理性底分析之批判的考察〉中：

　　恰當地說，因爲在純粹思辨理性底一切理念之間，單只是自
　　由之概念它大大地擴大了我們的超感觸物之領域方面的知
　　識，雖然其所擴大者只是我們的實踐的知識，所以我問我自
　　己：爲什麼單只是這自由之概念始專有如此大的收穫，而別
　　的理念〔如上帝與不朽之理念〕卻爲純粹知性底只是可能
　　的諸存有而指派一虛空的空間〔空的地位〕，但卻不能以任

何方法去規定它們底概念？我現在即刻見到：因為我不能無範疇而思考任何東西，所以我必須首先為我現在所要討論的理性底自由之理念尋求一範疇；而此範疇就是因果之範疇；而雖然自由這一理性底概念，由於是一超絕的概念，它不能有與之相應的任何直覺，可是知性底概念，即因果之概念，卻必須有一「早先已給與於它」的感觸直覺，而因著這感觸直覺，它的客觀實在性始首先被保證了的（自由所以是一超絕的概念，是因為在知性底因果概念之綜和上，理性底自由之概念要求一無條件的綜和，此則沒有任何直覺可與之相應）。

現在，一切範疇可被分成兩類：一類是數學的，此類範疇關論對象底概念中的綜和之統一；另一類是力學的，此類範疇則涉及「對象底存在」之概念中的綜和之統一。〔案：「對象底概念」是指對象底量概念或形式概念而說，此是就時空所直接地表象的而說的。「對象底存在之概念」是指關係概念如因果、交互、持久等概念而說的，因為此等概念是關於對象之「存在」的。〕前者〔關於量與質的那些範疇〕總是含有一種「齊同者」〔即齊同單位〕之綜和；而在此種綜和中，想去發見這無條件的以先於那當作空間與時間中的有條件者而被給與於感觸直覺中者而存在，這是不可能的，因為這所想去找到的無條件者其自身必亦要隸屬於空間與時間，因而它必仍然又是有條件的。因此，在純粹觀解理性底辯證中，便形成這結果，即：達到「無條件者以及條件之綜體」底那兩相反的方法〔路數〕雙方皆是錯誤的。第二類範疇

〔關於因果以及關於一物之必然性的那些範疇〕不需要這齊
同性〔即綜和中有條件者與條件底齊同性〕，因爲在這裡我
們所要去解釋的並非這直覺如何從其中的雜多而被組合成，
而只是與直覺相應的那有條件的對象之存在如何被加到這條
件底存在上去〔即是說，在知性中，當作與條件底存在相連
繫而被加到這條件底存在上去〕；而在這情形中，去在超感
觸的世界中設想這無條件的以先於感覺世界中那全然是有條
件者〔即就事物之因果連繫與偶然存在這兩方面而爲有條件
者〕，並且去使這綜和成爲超絕的，這是可允許的，雖然這
所設想的無條件者是停在不決定的狀態中。因此，在純粹思
辨理性底辯證中，已見到：去爲有條件的達到這無條件者底
那兩個顯然相反的方式〔路數〕並不眞是矛盾的（所謂「爲
有條件的達到無條件的」，例如，在因果底綜和中，去爲在
感觸世界底原因與結果底系列中之有條件者思議一個沒有感
觸條件的因果性便是），並且已見到：同一活動，由於屬於
感覺世界，它總是感觸地有條件的，即是說，總是機械地必
然的，然而由於它又是那屬於超感觸世界的活動的存有之因
果性，它同時又可以從一不是感觸地有條件的因果性中被引
生出來，而因此，結果它「可以」被思議爲是自由的。
現在，這唯一成問題的便是把這「可以是」〔可是〕變成
「實是」〔案：意即把可是自由的變成實是自由的〕，那就
是說，我們在一現實的情形中，好似事實上，就能夠去表示
某一些活動函蘊著這樣一種因果性〔即理智的，感性地無條
件的因果性〕，不管這些活動是現實的，抑或只是被命令著

的，即只是在實踐意義上而爲客觀地必然的。我們不能希望
在那當作感觸世界底事件而現實地被給與於經驗中的諸活動
中去找到這種連繫，因爲具著自由的因果性必須總是在感覺
之世界以外而在智思底世界中被尋求。但是，感覺底事物是
那唯一可提供到我們的知覺與觀察上的。〔拜克譯：但是，
那不是感觸的東西不能給與於我們的知覺與觀察上。〕因
此，只有去找出一個排除一切感觸條件的那不可爭辯的客觀
的因果原則，除此之外，再沒有什麼可以留存下來。所謂不
可爭辯的客觀的因果原則就是這樣一個原則，即：在此原則
中，理性不再進一步訴諸某種別的東西以爲它的因果性之一
決定的根據，但只因著那個原則，它本身即含有這決定根
據，因此，在此原則中，它作爲純粹理性，其本身就是實踐
的。現在，這個原則不需要去尋求，亦不需要去發明；它早
已存在於一切人的理性中，而且已組合於他們的本性中〔而
且已具體表現於他們的存有中——拜克譯〕。此原則就是道
德底原則。因此，那個無條件的因果性，連同著此因果性底
機能，即自由，不再只是**不定地**〔不決定地——拜克譯〕而
且**或然地被思想**（這樣被思想，思辨理性亦能證明其爲可行
得通的），且就著它的因果性底法則說，它甚至是**有定地**
〔決定地〕而且**實然地被知道**；而且即因著這自由（連同著
它的無條件的因果性），一個存有（如我自己）屬於感覺世
界者同時亦屬於超感觸的世界，這一點亦是積極地**被知的**，
而這樣，這超感觸的世界之實在性即被建立起，而且在實踐
方面是有定地被給與了的，而這有定性〔決定性〕，它在觀

解的目的上必應是**超絕的**，現在在實踐的目的上，它卻是**內在的**。

但是，就那第二個力學的理念，即一必然存有之理念，說，我們不能作成這同樣的步驟。〔案：前言第二類範疇是力學的。其中因果範疇是第一個，一存有底必然性之範疇是第二個。順因果範疇而來的自由之理念是第一個力學的理念，順存有底必然性之範疇而來的必然存有之理念，即絕對存有或上帝之理念，是第二個力學的理念。又因果範疇是屬於關係範疇的，必然性一範疇是屬於程態範疇的。四類範疇分成兩類，一為數學的，此在辯證中形成第一、二背反；另一為力學的，此在辯證中形成第三、四背反。〕

設無第一力學理念之助，我們不能從感觸世界升到這第二力學理念。因為如果我們試想這樣去作（即無第一理念之助即去從感觸世界升到第二力學理念），則我們一定要冒險去離開那一切給與於我們者之界限而縱跳於那無物以給與於我們者，此無物以給與於我們者能幫助我們去作成這樣一個超感觸的存有與感覺世界之相連繫（因為必然的存有必是當作在我們之外的所與而被知）。可是另一方面，在關聯於我們自己的主體中，這種連繫是完全可能的，此則甚為顯然，只要當一方面我知道我自己是一智思的〔超感觸的〕存有，此存有是藉著自由而為道德法則所決定，而另一方面，我又知我自己是〔依照這種決定〕而活動於感覺世界中。單只是這自由之概念它能使我們不須走出我們自己之外便能為這有條件的以及感觸的東西去找到這無條件的以及智思的〔超感觸

的〕東西。因爲就是我們自己的理性，它藉賴著這最高而無條件的實踐法則，它知道：它自己以及意識到這法則的那個存有（即我們自己的人格）是屬於純粹的知性世界的，而且進一步它規定出「它所依以能即如此而成爲行動的」那樣式或路數。〔案：詳細說出，是如此：理性它能規定出一個樣式，在此樣式中，它如其爲屬於純粹的知性世界那樣而能夠即是行動的，意即它即能是實踐的。這路數或樣式是什麼呢？即以形式的決定原則，非材質的決定原則，來決定意志，這個路數。它即依這個路數而能成爲實踐的，人亦在這路數中始見其爲屬於超感觸界的。〕

這樣，在理性底全部機能中，爲什麼單只是這實踐的理性能幫助我們去越過這感覺界，而且給我們「一超感觸的秩序與連繫」之知識，這是可被理解的。但是須知這種「超感觸的秩序與連繫」之知識，亦正因此故，其被擴展不能超過（或多過）「其在純粹實踐的目的上爲必要」而被擴張。

案：以上譯文，原文爲一整段，今略分之。文中的意思，就與我們所討論的「設準」一詞有關者而言之，我們所注意的是：單只是自由之理念能擴展我們的超感觸界方面的知識。然而這知識卻只是我們的實踐的知識，仍不是觀解的知識。因此，自由之理念，在思辨理性處，它只是「可是」，而在實踐理性處，通過道德底原則，它變成「實是」。但是，這「實是」仍不是客觀地、認知地被肯斷的「實是」，因爲吾人對意志自由無任何直覺故，因此，它仍只是一有主觀必然性的設準。它是由道德法則而逼顯的。它之爲「實是」

還仍只是主觀地實踐地「實是」。因此，它在思辨理性處「只是不定地而且或然地被思想」，在實踐理性處它是「有定地而且實然地被知道」。這「實然地被知」亦仍不是客觀地觀解地被知。因此，嚴格講，它實不能被知而成為一種觀解知識。這「實然地被知」只是實然地被意識到。依《純粹理性批判》第二版的〈超越推述〉中所說及者而言，被知與被意識到是有不同的。「被知」必須有直覺，感觸直覺或非感觸直覺。因此，因著自由之理念，超感觸的世界之實在性已有定地被建立，被給與，此「有定地」所表示的有定性（決定性），在觀解上原是「超絕的」，而今在實踐的目的上，則是「內在的」。此所謂「內在的」亦不是觀解知識的，而是在實踐的目的上而為內在的。

以上所說的(1)實是，(2)有定地而且實然地被知，(3)超感觸界底實在性之有定地或決定地被建立，這決定性之為「內在的」，這三點是就「自由」而說的，俱當就實踐理性之需要去理解，不當就觀解知識去了解。自由尚且如此，上帝與不朽更不待言。即依以上的簡別，康德遂視自由、不朽與上帝，這三者為純粹實踐理性之「設準」。「設準」云者無直覺以朗現之之謂也。若想使此「設準」與數學中的「設準」區別開，吾人可名此後者曰「構造的設準」，名前者曰「非構造的設準」。

吾人依中國的哲學傳統，承認吾人可有智的直覺。如是，自由不是一「設準」，而是一朗現。它既是一朗現，吾人亦可說它有客觀地必是、定是的確定性。但此確定性不是觀解知識的，因為它不是以感觸直覺為支持點的，亦不是如數學知識那樣以就時空單位而說的純粹直覺為支持點；因此，「意志自由」一肯斷亦不是可以經

由綜和而被構造的，因為有感觸直覺給與以經驗雜多，或有純粹直
覺給與以純粹雜多，始可言綜和構造，而智的直覺無雜多，亦不使
用概念，所以亦不可言綜和構造。智的直覺之知不是觀解知識，吾
人可名之曰「智知」，而觀解知識則是「識知」。它雖不是觀解知
識，然而它所朗現的自由仍是客觀地、智的直覺地被肯斷了的。這
個「客觀地」所表示的「客觀性」與智的直覺之主觀活動是一，乃
是即客觀即主觀的，即主觀即客觀的。因為智的直覺就是一種無限
心底作用。自由的意志就是無限心，否則不可說「自由」。智的直
覺就是無限心底明覺作用。吾人說智的直覺朗現自由就等於說無限
心底明覺作用反照其自己而使其自己如如朗現。因此，智的直覺之
主觀活動與其所照的其自己之為朗現之客觀性是一。這裡無真正的
能所之對偶，只是一超然的大主之朗現。因此，自由是客觀地被肯
斷的，它有必是、定是的確定性，自其本身而言的客觀的必然性，
它不只是對於我們為一彼岸的冥闇的「設準」。在康德，自由縱使
我們通過道德法則而可以清楚地意識到它，吾仍說它是一個冥闇的
彼岸──無智的直覺以朗現之，它就是冥闇，冥闇就是彼岸，不真
能成為「內在的」，雖然康德可以說它在實踐的目的上而可為內在
的，這其實是一種「虛的內在」。

　　自由既是無限心底必然屬性，而無限心又可以朗現，則除「自
由」外，不能再有並列的上帝與不朽，因為無限心不能有二故。只
要一承認智的直覺，則不能有三個理念。

　　又，只要一承認智的直覺，則吾人雖客觀地肯斷了自由，然仍
可說並未擴大了我們的觀解知識，因為這只是在「識知」以外，開
闢了「智知」，並未擴大「識知」。識知所知的仍只是現象。康德

只承認一種知識，一說知就是「識知」。識知不能及於本體界。因此，若說於本體界有所知，他便以爲是擴大了識知，因此，他便很快地加以聲明說，所擴大的不過是「實踐的知識」。然而他所說的「實踐的知識」實只是虛說，這實不是知識，既非「識知」，亦非「智知」。吾人承認智知，但並未擴大識知。於本體界，不知則已，一知便是智知。智知當然亦是實踐的，但不是康德所說的「實踐的知識」，因爲在他，「實踐的知識」實不是知識，而只是冥闇故。

　　以上由詞語底解釋顯出吾人所以與康德不同的主要界線只在承認「智的直覺」一點。此表示吾人是要順康德而向前推進一步以朗現本體界。

II.　由道德的進路展露本體

II.1　道德的進路

　　人所首先關心的是自己的行爲、自己的人品。吾人只應由道德意識直接來顯露道德實體，不必如康德那樣通過一因果範疇來思考「自由之理念」。因爲這樣，我們是首先爲一知識之概念所限制，由此限制，進而步步解剝，亦不過只剝得最後說自由是實踐理性之設準。道德意識是一個「應當」之意識。這「應當」是「存在的應當」，不是泛說的一個知解的概念。它是一個人當下自己負責的「應當」。道德意識中「存在的應當」之決定就是一個「道德的決定」。對於道德的決定作一超越的分解，同時，亦即是存在的分

解，就是要顯露一「道德的實體」以使此道德的決定為可能。存在的、超越的分解不是對於浮泛的（孤零零）"Dasein"作一存在的分析，成一 Dasein 底現象學或存有論，如海德格之所為。海德格底系統中是沒有道德意識的。現象學是純知識的，我們將攝之於「執的存有論」中，即「現象界的存有論」中；存有論如真成其為存有論，必開「執的存有論」與「無執的存有論」之兩層而後可，而此是不可能離開道德意識的。

直承道德意識而來的「存在的應當」之決定，若剝落一切，打開混沌，它便直接是來自「良知」底決定，並不來自任何別的處。由此，吾人直接說「慎獨」。「無聲無臭獨知時，此是乾坤萬有基」。因此，我們由「存在的應當」之決定直接展露一超越的、道德的實體。此實體，我們直接名之曰知體、心體或性體。意志自由即在此知體、心體或性體處說，亦可以說它即是此知體、心體或性體之本質的屬性。

知體是就良知明覺說，良知本身就是體。心體是就此良知明覺即是吾人之「本心」說，此本心本身就是體。性體是就此知體、心體就是吾人所以為道德的存在之超越的根據，亦即吾人所以能引生德行之「純亦不已」之超越的根據而說。「性」者所以能起道德創造之理也，此是字面底意思。此性本身就是體，故曰「性體」。此性體是通過知體、心體而被了解的。故性體是客觀地說，知體、心體是主觀地說的。此兩者是一。

Ⅱ.2　由知體之為道德的實體開道德界

A. 知體之主觀的意義與客觀的意義並與康德所說的 「良心」相比較

此知體同時是道德的實體，同時亦即是存有論的實體。

自其爲道德的實體而言，它是道德底超越根據，即引生德行之純亦不已底超越根據，由此開道德界。自其爲道德底超越根據而言，它是道德底主觀根據，同時亦即是道德底客觀根據。它是道德底主觀根據，是就其知是知非說。它是道德底客觀根據，是就它的知之明覺即能給吾人決定一方向，給吾人之行爲決定一道德法則（無條件的命令）而說。良知不只是知外在的是非或善惡，而且它的知之明覺即能決定吾人之所應當爲與所不應當爲，因而即給吾人決定一道德法則。自前者而言，它是智地認知的感受力；自後者而言，它是自發自律的實體性的理性，即在其明覺之獨感（創發性的感）中的理性。只因它是獨感中的實體性的理性，它始有那智地認知的感受性。

自其智地認知的感受性而言，它同於康德所說的「良心」（conscience）。康德說良心是道德底主觀根據，是感受義務這感受性（susceptibility）底主觀條件，而不是道德底客觀條件；它是人心中的內部法庭，是知是知非者，是一根源的理智的而亦是道德的能力（original intellectual and moral capacity），是一個人在上帝面前負其行爲之責底主觀原則（參看《道德學底形上成素・引論》，XII 及 XVII，阿保特譯）。依康德，道德底客觀條件是理性底道德法則，無條件的命令。依此法則而行是義務。義務有強制性與必然性，不管你願意不願意。這是理性底事。但是良心則只是

「心之感受這義務」，這感受性底主觀條件，「它是心之感受的、先在的，但卻亦是自然的能力」。心爲義務之觀念所影響，它自然地有此感受性。一個人若無此良心，他不能被強迫著非去得到它不可。因此，人之有良心不能被看成是一義務，即不能必然地責成你去有它。但每一人卻自然地有之。因著此良心，一個人可被帶至於義務之下。因此，人之良心，要有即是自然地有，要沒有，也無辦法去令他有。就其有之爲自然地有而言，我們之意識到它，此意識不是經驗起源底意識，但只是依據一道德法則之意識而來，其來也是當作道德法則之影響於心而有的一種結果來看，即因著道德法則之影響於心，我們即有良心之意識。道德法則是先驗的，不是經驗的，因此，良心之意識亦不是經驗地起源的。就此而言，良心是自然地先在的、本有的。然而它卻不是理性，它亦不是道德法則之根源。因此，它之爲先在的（先行的 antecedent）亦不是理性上之先在的（先驗的 a priori）；它亦不是超越的，它似是內在地現實的；它似是廣義地說的材質的，而不是形式的；它在存有上似乎亦是屬於朱子所說的「氣之靈」的，因此，它是形而下的，不是形而上的（依康德的詞語說，不是超越的）。但它的起源既不是經驗的，所以它的感受性之能力亦是「理智的」（康德名之曰「根源的理智的而亦是道德的能力」），不是「感性的」（pathological）。

康德論心只是如此。在此，他似是與朱子爲同一型態，仍是析心與理爲二的。但又有與朱子不同處，因爲他又講意志底自由自律，這雖然只是一設定，然而他究竟是在此設定處講自由自律，而朱子所講的理卻是通過格物不自覺地轉成存有論的理，因而亦不自覺地轉成他律道德。可是康德雖講自由自律，而並未意識到「意

志」亦正是我們的心之本質的作用。他是只從理性看意志的，而不知意志亦是心，因此，心遂傍落，下落，而只爲一「感受的能力」（sensitive capacity）。這樣，良心不是道德底客觀條件（客觀根據）；它雖可以感受義務，把人帶在義務下，但它不能決定義務，因爲它不是理性。義務底決定是來自一個不能朗現而只是一設準的自由意志，而於自由意志又只說理性，不說心，如是，義務底實現不能有客觀必然的根據，因爲心始有活動性，即實現之之能力。理性必然地決定一義務給吾人，而又無心之活動義以必然地實現之，則理性只是懸置的形式義的理性，而非具體地呈現的理性。只作爲「感受的能力」看的良心又只能感受義務，既不能決定義務，亦不能必然地實現那「彼對之不知其來歷，對其來歷爲冥闇」的義務。道德法則以及其所決定之義務理上自必來自自由自律，但亦只是理上知其是如此而已，良心對於那個自由自律的意志仍是冥闇也。良心本身雖無對錯（康德說無「錯誤的良心」這會事），然而它不能保證它所注視的義務究是否是自律的，甚至究是否是一義務（康德說它在客觀判斷方面有時會錯）。這樣一來，道德弄成搖擺不定的、疲軟無力的、形式虛懸的。

　　順孟子下來的象山與陽明，在此問題上，有其凸出處。良知明覺自具有康德所說的「良心」之意義與作用，但它不只是一「感受的能力」，它同時亦是道德底客觀根據。它是心，同時亦是理。這樣，道德始能貞定得住，而又是挺拔有力的，而又可以具體實現的。我們可就康德的分析，再作進一步的分析，把這「心理是一」底概念作出來。

　　我們可以把康德所說的「良心」，即已落下來而爲內在地現實

的感受能力者，看成是那本具有心義（是心底本質作用）的超越的形式的自由意志所投映下來的影子，不是一個獨立的，屬於「氣之靈」的自然的感受的材質能力。只因把它看死了，乃成為如此。如果它既是投映下來的影子，它即可以再返回去而歸於那超越的、形式的自由意志；而那自由意志原本亦就是心之本質的作用。如是，其示現為良心而感受義務只是其作用之一相：只是它自己感受它自己所決定的義務。如是，良心上提而與自由意志為一，它是道德底主觀條件同時亦即是其客觀條件。此時之良心不再是材質的，而同時亦是形式的，因為它就是理性。它同時是心，同時亦是理。因此，它不再是與超越為對的只是形而下的，只是「氣之靈」的。只有這樣的「心理為一」，智的直覺始可能。因此，自由意志不只是一設準，而且是一朗現；不只是超絕地虛懸的，而且是具體地朗現地內在的（康德所說的在實踐的目的上為「內在的」，這「內在」並無用，徒有其名，無其實）。

依康德，不但是良心是一種感受的能力，道德的情感、愛人之「愛」以及「尊敬」，俱是心之感受之情。康德論道德情感如下：

> 道德的情感是對於樂或不樂的感受，這樂或不樂是只從我們的行為之合或不合於義務之法則這合或不合之意識而來者。現在，選擇意志底每一決定是從一可能行為之觀念通過對此可能行為或此可能行為之結果感興趣而生的樂或不樂之情，而進到實行；而在此，這感受的狀態（內部感覺底感應）或是一感性的情感，或是一道德的情感。前者是「先於法則之觀念而有」的一種情感，而後者則是隨從法則之觀念而來

者。

現在，想去有一道德之情，或想去獲得它，這並不能算是一義務；因為一切責成（即責成我們必須去行之責成）之意識皆預設這種情感以便使一個人可以意識到那藏於義務之觀念中的強制性；但是，每一人（當作一道德的存在看）皆本有此種情感；如是，責成只能擴展到對於此道德情感底培養與加強，甚至因著讚歎其不可測度的根源而培養之與加強之；而這種培養與加強是因著以下之指明而可以被作成，即指明：如何恰因著純然的理性之概念那道德情感可以強烈地被引起，其被引起也，是依其自己之純淨性並離開每一感性的刺激而被引起；去名這種情感曰「道德感覺」（moral sense），這是不恰當的；因為「感覺」（sense）一詞一般地說來是意謂一種指向於對象的知覺之觀解的能力；而道德情感（如一般說的樂與不樂一樣）則只是某種主觀的東西，它不能提供任何知識。

沒有人是完全無道德情感的，因為如果他對於這種感覺是完全地無感受的，他必在道德上是死亡的；以物理學家底詞語說，如果道德的活力不再能在這種情感上產生任何結果，則他的人之為人的人性必解體（就如依化學的法則而化解）而成為純然的動物性，而且不可復返地與其他物理的存在之質量混化而為一。但是我們在為（知識上的）真理而有的感覺以外，卻並無一「特種的感覺」以為道德的善惡而有，雖然這樣的詞語常被使用；但是我們對於為純粹實踐理性以及其法則所推動者卻有一種屬於自由選擇意志底感受性；而就是

這感受性我們名之曰道德情感。（《道德學底形上成素·引論》，XII。）

普通在認知的感覺以外，設想一種「道德的感覺」，以備認知地知道德上的是非善惡。這是類比知識上的是非之認知機能而設想一種道德上的善惡之認知機能。康德說：「感覺一詞，一般地說來，是意謂一種指向於一對象的知覺之觀解的能力」。我們並無一「特種感覺」以為道德上的善惡之認知機能。我們只有一種道德情感，「而道德情感只是某種主觀的東西，它不能供給任何知識」。它只是道德法則影響於心而生的一種心之「感受的狀態」，亦可以說是「自由的選擇意志之感受狀態」。此感受狀態從道德法則而來，並不先於道德法則而有，因此，它是純淨的、實踐的、道德的情感，並不是由於感性的激動而生的「感性的情感」。感性的情感是「隨軀殼起念」（陽明語）而生的情感，它所感興趣的行為或行為之結果並不是為法則所決定，而是為經驗對象或由於估量利害而被決定，因此，它是先於道德而有的，因而亦不是道德的情感。吾人由於有道德的情感，始有尊敬法則之「尊敬之情」。道德法則是唯一的動力。它推動我們的現實的選擇意志而使此意志對之有尊敬之情，此就是道德的情感。此道感之情亦如良心一樣，是每一人（當作一道德的存在看）所本有的；我們不能被命令著去有之，或去獲得之，只能培養之與加強之。

但是，康德並不認為此道德的情感是道德底客觀條件，即，它不是法則底成立之根據，反之，法則倒是它的現起之根據。這也是「心與理不能是一」之義。但是，我們在此亦可如在良心處那樣，

把這純淨的、本有的道德情感視作那作為心之本質的作用的自由意志之所透映，透映下來而成為這種純淨的感受。既是透映下來，亦可以返回去而與那自由自律的意志為一。此時，它不只是處於被動的狀態而為一種感受之情，而卻是主動地亦就是一種「道德的覺情」。此時，我們不是從「被動的感受」說情，而是從「主動的覺」說情。這也許更是" moral feeling "一詞之恰當的意義。因為這種情，康德雖從被動的感受說，但這被動卻不是感性的被動，說被動者只是為法則所影響而已。它既是每一人所本有的，而又不是感性地被激動的，它本有主動義。它為法則所影響而為被動，這只是其一相而已。只有當把它定死了，它才只是如此。若知它是自由自律的意志之所投映下來而然，則返回去便恢復其主動性。它所感受的法則即是它所自立的法則。因此，它不只是一種感受的情，而且就是一種「覺情」。此時，它是即主觀即客觀的。它是主觀的，此即康德所說的「它只是某種主觀的東西」之主觀；它是客觀的，因為此時它就是法則之源。就它是主觀的而言，它是感受法則或義務這感受底主觀條件；就它是客觀的而言，它同時亦是道德底客觀條件。此時，它即應當被說為「覺情」，而不應當說為只是感受之情。它是一個實體性的覺情。孔子由「不安」說仁，孟子由不忍之心或惻隱之心說仁，就是這樣的一種覺情，是即心即理的。諸葛亮說「惻然有所覺」，即是這覺情之覺。程明道以不麻木說仁（此即函以萬物一體說仁），謝上蔡承之，復以覺訓仁，亦就是這樣一種覺情。至王陽明以精誠惻怛說知體明覺，亦仍是這樣一種覺情。這覺情是即心即理，即明覺即法則的，故是實體性的覺情。只有當把康德所說的道德情感復原為覺情，自由才不只是一設準，而是一朗

現。蓋亦正因此覺情，智的直覺始可能故。康德未達此境，故他的
思想是朱子與陽明之間的一個形態。

B. 康德對於其所設定的「自由」之分析未能盡其義
以及其不穩定性

我們把康德所說的「良心」與「道德情感」復原爲實體性的覺
情，即，陽明所謂知體明覺，以使心與理一，這一進一步的構想是
一重要的關鍵。這一進一步的構想雖以儒家爲標準，然而即就康德
所說的意志之自由與自律即可分析出。一般說的而未加以限制的意
志是一般說的心之本質作用之一；而自由自律的意志亦必須是這實
體性的覺情之心之本質的作用之一。因此，一說自由自律的意志必
函心理是一，這是一個分析的命題。自由自律的意志是當下即明覺
即法則的；而自由就是這實體性的覺情之自發與自律，獨立不依於
任何外在的對象而即可給吾人決定一方向；實體性的覺情即含一智
的直覺之可能，因此，它自身必是一呈現；它既是一呈現，則自由
當然亦是一呈現。這些都是「自由自律的意志」一概念之輾轉引
申，因此都是分析的。這樣分析地視之，則其爲自由不是一設準，
而是一呈現。

但是康德說自由自律的意志卻甚不穩定；因此，其爲自由，雖
是一必然的設準，然而亦仍不穩定，即，縱使作設準看，此設準意
義的自由本身亦不穩定，且不要說直覺地呈現之。這是因爲以下的
緣故而然。

(1)他並未於自由自律的意志點出「心」字，他只視之爲理性。

他只於他所說的良心與道德情感處說心，並不于自由意志處說心。但是自由自律的意志固是理性，然而亦必然地函著「心」義，它豈只是理性耶？這亦如朱子說仁只是理、道，而不是心。然而仁必然地亦函著是仁心。孔子由「不安」指點仁，這明明表示仁亦是心（不安之心），豈只是理與道耶？朱子如此說，只是名言習氣之忽略，非仁之實本如此。康德於自由意志只說是理性，亦然。

(2)康德說「自由是道德法則底成立（或存在）之根據，道德法則是自由底認知之根據」（《實踐理性批判》序文中注語）。又說：「設想單只格言之純然的立法形式是意志底充足決定原則，試找出單為此純然的立法形式所決定的意志之本性」。彼於此答曰：「如果除那普遍的立法形式外，沒有其他的決定原則能夠為意志充當一法則，則這樣的一種意志必須被思議為完全獨立不依於現象相互關係間之自然法則的，即是說，獨立不依於因果性之法則的；這樣的一種獨立即叫做是最嚴格意義的，即超越意義的自由；結果，一個意志，它若除在格言之純然的立法形式中有它的法則外，不能在任何其他東西中有它的法則，則此意志便是一自由的意志」（《實踐理性批判·分析部》第一章§Ⅴ問題Ⅰ）。彼又設一問題曰：「設想意志是自由的，試找出那唯一有資格去必然地決定意志的法則」。彼於此則答曰：「因為實踐法則底材料，即，格言底對象，除經驗地被給與外，決不能以別法被給與，而自由的意志又是獨立不依於經驗的條件，即獨立不依於屬於感覺界的條件，但卻又是可決定的，所以結果，一自由意志必須於法則中找得它的決定底原則，而卻又獨立不依於這法則之材料。但是，除法則之材料外，法則中所含有的不過只是立法之形式。依是，就是這立法的形式，

含於這格言中者，它始能構成自由意志底一個決定原則」（同上§
Ⅵ問題Ⅱ）。

前一問題表示：道德法則是自由底認知之根據。後一問題則表
示：自由是道德法則底成立之根據。「這樣，自由與一無條件的實
踐法則是互相函蘊的」。客觀地依理而言，如果道德法則必然地函
著自由，自由亦必然地函著道德法則，則此兩者是等值的。但是從
我們的意識及之之意識方面說，康德於此兩者置有軒輊。我們能直
接意識及道德法則，即，從追溯意志之格言，我們即能直接地意識
及道德法則必須如此；但吾人不能直接意識及自由。因此，關於
「無條件地實踐的」之知識只能從道德法則開始，不能從自由開
始。無條件的道德法則之意識，康德把它認為是一「理性底事
實」，是一「所與」；但是自由卻並不是一所與，而是一設定。這
樣，自由與道德法則這兩者便被撐開而有軒輊了。

康德說：「我們可把這基本法則底意識叫做是一理性底事實，
因為我們不能從先行的理性故實，例如，自由之意識，把它推演出
來，（因為自由之意識並不是先行地給與者），但它把它自己當作
一先驗綜和命題而強定給我們，此先驗綜和命題並不基於任何直覺
上，不管是純粹的直覺，抑或是經驗的直覺。如果意志之自由已被
預設，它自必是一分析命題，但是要去預設自由為一積極的概念，
則必需要一智的直覺，而此智的直覺在這裡是不能被認定的；但
是，當我們視這法則為所與，要想不陷於任何誤解，則必須知：它
不是一經驗的事實，但只是純粹理性底獨有事實，這純粹理性因著
這法則宣稱它自己為根源地立法的」。（同上§ⅤⅡ注解中語）

意志自由不是先行地給與的，而我們的現實的意志之作用常為

感性所影響甚至所左右，因此現實上它總是不自由的。在此情形下，作為理性事實的道德法則（無條件的命令）是一先驗綜和命題，強加在我們身上，即強加在我們的意志之活動上。我們不能由我們的現實意志之活動即可分析出這樣的法則，因此，這法則所表示的命令對意志之活動而言是一綜和命題。這個綜和命題是純粹理性底當然事實，即理性順意志之格言追尋道德法則定須如此。這好像是我們的純粹理性憑空架起來的，它並不基於任何的直覺，不管是純粹的直覺，抑或是經驗的直覺。數學中的綜和命題基於純粹的直覺，自然科學中的綜和命題基於經驗的直覺，而此實踐法則之為綜和命題則無任何直覺以支持之，此其所以為「理性底事實」。

「如果意志自由已被預設，則此法則自必是一分析命題」。即，由自由自律的意志即可分析出這樣的法則，我們的自由自律的意志分析地必然地與此實踐法則連繫於一起。

但是意志自由不是可以感觸地直覺的，而我們又無智的直覺以覺之，是則它只是一消極的概念，不是一積極的概念。那就是說，它只是一設準，一只有主觀必然性的設定，順理性底事實而主觀地邏輯地逼到的，不能成為一客觀的肯斷，即不能客觀地就其本身而肯斷其是如此。

但是康德說自由還有另一個意義的消極與積極。就意志之法則獨立不依於一切材料（可欲的對象）而言，意志是消極意義地自由的；自其「自我立法」而言，則它是積極意義地自由的。此種積極、消極是就我們所設定的自由意志而分析地說，是在設定下的消極與積極。這與就有無智的直覺而說消極與積極不同。設無智的直覺以覺之，縱使是「自我立法」那樣的積極意義的自由亦是在設定

中，而不是在呈現中。

現在，我們即就這設定中的「自我立法」的積極自由說這自由之不穩定性。

(3)康德說：「現在，這個道德性底原則，恰因爲其立法底普遍性之故（此立法底普遍性使它成爲意志底形式的最高決定原則，而不注意任何主觀的差異），它被理性宣布爲是一個在一切理性的存有上皆有效的法則，只要當這些理性的存有皆有一意志，即是說，皆有一『因著規律之概念去決定他們的因果性』之力量，因而也就是只要當他們能夠依照原則而行，結果也就是依照實踐的先驗原則而行（因爲單只是這些先驗原則始有理性在一原則中所需要的必然性）。因此，它不只限於人，且亦應用於一切『有理性與意志』的有限存有；不，它甚至包括作爲最高睿智體的無限存有。但是在前一情形（即在有限存有上），這法則有一命令之形式，因爲在他們身上，當作理性的存有看，我們能設想一純粹意志，但是由於是被造物之故，他們爲欲望及感性的動機所影響，所以不是一神聖的意志，即是說，不是一個『任何格言皆不可能與道德法則相衝突』的意志」。（同上§ⅤⅡ，對於「系理」的注解中語）

我們能在有理性與意志的有限存有上設想一「純粹的意志」，即，自由自律的意志，但這亦只是所設想的一個可能的狀態而已。因爲這樣想並不矛盾。但由於有限存有亦是被造物之故，他們爲感性所影響，所以其意志，縱使設想爲純粹的，亦不是「神聖的意志」（holy will）。因此，法則對於其意志有一命令之形式，即有一責成之之強制性，強制其依此法則而行，即被名曰「義務」。它既不是「神聖的意志」，則其格言亦很可能與道德法則相衝突。即

由於這一可能，遂使它縱然是純粹的、自由自律的，而其爲自由亦不穩定。

　　康德在此似乎將理想的意志與現實的意志混而爲一，理想的意志只是這同一意志底一個可能的狀態，因此，雖設想其爲純粹的，但它常不純粹，故雖自由自律，而仍非神聖。我們認爲這說法與自由自律一槪念相衝突。如果眞是自由自律的，它的格言不可能與道德法則相衝突。如果有衝突之可能，它必不是眞正自由自律的。縱使這自由自律是一設定，依這所設定的概念而言，其義亦當是如此，即「其格言不能與法則有衝突」是可分析而知的。否則上(2)所說的自由與法則相函蘊乃不可能。因此，這所設定的理想的純粹意志，自由自律的意志，理當就是神聖的意志。那個其格言與法則可能有衝突的意志，實不是這自由自律的意志，而乃是劉蕺山所謂「念」，王陽明所謂「有善有惡」的意——意念。法則底命令是命令我們之爲一有感性的有限存有的人，具體地說，是命令我們的意念，而不是命令那自由自律的意志之本身。自由自律的意志是自我立法者，是定義務者；義務底強制性是對我們有感性的人與現實的意志（意念）而說，不是對那自由自律的意志本身而說。因此，即就這設定的自由自律的意志說，康德的分析似亦未能盡其義。正是因爲這分析之不盡，遂使自由即在設定上亦不穩定，不但是不能是一呈現而已。

C.　對於「自由」之進一步的構想

　　我們在此當該有一轉換的想法：

　　第一，先就這設定的自由予以恰當而盡其義的分析：(1)自由自律的意志就是道德覺情底本質作用，它就是心；(2)它是自我立法，它就是理；(3)言詮上說它爲無條件的法則所決定，其實是自決，此則由自律而引申出，那就是說，它不是被動地、不甘願地爲法則所決定，而是主動地、甘願地即以其自己所立之法來決定其自己。此即孟子所說的理義悅心，心悅理義。(4)「決定」也者意志因其自我立法而彰顯其自己之特性之謂也。(5)它悅它自己所立之法，它的格言不可能與道德法則相衝突，因此，它就是神聖的意志，因爲它本身就是理故。(6)爲感性所影響的意念不是這個自由自律的意志；前者有善有惡，「兩在而異情」，後者純善而無惡，「一機而二用」。（「一機」者自由自律而自立法則也。「二用」，依劉蕺山，即是好善惡惡。以康德詞語而言，即是消極意義的自由，獨立不依於法則底一切材料，與積極意義的自由，自立無條件的法則。意念則「兩在」，善惡兩在也。「異情」者異其內容之實也。）(7)法則對意念而言爲綜和者，對自由自律的意志而言爲分析者。(8)自由自律的意志是自我立法，故是頒布命令者，因而是決定義務者。命令是命令吾人必須依此法則而行，因而如此而行就是吾人的義務。命令與義務不是對自由自律的意志而言。自由自律的意志之自我立法是性體之不容已，其所決定的義務就是吾人之本分，孟子所謂「分定故也」之分。（孟子說：「君子所性，雖大行不加焉，雖窮居不損焉，分定故也」。此分之定即是由性體之不容已而定也。此亦曰「性分」，即隨性體而來之分也。）

　　以上皆是就自由自律的意志所分析而得者。

　　第二，既如此分析已，問題便是如何能使此自由自律的意志爲

一「呈現」，而不只是一「設準」（呈現是熊先生所說之語，乃合乎中國哲學傳統者）。此中之關鍵唯在「智的直覺」之轉出。

(1)自由自律的意志就是「道德覺情」這個「本心」。它不但是理性，且亦是明覺。其自我立法之理性一面（康德說純粹而實踐的理性自我立法）就是其明覺之作用。理性就是這「本心即理」之理性也，不是空說的只有形式意義的理性。（康德有時即以自由意志爲實踐理性，但卻不願於此說心。而主要地則常是以同一理性之思辨的使用與實踐的使用，就這實踐的使用說實踐理性，此則便空泛。）明覺之自我立法，其立之，即是覺之，它是在覺中立。它立之，它即感受之，它是在立中感受。它覺，它感受，即在此覺與感受中，轉出「智的直覺」。

(2)此智的直覺使普遍法則爲一具體的呈現，不只是一理性底事實（只有形式意義的事實），無任何直覺以支持之者（它當然無純粹的直覺與經驗的直覺，但有智的直覺），而且是一「心覺覺情定然地呈現之」之事實。它使普遍法則總在其明覺覺情之感應之機上呈現，因此，普遍法則是具體地普遍的，不只是抽象地普遍的。但這卻不是說這法則爲經驗對象所限而爲有條件的。

(3)此智的直覺不但是朗照明覺覺情所感應的事事物物爲物自身，而且亦迴光返照，朗照其自己，此即使「自由」爲一必是、定是的呈現，而不是一設準。智的直覺者即是此明覺覺情之自我活動所放射之光也。其使自由爲一呈現者即是其自我活動之震動，經由此震動而返照其自己，即驚醒其自己也，即由自我震動而自照也。即由此自我震動之自照，遂使自由自律的意志爲一呈現，且不只是一呈現，而且即是一朗現。呈現即朗現，因智的直覺是頓是全故，

無隱曲故。

(4)但是人總是一有感性的存在，因此，他常為感性所影響，所牽引，所左右，因而使那本心底明覺覺情被蒙蔽而不容易呈現出來。因此，道德實踐即是如何使這本心在屯蒙險阻中呈現，因而至於朗現。這並無其他外在的巧妙辦法。本質的關鍵仍在本心之明覺覺情之自我震動。其自我震動即是使其本身湧現之力量。由其自我震動，吾人逆覺到此本心之明覺覺情，此即吾所謂「逆覺體證」。這逆覺（我的逆覺）其實就是它的自我震動之驚醒其自己。由這逆覺，它呈現，乃至朗現。對屯蒙險阻而言，它步步呈現，乃至步步朗現，在此，亦可以說是一無限的進程。但因有智的直覺故，它亦可以隨時圓頓地呈現即朗現。它愈呈現，它的力量愈大，而感性亦因而處於被動的地位。因此，感性不為險阻，而為其所運用。及其圓頓地全幅被呈現，所謂「天理流行」，即是聖人，亦即康德所謂「神聖的意志」。但這「神聖的意志」亦就是那本有的明覺覺情之如如地朗現，並非意謂單只是聖人的意志。堯、舜有之，眾人亦有之。堯、舜之所以為堯、舜，是因為他們能朗現之耳。眾人所以為眾人，是因為他們未能朗現之耳。「心、佛與眾生，是三無差別」。亦例云：「心、聖與眾生，是三無差別」。眾生是一潛伏的聖人。聖人是一覺悟了的眾生。何以故？本心同故。

(5)當吾人為感性所左右時，吾人之意念常不能順本心之明覺覺情（陽明所謂知體明覺）而發，因而亦總是有善有惡的，此即陽明所謂隨軀殼起念。但當本心之明覺覺情在屯蒙險阻中步步呈現，乃至圓頓地呈現即朗現時，則意念即完全超化轉化而為順本心之明覺覺情而發，此即陽明所謂致知以誠意，亦劉蕺山所謂「化念還心」

也。化念還心，念從知起，則意念純善而無惡，只是知體感應之如如流行。此時，其格言不可能與道德法則相衝突，只是良知天理之展現，此即楊慈湖所謂「不起意」，亦王龍溪所謂「無意之意」（無意相的意）也。意念是只當本心未呈現時始有，那是本心被蒙蔽轉而爲識心，心之活動全在感性中行。但本心以其自己之震動力，它必然要呈現；而因智的直覺可能故，它必然可圓頓地被朗現。因此，化念還心，而歸於「無意之意」，亦必然地可能而可至。「神聖的意志」即是「無意之意」也。人必可即有限而爲無限。

　　以上第一與第二兩步說明是完成「自由爲一呈現而不只是一設準」的大體規模。

　　但是康德則未至乎此。他的說法是如此：人，當作一理性的存有看，我們可設想一純粹的意志（只是一設定，而即此設定，亦未能分析地盡其義）；但由於他是被造物故，他易爲感性所影響，所以他的意志即使就所設想的純粹意志而言，亦不是一神聖的意志。神聖的意志只屬於「最高的睿智體」（即上帝）。人是決定的有限存在，而不能是即有限而無限的。對此，他如下說：

　　　　在最高的睿智體這方面，這選擇意志是正當地被思議爲其任
　　　　何格言不可能不同時亦客觀地是一法則；而「神聖」之概
　　　　念，即，恰因此故而屬於其意志的那神聖之概念，乃把其意
　　　　志實不只升舉在一切實踐法則之上，且亦升舉在一切實踐地
　　　　有限制性的法則之上，而結果亦就是升舉在責成與義務之
　　　　上。但是，意志底這種神聖性是一實踐的理念，它必須必然

地用來充作一種基型，對於這個基型，有限的理性存有只能無限定地（indefinitely）接近之，而道德法則（即其自身因此之故而可名曰神聖的這道德法則）則經常地並正當地把這基型執持之於有限的理性存有之眼前。有限的實踐理性所能作成的至多不過是去確定一個人的諸格言底這種無定的進程〔indefinite progress，案：意即朝向這基型而趨的那無限定的進程〕，以及去確定這些格言底向前進的穩定傾向。〔拜克譯：有限的實踐理性所能完成的至多不過是去確保「它的格言向著這基型而趨」底無底止的進程，並去確保有限的理性存有在作繼續前進中底恆常性。〕（同上 § Ⅷ 系理之注解中語）。

案：依我們對於自由所作的那兩步說明而言，自由自律的意志就是神聖的；道德法則是神聖的，它本身亦是神聖的，因為它本身就是理故。如果已設定自由自律的意志，而又說其格言可能與道德法則相衝突，因而不是神聖的，則它即不是自由自律的純粹意志，此則自相違反。說自由自律的意志是神聖的，亦不是說因其是神聖的故，遂把其自己「不只升舉在一切實踐法則之上，且亦升舉在一切實踐地有限制性的法則之上，而結果亦就是升舉在責成與義務之上」。它是自由自律的；它自立這法則，它悅這法則，因而它亦甘願遵守這法則而受這法則底限制；可是它受限制不是被動地，而是主動地，因而亦就是限制而無限制相，它是如如地自如此。康德一想法則，就想其限制性，這且不要緊，而想自由自律的意志亦要被動地被限制，因而不是神聖的，這是與自由自律相違反的。他是以

那為感性所左右的「意念」來想這純粹的意志了。這便成純粹而不純粹，自由而不自由，這乃是自相矛盾的。因此，既設想其為純粹的，便不應再以「意念」去想它，但只應就其為純粹的而分析地想其為心理是一者：它全部是法則，法則全部是它自己，它就是神聖的。責成與義務是對人而言。它給吾人決定這義務，責成我們必須如此而行。它本身是在義務之上而決定這義務者。如果它本身亦在義務之下而須被強制，被責成，則它自己便成意念，這既自相矛盾，而又須更進一步再設想一自由自律的意志，此則變成無窮後退過。如不然，便永無自由自律的意志，而只是理性與意念之對立。如果於它本身亦可說義務與責成，那是它自己給它自己決定義務，它自己責成自己；它決定義務即能盡義務，它責成它自己，它自己即能完成。此即孟子所說的良知良能。在它身上，沒有義務而不能盡之跌宕，亦沒有責成而不能成之跌宕。它是如如地自如此，一如其受法則之限制：限制而無限制相，此即是其神聖相。在它身上，法則、限制、義務、責成，都是與神聖不相對立的，只當把意志視為意念時，始有此對立。康德對於其所設定的自由是未能分析地盡其義的，因此，是不穩定的。

　　而如果這所設定的自由，因智的直覺之可能而為一呈現，而又如果于這設定的自由能分析地盡其義，因而智的直覺必可能，如是，則人便可即有限而為無限：成聖、成佛。此即神聖的意志之全部朗現。現實地為感性所左右的人不是神聖的，然而由于神聖的意志朗現，即有限而為無限時，則人亦是神聖的。如此，意志底神聖性不是一個「吾人只能無限定地求接近之而永不能企及」的基型。它自是一「基型」，亦是一「實踐的理念」，然而是可以朗現的基

型或理念，而不是「只能無限定地接近之而卻永不能企及」的基型
或理念。這個基型底朗現，依我們的說法，亦可在無限進程中朗
現，亦可圓頓地當下朗現，此兩方式並不成爲對立。依其感應之機
都是殊特的而言，它是在無限進程中朗現，它每一步朗現都是部分
的朗現，而不能盡其全；然而其感應是無意之意，無知之知，而無
一毫執著，它即是圓頓地朗現，部分即全體，不相礙也。縱使我們
的感性時起影響，它在屯蒙險阻中朗現，在此說無限的進程，而且
是一艱苦的進程，然而它一旦作主，它亦能化險阻爲坦途，感性是
所用而不爲礙，則分現即全現，進程與圓頓亦不相礙也。這層理
境，儒、釋、道三教講之熟矣。吾今扣緊于此，以明基型可朗現而
非不可企及，以明康德之不足。此而明白，則於康德所責斥的「道
德的狂熱」，以及「以心之自發的善性來諂媚自己」，便可有簡
別，而不可以此加於孟子學，即是說，儒家並非「道德的狂熱」，
而「心之自發的善性」不可誣，然而卻並非是以此「來諂媚自
己」，亦非是一「幻想」。

D. 自願與義務底對立之解消兼論康德所責斥的
   「道德的狂熱」

　　案：康德在《實踐理性批判》分析部第三章〈純粹實踐理性之
動力〉中有云：

　　　　在一切道德判斷中，最精確地去注意一切格言之主觀原則，
　　　　這是最爲重要之事，所謂格言之主觀原則即：一切行動底道

德性可以置於這必然性中，即由義務而行以及由尊敬法則而行，而不是由喜愛並傾向那行動所要去產生的東西而行，這必然性中。就人以及一切被造的理性存有而言，道德的必然性便是強制，即是說，是責成，而每一基於這必然性上的行動是要被思議為是一義務，而不是被思議為是一先在的早已喜悅的，或是屬於我們的自願而像是要取悅於我們者。此後一想法意即等於好像是我們實可沒有尊敬法則而即能把這行動作出來（一說法則即函蘊恐懼或至少函蘊違犯法則之顧慮），我們自己，好像獨立不依的神體（deity）一樣，實可因著我們的意志與純粹道德法則之不可爭辯的一致而具有意志底神聖性，具有之好像是要成為我們自己的本性之一部份，而從不會被搖動。在此情形中，法則對於我們必不會再是一命令，因為我們從不會被誘惑而為不忠或不誠於這法則。

案：如果所設定的純粹意志真是自由自律的，則縱使是一設定，在分析上，它亦即是神聖的。此在上文已辨明。儒家即以此為性體（為吾人之本性）。康德不以此為吾人之本性。因為他所說的人性是感性的性好之性、自然傾向之性、脾性之性，亦即儒者所謂氣性之性。就這種氣性而言，它自然不會喜悅道德法則底強制性。而道德法則對這種氣性才顯其強制性與命令性。可是孟子說理義悅心，心悅理義，此心是「本心即性」之心，而不是以氣言的心。此心之悅理義是由自由自律而分析出，這當是分析地必然的。自此而言，則心之命令直接地是顯其對吾人而言。如再反而對此心自己而言，

則是它自命；它自命就是自願：它甘願遵守其自己所發布之命令，
所立之法則，否則，它便不是自由自律的。在此本心上，命令與自
願不相衝突，因此，命令無命令相；強制與喜愛不相衝突，因此，
強制無強制相。這只是此本心之如如地不容已。此就是本心（自由
意志）之神聖性，此亦就是吾人之本性。在康德，命令與自願是相
衝突地對立的，強制與喜愛亦然。因此，道德即不能自願，自願即
非道德。這對氣性而言，是如此。若一往如此，則太減殺理義底可
悅性以及道德底主動性與自發性，而亦違反自由自律之概念。因
此，儒者必視悅理義爲吾人之本性。儒者自孟子起從未以感性的性
好（氣性）爲吾人之性。故工夫全在如何呈露「本心」也。此並未
忽視「尊敬法則」之義，乃至「愼獨」之義。尊敬即是本心之作用
也。依康德，尊敬是法則影響於心而起的心之感受，不是道德底客
觀條件。但吾人亦可如說道德情感與良心一樣，視之爲本心之投映
下來，因而亦可反上去而即爲本心之本質的作用：此即是儒者所說
的「即工夫便是本體（工夫的敬就是本體底呈露），即本體便是工
夫（本體自身就是敬之不已）」。

康德在〈純粹實踐理性之動力〉章後文亦云：

> 依是，人，由於屬於兩個世界，必須在涉及他的本性之「只
> 具著敬意」的那第二而又是最高的品質以及他的本性之「具
> 著或同著最高的尊敬」的那法則中，來顧看他自己的本性。

此句，依拜克譯則如下：

依是，人，由於屬於兩個世界，必須在關聯於他的「具著敬意」的那第二而又是較高的天職以及「具著最深的尊敬」的這天職之法則中，來顧看他自己的存有。

案：依阿保特的譯文，人，由於屬於兩個世界，一是感覺世界，一是智思世界，所以他必須對應這兩個世界在兩層面上，「顧看他的本性」：一是在感覺世界底層面上，顧看他的感性的本性，此即是性好、性癖（脾性）兩詞之所示（康德還有習性 disposition 一詞，此是虛位字，若說自然的習性，即同於性好、性癖，若說道德的習性，則由尊敬義務慢慢訓練成，其最高圓滿之境只是一個理想的基型，人從不能得有之，此不屬於感性的本性）；另一是在智思世界底層面上，顧看他的第二本性，而亦是最高的本性。此第二本性底內容如何規定呢？好像是即可以屬於智思界的人格性，即自由底自律性，以及「獨立不依於自然底機械性」這獨立性來規定，然而似乎又不能想的這樣快。依阿保特的譯文，「人必須在關涉於其本性之只具著敬意的那第二而又是最高的品質以及其本性之具著最高的尊敬的那法則中，顧看他自己的本性」。我們現在可把由這兩面所顧看的本性簡單地直說為人之「第二本性」，此亦可說為「較高的本性」（見〈實踐理性底動力〉章最後一段）。在此第二本性下面較低的本性便是感性的本性，下文最後一段康德亦曰「感性地最易被牽引的本性」，此或亦可名曰第一本性（即「君子不謂性也」之性）。此第二本性簡單地說就是尊敬法則。康德分兩步來表示：一是只具著敬意，二是它的「具著最高尊敬」的法則。先只說「敬意」，而敬之最高者為尊敬法則。但是，在語句上，他並不說此本

性之尊敬法則，而卻說「此本性之具著最高尊敬的法則」，即，此本性底法則，即具著或連同著最高尊敬的法則。康德此表示是很含混的。

依拜克的譯文，不說「人之本性之第二而又是最高的品質」，而說為「人之第二而又是較高的天職」；亦不說「此本性之法則」，而說為此「天職之法則」；不說「顧看他自己的本性」，而說「顧看他自己的存有」。如拜克所譯，便無「本性」字樣。但是，天職、存有，俱是虛泛字眼，坐實之以「本性」亦並不錯。在阿保特的譯文中，「品質」亦是虛籠字眼，直說之為「第二本性」亦無過，蓋譯文「品質」明繫屬於「人之本性」故。而且康德下文明說「較高的本性」以及「感性地最易感染的（最易被牽引的）本性」，明是兩種本性對言。拜克在此不用「本性」字樣，只用「天職」、「存有」等字。即下文最後一段於「較高的本性」，拜克亦譯為「較高的天職」。這樣翻譯，好像康德不以尊敬之敬意以及尊敬法則為吾人之較高的本性。但亦不盡然。康德亦未必定不視此為本性。例如上譯文之後隔一段，復有一段首句云：「這種鼓舞起尊敬的那人格性之觀念，它把我們的本性（就其較高面說的本性）底莊嚴置於我們眼前，……」，而依拜克之譯，則為「這人格性之觀念喚醒了尊敬；它把我們自己的本性（就其較高的天職說的本性）底莊嚴置於我們眼前，……。」此則同譯為「本性底莊嚴」。是則康德未始不以敬意及尊敬法則為吾人之本性，而把「天職」實之以本性亦非必非康德之原意。如果可以說較高的本性，或第二本性，並且以敬意及尊敬法則為此本性之內容，則為何不可說喜愛法則（悅理義）是出乎此本性之自願，是出自「心之自發的善性」？儒

者正是以這「第二本性」爲人之眞性的。

或可說，縱使把這較高面說爲吾人之本性，第二而又較高的本性，因此，說本性之莊嚴，即使是如此，此處用「本性」一詞亦是虛泛的使用，不像感性的本性那樣指實，所以康德總不願說喜愛法則是出於此較高的本性之自願，而一說喜愛、自願，便視之爲落於感性的本性上者，從未說喜愛、自願，可以上提而自較高的本性說。此第二本性很可以是一種道德的習性（moral disposition 亦隨文譯爲道德的意向），其最高圓滿之境，只是 理想的基型，人從未得有之，尚不是儒者所說的定然之性。主要地是因爲這是由於不斷地尊敬法則慢慢培養成的，習久成自然，遂成爲第二本性，故總是虛而不實也。

關此，吾人可如此說，即：康德於此較高面使用「本性」一詞，誠是虛而不實。但旣已使用，而仍是虛而不實，不願說：喜愛法則以及意志與法則完全一致是出於吾人之性，好像是吾人木性之一部分，其所以如此之故，仍是在視自由爲一設準，即使在分析上亦未盡其義，故無智的直覺以朗現之。因此，他只以尊敬法則爲吾人較高的本性，而尊敬只是一感受之情。尊敬以及其所尊敬的法則與自由仍有距離。「人格性底觀念喚醒了尊敬，它把我們的較高面的本性之莊嚴置於我們眼前」。本性之所以爲較高以及其所以爲莊嚴正因爲它表現了最深的尊敬之故。而此尊敬之被喚醒（被鼓舞起）是由人格性之觀念而被喚醒，即由「自由以及獨立不依於自然之機械性這獨立性」，而被喚醒。然而這尊敬與自由自律的意志並未合一。康德並不把這尊敬上提而與道德法則以及自由合而爲一以爲吾人之本性。敬這一道德情感只是由法則作用於情感上而起的。

因此，由敬而說的較高本性亦只是虛而不實的。其所以不能被上提而與法則以及自由合而為一以為吾人之實性，正因無智的直覺故，對於所設定的自由之分析未能充其極故，自由自律的意志其格言可與法則不一致，自由不穩故，正自相違反故。然而這三者合一以為吾人之本性，較高的本性，其門正開著，是很容易引至的。沒有理由把法則與自由排除在外。康德說了較高的本性而又反對性善，這是不通透之論。

　　若如孟子所說，正視此較高面的本性，至於感性的本性則是告子所謂「生之謂性」，而較高的本性則是「本心即性」之性，自此性而言喜愛、自願、神聖，不得視為「道德的狂熱」。「民之秉彝，好是懿德」，好善惡惡正是「本心即性」之好惡。發自此性之好惡不得視為感性的，如康德所說性好，性癖之類。而此性所以是一呈現，不是一設準，正因本心即性，智的直覺可能故。以此，此較高面的本性是實而不虛。如是，說「心之自發的善性」不是幻想，亦不是自我陶醉、自我諂媚，亦未忘記義務與慎獨。蓋義務正是此心之不容已之所決定故：對吾人而言是強制，對此本心自己而言是自願。正因吾人可自欺，而本心之明覺又自知之，故須「慎獨」以朗現此本心，而化除其自欺。此種工夫無窮無盡，而本心之神聖性固自若，不得因工夫之無窮盡，而影響本心之神聖性，視之為不可企及之理想基型。康德於此一間未達，而反責斥言性善者何耶？理雅各譯孟子，斥性善為邪說，此囿於耶教之機栝而不切思故也。康德已切思矣，而不透，故仍不喜言性善也。

　　康德說：

〔……〕人（以及如我們所能知，每一理性的被造物）所處的道德階段便是尊敬道德法則。他所應當有之以服從法則的那習性〔或意向〕是從義務去服從法則，不是從自動的性好（spontaneous inclination）去服從法則，或者說，不是從一種由喜歡與自願而來的努力去服從法則；而他於其中所總能夠自成其所是的那道德情況就是德性〔德〕，即是說，在奮鬥中的道德習性或意向（moral disposition），而不是神聖性，即不是意志底意向之一圓滿的純淨性這幻想的所有物中之神聖性。這種幻想而有的神聖性不過就是因著激勵行動為高貴的、莊嚴的、豪邁的〔光明俊偉的〕，而被注入於心中的那種道德的狂熱以及誇奢的自滿自足〔自大〕，因著這種自滿自足，人們遂被導入於幻想，以為這不是義務，即，不是尊敬法則（這法則底軛制實是一容易的軛制，因為理性自己把它置於我們身上之故，這軛制，他們必須忍受，不管他們喜歡它或不喜歡它，這法則構成他們的行動之決定原則，而當他們服從它時，它總能使他們謙卑）；而幻想那些行動之從他們身上被期待不是從義務而被期待，但只是當作純粹的功績而被期待。因為在依據這樣的一種原則以模倣這樣的行為中，不只是他們不曾絲毫充盡了法則底精神（此法則底精神不在那「不顧原則」的行動之合法性，但在心之服從於法則），不只是他們使動力成為感性的（位於同情或自我貪戀），而不是道德的（位於法則），而且是在這一種路數裡，他們產生了一種徒然無效的、高度飛揚的，幻想的思路，以「心之自發的善性」來諂媚他們自己（這種心之自發

的善性既不需要輒制，亦不需要糶彎口唧，對於它沒有命令
是需要的），而因著這種諂媚，亦忘記了他們的義務，即此
義務才是他們所應當思及的，並不是他們的功績是他們所應
當思及的。〔……〕（〈分析部〉第三章〈實踐理性底動
力〉）

案：凡此所說，如對感性的性好、性癖即氣性而言，自是對的。氣
性之所好不是基於義務，故亦不是真正的道德。但一往說道德皆非
出自情願則非是。從「本心即性」之本心上亦可說情願與喜愛
（悅），但此情願與喜愛不是感性的，而是理性的。「心之自發的
善性」，如此中之心是氣心，自不足恃；若以此氣心想孟子所說的
「本心」，則更非。若自「本心」而言，則說「心之自發的善性」
不為錯，而如此說亦並未「忘記義務」，亦並非不尊敬法則。因為
他本身即是理，它即決定這義務，它亦欲悅這義務：它與義務不相
對立，亦與愉悅不相對立。這與自由自律同。若自由自律而不甘
願，則必非自由自律。若必抹殺甘願（本心之悅理義），則一切道
德皆非自願，此則大傷道德之主動性，亦減殺實行道德之有力性與
必然性。只有提出「本心即性」一義始能解消義務與自願之矛盾的
對立。

康德又說：

由愛人以及由一同情的善意而去對人們作善事，或由愛秩序而
去作正義的事，這自是一十分美麗的事。但是，當我們以幻想
的驕傲，像志願軍那樣，假想去把我們自己置於義務底思想之

上，而且好像我們是獨立不依於命令似的，只出於我們自己的
快樂，意願去作那「我們所認爲我們不需要命令去作」的事，
當是如此時，則上句所說的「由愛人〔……〕」云云，尚不是
我們的行爲底眞正格言，即，適合於我們在理性的存有間作爲
人的地位的那格言。（同上）

案：像志願軍那樣，這叫做興趣揮灑，不是眞正的道德。此如拜倫
之從軍希臘，此是詩人感性生命之興會。推之，「攬轡登車，有澄
清天下之志」，陽明說這是浮意氣，即氣魄承當，亦非眞正的道
德。但發自於「義理的本心」的那種自願則不礙自律，亦不礙義
務，亦不礙命令，反之亦然。此乃性體之不容已，沛然莫之能禦；
此是義理承當，與彼不同。「愛人」若發自感性的性好，自不是眞
正的道德。但若發自「仁體」，則亦命令亦自願，兩不相違也。此
所以宋明儒興起，總不以愛說仁也。若必否認仁體上的自願，則將
無主動的道德可言，雖講自律，而自律不可見，終成他律。康德所
說的「自願」只從感性上說，離開感性便無自願。因此，視意志底
神聖性爲理想的基型，只可努力求接近之，而不可得有之。此一全
部系統乃一不通透之見。其癥結唯在心理不一。因此，雖視自由爲
設準，而即此設定的自由其本身亦不穩定。若知「本心」即性即
理，則本心悅理義，即於本心仁體亦可說自願。如此，此本心仁體
即是神聖的；體現此神聖的本心仁體的即是聖人，人亦是神聖的。
現實的一般人自不是神聖的，然他亦有此神聖的本心仁體以爲其自
己之性體。他一旦朗現之，他亦可至聖境；而且因此本心仁體即理
故，即明覺而有智的直覺故，他亦必能或多或少在屯蒙中朗現之，

而不是永不可朗現的理想基型。一般人感性底牽繞重，故於此說無
限進程亦可；但於此說無限進程是說在無限進程中朗現其性體，而
不是說在無限進程中向一不可企及、不可得有的理想基型求接近。
此後者是在心理不一的情形下說的。心若退落而為感性的，自如
此。此亦如朱子斥象山之以心為性為告子，皆由於不知「本心即性
即理」之故也。

　　吾人以上由本心即性即理這一道德的實體之具備二義，一悅理
義之「自願」，二其明覺自照之「智的直覺」，來融攝康德所說之
自由意志而實之，由此以開真實的道德界（不是虛懸的道德界）。
下文再進而言由之以開存在界。

Ⅱ.3　由知體之為存有論的實體開存在界

　　知體明覺是道德的實體，同時亦即是存有論的實體。自其為存
有論的實體而言，它是萬物底創生原理或實現原理，是乾坤萬有之
基，是造化底精靈。由此開存在界。

　　「存在」是對知體明覺而為存在，是萬物底自在相之存在，因
此，即是「物之在其自己」之存在，不是對感性、知性即識心而為
存在，即不是當作「現象」看的存在。

　　因此，知體之為存有論的實體，其所說明的存有即是「物之在
其自己」之存有，在此，存有與存在是一。因此，其所成的存有論
是「本體界的存有論」，亦曰「無執的存有論」，此亦曰「道德的
形上學」。「道德的形上學」云者，由道德意識所顯露的道德實體
以說明萬物之存在也。因此，道德的實體同時即是形而上的實體，
此是知體之絕對性。知體有三性：一曰主觀性，二曰客觀性，三曰

絕對性。主觀性者,知體之為「良心」也,即「獨知」之知,知是知非(道德上的是非)之知也。客觀性者其本身即理也。絕對性者其本身即「乾坤萬有之基」也,亦即王龍溪與羅近溪依《易傳》「乾知大始」所說之「乾知」也。陽明說良知是乾坤萬有之基,意即天地萬物之基。《易傳》說「乾知大始」,是以天之乾健之德(即生德)作為萬物之大始,即由之以創生萬物也。「乾知」之知,字面上的意義,是「主」義,即乾主始也。乾之所以可主萬物之始,以其為生道也。而生道之所以為生道之實則在「心」也,故歷來皆以「仁」說此生道也,此亦表示仁是道德的,同時亦即是形而上的。此即是仁體仁心之絕對性。在王學,即以知體明覺說此仁,故即以知體明覺實「乾主始」之主也,因此,遂有「乾知」之說。即於乾主大始處說良知也。此顯然是說良知之絕對性,即其存有論的意義也,即,「乾主始」意義的良知也,亦即以創始萬物的乾健之德之身分說此良知也,故簡單化之,即曰「乾知」,遂由動詞之「知」轉而為名詞之知矣。「乾知」者即乾健之天心之知也。王龍溪雖云不必以「主」字訓知,然在語句上,若說「乾知道大始」,則不通順也。王龍溪又云:「乾以易知,以易知為易主可乎?」實則乾主始,其主也是以易的方式而主,亦未嘗不可。以易的方式而主即其主之甚自然而容易也。與「坤以簡能」相對而言。「以易知」,「以易主」,固皆可通,因知與主皆動詞也。但若說乾健之天心知道大始,或乾健之天心之知知道大始,則不通也。蓋乾健之天心,或乾健之天心之知(作名詞看的「乾知」,其本身即是萬物之始,不是知道一「大始」。故須以「主」字訓「知」字。王龍溪說「乾知」於義理自通。但其實義卻是以名詞意義的「乾

知」爲萬物之大始也。故云：「乾知大始。大始之知混沌初開之
竅，萬物所資以始。知之爲義本明，不須更訓主字」（《王龍溪語
錄》卷六，〈致知議辯〉）。「知之爲義本明」者，是以「乾知」
爲名詞也。作爲名詞的「乾知」即是作爲大始的良知。此作爲大始
的良知乃是「混沌初開之竅，萬物所資以始」者。此明是以良知爲
大始，不是知道大始也。然而原句卻是「乾知大始」，此中之
「知」字乃是動詞，故須以「主」字作訓也。以「主」字作訓即函
以乾健之天心之知（即良知）爲大始也。王龍溪於動詞、名詞滑轉
不分，而只說「乾知即良知」，以之爲始也。義理雖通，而語意分
際則未予以注意也。中文語法不嚴，而先賢語句又簡略，但順而通
之，自當如是。

羅近溪云：

　　夫《易》者聖聖傳心之典，而天人性命之宗也。是故塞乎兩
　　間，徹乎萬世，夫孰非一氣之妙運乎？則乾始之，而坤成
　　之，形象之森殊，是天地人之所以爲命，而流行不易〔已〕
　　者也。兩間之塞，萬事之徹，夫孰非妙運以一氣乎？則乾實
　　統夫坤，坤總歸乎乾，變見之渾融，是天地人之所以爲性，
　　而發育無疆者也。然命以流行於兩間萬世也，生生而自不容
　　於或已焉，孰不已之也？性以發育乎兩間萬世也，化化而自
　　不容於或遺焉，孰不遺之也？是則乾之大始，剛健中正，純
　　粹至精，不遺於兩間，而超乎兩間之外，不已於萬世，而出
　　乎萬古之先，浩浩其天，了無聲臭，伏羲畫之一，以專其
　　統，文王象之元，以大其生，然皆不若夫子之名之以「乾知

大始」，而獨得乎天地人之所以爲心者也。夫始曰大始，是至虛而未見乎氣，至神而獨妙其靈，徹天徹地，貫古貫今，要皆一知以顯發而明通之者也。夫惟其顯發也，而心之外無性矣。夫惟其明通也，而心之外無命矣。故曰：「復其見天地之心乎？」〔〈復卦・彖傳〉〕又曰：「復以自知」也〔〈繫辭傳〉下〕。夫天地之心也，非復固莫之可見；然天地之心之見也，非復亦奚能以自知也耶？蓋純坤之下，初陽微動，是正乾之大始而天地之眞心也，亦大始之知而天心之神發也。惟聖人迎其幾而默識之，是能以虛靈之獨覺，妙契大始之精微；純亦不已，而命天命也；生化無方，而性天性也；終焉神明不測，而心固天心，人亦天人矣。（《盱壇直詮》上卷）

案：此段話表示性、命、心、知，通而爲一，而以《易傳》「乾知大始，坤作成物」兩語表象之，故以《易》爲「聖聖傳心之典，而天人性命之宗」。理一而已。自其流行不已而言，曰「命」：此承天命於穆不已而言也。自其發育無疆而不可或遺（不能被遺棄）而言，則曰性：性者創發之性能也。此不已之命、不可遺之性，皆可由「乾之大始」（作爲大始的乾健之德）以表示之。此作爲大始的乾健之德（生德），「伏羲畫之一以專其統，文王象之元〔贊之元〕以大其生，然皆不若夫子之名之以乾知大始而〔爲〕獨得乎天地人之所以爲心者也」。何以故？蓋畫之以「一」，贊之以「元」，皆猶是形式的表象，客觀地言之也。「專其統」者，示其統宗性也，統攝天地萬物於此一畫而爲萬物之宗主也，此是尊之

也。「大其生」者,「大哉乾元,萬物資始,乃統天」也,此大其
爲生化之源也。「畫之一」固空洞,即贊之以「元」,已稍接近其
內容矣,然而仍是客觀地說之也。客觀地說之,只能抒其形式的意
義。至於其眞實而具體的意義,則唯在點出「心」字。而心之所以
爲心則在乎「知」也。此是主觀地說之也。我們所尊之大之的那個
東西(總名曰乾健之德),其內容的(非外延的)意義全在心知處
見也。故「畫之一,贊之元,皆不若孔子之繫之以乾知大始,爲獨
得乎天地人之所以爲心者也」。是亦以動詞之知(主)轉而爲乾健
之天心之知,而曰「乾知」,於乾元處說良知,而即以良知爲大始
也。故曰:「夫始曰大始,是至虛而未見乎氣,至神而獨妙其靈,
徹天徹地,貫古貫今,要皆一知以顯發而明通之者也」。此則眞能
實其統宗性與具體化其大生性者也。而且即以此「知」字去實那客
觀而形式地說的「性」字與「命」字之具體而眞實的意義,而曰
「心外無性」、「心外無命」。「要皆一知以顯發」,從此「顯
發」而言,則曰「心外無性」,心即是性也。「要皆一知以明
通」,從此「明通」而言,則曰「心外無命」,心即是命(流行不
已之體)也。

　　此以心知實之的乾健之德惟由「復」乃能見,故〈復卦·彖
傳〉曰「復其見天地之心」,而〈繫辭傳〉下又曰「復以自知」也
(此自知即良知呈現也)。蓋〈復〉卦是「純坤之下,微陽初動,
是正乾之大始,而天地之眞心也,亦大始之知,而天心之神發
也」。〈復〉卦以純坤爲體卦,微陽初動於下,正象徵天地之眞
心,是即乾之爲大始也。此作爲大始的乾亦正是作爲大始的良知
(大始之知),而此良知正是「天心之神發也」。

「聖人迎其幾而默識之，是能以虛靈之獨覺妙契大始之精微；純亦不已，而命乃天命也；生化無方，而性乃天性也；終焉神明不測，而心固天心，人亦天人矣」。聖人獨覺冥冥，妙契此大始之精微於自家生命之中，此即是其本心明覺之朗現也。朗現不已，即是聖人之「純亦不已」，而其「純亦不已」亦正是「其命乃天命也」。其純亦不已，正是其「生化無方」，而此亦正是「其性乃天性也」。其生化無方亦正是其心之「神明不測」，故其心即「天心」，而其為人亦「天人」矣。此天命、天性、天心、天人，若用康德詞語說之，亦正是神聖的命、神聖的性、神聖的心、神聖的人也。神聖的命、性、心（即作為大始的天心之知），每一人皆本自有之，惟聖人獨能完全體現之耳。完全體現之，即為天人（神聖的人），是即「即有限而為無限」也。（天命 heavenly command, holy command；天性 heavenly nature, holy nature；天心 heavenly mind, holy mind；天人 heavenly man, holy man, Sage）。

「徹天徹地，貫古貫今，要皆一知以顯發而明通之」，此既函「心外無性」，性體之顯發即是心體之顯發，「心外無命」，命之明通即是心之明通；同時亦函「心外無物」，心之所顯發而明通之者即是物之所在。心外無性，心就是性；心外無命，心就是命；心外無理，心就是理。心、性、命、理，乃是同一實體之不同的表示也。但「心外無物」，我們不能說心就是物，其意只是說物之存在即在心體之顯發而明通中存在；離開心之顯發而明通，物即為非有；物為非有，心之顯發而明通亦不可說矣。此只是說心體與物一起朗現。王陽明說「明覺之感應為物」，即此義也。心、性、命、理，乃同一概念之分析地自一，而心與物則只是一起朗現也。此一

起朗現勉強可說爲在感應中統攝而爲一也。此種統攝乃是形而上的統攝，非認知的綜和也。形而上的統攝亦是統而無統，攝而無攝，只是在明覺感應中如如地一起朗現也。「知之顯發與明通」是渾一說。在此渾一的顯發與明通中，知體呈現，物亦呈現。「心外無物」是終窮地說者。「寂然不動，感而遂通天下之故」。寂是心體之自寂，感是心體之自感。具體的知體明覺自如此。並不是有一個既成的天地萬物來感而後應之也。若如此，則是心外有物。是故在明覺感應中一起朗現，由此而言「心外無物」，此是存有論地終窮之辭也。即物而言，心在物；即心而言，物在心。物是心的物，心是物的心。譬如「揚眉瞬目渾全只是知體著見」（羅近溪語），說是「揚眉瞬目」亦可，說是知體流行亦可。全知體即在揚眉瞬目處著見流行，而揚眉瞬目亦全在知體流行處動作呈現也。此即曰無分別的心，亦曰無分別的物也。然而無分別亦不礙分別地言之。反之亦然。

由此「心外無物」之義，吾人言心之無限性，即絕對性，由此開存在界。「存在」者，物之在其自己之存在也，意即非「現象」之謂也。現象者乃對知性與感性合用之識心而言也。識心者，有限心也。知體明覺之感應乃無限心也。

就道德意志而言，如果它眞是自由自律的，它就是無限心之作用。否則它必不是自由自律的。故自由自律即函「無限心」義。無限心即函其是一存有論的實體，是一創生之原則，實現之原則，故由之可開存在界也。

Ⅱ.4 智的直覺與「物之在其自己」之自在相或如相

心外無物。在知體明覺之感應中，心與物一起朗現。即在此知體明覺之感應中含有一種智的直覺。羅近溪所謂「要皆一知以顯發而明通之」，即在此知體之顯發與明通中即含有一種智的直覺。

知體明覺之感應「圓而神」，故是「神感神應，其機自不容已」（王龍溪語）。它不是物感物應。物感者既成的外物來感動於我也。物應者我之感性的心被動地接受而應之也，因此，此感性的心之接應亦只是一「物應」耳。知體明覺之感應既是無限心之神感神應（伊川所謂「感非自外也」），則感無感相，應無應相，只是一終窮說的具體的知體之不容已地顯發而明通也。即在此顯發而明通中，物亦如如地呈現。物之呈現即是知體顯發而明通之，使之存在也。故知體明覺之神感神應即是一存有論的呈現原則，亦即創生原則或實現原則，使一物如如地有其「存在」也。如果於此顯發明通中說智的直覺，意即非感觸的直覺，則此智的直覺即只是該知體明覺自身之「自我活動」（意即非被動的活動，因此其活動為純智的、非感性的）。即於其「自我活動」中，一物即呈現。是以智的直覺之覺照此物即呈現此物，而呈現此物非感性直覺之被動的接受之認知地呈現此物，故呈現之即實現之，即創生之。是即智的直覺之存有論的創生性。感性直覺只能認知地呈現一物，而不能存有論地創生一物，故只為呈現原則，而非創生原則。

於智的直覺中，物如如地呈現即是物以「在其自己」之身分而存在，此即是物之自在相。自在相是靜態地說。其自在也，是源於知體明覺之呈現之即創生之，故其自在是內生的自在，不與知體明

覺為對也。故此時之物無「對象」相，即不可以「對象」（object）說也。而是海德格所謂 "Eject"，意即「內生的自在相」。康德於智的直覺處，亦方便說「對象」，實則此時之物無「對象」義也。對象只是現象，亦只於現象始可說對象。對象者置定於彼而對反於知性與感性也。亦只於知性與感性處始可說對象：知性與感性面對著對反於其自己者而客觀地或觀解地認知之或決定之，但並非創生之，故其所面對者為外來的對象也。於智的直覺處，物既是內生的自在相，則是攝物歸心，不與心對，物只是知體之著見，即知體之顯發而明通：物處即知體流行處，知體流行處即物處，故冥冥而為一也。因此之故，物無對象義。亦因此故，物是「在其自己」之自在相，亦即如相，非「現象」相也。如相無任何相也，只是在與知體流行冥冥為一中而如如地呈現：此即向、郭注《莊》所謂「自爾獨化」，獨化無化相也；亦即程明道所謂「萬物靜觀皆自得」，自得即自在也；亦佛家所謂「實相」，實相一相，所謂無相，亦即如相也；言此「在其自己」之自在相之背景（教路）各不同，然皆為「在其自己」之自在相或如相則無異也。

物既無對象義，非現象，則智的直覺亦無直覺相，即無認知相，此即所謂「無知之知」也。純智的直覺即是圓而神的直覺。圓而神的直覺無知相，無覺相，然而亦無不知無不覺也。此即所謂「獨覺」，亦曰「圓覺」。蓋此種直覺只負責如如地去實現一物之存在，並不負責辨解地去理解那已存在者之曲折之相。此後者是知性與感性之事，這是有「知」相的。何謂知相？在能所底結構中依時空之形式條件去感觸地直覺一物，並依概念之綜和去辨解地決定一物，這便是知相。有知相之知限於經驗，故有所知即有所不知；

而圓而神的直覺則無此知相，故亦可說無所知也，而因其是一存有論的實現原則（萬物要皆一知以顯發而明通之），故又可說無不知也。此「無不知」之知正是「無知」之知也。此無知之知正是通徹於一切物而潤生之，使之爲如如地存在，此正是知之至也。知之至者只是冥冥爲一而一起朗現也。此之謂「徹知」，亦曰「證知」。「證」者直接相應冥而爲一之謂也。並無瞻前顧後，憧憧往來之相。是故證知徹知中之物正是物之「在其自己」之自在相即如相也。而如相無相，即是實相。

Ⅱ.5　智的直覺與知體明覺之本身

知體明覺神感神應，亦即自由自律。吾何以能知此「知體」本身耶？即依此知體明覺在隨時呈露中（如乍見孺子入井，人皆有怵惕惻隱之心），其自身之震動可以驚醒吾人，遂乃逆覺而知之。其震動之驚醒吾人，如海底湧紅輪，並不是感性的。因此，此逆覺而知之之「逆覺」乃即是其自身之光之返照其自己，並不是以一個不同於其自身之識心感性地、被動地來認知其自己而又永不能及於其自己之本身也。因此，此逆覺而知之，是純智的，不是感性之被動的。此種逆覺之知即是該知體明覺之光所發的智的直覺之自照。「見孺子入井」是一機緣，「見」是眼見，故是感性的，然在這見之機緣上，本心呈現，這卻不是感性的識心在作直覺之攝取以攝取那孺子入井之事象，亦不是辨解的知性在作概念的思考以思考那事象，而乃是本心呈現自決一無條件的行動之方向。故此心之光之自照即是智的直覺也。所謂驚醒吾人者，這乃是虛說。其實是那「本心」一動而驚醒其自己，故即以其自身之光而逆覺其自己也。此謂

本心之「自我震動」。震動而驚醒其自己者即自豁然而自肯認其自己，此謂本心之自肯；而吾人遂即隨之當體即肯認此心以爲吾人之本心，即神感神應自由自律之本心，此種肯認即吾所謂「逆覺體證」。即在此逆覺體證中，即含有智的直覺，如是，遂得謂吾人雖是一有限的存在，而亦可有「智的直覺」也。

本心之自我震動而返照其自己，此無能覺與所覺，乃只是其自己覺自己，“ a⊂a ”之方式：能覺即是其自己之光，是即能覺即所覺；所覺即是此能覺之光，是即所覺即能覺；結果，能覺融於所而無能，所覺融於能而無所，只是一本心之如如地朗現也。

吾人依此本心之自照而言智的直覺，依此智的直覺而知吾人之本心爲自由自律，此種知不只是意識及，亦不只是由道德法則而必然地逼到之之逼到，乃是確然地直覺及之，即朗現之，此之謂「以智知」。雖是以智知，而不是以識識，然而仍是客觀地確定的知識，此知識自不是識心之觀解的知識，而乃是道德本心自照之實踐的直覺知識也。（康德說實踐的知識，只是「意識及」之虛說而已，他不能於此加「直覺」二字。）實踐的知識既可加「直覺」二字，則自由不是一設準，而是一呈現，即有其客觀的必然性，而吾人之肯斷自由，這肯斷亦是必是、定是的肯斷，然而這卻不是「觀解的」（理論的），而是實踐的。智知與識知根本不同也。智知非擴大識知也。康德只承認「識知」一種，故只於識知處可就對象說觀解的確定性，即必然的確定性。「自由」非識知所及，而又無智知，故於自由不能就其爲對象而說其觀解的確定性即必然的確定性，亦即客觀的必然性。然而吾人承認智知，則客觀的必然與必然的確定不必定連屬於觀解，而亦可連屬於實踐的智知也。

智的直覺是知體明覺所發之光，此光返照知體明覺自身是如此地朗現之，故此智的直覺無雜多可言，其所朗現而給與於我們者只是此知體明覺之自身。知體明覺自身是純一，作爲其光之返照的智的直覺之覺之亦如其爲純一而覺之即朗現之。此處無雜多可言，亦無對於雜多之綜和可言。如果直覺此知體明覺本身而有雜多可給與於我們，那必是感觸的直覺，而所直覺者亦必不是那知體明覺之本身，而是其陷落於感性轉而爲隨軀殼起念，因而爲刹那生滅之心態（心象）。

當康德論及「如何直覺自我」（一個主體如何能內部地直覺其自己）時，他說及智的直覺如下：

(1)「如果該主體的直覺只是自我活動，即是說，只是智的直覺，則該主體必應只判斷它自己」。

(2)如果那引起自我意識的機能直覺其自己「是直接地自我活動的，它必應只表象它自己」。

(3)「如果那一切在主體中是雜多的東西是爲自我活動所給與，則內部的直覺必應是智的直覺」。

以上三語俱見〈超越的攝物學之一般的省察〉Ⅱ段。(1)與(2)兩種表示是相同的。(1)中的「只判斷它自己」即是(2)中的「只表象它自己」。如果主體所發的直覺（直覺其自己之直覺）只是該主體之自我活動，而不是被動地被感動，因此，不是感觸的直覺，而是智的直覺，則該主體必應只判斷它自己，即只表象它自己，即只是其自己之如如地朗現，而並無雜多可被給與，被表象，或被判斷。然而康德不承認我們直覺我們的主體自己是這樣地直覺之。如果是這樣地直覺之，則所直覺的必是「主體之在其自己」，而不是主體

（自我）之爲現象。然而康德以爲如果我們眞能以內部直覺來直覺「自我主體」，只能當作現象而直覺之，即只能在時間條件下而感觸地直覺之，而此便不是該主體之自我活動而只表象其自己者。此後者不是我們人類所能有的，因此，「自我主體之在其自己」是永不能被直覺，因而被呈現的。

第(3)一語底表示不甚諦。「如果那一切在主體中是雜多的東西」云云，「雜多」一詞便不諦。如果主體中眞可說「雜多」，則此雜多便不是「自我活動」所給與，因爲那作爲主體之自我活動的直覺只表象該主體自己（在其自己之自己），何來雜多？因此，要說雜多，那直覺便不是主體之自我活動；要說自我活動，便無雜多可言。雜多只是爲感觸的直覺所給與。康德認爲一說直覺便有雜多，這是未經審愼的想法。雜多只能在感觸直覺與現象處說，不能在物自身與智的直覺處說。

因此，不但作爲主體之自我活動的智的直覺之返照該主體自己無雜多可言，即使該主體之自我活動所發的智的直覺之覺照而創生萬物（知體明覺之感應與物冥冥爲一而一起朗現）亦無雜多可言。此時之物是在其自己之物，是「如相」的物，只有內生的自在相，而無對象相，因此，不能說「雜多」。我們不能以「在其自己」之物本身爲雜多也。雜多只能在「在其自己」之物轉爲現象而經由感觸的直覺以攝取之時始可說。有雜多便有對於雜多之綜和。智的直覺無雜多，因非感觸的故；亦無綜和，因非概念的思考故。智的直覺覺照而創生萬物，並不綜和萬物也。

康德又說：「感觸的直覺，即以其是感觸的，所以它不是根源的，即是說，它不是就像『其自身就能把它的對象之存在給與於我

們』那樣的直覺——這樣的一種直覺模式，只要當我們能判斷它時，它只能屬於根源的存有（元有）。至於我們的直覺模式則是依靠於對象之存在，因而亦只有當這主體之表象機能為那個對象所影響時，它才是可能的」（〈超越的攝物學之一般的省察〉Ⅳ段）。依此而言，如果「直覺自身就能把它的對象之存在給與於我們」，則此直覺必是智的直覺，而亦只為上帝（元有）所有。此明示智的直覺之創生性。但於此說智的直覺底「對象之存在」，此「對象」一詞亦只是方便說，實不可說對象也。智的直覺覺之即創生之（實現之），物只有內生的自在相，無對象相。無限心不與萬物作對，上帝亦當如此。感觸的直覺不能產生其對象，只能為對象所影響，即因此始可說對象，而對象又只是現象。

　　吾人如果單就我們為一現實的有限存在而看我們的現實機能，我們向何處去找得智的直覺這一機能呢？如果我們不就我們的道德意識而體證我們的本心以為無限心，就此無限心之明覺以言智的直覺，則無處可以得之。知覺明覺神感神應，自由自律。如果它真是自由自律的，其為無限心也必矣。如果它真是無限心，則其有智的直覺也亦必矣。康德對於自由以及道德之分析未能盡其義也。吾故詳為疏導如上。

Ⅱ.6　康德不能極成其所主張的「現象與物自身之　超越的區分」

　　當康德說此超越的區分時，他心中實有一洞見。但如吾首章所明，如果吾人順吾人之知性與感性說出去，吾人並不能充分證成這

種區分，即現象與物自身兩不穩定。這是因爲對於吾人的知性與感性並未封住故，只是視作由外在的劃類而顯的事實問題故，智的直覺屬上帝，而上帝屬彼岸故。但是康德還有另一個論據，這可使這超越的區分較爲顯豁。這論據是這樣的，即：上帝只創造物自身，不創造現象；「創造之觀念並不屬於存在底表象之感觸形式，或者說，並不屬於因果關係，但只能涉及智思物（本自物）」。這樣說之所以比較顯豁，是因爲這是從上帝之創造說下來。這比只說物自身可爲智的直覺之對象爲進一步，雖然如果智的直覺只屬於上帝，則說上帝的直覺與說上帝的創造只是一事。

上帝的直覺是純智的，因此它並不以時空爲形式條件，上帝亦不在時空中（上帝無時間性與空間性）。祂直覺之即創造之，即實現之，是當作一物自身而創造之，因此，其所創造者亦不在時空中（無時間性與空間性），時空不能應用於物自身，亦不能是物自身底必然屬性，因此，康德遂主張時空之經驗的實在性與超越的觀念性，而否定其超越的（絕對的）實在性。這樣，現象與物自身底區別其主要的記號就是時空性之有無。但是，這裡亦不能無疑。吾人須知凡上帝所創造的都是有限物，即使是物自身，亦是有限物底物自身（物之在其自己）。上帝把它當作物自身而創造之，亦把它當作有限物而創造之。而有限物之所以爲有限物正因其有物質性，是一組合體，就人而言，就是有感性。有限物是一現實存在（上帝所創造的不能不現實）。如是，現實的有限物是否能無時空性，這是很可疑的。有限物似乎必然地函著時空性，以時空性爲其必然的屬性。這樣，我們又否決了時空之超越的觀念性，而轉到時空之超越的實在性。上帝創造物自身是創造了一個具有時空性、有限性的物

自身。一物帶著時空性、有限性而在其自己，這是必不可的嗎？若必否定其時空性，則亦必連帶著否定其有限性。但有限物而不有限，這是自相矛盾的。但康德卻以爲既是「在其自己」，則必然地不能有時空性。如果時空性是就把此被造物拉成狀態底系列而言，則有時空性即無「在其自己」，有「在其自己」即無時空性。但如果自上帝之造此物是孤總地（獨個地）造一整物而言，則帶著有限性、時空性而爲一完整的有限物之在其自己，這似乎也可以。如果不承認此一可能，則在無時空性的「在其自己」上如何能保存它是有限物呢？抑或想於有限物上而說其無限性嗎？這如何可能呢？這樣一來，上帝造物是當作「物自身」而造之，初看很顯豁，但因「有限性」之介入，則弄成很麻煩，此即「物自身」一義仍未穩定也，或至少以時空性之有無爲超越區分之主要記號未穩定。

　　康德辯說不能以時空爲物自身之必然屬性如下：

　　　　如果像那在其他方面皆精明的門得孫（Mendelssohn）一
　　　　樣，他們允許時間與空間是一些條件，這些條件是必然地
　　　　屬於有限而派生出的存有之存在，但只不屬於那無限的最
　　　　高存有之存在，則我看不出他們依什麼根據而可證成這樣
　　　　一種分別，或，實在說來，我看不出他們如何能避免他們
　　　　所遭遇的那矛盾，當他們主張說時間中的存在是一「必然
　　　　地屬於有限的物自身」之屬性，而上帝是這種存在（時間
　　　　中的存在）底原因，但卻不能是時間（或空間）底原因，
　　　　（因爲在此假設上，時間必須被預定爲事物底存在之一必
　　　　然的先驗條件）；因而結果，就這些事物底存在說，上帝

的因果性必須服從一些條件，甚至服從時間之條件；如
此，則不可避免地要發生「與祂的無限性及獨立性之概念
相矛盾」的那些事。（《實踐理性批判》分析部第三章末
〈純粹實踐理性底分析之批判的考察〉）

案：如果時間、空間是那當作物自身看的有限存有之一必然的屬
性，則沒有理由說時間、空間必然地屬於有限而被造的存有之存
在，但卻不屬於無限存有之存在，即沒有理由作此分別。不但沒有
理由作此分別，進一步，實可說是矛盾：假定時間、空間是被造物
之為物自身之一必然屬性，則勢必作為創造者的上帝（無限的最高
存有）亦必在時間、空間中，即必服從時間、空間之條件，今說上
帝不服從這些條件，即時空不屬於無限存有底存在，這便成自相矛
盾。何以故是如此？因為被造的有限的物自身是上帝所創造的，而
時空又是其必然的屬性，則上帝造之時，必連時空自身一起而造
之。如果說只造時間中的存在物，即只為這存在物底創造因，而卻
不造其必然的屬性，即不為時空自身底創造因，則必說不通，因為
屬性與存在物是分不開的，「時間必須被預定為事物底存在之一必
然的先驗條件」。但人們可問：屬性與存在物分不開，連時空自身
一起而造之，何以因此即把上帝亦捲在時空中？上帝造此以時空為
必然屬性的物自身，而祂自身卻不在時空中，這是不可通的嗎？我
們不因祂造有限物而說祂是有限，豈可因祂造時空自身便說祂亦在
時空中？上帝的創造是無限地奧祕。祂豈不可無條件地造一個有條
件的物自身？但康德的意思似乎是如此：若上帝造存在物必賦之以
時間性，即使它為時間中的存在，則祂必在時間之條件下而直覺地

造之。因為上帝造之即是直覺地造之，亦可簡單地說，即是直覺之。上帝造之而賦之以時間屬性即是其直覺之之時必帶著時間這必然的先驗條件。祂如果無這形式，即不在這條件下，祂如何能賦之以時間性？如是，這必把上帝亦捲在時間中。此義亦見於《純粹理性批判·超越的攝物學之一般的省察》最後一段文中：

> 在自然神學裡，思考一個對象（上帝），祂不只是從未對我們而為直覺底一個對象；且甚至亦不能對祂自己而為感觸直覺底一個對象，在如此思維上帝時，我們很精審地從祂的直覺上去移除了這時間與空間之條件，因為一切祂的知識必須是直覺，而不是思想，思想總包含著限制。但是，如果我們先已使時間與空間成為「物自身」之形式，而且這樣，由於是事物底存在之先驗條件故，所以即使事物自身被移除，而時間與空間亦必仍留存，〔如果是這樣，〕則我們有什麼權利能去把它們從上帝底直覺上移除下來呢？當作一切「存在一般」底條件看，它們也必須是上帝底存在之條件。

案：這個辯說似乎不很健全。人們可說你這是拿我們的感觸直覺之表象去想上帝之創造。上帝底直覺活動是創造，不是表象。因此，祂很可以不在時空條件下，純智的直覺地創造一個有時空性的物自身。我們不能因為時空是物自身之必然屬性就說我們不能把它們從上帝底直覺上移除下來，因此，就說它們亦是上帝底存在之條件。但康德可說：這如何可能呢？當上帝直覺地造物自身時，如果祂的直覺不帶上這時空條件，那物自身如何能有這必然的屬性？如果祂

帶上這時空條件，祂的存在亦必在時空條件中。但人們可說：你這是以我們的感性之方式去想上帝；就我們的感性而言，時空是主觀的，是我們的感性直覺之主觀條件，故當我們直覺外物時，必帶上這條件，因而所直覺者亦必在時空中；但是就上帝的直覺而言，我們並不以這方式去想時空，說它們是上帝的直覺之條件，說它們是上帝方面之主觀的。上帝的直覺是創造，不是表象，所以在祂亦無所謂先驗條件；祂是無條件地創造了一個有時空性的物自身。祂何以能如此，這是上帝底奧秘，無人能知。我們這時說時空性是就被造了的「物自身」之本身說，是由「有限性」分析出的，這純是客觀地說，不說它們是主觀的條件。我們不因上帝造有限物而說上帝亦有限，當然亦不能因有限物之有時空性而說上帝亦有時空性。上帝造一個以時空為必然屬性的物自身──有時空屬性的有限物之在其自己，而吾人即依一定的時空形式去直覺它，表象它，這有何不可呢？上帝孤總地、獨個地造之（有限性即函時空性），故為「在其自己」，而吾人依時空方式去表象之（非創造之），故為現象。這有何不可呢？可是，如果如此，這將有雙重的時空性。一是上帝孤總地、獨個地造之中有限物自身之時空性，依其生滅流轉說其時間性，依其廣延體積說其空間性；另一是我們依時空形式去表象之所成的時空性。若如此，這兩重時空性是一是異呢？如果是一，則何分上帝造之處與吾人之表象之處？如果是異，則相應不相應呢？如果相應，何能定說時空是主觀的？如果不相應，則成剌謬，或重疊，勢必有一在其自身之時空，復有一現象式的時空，這如何可通呢？這樣客觀地辯論起來，難得一定的結論，將有許多無謂的纏夾。因此，說上帝造無時空性的物自身，這很難穩定得住。蓋所造

者定是「有限物」故也。可是如果說祂造有時空性的物自身，這亦同樣有困難，且勢必否決康德的基本主張。問題底關鍵即在這有限物之有限性。如果所造者定是有限物，則此有限物之為物自身是一個決定的事實概念，不是一個價值意味底概念。

但康德理解物自身決定說它是無時空性的。此實含有豐富的價值意味，惟上帝創造說不能極成之。此中實函說：上帝所造者雖是有限物，它亦可在流變中，亦可在時空中，然而上帝眼中無時空，亦無流變。所謂在時空中，在流變中，那是你們有限物本身的事，或者不是你們本身的事，而是你們對某一感性主體而現這現上的事，然無論如何，那總不是我的事。可是這層意思，若只說上帝創造，並不能清楚地而且必然地顯露出來。究竟何以不是上帝的事，吾人亦不能確知，因為這是上帝底奧祕，吾人無智的直覺故。

如果被造物決定是有限物，而定是有限物者又決定是事實概念，則此作為事實的有限存在物之在其自己，既不可以時空表象之（無時空性），亦不可以任何概念決定之，它必只是一個空洞的概念，而無實義。如果它要有豐富的真實意義、價值性的意義，它必不是一個事實概念，那就是說，它必應不是一個決定性的有限物。在此，我們似乎是要向此而趨，即：於有限物上而可以說其無限性，即說其有無限性之意義。這如何可能呢？如果我們肯定它是決定的有限物（因而它是一事實概念），則由於其無時空性，我們又如何能保住它是有限物呢？無時空性，而又說它是決定的有限物而在其自己（當作一事實概念看），這「在其自己」除是一個空洞的概念還能有什麼呢？因此，如果真要肯定它無時空性，它之為有限物而在其自己決不是一個事實概念，而是一個價值意味底概念。只

有在此一轉上，它始可不是一決定性的有限物，因此，始可於有限
物上而說無限性或無限性之意義。如此，始能保住它不以時空為必
然屬性，並保住時空之超絕的觀念性，而否決其超絕的實在性。但
這一步，不是上帝創造說所能清楚而必然地極成的。吾並不想贊同
門得孫的主張，說被造的有限物之在其自己必以時空為屬性。吾贊
同康德的洞見：上帝創造物自身，不創造現象；物自身不能以時空
為必然屬性，亦不能以任何概念決定之。但我必須指出：這不能為
上帝創造說所極成，除非我們承認這悖理是宗教中的奧秘。康德陷
於上帝創造底傳統，陷於決定性的有限物之觀念中，不能簡別事實
概念與價值意味概念，如是，遂弄成麻煩，遂致「物自身」之義不
能穩定。

吾人要想極成物自身無時空性，不能以任何概念決定之，而且
把它當作一價值意味之存在，想於有限物而可以說其無限性或說其
無限性之意義，使這層意思確然不可移地而且清楚地呈現於吾人的
意識中，吾人不能從上帝創造來說，必須即在吾人身上轉出自由的
無限心方能徹知之。這一面既定住，則知性、感性那一面即有一封
限而亦可以被定住，且有一特定的標記，即不只是以時空為感性之
形式，以概念為知性之範疇，而且根本上是「執」。如是，有限心
與無限心底對照根本即是執與無執底對照。此對照在吾人身上可建
立，因此吾人有標準作「超越的區分」，而此超越的區分即在此對
照下可充分證成而不搖動。·

在自由自律的無限心之圓覺圓照下，或在知體明覺之神感神應
下，一切存在皆是「在其自己」之存在。圓覺圓照無時空性、無生
滅相，「在其自己」之存在當然亦無時空性、無流變相，它們是內

生的自在相,即如相:如相一相,所謂無相,即是實相。無時空
性,它們不能是有限(決定的有限);但我們亦不能說它們就像
「無限心體」那樣的無限,它們是因著無限心體之在它們處著見而
取得解脫與自在,因此取得一無限性之意義。當我們說「一色一香
無非中道」時,此時我們並不是把色香看成是一個現實的物體存在
(事實概念的物體存在),而是把它們看成即是「中道」,這是一
個價值意味的存在。當我們說「挑水砍柴無非妙道」時,亦復如
此。當我們說「鳥啼花落,山崎川流,饑食渴飲,夏葛冬裘,至道
無餘蘊矣」(王東崖語),亦復如此。當我們把這些看成是「有限
存在」時,那已不自覺地把它們看成是現象了。有限是事實概念式
的決定的有限,它當然非有時空性不可,亦非有流變性不可,那不
能不是現象。可是當我們說它們是「在其自己」之存在,它們必然
地不是現象,因此,它們不能有時空性、有流變相,因此,它們即
不是事實概念式的決定的有限,而是取得一無限意義的價值意味的
存在了。旣非決定的有限,又無時空性,它們當然無流變相,此即
郭象注《莊》中所謂「獨化」:獨化無化相也,此即其取得一永恆
之意義。此永恆之意義旣非如上帝之爲永恆,亦非如數學眞理之爲
永恆,亦非如無限心體之爲永恆,亦非如涅槃眞我之爲永恆,而乃
是因無限心體之圓照之無時間性而取得一永恆之意義。總起來,這
就是王龍溪所謂「無物之物則用神」也。物之在其自己即是「無物
之物」也。「無物之物」者即是無物相之物也,亦即無「對象」相
之物也。「用神」者其爲用無封限無滯礙而不可測度也。物之用之
神是因明覺感應之圓而神而神。明覺之感應處爲物。此感應處之物
旣無「物」相,即無爲障礙之用,它繫於明覺而有順承之用,故其

爲用是神用無方,而亦是不顯用相之用也。明覺感應圓神自在,則
物亦圓神自在也。故物不作物看,即是知體之著見也。此是將「物
之在其自己」全繫於無限心之無執上而說者。如只繫於上帝之創
造,而所造者又決定其爲有限物,則成纏夾,不能至此。

　　是故物之有限性、無限性,有時空性、無時空性,有流變相、
無流變相,只在一機之轉:對無限心之無執而言,它即有無限性,
無時空性,無流變相,它即是如;對有限心之執而言,它即決定是
有限的,有時空性的,有流變相的,乃至有概念所決定的種種相
的,它即是不如。如與不如,相與無相,可相即而得:即不如而
如,無限心之朗照也;即如而不如,有限心之執取也。此方極成康
德所說的:「物自身之概念與現象之概念間的區別不是客觀的,但
只是主觀的;物自身不是另一對象,但只是關於同一對象的表象之
另一面相」。但是把物自身繫屬於上帝之創造,則是把它繫屬於另
一個主體,而「物自身與現象之區別不是客觀的,但只是主觀
的」,便不顯豁,亦不能被極成。

　　僧肇〈物不遷論〉云:「《放光》云:法無去來,無動轉者。
尋夫不動之作,豈釋動以求靜?必求靜於諸動。必求靜於諸動,故
雖動而常靜。不釋動以求靜,故雖靜不離動」。「不釋動以求靜」
者,言不脫離動以求靜也。此即即於動以求靜,「必求靜於諸動」
也。即於動以求靜,「故雖靜不離動」;「必求靜於諸動,故雖動
而常靜」:此兩聯是一義,皆表示「即不如而如」也。「動」即不
如,「靜」即如。對智心言,則諸動當體即如(於此說不動不
遷),無任何相也。對識心言,則全部皆浮動。此即當體皆不如。
故對智心而言,可「即不如而如」;對識心而言,亦可「即如而不

如」。故如與不如，相與無相，皆對主體而言，故其分別是「主觀的」也。僧肇主旨重在「即不如而如」，故云：「旋嵐偃嶽而常靜，江河競注而不流，野馬飄鼓而不動，日月歷天而不周，復何怪哉？」又曰：「乾坤倒覆，無謂不靜。洪流滔天，無謂其動」。是皆「即不如而如」也。然而又云：「談眞有不遷之稱，導俗有流動之說」。「談眞」者即證「如」也（證物之在其自己）。「導俗」者「即如而不如」，以立俗諦，成現象也。然而必須在吾人身上即有「有限心」與「無限心」之對照，然後始可有此眞俗之相即而立；而如與不如之超越的分別始可充分極成，而此分別爲主觀的亦可充分極成。如若康德那樣，現象對人而說，物自身對上帝之創造而說，則不但「超越的分別」，不能極成，即「主觀的」一義亦不能極成也，因吾人無「無限心」，不能表象物自身故。

Ⅱ.7　物自身與自由

　　康德之所以主張上帝創造物自身，不創造現象，是爲的解答肯定自由之困難。他先從我們的實際生活上以四點來說明自由必須被肯定：(1)理性的存有能正當地說他可以不作非法的行爲；(2)良心底判決；(3)後悔之可能；(4)即使是生而壞的人亦要受譴責，亦自知此譴責爲應當。由此四點即足顯示我們不完全爲「自然之機械性」所支配，而可以依據一理性的應當來決定我們的行爲。而那理性的應當即示一超感觸界之「自由」。如是，自由與自然可以並存。但是這一切雖有助於自由之肯定，還有一個最後的困難仍待克服。此困難即是上帝之創造。凡上帝所創造的都是有限的存在物，人亦是被造的，故人亦是有限的存在物。因此，凡被造的有限存在物皆依待

一超越而外在的最高存有而存在，如是，就人而言，如何能是自由
的？康德說：

> 這困難是如此：
>
> 超感觸的主體就一特定活動而言，它能是自由的，然而因爲
> 它也是屬於感覺界的一個主體，所以就這同一活動而言，它
> 也是在機械的條件之下的，縱使這層意思是可以承認的，然
> 而仍有以下的情形，即：只要當我們允許作爲「普遍的第一
> 因」的上帝也是一本體物（自體物獨立的個體物）底存在之
> 原因（此一命題若被放棄，則上帝爲一切有之有之觀念亦必
> 須同時被放棄，因而祂的完全自足性也必須被放棄，但是這
> 完全自足性是神學中每一東西所必須依於其上的），則似乎
> 我們必須承認：一個人的活動在某種完全超出其力量之外的
> 東西中有其決定原則，即是說，在不同於他自己的一個最高
> 的存有之因果性中有其決定原則，而他自己的存在以及他的
> 因果性之全部決定皆絕對地依靠於這最高的存有。事實上，
> 如果一個人的活動，即作爲屬於他的時間中的變形看的活
> 動，不只是他的作爲現象的存有之變形，而且也是他的作爲
> 一物自身的存有之變形，則自由必不能被救住。如是，則人
> 必是一傀儡，或一自動的玩具，就像望堪生（Vancanson）
> 所發明的自動玩具一樣〔望堪生於一七三八年在巴黎發明一
> 自動玩具〕，而爲一最高的技匠所扭動。自我意識實可使他
> 成爲一思維的自動體，但他自己的自動性之意識，如果這被
> 誤認爲是自由，那必只是一幻象。它之得名曰自由只是一比

較意義的自由，因爲，雖然它的運動之諸切近的決定因以及此諸切近因底諸決定原因之一長串皆是內在的，然而這最後而最高的原因卻見之於一外於它的一個地方〔完全處於一在它之外的一隻手中〕。因此，我見不出那些仍然堅持時間與空間爲屬於物自身底存在之屬性的人們如何能避免活動之定命論。（下接門得孫一類的主張，見上Ⅱ.6錄）

……

以上所提到的困難可以簡單地而且清楚地解決如下：如果時間中的存在只是屬於「世界中的思維存有」的那表象之一純然的感觸模式，因而結果它並不能應用於這些思維存有之爲物自身，則對於這些存有之創造就是對於物自身之創造，因爲創造之觀念並不屬於存在底表象之感觸形式，或者說，並不屬於因果關係，但只能涉及「智思物」〔本自物〕。因此，結果，當我說及感覺世界中的存有，說它們是被造的時，我即把它們看成是「智思物」〔本自物〕。因此，因爲說上帝是現象底一個創造者，這必是一矛盾，所以去說：「作爲一創造者，祂是感覺世界中的活動（因此也就是當作現象看的活動）底原因，而祂同時又是這些活動的存有物〔作爲智思物、本自物〕底存在之原因」這也是一矛盾。現在，由於視時間中的存在爲某種只屬於現象之事，而不是屬於物自身之事，因此，如果不管當作現象看的活動之自然的機械而去肯定自由，這是可能的，〔如果去肯定自由而無損於當作現象看的活動之自然的機械性，這是可能的——拜克譯〕，則「活動的存有是被造物」這情形不能有絲毫影響於

關於自由之論據，因爲創造只有關於活動的存有之超感觸的
存在，而無關於其感觸的存在，因此，創造也不能被看成是
現象底決定原則。可是，如果世界中的存有當作物自身而存
在於時間中，則情形就完全不同，因爲在這種情形中，本體
物〔substance 自體物，獨立的個體物〕底創造者必同時也
就是這本體物底全部機械連繫底創造者。（〈純粹實踐理性
底分析之批判的考察〉）

案：上帝創造只創造物自身，不創造現象。人當作一被造的獨立的
自體物或個體物（substance）看，他在上帝面前也是一物自身，而
不是一現象。這樣，他雖是一被造物，但無影響於自由。但這也只
是「無影響」或「無損」而已，並不能積極地表示出他是自由的：
說他是物自身只表示他不是在時間中而爲條件系列所決定的機械連
繫之存在，即，只表示他不是不自由的，不是機械的，尚不能積極
地表示出他是自由。自由底透露必通過道德法則始可能。自由是需
要另開端而自吾人之道德意識上來揭露的，光自上帝之創造上來
說，尚不能顯露出。又，如上文所明，光自上帝之創造處說，尚不
能穩定住「物自身」之意義，因爲由於被造物是有限物的緣故，並
不能使吾人意識到這被造的有限物之爲「物自身」可具有無限性和
永恆性之意義。現在，我們不從上帝之創造來說物自身，但只從自
由自律的無限心來說，只從知體明覺之感應來說。

　　凡物在知體明覺之感應前俱是物自身，但這卻並不是說草木瓦
石皆是自由的。自由單自在人處所呈露之無限心上說。在人處，吾
人通過吾人之道德意識即可呈露知體明覺之無限心，無限心呈露，

則吾之獨個的完整的存在即是「物自身」之存在。孟子說：「君子所性，仁義禮智根於心，其生色也，睟然見於面，盎於背，施於四體，四體不言而喻。」如是，則面、背，乃至四肢百體，都是「物自身」之存在；吾之獨個的完整的人之存在亦是一「物自身」之存在。羅近溪說：「抬頭舉目渾全只是知體著見，啓口容聲纖悉〔細〕盡是知體發揮，更無幫湊，更無假借。」（《盱壇直詮》卷下）此亦是「物自身」之存在。幫湊假借便成識心所對的感觸的存在，亦即現象的存在。人通過知體之潤澤與明通而為一「物自身」之存在，他即具有無限性與永恆性之意義，此則甚為顯豁。此即是「人雖有限而可無限」之義。「雖有限」中之「有限」只就其感觸的存在（為一現象）說。當其在知體之潤澤中而為物自身之存在，即不可說「有限」。此即「即有限而為無限」，「不離動以求靜」也。識心所對，他即是有限，而且在流動中，知體所潤，他即是無限而永恆，動無動相。「一色一香無非中道」（天臺宗語），亦復如此。知體明覺是無限心，但不是空懸的無限心，而是即於現實的物自身之存在而為無限心，故物自身之存在亦成無限而永恆的。「以天地萬物為一體」，即以一切物自身之存在作為吾之物自身之存在之內容，而亦不喪失天地萬物之各為物自身之獨自的無限性與永恆性：此即每一物皆自在也，每一物自身皆是一自體物（獨立的個體物 substance，此詞在此不是分解地說的那抽象的常體，對屬性而言者）。天臺宗說佛必具九法界而為佛，亦是此義。

　　吾人若單自物自身之存在而言，吾人可說這是萬物之「本來面目」；就人而言，亦是人之本來面目。但就人而言，這只是「本來面目」之形式的意義；其真實的意義乃在自由自律的無限心之呈

露。眞實意義的本來面目不空頭，亦不虛懸，故必即「物自身」之存在，乃至即天地萬物之「物自身」之存在，而爲本來面目。但是就物而言，例如草木瓦石，則只能就其「物自身」之存在而言其形式意義的「本來面目」，而不能言其眞實意義的「本來面目」，因爲它們不能顯露無限心而爲自由故，當然亦不能說它們不自由（物自身對於自由是中立的，旣無損於自由，亦無助於自由，自由是另端開顯的）。它們只在知體明覺這無限心之感應、潤澤與明通中，而爲自在的，自爾獨化，而化無化相的。它們因著我的眞實意義的「本來面目」之圓頓的呈現，因著我的自由無限心之感潤與明通，而獲得其本來面目，然而它們自己不能呈露無限心以自證其本來面目。天臺宗荆溪湛然說「無情有性」，然而無情之物（如草木瓦石）究亦不能自具緣因佛性與了因佛性也。雖然吾的緣了佛性可以遍及於它們，然而不能因著這種遍及，即謂它們本身亦具緣了佛性而能自成大覺也。當然，這種分別觀是吾人跳出來作反省後的說法。若在冥證中而洒然一體呈現，則亦無此分別想也。

第四章　由知體明覺開知性

1. 科學知識之必要：在中國是無而能有，有而能無；在西方是無者不能有，有者不能無

知體明覺之感應（智的直覺，德性之知）只能知物之如相（自在相），即如其為一「物自身」而直覺之，即實現之，它並不能把物推出去，置定於外，以為對象，因而從事去究知其曲折之相。「萬物靜觀皆自得」，在此靜觀中，是並不能開出科學知識的。上帝不造原子炸彈；祂雖無不知，但沒有科學知識，或換言之，祂並不以科學的方式知。佛有一切種智，但佛智並不造亦造不出原子炸彈來。「一色一香無非中道」，此中道之知只知實相：實相一相，所謂無相。它只能使你解脫，而不能使你有科學知識。然則科學知識有無必要？在上帝根本沒有，亦不必要。依西方傳統，上帝是上帝，人是人，兩不相屬。就科學知識言，上帝無而不能有，人有而不能無。依中國傳統，人可是聖，聖亦是人。就其為人而言，他有科學知識，而科學知識亦必要；就其為聖而言，他越過科學知識而不滯於科學知識，科學知識亦不必要，此即有而能無，無而能有。

在佛家，「心、佛與眾生，是三無差別」，則眾生可是佛，佛亦是眾生。佛家的重點雖在轉識成智，而其言識又特別重在言其心理意義的煩惱，然而他亦言俗諦，言比量，言「不相應行法」，原則上它是可以有亦需要有科學知識的。如是，它亦無而能有，有而能無。在道家，其重點雖在玄智，而鄙視「成心」，然而和光同塵，與天為徒，亦與人為徒，真人是天亦是人，如是，原則上它於科學知識亦無而能有，有而能無。三家在以前，於科學知識這一環，雖皆可有，尤其儒家易有，然而因為皆重視上達，故皆未能正視這一環。吾人今日須開而出之。上達下開，通而為一，方是真實圓滿之教。問題是在如何能由知體明覺開知性？

2. 知性之辯證的開顯

此步開顯是辯證的（黑格爾意義的辯證，非康德意義的辯證）。此步辯證的開顯可如此說明：(1)外部地說，人既是人而聖，聖而人（人而佛，佛而人，亦然），則科學知識原則上是必要的，而且亦是可能的，否則人義有缺。(2)內部地說，要成就那外部地說的必然，知體明覺不能永停在明覺之感應中，它必須自覺地自我否定（亦曰自我坎陷），轉而為「知性」；此知性與物為對，始能使物成為「對象」，從而究知其曲折之相。它必須經由這一步自我坎陷，它始能充分實現其自己，此即所謂辯證的開顯。它經由自我坎陷轉為知性，它始能解決那屬於人的一切特殊問題，而其道德的心願亦始能暢達無阻。否則，險阻不能克服，其道德心願即枯萎而退縮。《易傳》云：「夫乾天下之至健也，德行恆易以知險。夫坤天

下之至順也，德行恆簡以知阻」。良知良能至簡至易，然而它未始
不知有險阻。知有險阻而欲克服之，它必須轉爲知性。故知險知阻
中即含有一種辯證的申展。故其自我坎陷以成認知的主體（知性）
乃其道德心願之所自覺地要求的。這一步曲折是必要的。經過這一
曲，它始能達，此之謂「曲達」。這種必要是辯證的必要，這種曲
達是辯證的曲達，而不只是明覺感應之直線的或頓悟的達，圓而神
的達。這樣開知性即名曰辯證的開。如是，則知性之開顯有其辯證
的必然性。此不能由知體明覺之分析所可邏輯地分析出者。

　　知性既開立，則感應中之物即被推出去而爲「對象」，而對象
即現象，而不復是那「在其自己」之如相或自在相，由明覺之感應
之所顯發而明通之者。

3.　自我坎陷、執與認知主體

　　知體明覺之自覺地自我坎陷即是其自覺地從無執轉爲執。自我
坎陷就是執。坎陷者下落而陷於執也。不這樣地坎陷，則永無執，
亦不能成爲知性（認知的主體）。它自覺地要坎陷其自己即是自覺
地要這一執。這不是無始無明的執，而是自覺地要執，所以也就是
「難得糊塗」的執，因而也就是明的執，是「莫逆於心相視而笑」
的執。

　　這一執就是那知體明覺之停住而自持其自己。所謂「停住」就
是從神感神應中而顯停滯相。其神感神應原是無任何相的，故知無
知相，意無意相，物無物相。但一停住則顯停滯相，故是執也。執
是停住而自持其自己即是執持其自己。但它並不能眞執持其自己；

它一執持，即不是它自己，乃是它的明覺之光之凝滯而偏限於一邊，因此，乃是它自身之影子，而不是它自己，也就是說，它轉成「認知主體」。故認知主體就是它自己之光經由一停滯，而投映過來而成者，它的明覺之光轉成認知的了別活動，即思解活動。

經由這一執所成的認知主體（知性）是一個邏輯的我、形式的我、架構的我，即有「我相」的我，而不是那知體明覺之「真我」（無我相的我），同時它亦不是那由心理學意義的剎那生滅心態串系所虛構成的心理學的假我。它的本質作用是思，故亦曰「思的有」（thinking being），「思維主體」（thinking subject），「思維我」（thinking self）。它由知體明覺之停住而成。它一旦成了，它正恰如其性地而不捨其自性，因而也就自持其自己而為一「思的我」。此時，它的本質作用是思，也就是執的思，它的本質就是「執」，不必再說它是由知體明覺之自覺地要執而成者。此後一語是說它的來歷，而前語則是說它本身。知體明覺之自覺地要這一執，這執即轉而就是「思的我」之自己，故「思的我」之本質就是執，它以執為其自性。

以執思為自性的「思的我」空無內容，定常而為形式的我、形式的有（formal self, formal being）。它之所以為形式的，是因為它的「執的思」不能不是邏輯的；因為是邏輯的，它不能不使用概念（就基本而先在者說，或是邏輯概念，或是存有論的概念），因而亦是一架構的我。架構者因使用概念把它自己撐架起來而成為一客觀的、形式的我之謂也。這不是說它本身是一個結構或構造（心理學的假我、虛構我，是一個結構或構造，見下），亦不是說它本身的形構作用或組構作用（formative or constitutive function），

但只說它本身是因著使用概念而把自己撐架成一個形式的我。就其為「形式的我」而言，它是純一的、定常的；它是一個常住不變的我（abiding self）。它是純一的（one and the same, simple and unique），是因為它只是那明覺之光之停滯，而別無其他，故不是一個結構或構造。它是定常的（constant），因為它一旦形成，它即常住不變，它是自身同一者：它可被解消，歸於無執即被解消；它亦可被形成，有執即形成；但一旦形成，其自身無生滅變化。這一切說法只在明它是一個「形式的有」，決不可把它誤認為是那知體明覺之無我相的真我。這一切皆是由那一執而可先驗地分析出者。

　　既有此停住而自持其自己的「形式的我」，則明覺感應中之物即被推出去而成為一所思之對象，此對象即是現象義的對象。我與對象之對偶性是由一執而同時形成者，這是認識論的基本的對偶性。

4. 平地起土堆

　　陸象山云：「千虛不博一實。吾平生學問無他，只是一實」。
　　又云：「吾之學問與諸處異者，只是在我全無杜撰」。
　　又云：「某從來不尚人起爐作竈，多尚平」。
　　又云：「做得工夫實，則所說即實事，不話閑話；所指人病，即實病」。
　　又云：「人心只愛去泊著事。教他棄事時，如鶻孫失了樹，更無住處」。

又云：「人不肯心閑無事，居天下之廣居，須要去逐外，著一事，印一說，方有精神」。

又云：「後世言道理者終是粘牙嚼舌。吾之言道，坦然明白，全無粘牙嚼舌處，此所以易知易行。或問：先生如此談道，恐人將意見來會，不及釋子談禪，使人無所措其意見。先生云：吾雖如此談道，然凡有虛見虛說皆來這裡使不得，所謂德行恆易以知險，恆簡以知阻也。今之談禪者，雖爲艱難之說，其實反可寄託其意見。吾於百衆人前開口見膽」。

又云：「且如世界如此，忽然生一個謂之禪，已自是無風起浪，平地起土堆了」。

案：以上所引俱見象山《語錄》。象山所謂平、實，俱是根據本心之實事實理而說。知體明覺之感應中皆是實事實理，坦然明白。這裡容不得任何「杜撰」、任何「閑話」、任何「粘牙嚼舌」，因爲這些俱是虛頭。「一實了，萬虛皆碎」。在明覺感應中，吾之行事皆實事，皆是天理之著見，故理即此天理之實理；而感應處之物亦是實物，此即是物之在其自己，亦即物之如相，無任何波浪也。世界只如此，這就是「平地」：在此處皆平皆實。凡於此「起爐作竈」、「粘牙嚼舌」、「閑話、議論」、「做個道理」，皆是「虛見虛說」，皆是「無風起浪，平地起土堆」。「忽然生一個禪」，也是「無風起浪，平地起土堆」。禪家那些姿態、機竅，可以「寄託意見」的「艱難之說」，皆是虛的。他們本也是藉著這些虛的來歸於另一意義的實，佛家意義的實，或只是一實之另一不同的表示，然而那些機竅、姿態、艱難之說，其本身終是虛的也，故總歸於無說無示，而一切皆平平也。象山說「忽然生一個

禪，已自是無風起浪」，這是因爲道德意識中實事實理最易顯虛實
兩層也。「天之所以予我者，至大至剛，至直至平至公。如此私
小，做甚底人！須是放教此心公平正直。無偏無黨，王道蕩蕩。無
黨無偏，王道平平。無反無側，王道正直」（亦見《語錄》）。儒
家最易顯這平實。其實禪家亦知虛實兩層也。

　　吾人必須知這平實是最高的層次。一離乎此，便是虛見虛說。
凡是顯示這平實的一切言說、機竅、軌轍，亦皆是虛見虛說，而終
須歸消；權說亦須歸實。有相應的權說，有不相應的權說。前者銷
而不銷，不銷而銷。後者若是杜撰，則須廢除；但亦有雖不相應，
而卻是客觀地必要者，則縱使是「無風起浪，平地起土堆」，亦須
開顯，此即認知主體與其所對之現象是也。

　　承上第3節而言，那停住而自持其自己的認知主體對那知體明
覺之眞我而言，亦是一現象；不過這不是被知的對象義的現象，而
是能知的主體義的現象。此一現象是那知體明覺之凸起，由自覺地
一執而停住而起者，此即所謂「平地起土堆」。知體明覺是平地，
無任何相。如視之爲「眞我」，則眞我無我相。而此凸起的認知我
是土堆，故此我有我相。此有我相之我是一形式的有。它雖是一凸
起的現象，但卻不能以「感觸的直覺」來覺攝。它既不是眞我，當
然亦不能以「智的直覺」來冥證。凡是「形式的有」者，吾人如依
康德的詞語說，皆須以「純粹的直覺」來覺識。其爲現象只就其爲
「凸起」而言。此是知體明覺之自覺地一執停住即坎陷而凸起者。
此不是感觸的直覺所覺攝之雜多而待概念以決定之者，因此處只是
一形式的有、思維的我，無雜多故。

　　此思維的我既有我相，故明覺感應中之「物」亦凸起而爲一對

象,即成為對象相的物,此即為現象義的對象,此亦是「平地起土堆」也。「物之在其自己」是平地,平地無相。而現象是土堆,土堆有相。此作為土堆的現象雖憑依「物之在其自己」而凸起,卻不是「物之在其自己」之客觀地存有論的自起自現,而乃是為知性(認知主體)所認知地挑起或搠起者。此是認識論意義的現象,而不是存有論意義的現象。康德以知性底超越分解,所謂超越哲學,代替存有論,就是想把傳統的存有論繫於知性之認知活動上講,因此,現象只是認知意義的現象。如果於此仍說存有論,那只是現象界的存有論,即吾所謂「執的存有論」。平地上之實事實理則是本體界的存有論,即吾所謂「無執的存有論」。

我們只有一個認知意義的現象。那「物之在其自己」並不自起這現象。「物之在其自己」並不是實體,因此,並不能就此而客觀地亦即存有論地說它自起這現象。我們如果真想客觀地亦即存有論地說自起自現(自起現者不必是現象),那存有論必是無執的存有論。無執的存有論是就知體明覺這實體說。知體明覺所起現而著見者是實事實理,亦是實物:感應中之物是實物(如一色一香無非中道),感應中之行事是實事(如抬頭舉目事親從兄等皆是知體之著見),感應中之天理貫注是「良知之天理」這實理。如是,如果知體明覺是體(理體),則實事實物皆是用,而此用並非「現象」。實事是事之在其自己,事不作事觀,乃是知體之著見,即非現象也。實物是物之在其自己,物不作物觀,乃是明覺之感應。物無物相即是無物之物,故亦非現象也。凡此皆是一知之顯發與明通,故一切皆如也。此方真是大客觀地無執之存有論地自起自現也,而起無起相,現無現相,而一切皆平平也。平常依存有論的方式說本體

現象，或依中國傳統說體用時亦把用視爲現象，那是不檢之辭，忘記了「認知度向」之插入。現象（依康德此詞之嚴格的意義）只在「認知度向」之介入上而起，即只對認知主體而起，而此起是認知主體之執所挑起或撈起，即於「物之在其自己」而永不能至之，這樣虛即地即於「物之在其自己」而挑起縐起。吾人並不可在無執的存有論之體用上說現象。故現象即是象山所謂「平地起土堆」，乃是虛層者。實事實理則是平地之實，此層上無現象也。

能知義的認知我之爲現象與所知義的對象之爲現象，如果亦說它們是知體明覺之用，則此用名曰「權用」，是經由知體明覺之自我坎陷而間接地即辯證地開出者，它雖是虛的，卻是客觀地必要的。無執的存有論上之體用，體是實體，用是實用，此實用可名曰「經用」。經用無進退，只是如，不可以有無言。權用有進退：有而能無謂之退，無而能有謂之進。

5. 感性底攝取：感觸的直覺

知性只能思辨對象，而不能給與對象。給與對象者是感性。感性攝取對象，在此攝取中，對象始能被給與。

感性底攝取名曰「感觸的直覺」。

感觸的直覺是一「呈現原則」（principle of presentation），它是將一現實而具體的存在物呈現給吾人者，但它不能創生這存在物，因此，它是認知地呈現之，而不是存有論地創生之。明覺感應中之智的直覺是存有論地創生一存在物，但此存在物是當作「物之在其自己」而觀之者，它是內生的自在相，而不是對象相。明覺感

應創生地實現此存在物亦即呈現此存在物，此是存有論地呈現之即
實現之，而不是只認知地呈現之而不實現之。明覺感應之所實現者
經過感性之攝取即轉爲對象，因此，感觸的直覺所認知地呈現給吾
人的存在物便轉爲現象義亦即對象義的存在物。

「現象」者，一存在物對一定樣式的感性主體而現爲如此者之
謂也。

「對象」者，一存在物爲感觸直覺所面對而取著之之謂也。

人的感性之攝取外物是在一定樣式下攝取。此一定樣式依以下
兩義定：

(1) 人的官覺之特殊構造，譬如只有五官。

(2) 在此特殊構造下，其攝取外物必依時空形式而攝取之，如
此，其所攝取者方是一具體而現實的存在，亦即有時空相的現象的
存在。

依此，時空就是標識人的感性之特殊模式或一定樣式之形式條
件。因此，感觸直覺固取著一現象義的對象，而亦即在其取著中著
之以時間相與空間相，故感觸直覺是取象而著相之認知機能也。

感觸直覺即是認知心（亦曰識心）之陷於感性中。所謂陷於感
性即是隨順官覺而起用，起用者起直接的攝取之用也。凡隨順官覺
而覺者皆是一直的（直而無曲），故曰直覺。以隨官覺故，故曰感
觸的直覺：五官爲外物所影響（所感動）而吾心被動地起而接受之
即攝取之，此即曰感觸的直覺。當此認知心脫離感性而爲思維主體
即知性時，它即須使用概念而顯思想之用。故思辨的知性是辨解的
（discursive），而不是直覺的。

辨解的知性只能思辨對象，而不能給與對象。它所思辨者是感

性所給與的。它的思辨是使用概念而思辨。因此,它所使用的概念必須有直覺以實之。若無直覺以實之,它們是空洞的概念,而思辨亦只是空洞的思辨,這便無「觀解的知識」(theoretic knowledge)。因此,對知性底思辨而言,吾人亦可說感觸的直覺是一個「具體化之原則」(principle of embodiment, or concretion),它是那能使概念有內容者,能使概念的、形式的思想具體化亦即實化者。有直覺,這概念便有一「眞實的可能」,否則只有「形式的可能」。例如「太陽不從東方出」,這是可能的,但如無經驗的直覺以實之,則此命題所述者便只是一邏輯的可能,而不是一眞實的可能。

如果我們從感性起,我們說感性給與吾人以對象,而知性則思辨一對象;但我們所以知感性之所給與知性之所思者爲現象乃是因爲我們已知明覺感應中之物爲「物自身」故。我們自始即未空頭說感性與知性。感性與知性只是一認知心之兩態,而認知心則是由知體明覺之自覺地自我坎陷而成者,此則等於知性。如是,首先出現者爲知性。如果我們從認知心之知性義開始,則我們說知性當其一成時,它即把明覺感應中之物推出去作爲一對象而思之,而感性則把知性所推出去者作爲一對象而給與於我們,此所思與所給與者,因其是對象,故即是現象也。此義若簡單地言之,即是:知性概念地思之,感性直覺地觸之(即攝取之)。因此,其爲現象也必矣。那明覺感應中之物,或涵潤而明通於,亦即淵淳於明覺中之自在物本身,則永不能作爲對象而爲知性之所思與感性之所觸者。一經思之與觸之,便是現象矣。因此,凡執心之認知地所及者爲現象,凡無執心之存有論地所明通而顯發者爲物自身。現象與物自身之超越的區分最後是以執與無執來決定也。

6. 感性、想像與知性

6.1 「時空是屬於心之主觀建構」——
由超越的想像而形構成

感觸直覺所攝取者，康德名之曰「未決定的對象」，此是外物之認識論地現於感性者，故亦名之曰「現象」。

現象經過知性之概念的決定，康德名之曰「決定了的對象」，此亦可曰「法定象」（phenomena），此是概念化或客觀化了的「現象」（appearance）。知性底概念思辨活動即是一種客觀化或對象化底活動。凡經過對象化底活動而成一決定了的對象者即是一個可以客觀地被肯斷的對象。由此而成的知識即是積極的觀解知識，亦曰經驗的知識，亦即是關於現象的知識。

時間與空間，康德名之曰感性底形式，或感觸直覺底形式。

時空本由識心之執而成，形成之以用於感性。

形成時空的那識心之執當該是「純粹的想像」，或曰「超越的想像」。康德未如此說，他只說「時空是屬於心之主觀建構」。此「心」當該即是「想像心」也。康德說：「外部感覺上的一切量度之純粹影像是空間，而感覺一般底一切對象之純粹影像則是時間」（《純粹理性批判》，〈原則底分析・規模章〉）。時間、空間既是內、外感覺上的一切量度，或甚至說一切對象（量度視之的對象）底純粹影像，則此純粹影像之形成即由「純粹想像」而形成。想像是心之活動，所想之像即是影像或圖畫式的形像。純粹的想像

無經驗的內容，因此，其所想的圖畫式的形像（影像）即是純粹的影像，此沒有別的，不過就是時間與空間。純粹而超越的想像形式地形構成或湧現地執成一純粹的影像，即時間與空間。「純粹的影像」一詞是圖畫性的語言，是對應純粹的想像而言者；而此像一旦形成，它即是一「形式的有」；而當其用於感性而爲感觸直覺之形式條件時，它即被名曰「純粹的形式」。它是「超越的想像心」所形式地形構成或湧現地執成者，故它是「心之主觀建構」，因此而亦爲「先驗的」。它用於感觸直覺，而卻不是此感觸直覺本身所形構成者。因爲凡直覺皆囿於當下，它只不自覺地帶著這本已有之的形式去攝取現象，這是它的唯一功能，它並不能再跳出其當下之囿而前後左右綜覽而形成一純粹的影像，即時間與空間；它帶著這本已有之的，而此本已有之的卻不是它所形成的。能跳出而不囿於當下者是想像。故時間、空間之超越的根源即是「超越的想像心」也。想像心之所以爲超越的正因其形構時間與空間故。感性論之所以爲超越的感性論（亦曰超越的攝物學）亦正因其所發的感觸直覺以先驗的時空形式爲形式條件故。想像而猶具體也，它只形成一圖像式的時間與空間，它尙不能盡概念的思考之作用。盡此作用者曰「知性」。認知心底活動從感性起，步步向後躍起，躍至知性而後止。從知性步步向下趨，趨至感性而後止。感性、想像、知性，此三者是同一認知心之三態，是因著攝取現象，形構時空（兼形構規模），以及使用概念去思辨對象（現象義的對象），這三種不同的作用而被分成，並被定住。

　　康德論純粹的想像主要地是在對應概念（範疇）而說規模（schema 亦譯圖式）。是則純粹想像之作用一在對應外部感覺上

的量度而形構成空間這個純粹影像，並對應內外感覺一般底一切對象之量度而形構成時間這個純粹影像；另一則是對應純粹概念（12範疇）而形構成它們的規模以爲其實化之感觸條件（sensible condition）。

我們現在由他說感覺上的量度底純粹影像是時間與空間而得知時間與空間之根源是在純粹而超越的想像，此是時空之根源的解釋。康德缺此解釋。他只籠統地說「時空是屬於心之主觀建構」。（他所作的「時空之形上的解釋」，說明時空爲先驗的形式，並爲一純粹的直覺而非一辨解的概念者，無問題。至於其所作的「時空之超越的解釋」，我們只取其使現象底時空性之表象爲可能以及使運動變化等之表象爲可能，而不取其使數學與幾何爲可能，因爲本書不從時間、空間說數學與幾何故。）

說感覺上的量度之純粹影像是時間與空間，這是倒映的說法。感覺對象在直覺攝取中本已被置定並被排列於時空中，因爲感觸直覺是以時空爲其形式條件故。是則當直覺攝取一對象時，此對象之量度即爲時空這一形式條件所表象。時空這一形式條件在直覺之攝取中直接地表象所攝取者之時間性與空間性，同時亦即表象了它們的量度性。這個量度性只爲時空所表象，尚未爲量概念（範疇）所決定。因此，如果我們以感覺上的對象之量度（在直覺之攝取中所表象者）爲首出，我們即可說此量度底純粹影像是時間與空間。此即是說，我們通過時間與空間這一對純粹影像，我們即可把那量度具體地形像化出來。是則說時間、空間爲純粹影像是由其所原表象者而倒映回去說也。即，以其所表象之量度爲首出，再倒映回去，復說此時間與空間是那感覺上的量度之純粹影像也。我們就感觸直

覺以及此直覺之對象而言，我們說時空是感觸直覺底形式，並同時
亦即是感觸直覺底對象之形式。但是就直覺對象之量度而言，我們
不能說時間空間是此量度之形式。對象底量度是由我們以時空去表
象對象時把它示現出、控制出或烘托出，泛言之，亦可以說是表象
出。但是當我們說我們以時空去表象對象，以及以時空去表象量
度，這兩個表象其意義並不相同。在前者，時空可為對象之形式，
但在後者，我們不能說時空是量度之形式。因為量度並非一獨立的
具體物或具體事件故。因此，我們說以時空去表象量度，實即是以
時空去表象對象而把此對象之量度示現出、控制出或烘托出。因
此，我們不能說時空復是量度之形式。這亦猶之乎我們以範疇去決
定現象，而說範疇是現象之法則，但我們不能說量範疇復是其所決
定的現象之量性之法則，因為量性就是量範疇之實化，其本身就是
現象之法則性故。因此，我們在直覺攝取中的對象之量度上，如若
倒映回去，我們只能說時間空間是此量度之純粹影像，而不復能說
是此量度之形式。因此，就感觸直覺以及此直覺之對象而言，我們
就說時間、空間是它們的先驗形式；就感覺對象之量度而言，我們
就說時空是量度底純粹影像。

　　但是一說「影像」（image），其相應的機能便是想像。就純
粹影像言，便是純粹的想像，或超越的想像。就時空為感覺上的量
度之純粹影像言，我們就說這純粹影像是由純粹而超越的想像所形
構成。我們即依此義而可予時空一「根源的解釋」，說它們的根源
是在超越的想像，而不只是「心之主觀建構」這一籠統的說法。時
空為超越的想像所形構成，用之於感性而為感觸直覺之形式。

6.2　康德論三層綜和

　　依康德，感性、想像與知性是靈魂底三種根源的能力或機能，它們含有一切經驗之所以可能之條件，它們自身不能再從心靈底任何其他機能而引申出。康德說靈魂或心靈，我們現在則直接說爲是識心或認知心。基於這三種機能上，有三層綜和出現，此即：

　　(1)通過感覺（sense）而來的先驗雜多之綜攝（synopsis）；

　　(2)通過想像而來的此種雜多之綜和（synthesis）；

　　(3)通過統覺（apperception）而來的此種綜和之統一。

　　感覺發自感性。通過感覺，我們說感觸的直覺。感覺只是我們的生理機體與外物相接觸。就感覺而帶有時空形式直接地去覺知之，即是感觸的直覺。統覺發自知性。知性底作用亦可以說是「思」，亦可以說是「統覺」。

　　這三種機能皆有一超越的表現以及一經驗的表現。超越的表現只有關於形式，而且是先驗地可能的。上列三層綜和是就其超越的表現而言，故從先驗雜多（即純粹雜多）說起：先就感覺或感觸直覺之形式面（即時空）而說先驗雜多之綜攝，次就想像（純粹而超越的想像）而說此種先驗雜多之綜和，最後就超越的統覺而說此種綜和之統一（即對於想像所形成的綜和再予以統一）。

　　兼顧超越的表現與經驗的表現兩面而言，康德又把那三層綜和說爲：

　　(1)直覺中攝取（領納）之綜和。此相應通過感性而來的先驗雜多之綜攝而言。在那裡說綜攝（synopsis），在這裡說攝取之綜和（synthesis of apprehension）。通直覺之超越的表現與經驗的表現

兩面而言。如爲前者，則爲攝取之純粹的綜和。如爲後者，則爲攝取之經驗的綜和。

(2)想像中重現之綜和。此相應通過想像而來的對於先驗雜多之綜和而言，此亦兼顧想像之兩種表現而言。如爲超越的表現，則爲超越的想像。如爲經驗的表現，則爲經驗的想像。經驗的表現爲重現的綜和，超越的表現爲產生性的綜和。

(3)概念中重認之綜和（synthesis of recognition）。此相應通過統覺而來的對於想像所形成的先驗雜多之綜再予以統一而言。知性底作用是思，是統覺。而無論是思或統覺，皆必須使用概念而後始能成其爲思或統覺。故此處所成的綜和是「在一概念中重認之綜和」。此亦兼顧統覺之兩種表現而言。如爲超越的表現，則統覺爲超越的統覺，其所用之概念是先驗概念，即範疇。如爲經驗的表現，則爲經驗的統覺，其所用之概念爲經驗概念。

康德對於此三層綜和皆分別地有所說明。

A. 關於「直覺中攝取底綜和」，康德說明如下：

> 每一直覺在其自身中含有一雜多，此雜多之所以能被表象爲一雜多是只當心靈在此一印象相承於另一印象這相承中顯著出時間，始能被表象爲一雜多；因爲每一表象，當它被含於一「單獨的瞬刻」（a single moment）中，它除是一「絕對的單一」（absolute unity）外，不能是任何東西。要想使那種直覺底統一可以從這種雜多中發生出（就像在空間底表象中所需要的那樣），則這雜多必須首先要被歷過（be run

through ），而且要被執持於一起。這種活動，我名之曰攝
取底綜和，因爲它是直接地被引向於直覺上的，此直覺誠能
供給一雜多，但是一雜多，除藉著這樣一種綜和，它從不能
被表象爲一雜多，亦決不能當作被含於一「單獨的表象」
〔一獨個的表象 a single representation〕中而被表象。

案：我們平常說感觸直覺供給我們以雜多，知性以概念統一之，好
像直覺本身並無一種綜和作用。這是大分類的說法。其實直覺本身
也具有一種直接的攝取綜和，並不是把雜多只封於一個「單獨的瞬
刻」中而爲一孤獨的「絕對的單一」。因爲若眞如此，則我們決無
雜多之意識，亦決不能把雜多當作雜多而表象之。因此，康德說
「要想使那直覺底統一可以從這種雜多中發生出，則這雜多必須首
先要被歷過，而且要被執持於一起」。此所謂「直覺底統一」即是
「直覺中攝取之綜和」。這種綜和之成就是要靠在直覺攝取中直覺
把那所攝取的雜多默默不自覺地一一歷過，而且任運地執持之於一
起。我們的感觸直覺所直覺的現象是一下子紛然呈現的，此即所謂
雜多。縱使是只直覺一個單獨的現象，例如說只直覺一個聲音，而
如果是直覺，而不只是一個感覺，一個純主觀的感受，則此聲音之
直覺亦須在以時空爲形式條件下而直覺之，亦須把此聲音置定之於
時空中；縱使其他的現象，例如顏色、形狀等，尙未進入我的直覺
中，我的對於此聲音之直覺亦是在時空關係方面是敞開的，即是
說，在時空之限定中而直覺之，此即函著時空關係中的區以別。此
種區以別亦是攝取之綜和作用。此種綜和是直接的、任運的，亦常
是不自覺的，然不能說不是一種綜和。此種綜和就是感觸直覺之

執，因著以時空爲形式條件而成的一種任運執，並不是心理學意義的執也。康德說「綜和」，其實就是一種「執」。佛家只說心理學意義的執（煩惱），而未曾說及認知意義的綜和，故不能明知識。今將執與綜和連在一起，則康德的思想可以暢通，而於佛家亦有利。

以上是就經驗的雜多說，故在此所說的攝取綜和是攝取之經驗的綜和。但小有攝取之純粹綜和，此則就先驗雜多（即純粹雜多）而說。康德云：

> 這種攝取底綜和復亦必須先驗地來表現〔來運用 be exercised a priori〕，即是說，亦必須就那些「不是經驗的表象」的表象來表現。因爲若無這種攝取底綜和，我們決不能先驗地有空間底表象或時間底表象。空間或時間底諸表象只能通過「感性在其根源的接受性中所呈現的雜多之綜和」而被產生。這樣，我們可有一種「攝取底純粹的綜和」（a pure synthesis of apprehension）。

案：此即康德所說的「通過感覺（感性）而來的先驗雜多之綜攝」。此是就空間或時間底表象而言。此所謂時空底表象不是超越攝物學（感性論）中所說的「時空之原初表象是一個整一」的那種表象，乃是由於通過限制之引進而來的種種不同的時間與空間，即部分時間與部分空間（此即先驗雜多或純粹雜多）之綜和所成的對於時空之表象。此種時空之表象或者形構成一數目，或者形構成一幾何圖形，皆是由於先驗地表現的「攝取綜和」而然。此種攝取之

綜和即是「攝取之純粹綜和」。在此說攝取，不是攝取經驗的雜多，乃是攝取純粹雜多，即直覺地領納部分空間與部分時間而綜和之以成一直覺構造也。康德說「空間或時間底諸表象只能通過感性在其根源的接受性中所呈現的雜多之綜和而被產生」。此語中的雜多當該是先驗雜多或純粹雜多。只說雜多，容易起誤會，易被解成經驗的雜多，此則與「攝取之純粹綜和」相違。

B. 關於「想像中重現之綜和」，康德說明如下：

> 表象，它們時常互相伴隨，最後成為互相聯合，因而被置於一關係中，因著這種關係，縱使在對象之不存在時，這些表象底某一表象，依照一固定的規律，亦能引起心靈之過轉，過轉到另一個表象上去。這情形只是一經驗的法則。但是這個重現底法則預設：現象自身現實地服從這樣一個規律，並且預設：在這些表象底雜多中，一種共在關係或相承關係可以依照一定的規律而發生。若無這種預設，我們的經驗的想像決找不到適當於其力量的表現之機會，因而必如一死體而被隱蔽於心靈內，而對於我們亦必成為一不被知的機能。如果銀朱時而紅時而黑，時而輕，時而重；如果一個人時而變成此一動物形態，時而變成另一動物形態；如果一個鄉村長期地時而花果滿樹，時而冰天雪地，則我的經驗想像必找不到機會當表象紅色時去把心靈帶到重的銀朱上。又，如果一個名字時而給與於這個對象，時而給與於那個對象，或同一東西時而以此路數名之，時而又以另一路數名之，獨立不依

於現象自身所服從的任何規律，則亦決不能有一「重現之經驗的綜和」或一經驗的重現綜和（an empirical synthesis of reproduction）。

因此，這必須有某種東西，它作為現象底一種必然的綜和統一之根據，使現象底重現為可能。當我們反省現象不是物自身，不過是我們的表象之純然的遊戲，而最後終於化歸為內部感覺底諸決定，當如此反省時，那「使現象之重現為可能」的某種東西是什麼，我們立刻即可發見。因為，如果我們能夠表示：即使是我們最純粹的先驗直覺亦無法產生知識，除當它們含有一種雜多之結合，使一種通貫的重現之綜和為可能，如果我們能如此表示，則這種想像之綜和亦必同樣先於一切經驗而基於一些先驗的原則上；因此，我們必須預設「想像底一種純粹超越的綜和」〔或一純粹超越的想像綜和 a pure transcendental synthesis of imagination〕，以之為條件，來制約一切經驗底可能。因為經驗，即如其為經驗而觀之，它必然地預設現象之可重現性。當我想在思想中去畫一條線，或去思維從此一中午到另一中午的時間，或甚至把某一特定數目去表象給我自己，顯然此中所含有的各種不同的表象必須在思想中依「此在彼後」為我所攝取。但是，如果我總是從思想中把先行的表象（一條線底首部分、時期底先在部分或所表象的秩序中的先在單位）漏掉，而當前進到那些後隨而來者時，又不曾把它們重現出來，則一完整的表象決不能被得到：以上所說的那些思想〔即在思想中畫一條線、思維一期的時間、表象一特定數目等〕無一能發生，

甚至空間與時間底最純粹而又最基本的表象亦不能發生。
這樣，攝取底綜和是不可分離地與重現底綜和緊繫於一起。
由於攝取底綜和〔此就攝取底純粹綜和而言〕構成一切種知
識〔不管是那一種〕底可能之超越根據——其為純粹先驗知
識底可能之超越根據並不亞於其為經驗底可能之超越根據—
—所以想像底重現的綜和是要被列入於心靈底超越活動中。
因此，我們將名此種機能曰「想像底超越機能」〔或「超越
的想像機能」，transcendental faculty of imagination〕。

案：想像底作用是把過去的現象重現出來。但是現象所以能被重
現，必是由於現象服從一些規律而處於一種關係中，關係或是相承
關係，或是共在關係。因著這種關係，我們的想像可以從某一現象
過轉到另一現象上去。是以想像底作用就是一種重現之綜和作用。
這是想像之經驗的表現，因此，它的重現之綜和是經驗的。這種經
驗的重現綜和，簡言之，即經驗的想像，即是休謨所謂聯想。它本
身就是一種「執」，它的重現綜和就是執，這是不反省的「經驗地
就事而執」。康德說：「它預設現象自身是現實地服從於這樣一個
規律，並預設在這些表象底雜多中一種共在關係或相承關係可以依
照某些一定的規律而發生」。說「預設」是預備說明它的可能之超
越根據，亦可以說這「預設」本身就是一種執。它的重現綜和既即
是一種執，它當然同時亦執持這些現象是現實地服從這樣一個規律
而處於一種關係中。這種執，我們名之曰經驗的執，即不反省地經
驗地就事而執。經驗的想像，或廣之，經驗一般，並非是無造作地
只是偶然地零碎地一碰，它乃是任運地就事而執，不過是未能反省

其超越的同時亦即客觀的根據而已，因此，其任運地就事而執只是停在主觀的狀態中，亦可以說是心理學意義的執。

經驗的想像以純粹而超越的想像爲根據。康德說：「這必有某種東西，它作爲現象底一種必然的綜和統一底根據，使現象底重現爲可能」。這「某種東西」，如果綱領地言之，即是範疇這一類的概念。但現在是論想像。如果扣緊想像而言之，則「使現象重現爲可能」的那某種東西即是「純粹而超越的想像之綜和」。此種想像之綜和是想像之超越的表現，是就先驗雜多而說的，它基於先驗的原則上，它先於一切經驗而爲一切經驗底可能之條件。這種超越表現的想像之重現的綜和亦名曰「超越的想像機能」，是心靈底諸超越活動中之一種。

這種「純粹而超越的想像之綜和（重現的綜和）」如何能使現象之重現爲可能？這需要進而看這種「超越的想像機能」能作些什麼事。⑴它就感覺對象之量度形成其「純粹影像」，此即是時間與空間，此如本節前文6.1所述。⑵它關對每一範疇而形成一規模（schema），以爲範疇落實之感觸條件。就此兩步形成而言，此「超越的想像機能」復得名曰「產生的想像」。第一步形成可視爲時空之根源的解釋問題，同時亦倒映地說明了感覺對象之量度之純粹影像是時間與空間（以感覺上的對象之量度爲首出），此不是這裡說超越的想像機能重點之所在。這裡所著重的是它的形成範疇之規模。它如何形成這規模？依康德，它就時間而形成。但是時間只是一度，它太單純。我們的超越的想像如何能單就時間形成十二個規模相？康德說：「這些規模不過是依照規律而來的時間底諸先驗決定。那些所依照的規律依範疇之次序而關聯到時間系列、時間內

容、時間秩序,最後,就一切可能的對象而關聯到時間之範圍」。
「時間系列」是屬於時間本身的,而即此時間本身亦是感觸直覺中
以時間為形式,時間有所表象的時間本身,不是隔離了感觸直覺空
說時間本身。至於時間內容、時間秩序、時間範圍,那都不是屬於
時間本身,而是就時間之所表象者說。是以超越的想像之就時間而
形成規模必須是就時間之所表象,以時間這個形式條件為主,而復
亦滲透到其所表象者。所謂滲透到其所表象者,目的不在對於其所
表象者之特殊內容期有所知,而是意在牽率著其所表象者,就之而
先驗地或超越地形成一規模。如是,方可說有十二個規模相,而每
一個規模相亦方可說為是時間底一先驗決定。以時間為主,說是時
間底先驗決定,以一切表象俱不離時間故。若以時間所表象者為
主,我們亦可說每一規模相是時間所表象者之一先驗的決定,因而
反映於時間上,遂說為是時間之一先驗決定。

B.1 量概念底規模

康德說:「量度概念之規模是在一對象之相續攝取中時間自身
之產生(即綜和)。」這是綜括性的簡單的說法。若較詳細一點
說,則如此:「當作知性之一概念看的量度概念底純粹規模是數
目,這是一個『包含有齊同單位底相續增加』的表象。因此,簡單
地說來,數目就只是一齊同直覺一般底雜多之綜和之統一,這一個
統一就是由於在直覺底攝取中我之產生時間自己而來的統一。」既
是「產生時間自己」,則「雜多」必是純粹雜多;而「直覺底攝
取」,此中所謂攝取就是純粹的攝取綜和。既是直覺之純粹的攝取
綜和,則所謂直覺亦是抽除其經驗的特殊內容,單攝取純粹雜多,

故而成為「齊同直覺」（同質的直覺）。這「齊同直覺一般」底雜多就是純粹雜多，亦說為先驗雜多。此種雜多是由於「經驗直覺」底攝取活動或「對於一對象之相續攝取」反而對於時間自身予以限制，因之而刻畫出。此種先驗雜多底綜和所成的統一就是「齊同單位底相續增加」所成的綜和統一，此就是一個數目，亦就是產生一段「時間自身」者，此是從部分到全體者。此種產生時間自身的齊同單位（部分時間）底相續增加之綜和永遠是一段一段地繼續前進，而永不能坌那作為純粹直覺的時間之原初的表象，這原初的表象是一個整一，是全體先於部分，而非部分先於全體者。此種齊同單位底相續增加之綜和統一之數目相是關於「時間系列」的。雖可由此說數目，然目的不在說數目自身，而是想由此「時間系列」之數目相來控制出或烘托出或示現出時間所表象者之量度性，此量度性是廣度的量度性，亦就是數學的量度性。我們的純粹想像由此時間系列底數目相即可形構成量度概念底規模，以迎接知性底量概念而使之落實。量概念一旦落實，即可決定出現象底廣度量。此即是量概念底客觀妥效性。規模是它的感觸條件，以就時間系列而構成故。想像之形構成此規模是先驗而超越地形構成的，因此，它是純粹而超越的想像，康德亦名之曰「產生的想像」（即有創生性的想像），以有別於「重現的想像」（此是服從經驗法則者；但前文所說的就先驗雜多而說的超越表現的「想像之重現的綜和」即是「產生的想像」，既重現而又產生）。我們即由此純粹想像底產生性（以先驗地形構成規模而定）而說此想像底先驗的執著性。

B.2 質概念底規模

質概念底規模是就「時間內容」說的。

康德說：「質概念底規模是『感覺或知覺連同著時間底表象』之綜和；它是時間之充滿。」知性底質概念是實在、虛無與限制。實在是那與感覺一般相應者，它指點到時間中之實有。虛無則是表象時間中之「非有」。這兩者之對反基於同一時間之區分為充滿與虛空。限制由這兩者之對反而示現。這些質概念底規模是就感覺以及與此感覺相應的真實物通過其為時間所表象而有一等級或強度量而說。每一感覺以及與此感覺相應的真實物皆有一程度底等級或強度量，它能使同一時間充滿，即是說，它能多或少完整地佔有內感以及為此內感之形式條件的時間。它既能充滿時間，它亦能消逝而至於無以使時間為虛空。因此，從時間之被充滿（此即是實有或實在）到時間之為虛空（此即是非有或虛無），我們即有一下降之等級；逆轉之，即有一上升之等級。從此下降或上升之等級，我們即可把每一實在物表象為一量度。此種等級量即是「實在」一概念之規模。虛無與限制兩概念之規模亦由此而表示出。這些規模是由純粹而超越的想像對於「感覺連同著時間之表象（被表象為充滿或虛空）」所成的綜和而先驗地形構成者。這種綜和就是純粹想像底產生性，因而亦就是它的先驗的執著性。它形構成等級量這一規模相以為質概念底感觸條件。它的純粹而超越的綜和即是它的執性。

B.3 關係概念底規模

關係概念底規模是就「時間秩序」說的。

康德說：「關係概念底規模是依照時間決定之規律把一切時的
知覺相互連繫起來。」關係概念有三：一曰本體屬性，二曰因果，
三曰交感互通（交互）。「本體概念底規模是時間中的眞實物之常
住性，即是說，是當作時間一般底經驗決定之基體看，因而亦就是
當作留住不變者看的眞實物之表象。」當一切其他東西例如此眞實
物上的狀態皆變時，而唯此眞實物本身留住不變，則此留住不變的
眞實物本身即是「時間一般底經驗決定之基體」。此當作基體看的
眞實物之表象即是「本體」一概念之規模。「時間一般」就是常住
不變的時間本身。時間中流轉的東西之存在可以流過去而不存在，
然而時間本身則並不流過去。此不流過去而常住的時間本身在經驗
直覺中有它的表象（因爲它是此直覺之形式，因而亦是此直覺底對
象之形式），即是說，它得到一決定，此即是「時間一般底經驗決
定」。此種決定底基體即是眞實物之常住性。因此，此常住性是呼
應那常住不流的時間者。我們亦可就那常住不變的時間把那眞實物
底常住性烘托出來，以之來表象這時間本身（時間一般）。時間本
身在經驗直覺中得到一經驗的決定，同時亦就是那時間中的眞實物
之常住性得到一經驗的決定。此諸經驗的決定就是那留住不變的眞
實物底諸流轉狀態，亦就是它得以有具體存在的諸路數。反過來，
那留住不變的眞實物就是此諸經驗決定底基體。我們的純粹而超越
的想像是就著常住不變的時間本身之經驗決定而烘托出現象方面的
一個常住性，以之爲本體（常體）一概念之規模（感觸條件）。此
種「烘托出一個常住性」就是純粹想像底產生的綜和（形構作
用）。「關係概念底規模是依照時間決定之規律把一切時中的知覺
相互連繫起來」，此語是總說，用於本體之規模（時間中眞實物之

常住性）亦然。「把一切時中的知覺相互連繫起來」，在此，就是
把「時間一般底諸經驗決定」相互連繫起來，並把它們連繫到那留
住不變的基體（常住性）上去。此種連繫皆是一種綜和作用，就規
模言，就是純粹想像底創生性的綜和。「時間決定之規律」，在
此，就是常住者與流轉者間的關係所隱示的規律。依照這一種時間
決定之規律，把一切時的諸經驗決定（諸知覺）相互連繫起來，並
把它們連繫到常住體上去，這就形成「本體」一概念之規模。時間
中眞實物底常住性是不能由經驗來獲得的。純粹想像底產生性的綜
和形構成這一個規模，這顯然表示這個規模是由純粹想像底綜和而
執成的。它的綜和作用就是一種執底作用。由它所形成的規模來迎
接知性所提供的「本體」一概念，則「本體」一概念便是知性底
執。由知性底執念通過想像所形構成的規模，我們便可決定出現象
底常住性，即以此常住性作爲現象底常體。是以康德說現象底常體
是知性底範疇所決定成的，其實就是認知心所執成的。此義通一切
範疇以及一切範疇之規模。

　　「原因一概念之規模，以及事物一般底因果性之規模就是這眞
實物當一旦被置定時，某種別的東西總是隨之而來。因此，此規模
是存於雜多之相續中，只要此相續服從一規律」。此亦是「依照時
間決定之規律（在此就是因果相續所隱示的規律）把一切時中的諸
知覺（時間中相續的諸知覺，諸經驗決定）相互連繫起來」。那就
是說，我們的純粹而超越的想像就時間中相續生起的現象而形構成
「因果」概念底規模。現象生起底因相、果相，根本就是純粹想像
底一種綜和的執。至乎知性之概念，便成客觀的法則性的定執，以
想像所成之規模而使之落實。

　「交感互通（交互）底規模就是依照一普遍的規律此一本體物底諸決定與另一本體物底諸決定之共在」。這是把橫列的諸本體物就其偶然狀態方面底交互因果中的諸知覺（諸經驗決定）相互連繫起來，此亦是依照時間決定之規律（在此即是交互共在所隱示的規律）而把它們連繫起來。那就是說，我們的純粹而超越的想像就時間中諸本體物底諸決定之交互共在而形構成「交互」概念之規模。交互因果相亦是純粹想像所執成的。至乎知性之概念，則成定執，云云同上。

　　因此，關係概念底規模是就「時間秩序」而說的。常住相、因果相、共在相，皆表示「時間秩序」，即時間所表象的現象之關係秩序。

B.4　程態概念底規模

　　程態概念底規模是就「時間之範圍」（scope of time）說的。

　　康德說：「程態範疇之規模是時間自身作為『一對象是否以及如何屬於時間』這種決定底相關者」。程態範疇有三：一曰可能，二曰現實，三曰必然。

　　「可能性一概念底規模是不同表象底綜和之與時間一般之條件相契合。例如，對反者（兩相矛盾的謂詞）不能同時存在於同一物上，但只能此在彼後地存在於同一物上。因此，這個規模就是『一物在某一時間或另一時間』底表象之決定。」

　　「現實性一概念底規模就是在某一決定時間中的存在。」

　　「必然性一概念底規模就是『一對象在一切時』底存在。」

〔案：康德此語好像很明白，其實其意指很難索解。「一對象在一

切時底存在」此一述語究竟是何意指？康德在《純理批判》〈規模章〉中有云：「恰當地說，規模只是『一對象契合於範疇』底現象或感觸概念。」此語後括弧中注釋之以拉丁語，其中「說必然」云：aeternitas necessitas phaenomenon，此語底意義就是「永恆常在是現象之必然」。康德說「一對象在一切時底存在」心目中就是意謂「永恆常在」。此當然可以顯示一個「必然」底意義。但是現象界能有一個東西永恆常在，在一切時皆存在嗎？上帝永恆就在，但上帝不是現象，亦不在時間中存在。抽象的東西，如本質，如數目，皆永恆常在，但無時間性。康德說必然性之規模是就時間中的對象說。現象界中很難想一個對象在一切時皆存在，即永恆常在。故此語很難索解。在「原則之系統的表象」章中，依程態範疇說經驗思想一般之設準云：「凡與經驗底形式條件相契合者，即，與直覺底條件以及概念之條件相契合者，是可能的。凡與經驗底材質條件相連繫者，即，與感覺相連繫者，是現實的。凡在與現實的相連繫中依照經驗底普遍條件而被決定者是必然的（即當作必然的而存在）。」此說「必然」是著重在「依照經驗底普遍條件而被決定」，此則便清楚明確。因此，康德解釋云：「現在，除依照因果法則，從特定原因而來的結果底存在外，再沒有存在能在其他特定現象之條件（制約）下而被知為是必然的。因此，並不是事物（本體物）底存在我們能知其為必然的，但只是它們的狀態之存在我們能知其為必然的；而它們的狀態底存在之這種必然性，我們也只能依照經驗的因果法則從其他狀態，給與於知覺中者，而知之。因此，必然性底標準只處於可能經驗底法則中，即『每一發生的東西皆通過其現象領域內的原因而先驗地被決定』這法則中。這樣，我

們必須知道必然性只是『那些其原因已給與於我們』的自然中的結果底必然性，而存在中必然性底性格亦不能擴展至可能經驗底領域以外，而即使在此可能經驗領域內，亦不可應用於當作常體看的事物之存在，因為常體（本體）從不能被視為經驗的結果，即，從不能被視為出現（生起）以及要出現。必然性只有關於符合於動力學的因果法則的現象之關係以及從一特定存在（原因）先驗地推斷到另一存在（結果）這種推斷底可能性（即基於因果法則上的可能性）。」必然性底意義既如此，則就「必然」一程態概念而說其規模自不能說為「一個對象在一切時底存在」。似乎當該這樣修改：必然性底規模就是時間中的存在在一切時皆為動力學的因果法則所決定。」

依此，我們的純粹而超越的想像就著「一個對象是否以及如何隸屬於時間」而形構成「程態」概念底規模。這就是它的綜和之執（第二序上的）示現出現象底可能相、現實相以及必然相。至乎知性之概念，則成定執。云云同上。

以上是關於「想像中重現的綜和」，由經驗地重現的綜和說到超越地重現的綜和亦即產生的綜和。前者是想像之經驗的表現，後者是其超越的表現。由其超越的表現說純粹而超越的想像，由此說其產生的綜和之執以形構成概念之規模。此下，我們即由想像進而說知性之概念。

C.　關於「概念中重認之綜和」，康德說明如下：

如果我們不曾意識到我們現在所思的同於剎那前我們所已思的，則表象底系列中的一切重現必完全無用。因為它（重

現）在現在的狀態中必是一新的表象，此新的表象必無論如
何不能隸屬於「它所因之而逐漸被產生出」的那種活動。因
此，表象底雜多必不能形成一整全〔一整體 whole〕，因為
它缺少了那種「只有意識始能賦與之」的統一。在計數中，
如果我忘記了這些單位曾在相續中互相增加，這些單位現在
在我眼前徘徊恍惚（hover before me），則我一定不會知道
一個綜數是通過這些單位之相續增加而被產生，因而亦必無
所知於數目。因為數目之概念不過就是這種綜和底統一之意
識。

康德關於「概念中重認之綜和」說的很多，他在此涉及「超越
的對象＝x」。我在此不必說那麼多。我在此只說我們的識心（認
知心）之綜和，從直覺中攝取底綜和起，經過想像中重現底綜和，
後返至概念之綜括性的統一而止。概念之綜和統一是知性底機能。
這表示知性底活動是使用概念的。知性因使用概念而成其思，同時
亦把現象客觀化，即對象化。其所使用的概念或是經驗的，或是先
驗的。如果是經驗的，則其所成之客觀化是暫時的，亦曰經驗的。
如果是先驗的，則其所成之客觀化是終極的，亦曰超越的。此後
者，康德名之曰先驗的知識，即關於現象界的存有論的知識，吾亦
名曰執的存有論的知識，使經驗知識以及經驗對象為可能者。

知性以概念去思，去作對象化底活動，康德名之曰「統覺」。
是以統覺者即知性之本質的作用也。如果它所使用的概念是經驗
的，則是統覺之經驗的表現，因此，亦可名曰「經驗的統覺」。如
果它所使用的概念是先驗的，則是統覺之超越的表現，因此，得名

曰「超越的統覺」。通過這種統覺，我們可以把純粹而超越的想像
就先驗雜多所成的產生的綜和再予以概念的統一。現象在認知心中
的綜和，綜和至此統覺底統一而止。現象不能離時間而被表象（以
時間爲主，空間不必說）。直覺中攝取底綜和，此若就超越面說，
便是康德所說的「通過感覺（感性）而來的先驗雜多之綜攝」。說
先驗雜多即函攝著經驗雜多，以先驗雜多控制經驗雜多也。想像中
重現底綜和，此若就其超越的根據而說，便是純粹想像之既重現而
又產生的綜和，此是想像之超越的表現，亦即是其超越面，從此面
而言，便是康德所說的「通過想像而來的先驗雜多之綜和」。此中
所說的先驗雜多即是直覺中攝取底純粹綜和所綜攝的雜多。把此先
驗雜多再在純粹想像中予以既重現而又產生的綜和，此種綜和即形
成規模。直接就先驗雜多本身由純粹想像而綜和成的便是量概念之
規模，即數目。質概念以及關係概念等之規模，雖不能就先驗雜多
本身而形成，亦須涉及時間之充滿以及時間中之關係秩序乃至時間
之範圍，但亦總不能離先驗雜多之控制，故簡單籠綜地皆以「先驗
雜多之綜和」來說。此種純粹想像之綜和，就其形成規模說，它是
感性與知性間的媒介，是知性概念之感觸條件，足以使概念落實
者。概念落實，能應用於現象，而有客觀的妥效性，便是知性概念
之統一，即，把純粹想像所綜和者再予以統覺底統一，此即康德所
說的「通過根源的統覺（超越的統覺）而來的這種綜和（即純粹想
像所成的綜和）之統一」。綜和而至此統覺底統一便是最後的，因
其所使用的概念是先驗的法則性的概念故。故至超越統覺底綜和統
一才眞是客觀的統一，而對象亦始完全客觀化，在法則中客觀化，
因此，始成爲客觀的對象。

　　如果這三層綜和都是識心之執，則至超越統覺底統一便成概念
的定執，所定執者是現象底量度相、實在相、虛無相、限制相、常
體相、因果相、共在相，乃至可能相、現實相以及必然相。這些相
都成了決定相，亦即皆是決定性的概念，因而亦是所謂有自性的
相，有自性的概念。直覺中先驗雜多底綜攝執成現象底雜多相，純
粹想像則執成十二規模相。經由此十二規模相，而至概念的定執，
則成十二定相。此十二定相，若用龍樹的說法，便是生相、滅相、
常相、斷相、一相、異相、來相、去相。這八相不出三層綜和之
外，亦不出十二定相之外。此皆由執而成，是經驗以及經驗對象可
能底根據。

　　概念底綜和統一甚顯豁，而直覺底綜攝與想像底綜和則隱微而
難彰，吾故順康德的原文而予以彰顯，以明識心之執之貫徹性。

　　關於識心之執與先驗概念以及先驗綜和，後文第8、第9，兩節
還要詳說。惟康德由超越的統覺說至超越的我，故在此須進而先釐
清自我底諸義，然後再返回來詳說識心之執等。

7.　真我、認知我以及心理學意義的虛構我

　　感性可以外在地被感動，亦可以內在地被感動。由前者，它攝
取外部現象；由後者，它攝取內部現象。攝取外部者成外部直覺，
攝取內部者成內部直覺，皆以時間、空間爲其形式條件。（康德說
空間是外部直覺之條件，時間直接地是內部直覺之條件，間接地亦
是外部直覺之條件，因而是一切直覺條件。但我們現在可不必作此
分別。內部直覺所覺攝的心象既有時相，即有方相。此處此時，今

茲，是一切心象、物象所不能離的。惟在心象方面說空間相是圖畫式的說而已。）

內部直覺所攝取的心象名曰「心態」（mental states）。例如喜、怒、哀、樂等即是心態，佛家名曰「心所」。心所者與心相應，叶合爲一而爲心所有也。此等心態實即是心象，張橫渠所謂「存象之心亦象而已」，而黃道周則名之曰「心邊物」非眞正是心也。黃道周與張橫渠所說的非象之心乃指超越的本心，即道德的眞心而言，此不可以「象」視。「心象」之心實只是一條流。佛家說心與心所，心只是總說（集聚義爲心），「心所」則是散開說，故其所說的心實只是識心之流也。

心象刹那生滅，成一串系。吾人如將此串系底連續不斷孤總於一起而以概念決定之，吾人即名之曰心理學意義的我，此是有「我相」的虛構的假我。佛家所破的那個我即是這心理學意義的假我。阿賴耶識等流無間，喻如瀑布，末那識憑依之而執爲自身同一，此即成爲虛構的假我。佛家言唯識爲泛心理主義，只知就末那底「我執」而說心理意義的我，未能就意識而撐開一認知我，即邏輯的我。

吾人現在則如此說：知體明覺自我坎陷所成的識心當通過感性而爲外物所影響或左右時，即起現一些小波浪式的心態或種種意念。在此感性底影響下，識心即返而接受或攝取這些心態，此種攝取即名曰內部的感觸直覺，即攝取其自己所起的心象。此種攝取即是通過感性對於識心自己底攝取或直覺。康德名之曰心自我影響而內部地直覺其自己。實則縱使心能自我影響而起現心象，然其自我影響亦實由於爲外物所影響而被激動起而然，並非眞能無端而起而

內部感觸地直覺其自己也。康德又把那自我影響的心很快地視爲
「超越的我」，而此超越的我其自我影響而起的又只是一些心象，
即作爲內部感覺之對象者，故通過此內部感覺而感觸地所直覺的仍
只是這些心象，而並不是那「超越的我」之自己。此後者乃是永不
能感觸地被直覺者。吾人如想眞能直覺及之，則必須是智的直覺，
而不能是感觸的直覺。但吾人又無智的直覺。是故吾人或者根本不
能知道那「超越的我」之我自己，或者如想知之，只能通過感觸的
直覺而知之，而如此所知者又只是現象，而不是它自己。

　　吾人現在則不如此說，因爲這太籠統。吾人現在如此說：心自
我影響而起現心象而可爲內部直覺所覺者不可直視爲超越的我，而
仍但屬於識心，即「認知我」。識心本就是經由一執而成者；對知
體明覺而言，吾人本亦說它是「能知的主體」意義的現象。此一現
象之所以爲現象是由凸起而爲一「形式的有」而規定，是一無象可
現而卻有相的權說或喻說的現象。它是「認知我」，仍是有「我
相」的我；而不是那眞我，無「我相」的我。對此認知我，我們可
以辯證思辨地知之，但不能感觸直覺地知之，當然亦不能智的直覺
地知之。

　　所謂辯證思辨地知之，即是把它當作是由知體明覺之自我坎陷
之一執而成者。此時，它是無內容的、無雜多的，因而亦無象可
現；它的自性是形式意義的純一定常，此形式意義的純一定常是那
知體明覺之坎陷，由坎陷而停住其自己，而直接透映過來者，透映
過來而成爲識心（認知我）之停住而自持其自己，因而遂有形式意
義的純一與定常。此不是那知體明覺自身之純一而眞常，因爲知體
明覺是無執無著、無對無相的。此有執有相而爲形式意義的純一而

定常之識心即為一「認知我」。此我只能被思而不能感觸地被直覺。它雖是對知體明覺言而為現象（能知的主體意義的無象可現而卻有相的權說的現象，平地起土堆，土堆式的凸起之現象），但卻是不能被直覺的。如果它可為智的直覺所知，則它頓時即復化歸而為知體明覺，因而亦即喪失其為「認知我」之意義。如果它可為感觸直覺所知，那只有當它為外物所影響而起心象（波浪）時，它始能如此被直覺。但如此所直覺的又只是它的心象串系，足以代表它，而不是它之為「認知我」之意義。此足以代表之的串系，如以概念決定之，便即是心理學意義的假我、虛構我。此則嚴格講並無自身同一性、常住不變性；同一定常乃是由概念而決定成即執成者，故為一虛構也。此即康德所謂現象意義的「我」，亦可說是對象意義的我，其為現象是對象意義的現象。但是「認知我」則是主體意義的無象可現但卻有相的現象，是對反著知體明覺由知體明覺之自我坎陷而成的認知主體；它不能作為感觸直覺底對象；它是形式地自身同一而定常的，因此，故為形式的我、邏輯的我、架構的我也。此我即是笛卡兒所說的「我思我在」之我，其「在」只是「形式的有」意義的「在」，既不是現象身分的「在」，亦不是「物自身」身分的在。這也就是康德所說的「超越的統覺」所表象的我。康德說：

　　在一般說的表象之雜多之超越的綜和中，因而亦就是在統覺之綜和的根源統一中，我意識到我自己，不是當作「我現於我自己」而意識及之，亦不是當作「我在於我自己」而意識及之，但只當作「我在」而意識及之。這個表象〔即「我

在」這個表象〕是一「思想」，不是一「直覺」。現在，要
想去知道我自己，則在思想底活動之外（思想底活動把每一
可能直覺底雜多帶到統覺底統一上），需要一種決定性的直
覺模式，因著此種直覺模式，這雜多可以被給與。因此，雖
然我的存在實不是一現象（當然更不是一純然的幻象），可
是我的存在之決定卻只能依照「我所結合的雜多所依以被給
與於內部直覺中」的那特種模式，在符合於內部感覺底形式
〔即時間〕中而發生。因此，我對於當作「我在」看的我自
己並無「知識」可言，但只對於只當作「我現於我自己」看
的我自己始有知識可言。這樣說來，對於我底意識〔意識到
我〕遠不是對於我底知識〔離開知道我甚遠〕，儘管一切範
疇可被用來去構成一「對象一般」之思想，通過在一整一的
統覺中的雜多之結合去構成一「對象一般」之思想。恰如在
「不同於我」的一個對象之知識上，除（在範疇中）一「對
象一般」之思想外，我需要一直覺，因著此直覺，我決定那
一般的概念，所以在對於「我自己」底知識上，我也須在意
識之外，即是說，在對於「我自己」底思想之外，需要一我
身上的雜多之直覺，因著此直覺，我決定這思想。我當作一
睿智體而存在，此睿智體是只意識到它的「結合之能力」；
但是就此睿智體〔之結合能力〕所要去結合的雜多而言，我
即須隸屬於一限制條件（此名曰內部感覺），即是說，此種
結合只依照時間之關係始能成為可直覺的，可是那些時間關
係，若嚴格地視之，卻完全處於知性底概念之外的。因此，
這樣一個睿智體〔睿智的存在〕，它知它自己是只當著「它

現於它自己」而始能知之「它現於它自己」是就著一種直覺
而現於它自己，此直覺不是智的直覺，而且亦不能爲知性自
身所給與），並不是像以下這樣而知之，即：如果它的直覺
是智的：它必應知它自己〔爲當作在其自己者而知之〕。
〔此末句原文只爲「它必應知它自己」。只如此，不清楚，
故補之。此語原文的「它自己」實即是「在其自己」的它自
己。〕

　　這一段文字是第二版的〈超越推述〉§25文。依此段文，康德
顯然把由統覺底綜和統一所意識到的「我」視爲超越的我，並同於
「我思我在」之我。對於這個「我」，我們可依三種態度來處理
之：

　　(1)當作單純的「我在」而處理之。由統覺底綜和統一所意識到
的「我」只是一個單純的「我在」之我，而我們之意識之亦只能當
作這單純的「我在」而意識之。這個單純的「我在」是一「思
想」，而不是一「直覺」，因而亦不是一知識。「意識之」並不等
於「知之」。這個單純的「我在」中之「在」表示我的存在只是一
個「不決定的存在」，只是單純的「有」，因此，這個「存在」只
有形式的意義，而無具體而眞實的意義。康德亦名這種「在」之
「我在」爲「我在於知性」（I am to the understanding），而並不
是「我在於直覺」。「我在於知性」，知性底作用只是思，因此，
也就是「我在於思」（只對思而在），故此種單純的我在等於單純
的赤裸的有，因此，康德說它是一「思想」，而不是一「直覺」。
「我在」既如此，則「我思」之「思」亦就等於「統覺底綜和統

一」之作用。因此,由「我思」而意識到的「我」即是一「思維主體」。它就是一個邏輯的我、形式的我。康德亦把它視為「超越的我」,只是因為由思或統覺而意識之,故只能思想地意識到它的有,而不能直覺地知其決定性的存在。

(2)當作「現象」而處理之。此是就其「現於我自己」而感觸地直覺之而言。此時,「我」是一個現象意義的「我」,而它的存在是存在於感觸的直覺,因此,也就是現象意義的存在,此是一決定性的存在,而不只是一形式意義的「有」。

(3)當作「物自身」(我之在其自己)而處理之。此是就其「在其自己」而不現於我的感性主觀而言。此時的「我」是「在其自己」之我,而其存在是「物自身」意義的存在。此雖亦是一「決定性的存在」,但因為感觸直覺既不能及之,而吾人又無智的直覺,故此「決定性的存在」是一不能呈現的存在。此只可思,而不能被直覺。因此,我們似乎也可以說它只是一種「思想」,而不是一「直覺」。不過它之為一「思想」與單純的我在之為一「思想」並不相同,因為它有一種設想的決定性,而單純的「我在」無任何決定性,只是一個空洞的形式的有,無任何樣式之規定的。物自身意義的存在這一種設想的決定性的存在,我們人類雖無智的直覺以覺之,但可設想它是智的直覺之所覺,因此,它是一種決定性的,即,有特殊規定的存在。

康德就著由統覺底綜和統一而意識到的「我」,以這三種方式處理之,顯然含混籠統,泯滅了許多分際。依我們的看法則如下:

(1)由統覺底綜和統一所意識到的「我」只是一個思維主體、認知主體,即形式的我、邏輯的我,或由使用概念而架構起的我。它

的「在」只是一個單純的「我在」、形式的有,這是不錯的。這就是這個我底本義。

(2)但這個「形式的我」本身是不能以感觸的直覺來知之的,它不能現於感性上而為一現象意義的我。當它現於感性上而為現象義即對象義的我,它即喪失其為認知我之身分,而轉為一心理學意義的虛構我,即由一串心象而虛構成者。但認知我之本身並不是由一串心象而虛構成,它是單純、自同而定常者,因著邏輯的思而如此者。可是它亦不是知體明覺之真我。它是由知體明覺之自我坎陷之一執而成者,因此,它亦是一現象,但只是能知的主體義的無象可現而卻有相之權說的現象,而不是對象義之實現象。因此,認知我與心理學意義的虛構我必須分別看。它既不是真我,它當然亦可說是假我;但此假我是邏輯的,不是心理學意義的,因此,它不是由一串心象而虛構成的。虛構的我總是在變化中的,在此,並無固定而留住的自我可被表象,因為它的「自同性」是由 串心象之連續不斷性而執成亦即虛構成,並不真是自同的。康德亦說:

> 依照內部知覺中「我們的狀態」底決定而來的自我之意識只是經驗的,而且總是在變化中的。並無固定而留住的自我能在此內部現象底流變中表象其自己。這樣的自我之意識通常名曰內感,或經驗的統覺。那必然地要被表象為數目地自身同一者不能通過經驗的與料而被思。要想使這樣一種超越的預設為妥當,則必須有一個條件它先於一切經驗,而且使經驗自身為可能。(《純粹理性批判》第一版〈超越的推述〉中〈概念中重認之綜和〉中文)

那只是經驗的，總是在變化中的自我之意識就是我這裡所說的心理學意義的自我之意識。這個意識通常名曰內部感覺（內部感觸的覺識）或「經驗的統覺」，實即心理學意義的統覺。康德所說的那「先於一切經驗而且使經驗自身為可能」的條件，主觀地說，就是「超越的統覺」，客觀地說，就是範疇。這樣的一個條件就是那使「超越的預設」為妥當者，亦就是那表象那數目地自身同一的「超越的自我」者。但是這個超越的自我，由超越的統覺而表象者，就是認知我。那個由經驗的統覺所表象的自我實即是心理學意義的虛構我。你可以說這個虛構的我在它的心象串系之外可以執持其自己之自同性。但若如此，則它就是認知我。同一識心，如果它自持其自己而為邏輯的思，它就是認知我；如果它為外物所影響而拉成一串心象，則它就是心理學意義的虛構我。

(3)認知我亦不能以「物自身」來設想。因為「物自身」的我，即「我之在其自己」之我，是不使用概念的，因此，它亦無統覺之綜和作用。只有知體明覺始可以「物自身」視之。由統覺所意識到的我只是認知我，而我們亦只能意識到這個我，即只能意識到這個程度，並不能由之以意識到知體明覺之真我。認知我使用概念，有綜和作用，其思是概念的定思，故不能以「在其自己」之真我視之，亦不能設想其可為智的直覺之所覺。如果它是智的直覺之所覺（之所朗現），它的概念的定思以及綜和作用馬上即解體，而不復是「認知我」。康德把由統覺所意識到的我視為超越的我而又可以「物自身」視之，這是由於混同認知我與知體明覺之真我而來的差謬。認知我，因其是邏輯的，當然亦可有超越的意義；但此超越的意義是由其自發概念與根源的綜和統一而規定，與知體明覺之真我

之爲「超越的」不同。此後者是道德的，同時亦是無執的存有論的；而且它的直覺是智的直覺，旣不使用概念，亦無綜和作用；它的思是無思之思，不是概念的定思。

(4)知體明覺之眞我本身只可以「物自身」視，不可以「現象」視。它不能有雜多而爲感觸直覺之對象；我們亦不能說它自我影響而成爲現象。我們只能說它的明覺之自我躍動而驚醒其自己，因此而自照，此就是它的智的直覺之反照其自己。只有當它自我坎陷而轉爲識心時，此識心始可以現象視：如果此識心自持其自己，它即爲認知我；如果它被拉成串系，它即是心理學意義的虛構我，只在此虛構我上始有雜多可言，因而可爲感觸直覺之對象。

(5)認知我旣不可以對象義的現象視，它便不可視爲感觸直覺之對象；復亦不可以物自身視，它當然亦不能爲智的直覺之對象。我們只能由它的概念思考以及綜和作用而意識及之。此種「意識及」之意識，康德雖然說它只是一種「意識」，而不是一「知識」，那是因爲「我思我在」這一「單純的表象」，旣不可以現象視，亦不可以物自身視，之故。可是如果我們說我思之我是一個認知我，一個「形式的有」，則就此「形式的有」而言，我們亦可以說原不是一種知識的「意識及」之意識亦含有一種直覺的作用來直覺此「形式的有」，因爲此「形式的有」畢竟是很清楚地呈現於我們的意識（覺識）中者。此種直覺的作用旣不是感觸的，亦不是智的；我們可用「形式的直覺」（formal intuition）以名之。康德已有此詞，是由純粹直覺或先驗直覺而轉出的。不過他是就時空說的。我們現在可把此詞擴大，以爲凡是「形式的有」者，如時空，如數目，如邏輯形式，皆可以純粹的直覺（先驗的直覺）或形式的直覺說之。

認知我是由知體明覺之自我坎陷之一執而成者；由這一執，知體明覺之光透映過來，停住而自持其自己，遂成爲一個單純的平板的認知心。它只是一個空洞的，「形式的有」意義的形式主體，故吾人只能以純粹直覺或形式直覺來覺識之。認知我之思考對象，處理現象，是概念的，有綜和作用的；但我們意識這作爲「形式的有」的認知我本身卻是直覺的，並不是辨解地思考的，因爲它本身是一個單純的形式的有，無雜多故，又是由超越的統覺而表示，故亦爲超越的故。

康德在超越的攝物學中說「空間底原初表象是一先驗的直覺，不是一概念」。時間亦然。此「先驗的直覺」亦叫做是「純粹的直覺」。他在第二版所重述的超越推述§26中有云：

> 空間與時間其先驗地被表象不只是當作感觸直覺底「形式」而先驗地被表象，且亦當作其自身就是「直覺」而先驗地被表象，所謂其自身就是直覺是這樣的直覺，即它們含有〔其自己〕之雜多，因而它們亦連同著這雜多底統一之決定而被表象（參看〈超越的攝物學〉）。

在此，康德有底注云：

> 空間，當作「對象」而被表象（就像我們在幾何中所需要去作的那樣），其所含有的不只是〔多過〕直覺底純然形式；它亦在直覺的表象中含有雜多之「結合」（雜多是依照感性之形式而被給與者），這樣，「直覺底形式」只給與一雜

多，而「形式的直覺」則給與表象之統一。在攝物學中，我
曾視這種統一爲只是屬於感性者，所以如此視之，只爲的要
著重「它先於任何概念」這一點，雖然事實上，它預設一種
不屬於感覺的綜和，但卻經由此綜和，一切空間與時間底概
念始首先成爲可能的。何以是如此，這是因爲以下的緣故，
即：因爲藉著這種統一（在藉著這種統一中，知性決定感
性），空間與時間是首先當作「直覺」而被給與，「這個先
驗直覺」底統一是屬於空間與時間，而並不屬於知性之概
念。〔正因爲是如此，所以我才視這種統一爲只屬於感性
者。〕

案：「形式的直覺」一詞出於此注文。實只是由超越的攝物學中說
「空間與時間底原初表象爲一先驗的直覺而不是一概念」而轉出。
說「空間與時間底原初表象是一先驗的直覺，不是一概念」是在著
重兩點：(1)它們是一個整一，(2)全體先於部分。由此兩點，我們可
知它們含有它們自己的雜多，雖然這雜多是經由限制之引進而出
現。康德即就這雜多底統一之表象而說「形式的直覺」。這雜多底
統一之表象即把空間與時間表象爲一個整全，一個「無限的所與
量」，這就是時空之原初的表象。在超越的攝物學中，康德即就此
原初的表象之整全而說時空爲一先驗的直覺（純粹的直覺）。故此
處所謂「形式的直覺」實即該處之「先驗的直覺」。當我們說時空
是「感觸直覺底形式」時，我們是把時空看成是感觸直覺底形式條
件，這是說它們的作用。當我們說時空自身是直覺時，我們是把時
空當作「對象」而表象之，表象之爲含有其自己之雜多（純粹雜

多），爲此雜多之統一，爲由此統一而形成的整全。故康德說「直覺底形式只給一雜多」此直覺即感觸直覺也，「只給一雜多」即因感觸直覺之限制而給一純粹雜多（時空自己之雜多）。又說「形式的直覺則給與表象之統一」，此表象即「直覺的表象」，亦即對於時空之原初的表象，它表示一種統一，示時空爲一整一，爲一無限的所與量。故又說「藉賴著這種統一，空間與時間是首先當作直覺而被給與」，此中所謂「直覺」即「先驗直覺」也。故繼之又云：「此先驗直覺之統一是屬於空間與時間，而並不屬於知性之概念」。此即表示此統一是「形式直覺」底直覺的統一，並不是知性中概念的統一。此形式直覺底直覺的統一是就時空之原初的表象爲一整一而說。就幾何中所表象的空間而言，亦復如此，即，這亦是一種「形式的直覺」，因爲其中亦含有其自己之雜多故，否則不能直覺地構成一圖形。時空如此，數目亦然，即，亦可以「形式直覺」說之。廣之，邏輯形式、認知我，凡爲一「形式的有」者，皆可以「形式直覺」說之。惟邏輯形式、認知我，只是一單純的「形式的有」，其中並無其自己之雜多。但這並無礙。吾人只就其爲一單純的形式的有之整一而說「形式的直覺」。推之，知性之自發地提供範疇這種形式概念亦是直覺地自發地來提供。吾人仍可以「形式直覺」來說明之。知性拿這種存有論的形式概念來綜和現象，我們說它的思考是辨解的、概念的。但它之提供這些形式概念既是自發地，這便不是概念地、辨解地，而是直覺地。故吾人得以「形式的直覺」說明其起源。否則這「自發的提供」成泛說，無落實處。凡先驗而形式的東西皆然。

　　由以上的分際，我們肯定：(1)知體明覺之眞我，此由智的直覺

以應之；(2)認知我，此由形式直覺以應之；(3)心理學意義的虛構我，此由感觸直覺以應之。康德是由「我思我在」之同一我而以三種態度視之，故含混籠統而復有差謬也。以上的分析曲折較多，但能釐清各種分際，使吾人對於各種意義的我可有明確的規定。

8.　識心之執與先驗概念

識心之執就是認知心之執性。執性由其自執與著相兩義而見。識心由知體明覺之自我坎陷而成。由坎陷而停住，執持此停住而為一自己以與物為對，這便是識心。識者了別義。故識心亦曰了別心，即認知心也。此了別是靜處一邊而與物為對以指向於對象的「觀解的了別」。

識心既由知體明覺之自我坎陷而停住而成，這一停住就是一種「執」。此執是自執，即執持其自己。故識心本質上就是執心。此執心之執性名曰本執，亦曰最原初的執，亦曰無始執。自執自持而成一自己，再無與之為同質者在其前，它自己即是最後的，因此而成為一停住，否則不得為停住。因此之故，名曰本執，或最原初的執。無始執者是就其「無與之為同質者在其前」而說。它不能再向後拉，拉成一串系，以追溯其前而又前者。它的超越的在前者是那無執的知體明覺，而知體明覺，正因無執故，不與之為同質，不是它的在前的一個同質的狀態。由知體明覺到識心之執是一個辯證的曲折。這一曲折只是一下子的曲折，只是一跌宕，不是可以拉成一串系的。一轉折而成一識心，識心之前無串系，故識心之執是本執，亦是無始執。〔或問：知體明覺自覺地要自我坎陷，這不就是

知體明覺之執嗎？曰：其坎陷而成識心，故執只可於識心說，不可再於知體明覺說。其自覺地要坎陷，是自己捨身而轉爲他，此若急遽地說，亦可說爲無執的執，明的無明，但若緩辭地說，執與無明只屬於識心，而它本身只是明與無執。〕

識心之執只是它自執自持而停住，停住而爲一自己，故識心自己無內容，只是一平板，故單純、自同而定常。此單純、同一而定常，是那知體明覺之光透映到它身上來而成者，亦可以說是那知體明覺之純一眞常之通過坎陷而在一封限的狀態中，這一封限即成爲識心之單純性、自同性與定常性。這一個單純、自同、定常，而又是平板的識心自己亦可以說只是一個「形式的有」，無雜多故。

但當它指向對象而起了別之用時，它爲的要成全其了別之用，它又必然地自發地能起現一些純粹的形式概念，它即憑著這些形式概念（虛架子）以進行其了別之活動。只因這些形式概念，它始由平板轉而爲一架構的我、邏輯的我、形式的我。架構的、邏輯的、形式的，亦正足以使其爲單純的、自同的、定常的，因而亦眞足以使其爲一「形式的有」者。形式概念不是它的雜多。雜多只能在心理學意義的虛構我上說。

它所自發地起現的純粹形式概念可自兩層言：一層是邏輯的，此是識心之執之邏輯性格；另一層是存有論的，此是識心之執之存有論的性格（存有論是執的或現象界的存有論）。康德的範疇論是屬於第二層者。我前在《認識心之批判》中所論者是屬於第一層者。（前第6節論三層綜和中統覺底統一是就康德的存有論的概念說。）

因爲這兩層的純粹形式概念都是自發地由識心之執而起現，所

以它們都是「先驗的」。所謂先驗或先在是關聯著經驗而說它們是先乎經驗而在的，它們不是由經驗而獲得的。如若問它們先在於何處，則我們可說它們即先在於識心之本執。所謂「先」即先到這個地方而止。本執以前無同質的在前者，故至此而止。它們由此無前的本執而起現，以使經驗為可能，故曰先驗或先在。

但此等先驗概念既有兩層之不同，故即須分別而論。第一層者，即，由之以見識心之執之邏輯性格者，吾人名之曰邏輯的先驗概念。例如一切、有些、任何、每一、是、不是、如果則、或、與等邏輯字所表示者，皆是邏輯的先驗概念。此等先驗概念是識心之執之在現實的思解活動中所示現，示現之以成其為思解活動者。它們是思解活動所以可能之條件，但不是思解活動底對象所以可能之條件。因此，它們是就著識心之執之在現實的思解活動中即著象或涉及存在中而內歛地亦是超越地被分析出者。所謂「內歛地」意即單內在於識心之執之思解活動本身而分析出之以單成此思解活動本身之謂也。因此，「內歛地」猶若「不及物地」（intransitively），如「不及物動詞」然。所謂「超越地」意即這些概念亦是先驗的，故須反顯而超越地分析出之，不能經由經驗而自外得也。當識心之執不在現實的涉及存在的思解活動中而獨行時，這些先驗概念即是成純邏輯系統以展示純理自己者。因此，我們可說當識心之執在現實的思解活動中，這些成邏輯系統的先驗概念即隨著識心之執之涉及存在轉而為其現實的思解活動所以可能之條件，吾名之曰「思解之格度」（frame of understanding）。識心之執涉及存在（著象）始能成其為現實的思解活動。它雖涉及存在，然而作為其所以可能之形式條件的「格度」卻是不及物的，即並不為存在底可能之條

件，因此，它們並非是存有論的概念。

第二層者，即，由之以見識心之執之存有論的性格者，吾名之曰存有論的先驗概念，此即康德所說的「範疇」，作爲現象底法則者。此等先驗概念是識心之執之在現實的思解活動中所執現者，執現之以使現實的思解活動（所謂經驗）爲可能，並使現實的思解活動底對象爲可能。它們是就著識心之執之在現實的思解活動中之著象而且著相而外及地（transitively）亦是超越地被分析出者。所謂「著象」意即著於感性所感觸地挑起的現象之謂，或著於其所就著明覺感應中之自在物而思解地執縐起的現象之謂。所謂「著相」意即由其著於現象而執持現象之定相之謂。識心之執旣著象，而又著相，故吾人即就其著象而著相而外及地亦是超越地分析出這些先驗的存有論的概念。所謂「外及地」意即「及物地」，亦如「及物動詞」然。因爲這些先驗概念是存有論的法則性的概念故。它們須外及於物（現象）而爲現象底條件。所謂「超越地」意即這些概念亦是先驗的，故須返於識心之執而超越地分析出之。此非可經由經驗而自外得也。它們之及於物而爲外物之條件實即源於識心之執之著相而執成的。我們不能說：如果現象沒有這些概念所表示的法則，或不接受這些概念底規律作用，則便如何如何。這裡沒有這種「如果」底擬議。因爲現象不是「天造地設」地現成的，它們本是在感性之感觸地挑起中與知性之思解地執縐中而爲現象。因此，一說現象，便函著識心之執之著相，著相而使之有定相，它們始成爲客觀的現象。故由識心之執之著相而說現象之法則性，由存有論的先驗概念底規律作用所表示者，這乃是分析地必然的。

以上兩種先驗概念之先驗性皆是從識心之執而說的認識論的先

驗性，而不是形而上的先驗性，因此，它們只有認識論的必然性，即執的存有論的必然性，而無形而上的必然性。這是因爲這些先驗概念起現於識心之本執，而識心可轉，本執可化故。當識心本執被轉被化時，這些先驗概念亦同歸於無。可是如果在其「有而能無，無而能有」之情形下，從知體明覺之自覺地要求而保住這「無而能有」之「有」底必然性說，則它們亦可間接地說爲有形而上的必然性。如此說的形而上的必然性是間接的，亦即等於說是辯證的。如此，我們可綜結說：它們直接地有認識論的必然性，即執的存有論的必然性，而此亦直接地函著在「有而能無」情形下無形而上的必然性；可是它們在「無而能有」底情形下，亦間接地即辯證地有形而上的必然性。如果執的存有論，依康德，亦可名曰「內在的形上學」（ immanent metaphysics ），則執的存有論的必然性即等於「內在形上學的必然性」，而所謂直接地無形而上的必然性，間接地有形而上的必然性，這「形而上的必然性」是意指「超絕形而上的必然性」（ transcendent metaphysical necessity ）說，此亦可曰「無執的存有論的必然性」。

邏輯、數學，都是起現於識心之本執的，故一起皆是先驗的，亦皆是形式的。上帝不用概念，亦同樣不用邏輯與數學。知體明覺之神感神應既不用概念，亦不用邏輯與數學。一切種智（般若智）、玄智，皆然。故這一切皆爲智的直覺也。邏輯、數學，通常視爲理性，好像莊嚴的不得了，其實皆是識心之執也。只要對於識心之執與知體明覺之無執間的對照有一清楚而明確的表象，則識心之執所起現的純粹形式概念之先驗性（而且先驗是先驗而在於本執）是顯明而無可爭辯的。

9. 先驗概念與先驗綜和

先驗概念有兩層，先驗綜和亦有兩層之不同。

概念都有其綜和性。先驗而純粹的形式概念亦自有其綜和性。惟邏輯的純粹形式概念之先驗綜和性是先驗的綜和運用，由之以誘導出一經驗的綜和命題，而其本身並非命題。如因故歸結（如果則）、曲全（凡與有）、二用（肯定與否定），此等邏輯的先驗概念，吾名之曰識心底三格度，憑藉之以起現先驗的綜和運用。此三格度固非命題，憑之以起的先驗綜和運用亦仍非一命題。命題是先驗綜和運用所誘導出者，此代表一經驗的知識。凡是表示經驗知識者皆是經驗的綜和命題。是故邏輯的先驗概念以及由之而成的先驗綜和運用對於經驗現象只有「超越的運用」（transcendental operation），而無「超越的決定」（transcendental determination），因其非存有論的概念故。邏輯的先驗概念，如上節所述，是就識心之執本身之著象面（涉及存在面）而**內斂地**亦是超越地分析出者。它們是識心之執所以成其為識心之執者，它們是識心之執之活動所以可能之條件，但卻不是識心之執之活動所運用的對象所以可能之條件。雖然由其著象已隱含著「著相」，但卻尚未由此「著相」分析出存有論的概念。因此，在這一層上，實在論的意味很重。可是這實在論，吾名之曰「暫時的實在論」（provisional realism），以之來融攝那些不滿於康德的主觀主義的各種實在論，此如懷悌海關於知覺之因果效應說，以及胡塞爾的現象學，等等。所以名之曰「暫時的實在論」者意即：終極地說，它並不與康德所說的「經驗

的實在論」相衝突，不但不衝突，而且亦可概括在「經驗的實在論」底範圍內，是則那些自以爲能從康德的主觀主義解脫出來的各種實在論實皆不能跳出康德所主張的「經驗的實在論」之範圍。何以故？這是因爲識心之執不但起現邏輯的先驗概念，且同時亦起現存有論的先驗概念。

　　識心之執由於其自執自持而成立其自己，同時即把明覺感應中之自在相的物推出去而視之爲「對象」。所謂推出去視之爲對象即是就著那自在相的物思解地執縐之而爲現象。「縐」如「吹縐一池春水」之縐。思解地執縐之爲現象同時即起現一些存有論的概念以決定這現象，使現象成爲現象。所謂「使現象成爲現象」意即使現象可以被表象爲有生滅相、常斷相、一異相、來去相之謂。現象之所以爲現象即在它們在「對他」的相互關係中可以被表象爲有生有滅、有常有斷、有一有異、有來有去。而生滅、常斷、一異、來去，乃至總別、同異、成壞，這些定相都是由識心之本執而執成的。在知體明覺之智的直覺（神感神應）上，這些定相原是不能說的，故物只是一如相，一「在其自己」之自在相，而如相或自在相實是無相的。只因有此識心之執始思解地縐起這些定相（識心之執之思解地縐起這些定相即預設著感性攝取中所感觸地挑起而攝取的現象）。定相既由識心之執而執縐起，則如若分解地說之，此識心之執即先驗地形成一些「指表定相而同時亦即決定成定相」的涉指存在的「存有論的概念」。這些概念即是康德所說的「範疇」，如質、量、因果、常體等是。須知這些概念都是指表亦即決定存在之生相滅相、常相斷相、一相異相、來相去相者。這些定相本是由執而成，故亦可反省地說此識心之執即先驗的起現這些概念也。這些

概念如上節所說是就識心之執本身之著象面（著於感性所挑起而攝取的現象這一面），以及著相面（執成定相這一面）而**外及地**亦是超越地分析出者。它們，關聯著後來的經驗說，是先驗的，即先乎經驗而存在。如若問它們先在於何處，則答曰：即先在於識心之執。故這些概念，由於其是存有論的，對於存在有「超越的決定作用」，而不是如邏輯的先驗概念那樣只有「超越的運用」者。由此超越的決定，故這些概念底先驗綜和得以成一「先驗綜和判斷」，以指表存在之普遍性相，因而得以成為對於存在之先驗綜和知識，亦即存有論的知識。

由此普遍的先驗綜和判斷為底據，然後關於經驗現象的特殊經驗綜和命題始可能。因此，康德乃說：「先驗綜和判斷底最高原則就是：經驗可能底條件同時即是經驗對象可能底條件」。康德所謂「經驗」即是「經驗知識」，由經驗綜和命題所表示者；其所以可能之條件即範疇。範疇是經驗知識可能底條件同時亦即是此知識之對象之所以可能之條件，因為它們是「存有論的概念」故。是故由範疇而成的先驗綜和判斷，代表存有論的知識者，與經驗綜和命題，代表經驗科學之知識者，並不是同一層次的。

此種普遍的先驗綜和判斷是知性（認知心）底統覺作用之所成，它適合於每一現象，因而也就是適合於一切現象，即，不管是什麼東西，只要它是現象，它即須落在這些範疇之下，因此，也就等於說統覺底綜和作用拿著這些範疇去綜和或統思每一個現象，也就是所有的一切現象；但這卻並不是說想把現象底全體作一完整的綜和而去成一絕對的完整綜體——這樣作乃是理性底後返追溯作用，而不是知性底統覺作用。是故統覺之以範疇去綜和地統思一切

現象乃是散列地就一切現象亦即每一個現象而皆如此去思之，如思其因果性、常住性、交感互通之共在性、實在性、虛無性以及量度性等等。因此，範疇所指表的乃是那些適合於一切現象的「普遍性相」（universal characteristics）。先驗綜和判斷所判斷的或所表象的就是這些普遍的性相。因此，它們所代表的是存有論的知識（存有論是執的存有論或現象界的存有論）。它們與關於某一個或某一類有特殊內容的特殊現象之經驗的綜和不同，此後者是有特定的報告的，而它們乃是使此後者為可能者。例如，就因果性而言，經驗綜和所表示的乃是特殊的因果性，是那普遍的因果性（範疇所指表者）之特殊化於眼前的特殊事例中。我們就眼前感觸地呈現的特殊事象而去經驗地綜和之，說它們有因果關係，乃是因著以那普遍的因果性為超越的根據而始可能的。就眼前的桌子而經驗地去綜和之，說它的情態在時間中變化（從此樣變成彼樣），而它本身在一段時間內常住不變，此經驗地說的常住不變（相對的）乃由因著以那普遍的常體性為超越的根據而始可能的。其他皆如此說。那些普遍的性相是先驗地執成的，經驗地說之者則是經驗地執見的，其實皆執也。經驗地執見之，因此而得有特定的經驗知識；但先驗地執成之，則是存有論的知識。存有論的知識，雖是認知地必然的，必是定是的（apodictic），然在某義上，亦可以說不是知識，因無特殊內容故。但那些先驗綜和判斷亦並非套套邏輯（tautology），它們對於「存在」有所陳說，不過所陳說的乃是普遍的性相，而非特定的經驗內容；正因此故，它們始得獨名為「先驗綜和判斷」：既是綜和的（因為必須就現象底給與說，不是光只是概念之分析），而卻又是先驗的（因為由識心之執拿著其所自立的概念去綜和故，

並非後來的關於特定現象之經驗的綜和），並非凡綜和的皆經驗
的，凡先驗的皆分析的。

此種普遍的先驗綜和判斷，若只如康德所說，不先明知性爲識
心之執，同時它亦思解地把明覺感應中之物執縐而爲現象，則其顯
明性是不容易證成的，是很容易引起爭辯的，故自康德後，至今一
直在爭辯中，不易使人信服也。此即是說，因果、常體、實在、虛
無、量度，甚至時間、空間，不視爲先驗的、主觀的，亦未嘗不
可。但若點明識心之執，並點明此執同時即思解地執縐明覺感應中
之物而爲現象，則那些概念是先驗的，以及由之而成的判斷是先驗
綜和判斷，這便成不可爭辯地必然的；而同時先驗主義與經驗主義
亦無嚴格的對立，因爲一是皆是識心之執也：視爲先驗的，固是由
於識心之本執，而視爲經驗的，亦是識心之執也，經驗心亦並非不
執也。

同時，通過先驗綜和判斷而說知性爲「自然」立法，若只說
「自然」爲現象之綜集，不先明識心之執以及現象由本執而執成，
則此義更易引起爭辯，並不顯明。若先明識心之執以及現象由本執
而執成，並且對於此方面與智的直覺以及「物之在其自己」那一方
面有一顯明的對照，即對此兩方面俱有清楚而明確的表象，使此兩
方面俱能充分地眞實化，明朗化，把腳跟掃淸，在識心之執處一封
封住，不使有搖蕩，則「知性爲自然立法」亦甚顯明而不可爭辯。
所謂「爲自然立法」即是爲那由識心之執所縐起的現象而先驗地或
超越地決定其「定相」也。但必須知此定相本是執相，與之相對反
的那在其自己之「如相」本是無相也。光只說：「或者我們的概念
必須符合於對象，或者對象必須符合於我們的概念」；「或者單只

是對象使表象可能，或者單只是表象使對象可能」：在這兩可能中，傚照一種哥白尼式的倒轉，採取「對象必須符合於我們的概念」一可能，或採取「單只是表象使對象可能」一可能，這固然可說明先驗知識，但並不能使先驗知識爲必然，因爲那兩個交替的可能並不矛盾，在某義上，「單只是對象使表象可能」亦是對的，因而「我們的概念必須符合於對象」這也是對的。是故光只是這一倒轉並不能使「先驗綜和判斷」以及「知性爲自然立法」成爲不可爭辯地顯明的。因爲既承認了先驗知識，則說「對象必須符合於我們的概念」，這等於是套套邏輯。問題是在人們可根本不承認這種先驗知識，因此，也可根本不採取那種倒轉。這樣，「知性爲自然立法」總不能充分被證成。吾人須知在哥白尼處，那不過是試探著隨便換一個觀點而已，換一個觀點，便可有新發現，人家不能不承認。可是在我們現在的問題上，這不是隨便換一個觀點；換了，亦不必眞能有新發現；發見了，人家亦不必就能承認。因爲那兩交替的可能既不矛盾，而前一可能又可是對的，則人們爲什麼必承認後一可能呢？先無條件地承認了那種先驗知識，則後一可能是當然的（套套邏輯）。可是人們可根本不承認那種先驗知識。縱使那兩交替的可能不矛盾，後一可能亦可能，然亦不能充分證成也。是故誇大哥白尼式的革命並不能使「知性爲自然立法」爲必然，即並未革得成也。要想革得成，必須點明知性爲識心之執，並點明此執同時即思解地執縐明覺感應中之物而爲現象而先驗地決定其定相。因此，這種先驗知識是必然的，先驗綜和判斷亦是必然的，「知性爲自然立法」亦是必然的。於此層上，「對象必須符合我們的概念」，因而先驗知識爲可能，而概念亦是先驗概念，這是推演地、

必然地眞的；而「我們的概念必須符合於對象」，因而不可能有先驗知識，而概念亦必總是經驗的概念，這也是推演地、必然地眞的。「表象使對象可能」，這表象必是先驗的表象，而先驗的表象是必然的，故「表象使對象可能」亦是推演地必然的；此而既必，則「對象使表象可能」，那表象必是經驗的表象，此則便不可能有先驗知識。經驗層上的經驗概念（如桌子之概念）當然須符合經驗對象，而經驗對象當然亦使經驗表象爲可能。但是經驗主義想於經驗層上說明因果性等亦是經驗的。如果我們知道其在經驗上所以能見有因果性等實亦是由於經驗心之執（因果性等概念與桌子之概念並不相同），則於因果性等概念上，經驗主義與先驗主義並無嚴格的對立。因此，這些概念終於是執地先驗的概念，而無可疑。

康德在「先驗綜和判斷」與「知性爲自然立法」兩義後面本有一種洞見，但因其表達底程序自知識起，以及其「超越的區分」不能充分地眞實化，遂使其洞見若隱若顯，不能全部朗現，因而那兩義亦不能顯明地而且不可爭辯地被表達出。此則思之固深，然而未能至成熟之境。

康德從知識起，而又只承認一種知識，是則知識不能被封住，而是敞開的。他雖然亦給知識一些限制，如說人類的感性如何如何，人類的知性如何如何，人是有限的，無限者方面如何如何，然這些限制是籠統的、散列的，並未能凝聚成一眞實的理境而以之爲其系統底前題；而對於無限者方面又只是消極的，只推之於上帝，吾人對之並無清楚而明確的意識（所謂不能充分眞實化）。如是，知識便不能被封住，而超越的區分亦不能充分地被證成，即眞實化，故封域線並不清楚也。吾今首明識心之執，則可以證成並顯明

康德的區分，並使其「先驗綜和判斷」與「知性爲自然立法」兩主
張成爲必然的。

10.　煩惱即菩提，菩提即煩惱

　　識心之執與科學知識是知體明覺之所自覺地要求者。依此義而
說「無而能有」，即它們本是無的，但依知體明覺之自覺地要求其
有，它們便能有。但依上第4節，它們既是權用，則仍可把它們化
而歸於知體明覺之感應而不失知體聖德之本義。即依此義而說「有
而能無」，即它們已經有了，然既是由自覺的要求而有，則它們亦
可經由自覺的撤消而歸於無。進一步，若以明覺而通之，則雖有不
爲礙，亦不必撤銷，此亦是有而能無。無而能有，有而能無，由於
是這樣地進退自如，故此兩者是一個輪子在知體明覺這個「天鈞」
上圓融無礙地轉。

　　無而能有，則識心之執之出現是爲的說明亦即成就科學知識。
吾人於此不說煩惱。但既是識心之執，則即含有煩惱之種子（佛
家），私欲之種子（儒家），是非爭辯之種子（道家）。

　　善乎郭象注《莊》之言曰：「學者非爲幻怪也，幻怪之生必由
於學。禮者非爲華藻也，而華藻之興必由於禮。斯必然之理，至人
之所無奈何，故以爲己之桎梏也」（《莊子・德充符》篇「至人以
是爲己桎梏」之注語）。又曰：「今仲尼非不冥也。顧自然之理，
行則影從，言則響隨。夫順物，則名迹斯立，而順物者非爲名也。
非爲名，則至矣，而終不免乎名，則孰能解之哉？故名者影響也，
影響者形聲之桎梏也。明斯理也，則名迹可遺。名迹可遺，則尚彼

可絕。倘彼可絕,則性命可全矣」(《莊子·德充符》篇「天刑之,安可解」之注語)。

吾人亦可倣之曰:知性非爲煩惱也,而煩惱之興必由於知性。由明覺而下開知性,是「菩提即煩惱」,此是無而能有也。由知性而上返於明覺,是「煩惱即菩提」,此是有而能無也。

幻怪由於學,華藻由於禮,煩惱由於知(知性之知)。而學、禮與知,此三者乃「遊方之內者」所必不可免者。《莊子·大宗師》篇云:「孔子曰:彼遊方之外者也,而丘遊方之內者也」。郭象注云:「夫理有至極,外內相冥。未有極遊外之致而不冥於內者也,未有能冥於內而不遊於外者也。故聖人常遊外以宏內,無心以順有。故雖終日揮形而神氣無變,俯仰萬機而淡然自若。夫見形而不及神者,天下之常累也。是故覩其與群物並行,則莫能謂之遺物而離人矣。睹其體化而應務,則莫能謂之坐忘而自得矣。豈直謂聖人不然哉?乃必謂至理之無此!是故莊子將明流統之所宗,以釋天下之可悟〔案:「可悟」語不甚明〕。若直就稱仲尼之如此,或者將據所見以排之。故超聖人之內迹,而寄方外於數子。宜忘其所寄,以尋述作之大意,則夫遊外宏內之道坦然自明,而莊子之書故〔固〕是涉俗蓋世之談矣」。

〈大宗師〉篇又云:「孔子曰:丘,天之戮民也」。郭象注云:「以方內爲桎梏,明所貴在方外也。夫遊外者依內,離人者合俗。故有天下者無以天下爲也。是以遺物而後能入群,坐忘而後能應務。愈遺之愈得之。苟居斯極,則雖欲釋之,而理固自來。斯乃天人之所不赦者也」。

案:孔子自稱爲「遊方之內」,又自稱爲「天之戮民」,此是

孔子精誠惻怛之仁心（大悲）要如此，亦是其幽默，故甘受此「天刑」而不以為苦。然不縛不脫，雖「遊方之內」，亦未嘗不「遊方之外」。郭注已言之詳矣。「遊方之內」，無而能有也。「遊方之外」，有而能無也。

　　學、禮與知，此三者仍「遊方之內」所必不可免，故幻怪、華藻與煩惱，亦必隨之而來。此所謂「不斷煩惱而證菩提」也。

　　胡五峰云：「天理人欲同體而異用，同行而異情」。無而能有，是「天理即人欲」。有而能無，是「人欲即天理」。天理即人欲，是天理在權用中。權而生弊，則一念警策，有而能無，是則人欲即天理。人欲即天理，則一切權用皆實矣，不必廢也。有而能無者，明覺通化之，無其欲弊，而此事不廢也。此即佛家所謂「去病不去法」，「行於非道，通達佛道」（《維摩詰經》）。

　　道家原只知「彼是莫得其偶，謂之道樞」（《莊子·齊物論》），而不知「偶性」之重要。開「偶性」，是自然而人為。知「天刑」，則人為而自然。如是，則充實而圓矣。

　　天臺宗言「法門不改」，「除無明有差別」。三千世間法有淨善法，亦有穢惡法，皆是性德中之法。就穢惡法而言，則是「性德惡」，故言「性惡」。「性惡」者性德中本具此穢惡法門而不廢也，非智如不二之法性心是惡也。例此，吾人亦可言識心之執是「性德執」。學、禮、知，皆是性德中之事也。「行則影從，言則響隨」，帶來的煩惱亦是必然的。要在明體不失，則煩惱不為礙，故視為「天刑」也。

　　西方文化，無者不能有，則上帝為虛設；有者不能無，則人欲不可遏。故消化康德而歸於儒聖也。此亦是「明流統之所宗」，為

此時代所應有之「判教」也。

　　本章所言是一綜括，下各章詳陳之。

第五章　對於識心之執（知性）之超越的分解：知性底形式簇聚之邏輯概念之超越的分解

1.　超越分解之兩指

識心之執是對反著知體明覺之無執而言。識心之執既是由知體明覺之自覺地自我坎陷而成，則一成識心之執即與物為對，即把明覺感應之物推出去而為其所面對之對象，而其本身即偏處一邊而為認知的主體，因此，其本身遂與外物成為主客之對偶，此曰認識論的對偶性（epistemological duality），此是識心之執底一個基本結構。

在此基本結構中，客體一面為現象，因識心之執之縐起作用而為現象，此一面暫置不論。吾人現在注意主體一面。主體，識心之執本身，在此基本結構中，它因它的偏處一邊而為執，因它的自持其自己於執中而成為其自己，其本身遂即造作凝結而成為一個簇聚體，一個結構體。它是一個簇聚或結構底支持點。其為簇聚或結構底第一形態曰知性，第二形態曰想像，第三形態曰感性。這個次序當然亦可逆轉過來說。但由知體明覺之自我坎陷而說識心之執，則

首先出現的必須是知性。

知性是一個簇聚體，由它的造作凝結而成。它所凝結而簇聚的是什麼？我們現在是處於認識論的觀點，就其為認知主體（知性）而言，不是如佛教那樣，以泛心理主義的觀點，泛論其「心所」。因此，我們這裡所說的簇聚不是心理學意義的「心所」之簇聚。「心所」是經驗的、材質的。我們這裡是要說那些先驗的、形式的事物。這些事物形成一個簇聚或結構，因此，名曰知性底先驗而形式的簇聚或結構。先驗是就其本執說，先是先到這本執而止。形式的，一般言之，是就其純粹而形式的概念而說。

「超越的分解」即是要展露這些先驗而形式的概念。這部工作是康德的貢獻（依西方傳統易至此），中國儒、釋、道三家皆未能至此。佛教稍有接觸（此如其言不相應行法），而言無統宗。今依康德的思路，對於這知性底形式簇聚作一超越的分解。

知性底形式簇聚可分兩層論（康德只一層）：(1)是邏輯的，(2)是存有論的（康德所作的是此層）。就邏輯層者論，其超越的分解可曰邏輯概念之超越分解。就存有論層者說，其超越的分解可曰存有論的概念之超越分解。吾以前《認識心之批判》即就邏輯層而論者。今重新消化，去蕪存精，歸於順適，綜述如下。

2. 邏輯系統之超越的解釋

知性底形式簇聚之邏輯概念之超越的分解是要展露知性之邏輯性，亦即展露其邏輯理性性以及此邏輯理性性所函蘊的一切。吾作這部工作的程序是這樣的。吾首先對於邏輯系統作形式的解釋以觀

成文的符號系統如何構成。次作意指的解釋以觀吾所說的套套邏輯式的推演系統何所指，有何表意。最後由意指的解釋進到超越的解釋，由此證成理性主義與先驗主義，拒絕時下流行的形式主義與約定主義。在此理性主義與先驗主義下，吾指明邏輯自己與成文的符號系統之不同；邏輯自己就是純理自己之展現，此只能是一，而不能是多；符號系統可多，而不能無限多。要證明這些，須作兩步說明。第一步先說明四基本原則，即對偶性原則、排中原則、同一原則、矛盾原則，這四基本原則之「理性上的必然性」，以及其超越性與優先性（首出性），任何符號系統皆不能違背之。四基本原則既有理性上的必然性，這一點即反顯純理自己之展現不能不遵守此四原則。亦可以說此四原則是純理自己之展現之自示其相。因此，此四原則既是構造的，亦是軌約的。第二步則說明造成邏輯句法的邏輯概念（即羅素所謂邏輯字）有定有盡，不能無限地隨意變換。此如「一切」、「有些」等屬於量者；肯定與否定等屬於質者；如果則、析取、絜合等屬於關係者；真、假、可能真、可能假、不可能、必然等屬於程態者。邏輯字盡於此四類，而現有之符號系統亦用盡此四類，故不能再有系統可造。若干變換是可能的，但總不能越出此四類概念。故即使是符號系統，亦不能無限多。因邏輯字與物象字不同，固不能無限多也。其被隨意選取，這隨意亦不能無限地隨意，必在四類底範圍內。既然如此，則對於此有定有盡的邏輯概念即可進而作一超越的解釋以說明其「理性上的必然性」。這些邏輯概念亦可被看成是純理自己之展現之所示現。亦可以說，純理要展現其自己，它必須憑藉這些基本的邏輯概念。因此，這些邏輯概念亦可以說既是構造的，亦是軌約的。以上所述詳見《認識心之

批判》純理部第一章〈邏輯與純理〉。

　　對於邏輯系統作超越的解釋，這步工作唯在顯純理自己。邏輯即代表純理自己也。唯須知邏輯既收於識心之執上講，則此純理自己便只是識心之執之所示現。純理卑之無高論，不過是識心之執相。邏輯理性，其爲理性只是執的必然性與普遍性。在此說理性主義亦只是本執上的必然性，說先驗主義亦只是從本執上說「先」。這些名詞，在對於知性未封住，未點出其是識心之執時，一般看來，是很莊嚴的，其實只是「識心之執」之執相──虛架子。我們只有一個無執無著的知體明覺之道德理性才是眞正的理性，眞正的實理，亦是眞正的實體，此不是可以虛架子論者。

　　邏輯理性，識心之執之虛架子，旣已展露出，則吾人即可根據此虛架子說數學與幾何。

3.　第一義的數學基於純理展現之步位相而被構造起

　　純理展現其自己之步位相即是數相，純理展現其自己之展布相或布列相即是幾何相（區形相）。純理要須藉一推演系統以展現其自己。推演必有步驟。推演的過程即是一步位底序列。同時，純理展現其自己在一推演系統中亦必有其展布相或布列相，即是說，它不只是推演之爲推演之縱相，而且就其推演中之布列言，它亦有其橫相。純理是「方以智」者，不是「圓而神」者。它是方方正正的。儒者常以廉隅之方正性（空間性，方所性）象徵義者型之人

格，我們亦可以廉隅之方正性象徵純理之方正性。純理在推演中之
布列相即是其方正相，廉隅相，亦即是其空間相。我們這裡說空間
相亦是其象徵的意義，因爲我們在這裡並不預設實的空間。因此，
此象徵意義的空間相只是區形相。

　　純理展現其自己之步位相，如符式地表象之，可如下列：

(1) ⊢：a　　　　　　　　　(6) ⊢：－（1）＝0

(2) ⊢：－（a）＝－a　　　(7) ⊢：－（0）＝1

(3) ⊢：－（－a）＝a　　　(8) ⊢：av－a，lv－l

(4) ⊢：av－a＝1　　　　　(9) ⊢：a＝a，－a＝－a

(5) ⊢：a・－a＝0　　　　(10) ⊢：－（a・－a），－〔－a・－（－a）〕

這十步是相連而生的。這十步底推演可以到處應用，依所應用處之
層次可以無限地拉長下去。這十步推演只表示對偶性原則、排中原
則、同一原則、矛盾原則，這四個基本原則。一切符式的推演皆遵
守此四原則，所以它們是軌約原則；而純理自己之展現就是如此，
所以它們又是構造原則。

　　在符式中尚有 a，其實我們可以把這個 a 消化掉。它只是純理
展現其自己中置定活動之置定。置定並不在純理以外置定任何事。
它是毫無外設的純理自己之置定活動。它這一置定，便有一排拒
性。置定是此，排拒性即是「非此」。此與非此是窮盡的，而且皆
是決定的、獨一的。此即爲對偶性原則。公孫龍子說：「正名者彼
此」。此示正名者必預設「對偶性原則」。唯用彼此說，不甚嚴
格，因爲彼此俱是正詞。而莊子則說「彼此莫得其偶，謂之道樞；
樞始得其環中以應無窮」。因爲莊子是想衝破相對以至絕對，故必

衝破此「對偶性原則」。「彼此莫得其偶」是說彼或此皆不得其偶也。彼底偶是此，此底偶是彼。但是因為彼自身分裂，不能停住其自己而成其為彼，此亦自身分裂，亦不能停住其自己而成其為此，此即作為彼之偶之此（定此）不可得，作為此之偶之彼（定彼）亦不可得。偶不可得，則對偶性原則即不能被建立。純理展現其自己必有對偶性，蓋此邏輯的純理本由識心之執而呈現也。但莊子卻是在講道心之玄照，故必衝破識心之執，因而亦必衝破對偶性原則。

純理展現其自己既必有對偶性，則順此對偶性展衍下去，即可無止地展衍下去，因此，而有一無限前進的步位序列。此是步位序列底連續性。由此連續性中之無限地連續下去說「無限」，但這卻不是一個堆聚性而可以完整起即構造起的無限。這個由連續底前程所說的無限即是數目底場所。在此場所範圍內的步位序列即是數目相。但步位序列有數相，尚不能即是數。純理衍展底步位之外在化才是數。所謂「外在化」即是把內在於純理自己之衍展的虛意步位予以「形式的實化」。所謂形式的實化即是通過直覺而予以形構化。直覺底形構作用把那虛意的步位凸起，確定化之而為一數。此即脫離純理自己之展現之被視為邏輯而轉為數學。數即是步位序列中每一步位之直覺的外在化，以及此外在化了的步位之相續增加之直覺的綜和。零是步位之抵銷，基數是步位之自自相，序數是步位之自他相。康德說數目以及數目式是一直覺的綜和，今之直覺主義者說數目是一直覺的構造，這都是對的。此種直覺，我們名之曰「形式的直覺」（formal intuition）。它既非「感觸的直覺」，亦非「智的直覺」。

羅素的邏輯構造是就類說數。今不就類說數，故無羅素意義的

邏輯構造。但我們可說另一個意義的邏輯構造，此即數學亦是一個
推演系統，純理底衍展亦流布於其中。每一步數學的推演都是邏輯
地必然的，亦即都是分析的：這是就著從這一數學命題（數目式）
過轉到另一數學命題這過轉上說分析，說邏輯的必然。我們即由此
邏輯的必然說邏輯的構造。但這卻不是就每一數目以及數目式本身
說邏輯的構造。一個數目不是就「類」施以邏輯的分解復依邏輯的
規律而構造起的。它乃是就步位序列中的步位而直覺地構造起的。
一個數目式，如康德所舉者，亦復如此。它不是經由邏輯分析而邏
輯地構造起的，它乃是經由直覺的綜和而直覺地構造起的。但是數
學並非別的，它不過是 ｜o，x，x＋1｜底連續前進。因此，從通過
直覺構造所構造起的數目式過轉到另一數目式乃是推演系統中邏輯
地必然的。因此，數學系統是直覺構造與推演中的邏輯構造兩流並
行的。它步步是直覺構造，亦步步是邏輯構造。我們亦可說直覺構
造是數目以及數目式底「形構原則」（ principle of formation ），邏
輯構造是數目式底「過轉原則」（ principle of transformation ）。
因直覺構造，說數學底綜和性、主觀性，使數目為可理解。因邏輯
構造，說數學底分析性、客觀性，使數學系統有理之必然。

　　我們這樣建立起的數目以及說數目式乃是數學底第一義，是把
數目看成是一個模型，而不是一個量度。來布尼茲說數目是一個程
態概念（ modal concept ）。我所謂「模型」即以此「程態」之義
定。我們既不就時間單位之相續增加說數，亦不就類之邏輯構造說
數。我們是毫不歧出地唯就純理自己之衍展之步位相之外在化而說
數，這是不假借任何外來的物事的。就時間單位說與就類說，那是
數學底第二義，時間單位與類是第一義的數學向外應用，應用於現

象上底通路。這個通路底數學相是由第一義的數學之應用所決定成的。因此,現象之在時空方面乃至類方面之量度性是由當作模型看的數目之應用所扣出的,亦即所決定的。落於存在方面扣出其量度,但模型本身則非量度。數目只是形式直覺就純理步位而綜和地構成的一個模型——程態意義的模型,故純爲形式的。

　　以上所說詳見《認識心之批判》〈純理部〉第二章〈純理與數學〉。此是其簡述。

4. 第一義的幾何基於純理展現之布列相而被構造起

　　相應純理開展之步位相而言數,相應純理開展之布列相(coordination-form)而言幾何位區。

　　位區之構造基於純理開展之「矢向形式」(vector-form)。矢向由純理起用首先展示爲一「置定之向」而顯示。此置定向,由肯定作用而來者,吾人名之曰 P。吾人此時不注意能肯之活動與所肯之對象,單只注意此「向」之形式性,即,此「置定向」自身爲一形式,此即是矢向形式。P̄ 爲一正面之矢向形式。

　　置定之必爲一矢向即示其本身爲有限制者,因而必表示一種固定性。旣固定而又有限制,則即示其有排拒性。因此,P 向必反顯一非 P(P̄)向。P̄ 向即是 P 向之否定,是由 P 向自身之固定性、限制性,亦即排拒性而刺出者。吾人此時亦不注意否定之活動與所否定之對象,而單注意此 P̄ 向之矢向形式。

由 P 向與 P̄ 向之布列，吾人即可形構一「位區」。P 與 P̄ 有各種相對的矢向布列。每一矢向雖可無限拉長，然因布列相故，其自身有轉折而向四方尋求其對應向的折返性。折返即由其排拒性所刺出的反對向返而衝向其自己，即成自限，它不任其自己單向一方向無限地拉下去。如果 P 向單向一方向無限地拉下去，P̄ 向亦然，則很可以成一向相反的兩端申展的一條直線，此則便無布列相可言。又，P 向若向一方向無限地拉長，P̄ 亦然，則雖向相反的兩端申展，然當其合而為一條直線時，則 P 向與 P̄ 向無以異，P̄ 向與 P 向無以異，是即 P 與 P̄ 向不能自持而定住其自己，因而成為自身之否定。是以當吾人一說 P 矢向與 P̄ 矢向時，由于其自身之固定性與限制性以及其互相排拒性，它們即函著其自身之折返性與自限性。P 底否定是 P̄，P̄ 即返而衝向 P 而來限制 P。P̄ 底否定是 P，P 即返而衝向 P̄ 而來限制 P̄。它們互相限制即是它們的折返性，而不能無限地拉長。只有通過這種折返性，它們始能自持而定住其自己。此在邏輯上的對偶性原則即已然。今言布列相亦復如此。是故相應布列相而言，每一矢向其自身必函一折返性，而不能無限地拉長。

由於矢向底這種折返性，我們始可構成一個位區。這種構成是直覺底綜和構造。光從概念底分析，我們不能決定「只兩相反的矢向不能構成一位區」，因為兩相反的矢向並不表示一位區之否決（不可能）。但是這畢竟不可能者，是因為位區之本性在直覺的構造上不可能。因此，兩相反的矢向必由於其自身底折返性向四方尋求其對應向，而其所向之各對應向間又顯示出一第三矢向來，由此三矢向之撐開，遂直覺地綜和成一個位區。此如下圖：

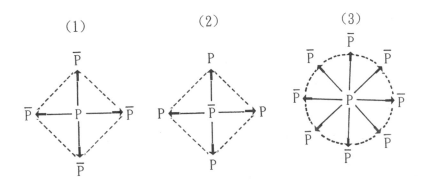

圖(1)與(2)中的虛線表示一第三矢向,因而構成一三角形乃至四方形等。圖(3)則構成一圓形。如是,表示第三矢向的虛線或為直或為曲。這個虛線是一種連接,由基本的兩相反的矢向向各方向尋其對應向而示現出來,因此以虛線表之。這個虛線底連接即表示一種綜和;綜和成一個圖形後,遂說它也是一矢向──一第三矢向,即所向之各對應向間的對應矢向。此可以下式表之:

P * $\overline{P}$ = 1

「 * 」即表示第三矢向之示現以及綜和,「 1 」即表示一區面圖形之全,或為三角形,或為方形,或為圓形等。

由三矢向構成一區面圖形之全,此種構成亦是直覺底綜和構造。因為光由概念底分析固不能決定「只兩相反的矢向不能構成一區面圖形(位區)」,我們同樣亦不能只由三個矢向之分析即可分析出一個區面圖形。因此,由三矢向之布列撐開而構成一區面圖形之全,此構成必是一直覺底綜和構造。矢向之概念的分解只是給區面圖形之構造供給成素而已。

矢向表示一度,區面圖形之全表示兩度。但是每一區面圖形之

全之構造即是一個有限而有定的完整面形，它亦有其排拒性與折返性。因此，它亦有正面形以及與之相反的對應面形。每一區面形亦向各方向撐開而示現其對應面，而復由其所對應的各對應面（折返回來而衝向著它以限制它的對應面）間示現一第三區面，如此撐架綜和便形成一立體。此步綜合表示三度。

立體與立體之綜合仍是立體，此只表示立體之擴大，不表示另一種度數之出現。故由純理開展之布列相而成位區，至立體而盡，亦即至此，其布列相始能充分圓滿其自己，成就其自己。由矢向形式，經過區面形式，而至立體形式，此是一發展。過往以往，則為重複，不為發展。故位區至三度而盡。在矢向形式即第一度處，有可以成為圖形之間架，但尚未實現地構造出，故就第一度本身言，乃為殘缺而不成形者。在區面形式即第二度處，則為偏面的位區，其趨勢仍為敞開者，故仍為虛歉而不圓足者，雖其本身為一完整的圖形。必至立體形式即第三度處，其敞開者始封閉。封閉者圓足之謂也。長、寬、高三度至此乃盡備於一立體形式中。

幾何位區由純理開展之布列相而構造出，故純為形式的，即皆是程態意義之形式的。因此，矢向形式、區面形式、立體形式，皆是程態意義之形式。

矢向形式為一度，可以由之而引出「線」之概念。區面形式為二度，可以由之而引出「面」之概念。立體形式為三度，可以由之而引出「立體」之概念。「點」之概念是由矢向形式之成時開始之一「置定之著」而構造出。點、線、面、體俱是直覺之構造，同時亦俱是程態意義的模型。「點」不是一個邏輯構造，一個趨於最簡單的結聚體，如懷悌海之所說。點是一模型，故無量。若如懷氏所

說，則有量。點亦不是由「線形式」而分析出。因為線形式亦是一模型，而模型不可分。點只是一「置定之著」之直覺的外在化，外在化而為一個「點形式」之模型，它不能成為一個實量的點。實量的點只是「點形式」作為模型應用於空間或空間所表象之物量上而扣出的；而所扣印出的實量點亦只是方便說，因為既是實量點，則其本身便仍是可分的，而不能停住其自己，然而作為模型的「點形式」則是可以地停住其自己者。

由「置定之著」必然函著一「矢向性」。由「矢向形式」之直覺的外在化而為一「線形式」，此線形式亦是一模型。它不是可以分成無窮數的點而又由無窮數的點而構成。因為線形式既為程態意義的模型，則不可分，因此，它亦無實量之長度。實量之長度是由其應用於空間或空間所表象之物量而扣印出。應用於大者扣印出大的量，應用於小者扣印出小的量，而其本身無大無小。所扣印出的實量可以無窮地分，但亦不是由無窮數的實量點或既無部分又無量度的點而構成。此為「不可返原則」。我們並無綜體式的無限。

由「區面形式」之直覺的外在化而構造成「面形式」，此面形式亦是一模型。它亦不可分，它亦無大小。實量面是由於其應用於空間或空間所表象之物量而扣印出。它本身既非空間，亦非物量。實量面可以無窮地分下去，但亦不是由無窮數的只有長度而無寬度的線，或既有長度又有寬度的線（即有量線），而構成。此亦是「不可返之原則」。

由「立體形式」之直覺的外在化而構造成「立體形式」，此立體形式亦是一模型。它亦不可分，無大小。實量立體是由其應用於空間或空間所表象之物量而扣印出，有大有小；但其本身既非空

間，亦非物量，故無大小亦不可分。實量立體可以無窮地分下去，但卻亦不是由無窮數的實量面或只有寬度而無深度的面而構成。此亦是「不可返之原則」。

　　模型、空間、空間所表象的量，此三者是異質而異層的。

　　我們由幾何位區之矢向形式、區面形式、立體形式，只可直覺地構成一線形式、面形式以及立體形式，但尚不能立即決定它們究竟是歐氏的，抑或非歐氏的。如果無多樣系統出現，我們可說它們即是歐氏的。當我們直覺地構造之之時，即函著它們是歐氏的。但既有多樣系統出現，我們即不能急遽地這樣決定。因此，決定其究為歐氏的，抑為非歐氏的，不能只由直覺構造來說明。此則必須由公理來決定，而公理之設定是概念之事。但如果由公理之設定而成之系統是可構造的，則公理之設定固有相當方便性，但不能無限地方便，因此，系統亦不能無限多。可以直覺地實構的系統都是為公理概念所撐起而復為直覺之綜和所構造的程態意義的模型系統。公理概念是客觀地決定此系統或彼系統，而直覺構造則是主觀地實現此系統或彼系統。依前者說一系統之邏輯性，此即為邏輯構造。依後者說系統推演中每一幾何圖形以及每一幾何命題都是直覺地綜和的。假若只有邏輯的可能而不可以實構，那可能便無幾何的意義，而只有數學的意義。一般所謂 n 度乃至 n＋1 度等幾何系統即是只有數學意義而不可實構者。縱使是四度空間，這亦是空間之事，而非作為模型的幾何之事。縱使是空間之事，亦是空間三度加時間一度，在物理空間處，空不離時，時不離空，因此，說為四度，而空間本身實只是三度。因此，作為模型的幾何系統只是純邏輯性的幾何程態形式概念之分解而可以直覺地被實構者。

我們這樣說幾何，如同說數學一樣，乃是第一義的幾何，它不歧出而假借任何外來的物事，即，它不預設空間。就空間說幾何，那是第二義的幾何，是第一義幾何向外應用，應用于空間所表象的物理世界而決定出的。因此，空間是第一義幾何應用之通路。近人多喜說純幾何中的空間只是一組邏輯性的數學概念。但既是純邏輯性的數學概念，便實無空間意義，那只是作為程態的幾何模型概念而已。歐氏幾何原本是模型概念與實量化的空間概念混而為一，故有許多刺謬。懷氏的有量點是把幾何的模型概念完全實量化，這是承認綜體式的無限的。這是實在論的無限論。康德亦把幾何與空間等同化，因此，不能適應多樣系統之出現。為免除這些刺謬，我們只有視第一義幾何為程態意義的模型，而與空間以及空間所表象的物量為異質而異層。

空間是感觸直覺之形式，是認識論地建立的。其原初是無色的，其為歐氏或非歐氏是由作為模型的幾何系統之應用而決定成的。因為它是感觸直覺之形式，故其所表象的現象之空間性之為歐氏或非歐氏亦是第一義幾何之應用所決定成的。

物理空間之幾何特性屬於那個系統，這是不能先驗地決定的。但如果經驗告訴我們某個系統可以適用，則第一義的某個幾何系統便可應用於其上而把它決定成是某個系統之幾何特性。第一義的幾何系統，如真是一系統，便是可以實構的系統。此雖可多，而不能無限多，亦如符號的邏輯系統不能無限多。因此，我斷言：凡可以實構的幾何系統都是可應用的。因為物理世界之空間性，就其為現象之空間性說，其幾何特性本可有許多面相，而不只是一面相；而其多又不能無限多，因為它們是些形式的特性，而這些形式特性本

是由識心之執之挑起現象而同時執成的。因此，在某一特殊的現象境況中，那一個幾何系統可以適用，這是不能先驗地決定的。但是總有一個已構造起的第一義幾何系統可以適用，這是可先驗地決定的。因為第一義的幾何系統與作為感觸直覺之形式的空間（認識論的空間）以及此空間隨現象境況之層次之昇進其所表象的某層現象境況底空間性之屬於何種幾何特性，這三者是異質而異層的。第一義的幾何系統可多而不能無限多；認識論的空間是－－；這唯一無色的空間所表象的某層現象境況底空間性之幾何特性是有待於第一義的幾何系統之應用而決定的。就在此何者應用之選擇上，吾人遂不能先驗地決定之。所謂「某層現象境況」，即函著說我們經由「經驗直覺」所攝取的現象境況是有層次的，例如隨官覺而直接攝取的、牛頓物理學中所攝取的、乃至量子論與相對論中所攝取的，等等。因此，我們的經驗直覺亦是有層次的。（高度物理學中雖非官覺直接之所及，然含有實驗之成分，即為經驗直覺之所函攝。）經驗直覺底先驗形式（空間）其本身並不函其是何種幾何特性。然識心之執隨感性之攝取必執成空間性與時間性以為其攝取之形式條件，這是先驗地可決定的。依康德的說法，空間與幾何是同一的，只有一種空間，只有一個系統，因此，亦無第一義與第二義之分。我們以為這說法須予以撐開，故主第一義幾何模型、認識論的空間、以及此空間所表象的現象之空間性之屬於何種幾何系統，這三者是異質而異層。只因第一義與第二義幾何之多與認識論的空間之一，這多與多之關係以及此兩多與認識論的空間之一之關係，遂有以上「不能先驗地決定」與「可先驗地決定」之分說。

以上由純理展現之步位相與布列相說數學與幾何。邏輯、數學

與幾何,皆被收於識心之執上,故皆是識心之執之形式簇聚。

5. 超越的邏輯架格與超越的運用:思解三格度

　　但是識心之執之形式簇聚尚不只此。我們尚可進而由知性在經驗中之運用而發見其超越的邏輯架格以決定其運用為超越的運用。這些超越的邏輯架格亦是知性底形式簇聚。

　　這些超越的邏輯架格是由構成邏輯系統的邏輯句法中的邏輯概念而轉出。邏輯句法是由一些邏輯概念,羅素所謂「邏輯字」,而構造成。這些邏輯字不過四類:

　　(1)量的:一切、有些、每一、任一等;

　　(2)質的:肯定、否定、無定等;

　　(3)關係的:如果則(函蘊)、析取(或)、絜合(與)等;

　　(4)程態的:眞、假、可能眞、可能假、不可能、必然等。

在此四類中,關於量的,只「一切」與「有些」於構造邏輯句法以成符式系統上有積極的作用。關於質的,則只肯定與否定有積極的作用(無定就命題形式言只是肯定,就換質言,意義同於否定,因此,只有肯定與否定之對偶性,因而極成 a 與-a 之對偶性)。關於關係的「如果則」最爲根本。關於程態的,路易士的嚴格函蘊系統有此六個程態概念而界劃鬖然,而羅素的眞值函蘊系統則只有眞假兩可能,界劃不足,故有些邏輯眞理如「旣一致又獨立」不能被表示出。

　　這四類邏輯字,就知性在經驗中之超越的運用而言,只一切與有些、肯定與否定、如果則,這三者可以轉爲超越的邏輯架格以成

就知性之超越的運用。就一切與有些言，吾曾名之曰「曲全格度」（一切是全體，有些是部分）；就肯定與否定言，吾曾名之曰「二用格度」（肯定、否定是邏輯理性之二用）；就「如果則」言，吾曾名之曰「因故格度」（「如果則」是根據與歸結間的邏輯關係，非因果關係，「因故」是就根據言，「故」是以說出故之故，因故即理由義，根據義）。

當吾人對於邏輯系統作超越的解釋時，吾人已明邏輯系統唯在顯純理自己，並明邏輯字所表示的邏輯概念即是純理展現其自己之所示現，亦可以說純理要展現其自己必憑藉這些邏輯概念，因此這些邏輯概念有理性上的必然性。這部工作是獨立地看識心之執（知性）之自性，看其邏輯性之獨行，獨自成一機栝，成一簇聚：純理、數學與幾何都是其邏輯性之獨行，因而也就是其邏輯性上的一些形式簇聚。但是，有如此自性（邏輯性）的知性亦必在經驗中行，即有其現實地思解外物之作用。在此作用中，它的邏輯性即外傾，這即是它的他性（外向性）。純理亦在此外傾中而為具體的表現，在現實思解活動中的表現，而不是獨行的表現。純理獨行地展現其自己須憑藉一些邏輯概念，而在其具體而現實的表現中其所憑藉以展現其自己的邏輯概念即轉為思解活動所遵守的格度（虛架子），遵守之以使其活動成為超越的運用。此時以思解活動為主。思解活動遵守格度以為超越的運用，純理即在此運用中作現實而具體的運行，而不復是獨行以純邏輯地展衍其自己。因為思解活動在經驗中運行，故純理亦囿於此現實的活動而為經驗所限。因此，我們在此可說：純理展現其自己所憑藉的邏輯概念其外在化即為思解辨物活動所遵守的格度。所謂外在化即脫離其內在於純理之獨行地

自我衍展，隨思解活動之外傾而為外在化，外在化即成為思解之格度。

　　思解必憑藉這些格度方能成其為現實的辨解思解（discursive understanding）；必須是辨解的思解方能以外物為對象而辨解地思解之。

6. 因故格度之説明以及其所函攝之一切

　　三格度，依序當先說因故格度。因故格度，如其為格度而形式地說之，只是一個根據與歸結間的邏輯連繫之架子。藉此架子，思解底運用首先呈現一個假設。此假設吾人依杜威名之曰「範疇」。杜威云：「範疇實與一態度同。其所示者乃一觀點、設計、方案、首腦或端向、或一可能的論謂模型。如亞里士多德所云，範疇化即是賦與一論謂（一謂述）。城市法與犯罪法是種類，而所以為城市法與犯罪法則是範疇。故範疇即觀點，因此觀點，某種行為可以因之而前進而且受約束。法律是審議所據之程式，足以決定某種行為是否可為，如已為之，將如何處理之。而原則則是範疇。原則非種類，而是形成種類之先定者。因此先定，遂可以規定一特殊行動或一串行為是否屬於某一特殊種類」（杜威：《邏輯：研究論》，頁273）。杜威所說的範疇與康德所說者不同。康德所說者有定數，有專名，可列舉，是存有論的概念，而杜威所說者則否。杜威所說者，本書在形式簇聚之邏輯概念之超越分解這一層次上，竊取之以成功思解之超越的運用（非超越的決定）。

　　範疇是一原則。凡在因故格度中所呈現的原則都是一種假設型

的原則。如以命題表之，即是一有普遍性的假然命題。邏輯中的
「非存在命題」即是此種命題，它表象一原則。對應此原則，經過
一歸納的程序，則形成一種類。表象種類者爲存在命題，此則代表
一知識。此種意義的範疇（原則）吾人名之曰邏輯意義的範疇或運
用性的範疇。康德所說者乃屬另一層的存有論意義的範疇。

　　吾人由此邏輯意義的範疇可誘導或軌約出經驗事實中的因果關
係，因而形成一種類。此種誘導或軌約，吾人即名之曰思解之超越
的運用。亦言「超越」者，因此種邏輯意義的範疇亦是先驗而先定
者，乃是獨發於知性之邏輯性。在此知性之形式簇聚之邏輯的超越
分解中，因故格度所示的根據歸結間的邏輯連繫並非因果關係，但
足以誘導出因果關係。因果關係乃是屬於事實連繫，與根據歸結間
的邏輯連繫相應，而非同一者，它們兩者乃是異質的。因果關係屬
事，根據歸結連繫（因故連繫）屬識心之執之邏輯性的超越運用。
運用必當機。若無機可當，則邏輯性即收縮而獨行，便無外傾的運
用可言。知性在經驗中外傾而爲現實的思解而若可以成現實的知
識，則必有其所當之機。此所當之機即感性中所攝取的事實之因果
性，此因果性即已在感性事實中而實然地呈現出。吾人暫且不知其
何以必如此，只就經驗事實而實然地如此說。從知性之邏輯底立場
上說，我們對此因果性只能說到此，而且只能如此說。在這樣說之
之下，好像是實在論的意味很重；此時我們並無先驗綜和判斷由之
以先驗地知現象界的因果性，我們只能依因故格度而超越地誘導出
因果性。在此義下，我們融攝一切一般的實在論之說法或傾向。但
此暫時的實在論與康德的「經驗實在論」（函超越的觀念論）並不
衝突，與其先驗地知現象之因果性之主張亦並不衝突（不過在此我

們尚說不到此義而已）；而此暫時的實在論亦並非「超越的實在論」（視現象爲物自身）。關此，當吾人進一步對於知性之形式簇聚之存有論的概念作超越分解時，便可徹底明白。

關於因故格度與範疇以及其全部函攝之詳細展現俱見吾《認識心之批判》。吾這裡只作簡約的綜述。彼處簡別不淸或未意識及者，此書備之。

7. 曲全格度之說明以及其所函攝之一切

現在應說曲全格度。

人類的思解，一般言之，不能不用概念。概念有概括性，即籠罩性。我們不能把古往今來的個體一一經驗過，所以必用概念以概括之，此爲概念的涉及。表現這概念的涉及者曰全（一切）與偏（有些）。我們反顯識心之執所依以成其超越的運用之格度，在此反顯中，次因故格度而來者即爲曲全格度。曲全格度由因故格度中範疇之假然性而示現。範疇雖是一原則（由普遍的假然命題表示之），然而亦實是一概念。就此概念所涉及的事例而言，即有曲全之示現。但原則是絕對的普遍者，所涉事例不必存在。故在此，無曲全可言。曲全是當一原則要求證實，從假然轉爲定然時，始出現。「全」是表象由全部事例所成的滿證，「曲」是表象由部分事例所成的分證。依此曲全格度，遂有定然的全稱命題與偏稱命題，以表象種類底知識。

曲全，就其爲格度言，是思解所獨發的虛概念，即邏輯的形式概念；它們是不相應者。所謂「不相應」，是說外物並無一個全

（一切）或曲（有或某）擺在那裡以備此兩形式概念與之相應。外物只是散殊地擺在那裡，直覺底攝取與之相應，而思解上的曲全則不與之相應。曲全只是思解對於擺在那裡的散殊物的處理態度，隨範疇（原則）底假然性之要求證實而來的處理態度（運用態度）。故羅素名之曰邏輯字，而非物象字。吾人即依此義而名之曰思解之格度。由此格度可以套出全稱命題與偏稱命題，而其自身非命題也。

識心之執，其思解運用要有此格度。假若吾人由此識心之執返回無執無著之知體明覺之感應（智的直覺），則此格度即廢，一切格度皆廢。

原則雖要求滿證，然在識心之執底範圍內，它從未得到滿證。全稱命題只是一概括化的全，其實仍是分證，即是說，其全是有虛歉的全，故只是概然也。因此，在證實過程中，總是 AEIO 四種命題在交相否定中相順相違也。A 與 O 相否定，在此否定之相違中，A 與 I 相順，O 與 E 相順。E 與 I 相否定，在此否定之相違中，E 與 O 相順，I 與 A 相順。相順相違以成吾人之概然的知識。

杜威有原則、種類、類，三個概念。原則是範疇（模型），種類（kind）是有限的知識，類（class）是一個邏輯概念，如羅素所說者。

作為邏輯概念的類是滿類，它是種類底抽象化。它雖是滿類，卻並不表示原則之滿證，因而亦並不表示一種完整的知識。在識心之執範圍內，永沒有完整的知識；知識只是概然的。在無執無著的智的直覺之智知中始有完整的知識，但此亦無所用於「類」。

滿類是為的說數，此是第二義的數學。羅素的數學論就是這第

二義的數學，亦曰實在論的數學論，或曰邏輯原子論的數學論，他的滿類是以歸納爲背景的。吾人以爲這第二義的數學只是第一義數學應用底通路。數並不由類來界定；它指表類，因此，類是數底應用之通路。無限類不能被構造，因此，無無限類爲數所指表。羅素亦知無限類不能被構造，故須假定乘積公理（選取公理）以構造之。然此種構造只是邏輯的構造，並非直覺的構造。因此，無限類仍不能眞地實現也。康德對此言之甚詳，見背反論第一、第二背反之解決。凡數皆是有限的；無限只是連續底前程，不是一個平鋪的堆聚。即使將此無限的連續孤綜起來而視爲一個類，亦是以連續底無限前程爲背景，而不是推出去視爲一堆以待吾人去構造之。吾人以爲這樣視無窮即足夠應付解析學，不必如羅素那樣實在論的數學論始足應付他。因此，第一義的數學無無窮公理與乘積公理底假定，而第二義的數學則無需此假定。因爲我們不能定知世界究是有限，抑是無限，這是兩不決定的，即康德所謂兩者皆假；而於數學應用之通路亦無需假定無限始可應用也。只有當將第二義的數學視作第一義的數學，而以實在論的態度出之，始有此假定之要求。吾人以爲此種要求實是一夾逼狀態，於第一義與第二義兩不順適。於第一義數學，則無關乎世界；於第二義數學，則不能決定世界。羅素於其無關者而關之，於其不能決定者而期有以決定之，遂有此夾逼的狀態。

　　吾人於此曲全格度收攝羅素的數學論，其詳俱見吾《認識心之批判》。

　　又，此曲全格度中之曲全只能由之以套出全稱命題與偏稱命題，並不能以之來決定存在之廣度量與強度量，因此，它們並不是

康德所說的量範疇——存有論的量概念。康德由邏輯判斷之全稱與偏稱引申量範疇乃不順適者，一如其由假然判斷中之「如果則」引申因果範疇為不順適。此當別有根源，故吾現在分層處理之。曲全格度是屬於邏輯概念，量範疇是屬於存有論的概念。

8.　二用格度之說明以及其所函攝之一切

最後當說二用格度。

二用格度由純理展現其自己中之二用即肯定與否定之對偶性之外在化而建立。所謂外在化者即由純理獨行轉為在現實思解中行也。現實思解是一詮表過程。詮表者解釋作用也。是以詮表過程即是對於經驗現象之解釋過程。在此現實思解之詮表作用中，二用不是像在純理獨行中那樣是純理展現其自己之直接顯示，而是順承曲全格度中範疇（原則）之假然性之要求定然性（要求證實）而表現。在每一運用性的範疇（原則或可能模型）之要求證實中，吾人可開出四種定然命題，即 AEIO 是。二用格度即在此四種定然命題對於原則之相順與相違中表現。在相順中，I 是原則之分證，A 是原則之滿證（究其實是概括化的滿證，因而亦是概然的滿證，有虛歉的滿證，不是真實的滿證）。此兩者是肯定命題。在相違中，O 是原則之分拒，E 是原則之全拒（其實亦是概然的全拒）。此兩者是否定命題。就現實思解言，吾人必憑藉此肯定與否定之二用，邏輯理性始能運行於其中，因而使現實思解成為一詮表歷程。

就現實思解言，原則與 AEIO 不同。上面所說的分證、滿證，分拒、全拒，是對應一正面原則而說。但順運用性的範疇而言，每

一範疇可開為正反兩原則：

正面原則：如 p 則 q

反面原則：如非 q 則非 p

此正反兩原則是相函的，是由正原則之自我否定（否定後件即否定前件之否定）而邏輯地開出的。此如：

$p \supset q \cdot \supset \cdot -q \supset -p$

$p \supset q \cdot = \cdot -p v q$

$-q \supset -p \cdot = \cdot -(-q) v -p \cdot = \cdot q v -p$

$-p v q \cdot \supset \cdot q v -p$

但是，「如 p 則 q」並不函著「如非 p 則非 q」；$p \supset q \cdot \not\supset \cdot -p \supset -q$。所以我們由同一範疇開兩原則只能從否定正原則之後件開始。否定後件即否定前件。因此，反原則之前件與正原則之前件是不同的。此正反兩原則恰似因明之同喻體與異喻體（體者原則義）。

對應正原則言，我們有 I 之分證與 A 之滿證，同時亦有 O 之分拒與 E 之全拒。此可列之如下：

原則：如 p 則 q

分證：I：有是 p 者是 q

滿證：A：凡是 p 者是 q

分拒：O：有是 p 者不是 q

全拒：E：凡是 p 者不是 q

對應反原則言，亦然。此可列之如下：

原則：如非 q 則非 p

分證：O：有不是 q 者不是 p

滿證：E：凡不是 q 者不是 p

分拒：I：有不是 q 者是 p

全拒：A：凡不是 q 者是 p

此種分證滿證、分拒全拒，是經由歸納而成者。就正原則言，I 之分證連續擴張而至 A，O 之分拒亦連續擴張而至 E。O 對於正面原則是矛盾地否決之，兩者不能同眞，亦不能同假。E 之否決則是不相容的否決：不能同眞，而可同假。矛盾地與不相容地否決此正原則，當然也連帶地否決順承此正原則而證之的分證與滿證之種類命題。可是對於此種命題之否決卻有不同的邏輯關係。O 之否決 I 是相容的否決：可以同眞，不能同假。E 之否決 A 是不相容的否決：不能同眞，而可同假。就反原則言，亦然。

可是我們已知順證中之 A 只是概然的滿證，逆拒中之 E 只是概然的全拒，因此，它們不是邏輯的滿類，而實是種類，因而亦實只是較高度的分證。如此，則即永不能有 A 與 E 間不相容的否決。只當滿證 A 與全拒 E 被看成是邏輯的滿類，而不是概然的種類時，那才有 A 與 E 之不相容。但是，在歸納歷程中的順證與逆拒是永不能達至這種邏輯類的。

以上是就同一範疇開兩原則而言。但是就所開的兩原則之任一原則之順證與逆拒言，我們又可開出同一前件的兩原則。此種開不是邏輯地開，而是擬議地開。例如就正原則方面之分證 I 言，我們可擬議一「如 p 則 q」之原則；就其逆拒 O 言，我們可擬議一「如 p 則非 q」之原則。就反原則方面之分證 O 言，我們可擬議一「如非 q 則非 p」之原則；就其逆拒 I 言，我們可擬議一「如非 q 則 p」之原則。此種就順證與逆拒而擬議就是所謂當機而立。就順證

方面擬議者就是原初之正原則，原初之運用性的範疇。每一範疇之
立皆是當機而立。此所當之機即是一 I 式之命運。由此機而立之，
旣其已立，則即以此 I 命題作分證，連續擴張而至於 A。可是就逆
拒方面而擬議者，則不是原初之反原則，而是一新原則，由當逆拒
O 之機而立者。此種輾轉而立可盡列之如下：

　　原正原則：如 p 則 q

　　　　　　分證：I： 有是 p 者是 q⋯→如 p 則 q　⋯

　　　　　　分拒：O： 有是 p 者非 q⋯→如 p 則非 q　⋯

　　　　　　分證：O： 有非 q 者非 p⋯→如非 q 則非 p　⋯

　　　　　　分拒：I： 有非 q 者是 p⋯→如非 q 則 p　⋯

　　原反原則：如非 q 則非 p

虛箭頭表示擬議。於所擬議的四原則中，「如 p 則 q」表示充足條
件關係。「如 p 則非 q」表示排斥關係。「如非 q 則非 p」表示必
要條件關係（q 是 p 底必要條件）。「如非 q 則 p」表示窮盡關係
（q 與 p 窮盡一全域）。此四原則仍可各領一歸納歷程，而歸納歷
程中仍可有順證與逆拒兩面。就順證與逆拒又可各擬議一原則。輾
轉而立不外此四形態。

　　此四原則若平列地看，乃是各就其所當之機而立。在現實思解
中，所立之原則必當機，即所謂主詞不等於零。若無機可當，則空
立一原則，那原則便是不可證驗者，只有邏輯的意義，而無認知的
意義。因爲有機可當，不等於零，故可證驗，因而需要歸納歷程以
證實之。在證實過程中，吾人永順順證與逆拒兩行而前進。

　　此四原則輾轉而立，連帶其歸納歷程，便形成一複雜而亦是一
完整綜和的辨解歷程。此一完整綜和歷程總不外二用格度在表現。

　　憑藉此二用格度而成的完整綜和的辨解歷程，吾人名之曰「辨解的辯證歷程」（discursive dialectical process）。此所謂「辯證」是古典意義即柏拉圖意義的辯證，而非黑格爾意義的辯證。此一辯證歷程，直接地說，是憑藉二用格度而表現；直接、間接合而爲一說，則憑藉因故、曲全、二用三格度以成。吾人的思解活動憑藉思解三格度，起邏輯性的超越運用，以成此全幅的辯證歷程，藉以誘發並進而釐定經驗事實間的因果關係。這種誘發與釐定就是觀事實間的因與果是相順乎？抑相違乎？在相順中是充足乎？抑必要乎？在相違中是排斥乎？抑窮盡乎？如順「如 p 則 q」而誘發，則 p 爲充足因。如順「如非 q 則非 p」而誘發，則 q 爲必要因。如順「如 p 則非 q」而誘發，則 p 與 q 爲排斥。如順「如非 q 則 p」而誘發，則 p 與 q 爲窮盡。通過這樣的觀察，吾人必可釐定出確定的因果關係。在相順中，吾人用肯定表示 p 與 q 間有正面的連繫；在相違中，吾人用否定表示 p 與 q 間無正面的連繫。此種有連繫、無連繫即形成一誘發因果關係的辯證歷程。由此誘發進而辨識事實之本質的意義，即所謂本質或理型是。當柏拉圖言理型間的離合關係時，彼即謂不能全離，亦不能全合。如全離，則無肯定命題；如全合，則無否定命題。如是，吾人不能發現理型底結構或系統。必有離有合，而後可成系統。吾人即由離合底辯證方法爲引導而發現理型底系統。他的辯證學即是形式的存有論（formal ontology）。此是古典意義的辯證學。柏拉圖如此言，只是形上學的推述（metaphysical deduction）。吾人把它收於思解活動上予以認識論的推述（epistemological deduction），以明其由思解活動之邏輯性的超越運用而浮現出，即，通過釐定因果後而浮現出。（柏拉圖言理型只

是形上學的推述。他又把知識的與道德的俱視為理型，一律同看。依康德，只道德的理型才算真正的理型。在此，見出這個古代哲學家的高致。此義見《純粹理性批判》〈超越辯證部〉第一節論理念一般。我們即依據康德此義予柏拉圖之屬於知識的理型以一認識論的推述，而去其神秘推演中的誇奢。）

9. 融攝諸說與「暫時的實在論」

在憑藉思解三格度所成的超越的運用中，我們有以下的諸融攝：

(1)即就「超越的運用」（非超越的決定）而言，我們融攝了時下流行的科學知識之「運用說」（operation-theory）。

康德在《純粹理性批判》第二版序文中曾說到自然科學如何走上學問底大路。他說：

> 當伽利略（Galileo）使球從一斜面上滾下（球之重量是他自己事前早已決定好的）；當陶利塞利（Toricelli）使空氣〔風力 air〕攜帶一重量（此重量是他事前早已計算好叫它等於一水柱之重量）；又更近時，當斯塔勒（Stahl）把金屬變成石灰，復把石灰變回金屬（抽出某種東西，然後再回復它使它復舊），在這些例子上，一種光明直射在一切自然之研究者身上。他們知道：理性只能悟入它依照它自己的計劃所產生出的東西，並且知道：理性必不可讓它自己保持於自然之領導線索中〔以自然為領導線索，為自然所操縱〕，但必須它自己以基於固定法則上的判斷之原則展示出這道

路，迫使自然對於理性之自己決定所決定成的問題給出答
覆。

偶然的觀察（它並沒有預先想好的計劃可資服從），決不能
產生一必然的法則，單只是這必然的法則才是理性所想去發
見的。理性，它一方面持有它的原則，只有依照這些原則，
一致的現象才能被承認爲等值於法則，而另一方面，它復持
有它依照這些原則所設計的試驗，這樣的理性必須求接近於
自然，如要想爲自然所教導。

但是它這樣作，決不可像小學生一樣專聽教師所想去說的每
一東西，而須像一個法官一樣迫使證人去答覆他自己所已形
成的問題。因此，甚至物理學也須把它的觀點方面的有利的
革命完全歸功於這幸運的思想，即：只要當理性必須在自然
中尋求那「凡不是通過理性自己的辦法而即爲可知而須只從
自然而被學習」的東西，而不是把這樣的東西虛構地歸劃給
自然，則它必須以它自己所已置放於自然中者作爲它的指
導。只有這樣，自然底研究，在好多世紀以來不過只是一盲
目摸索底過程之後，才眞能走上一門學問底確當途徑。

案：康德此文所說的自然底研究之觀點方面的革命即是一種「運用
說」，即我們所謂憑藉思解三格度，依照邏輯性的範疇（非存有論
的範疇），來誘發並釐定出經驗事實（自然）底因果關係。偶然而
泛泛的觀察是沒有指導原則的。紛然雜陳的經驗現象可以東西南北
流，我們向那個方向去誘導出它們的規律性呢？指導原則是理性自
己決定的。理性要像法官一樣迫使證人去答覆他自己所已形成的問

題。這問題就是一個方向，在此方向下，我們誘導出現象底規律性，使現象向一個方向歸趨，不是氾流。尋求自是尋求，但不是以自然為主導，而是以理性所決定的方向為主導，因此，尋求於自然必須以理性自己所已置放於自然中者為指導。說「置放於自然」稍強。嚴格說，當該是「擬議於自然」。

我們把這種「運用」收於知性（識心之執）之邏輯性說，說為邏輯性之「超越的運用」。

但是康德卻以這種運用，自然研究之觀點方面的革命，為例，援引之於形上學（形上學通論即存有論），而在形上學方面亦令它起一種哥白尼式的革命。哥白尼觀察天體，放棄以前「天體環繞觀察者旋轉」之假設，而假設「觀察者旋轉而天體不動」。康德類比於此，他放棄「一切我們的知識必須符合於對象」之假設，而假設「對象必須符合我們的知識」。這亦是觀點底革命，即哥白尼式的革命。在此新的假設上，他在形上學底工作中，肯定先驗知識可能，有先驗綜和判斷；知性為自然立法，即「知性自身是自然界底法則之源」，「現象中的秩序與規則性，我們所叫做自然者，乃是我們自己所引出者」。「設我們自己，或我們心靈底本性，根源上不曾把這秩序與規則性置放在那裡（在現象中），我們決不能在現象中發見它們」。他有了這一收穫，遂使他以超越的哲學，以「純粹知性之分解」這一謙虛的名稱代替那「存有論」之驕傲的名字。

他這一部工作，海德格說不是我們時下所謂「知識論」（theory of knowledge），乃是「存有論底奠基」。這是可以說的，因為康德說這觀點底哥白尼式的革命本是就形上學說的。形上學是就形上學通論即存有論，亦即內在形上學（immanent meta-physics），

而說。但他的「純粹知性之分解」這部工作，就其說明經驗知識底可能說，亦可以是一種知識論；就其爲內在形上學說，它亦可以不是一種知識論，它表示吾人可先驗地知現象的存在之普遍的性相，而此即是一種存有論的知識，而存有論的知識亦可以說不是知識，它是存在物底實有（即存在性）之揭露，它不能給吾人以關於事象之經驗的知識，而關於經驗知識底說明才是普通所謂知識論。

　　依此，我們現在就知性之邏輯性而說的「超越的運用」是一套知識論，而康德之就知性之存有論的概念（範疇）而成的先驗知識，超越的決定，則可以說是一箭雙雕，旣是存有論，亦是知識論（此知識論是就經驗知識之超越的存有論的根據而說）。但知性之內歛的邏輯性（格度與邏輯性的範疇）與知性之外及的存有論的概念（存有論式的範疇）是同時生起的，是識心之執之兩面相。依我們的規定，外及的存有論的範疇所成的存有論不是眞正的存有論；我們可說這只是執的存有論，現象界的存有論，而現象乃是識心之執所挑起的。外而現象，內而邏輯性，皆是識心之執之痙攣或抽搐。眞正的存有論當該是本體界的存有論。當然，作爲痙攣或抽搐看的現象亦是一種有，當該予以說明。如是，我們當有執的存有論（現象界的存有論）與無執的存有論（本體界的存有論）。前者對識心說，後者對知體明覺說。由識心之本執先驗地知現象（痙攣）之普遍的性相，此曰執的存有論。由識心之本執經驗地知現象之特殊的性相，此曰知識論。由識心之本執之內歛的邏輯性說超越的運用，因之以獲得經驗的知識，此是知識論。由識心之本執之外及的存有論的概念說超越的決定，因之以使經驗知識與經驗知識底對象爲可能，那便是執的存有論。

　　我們現在只就內歛的邏輯性說超越的運用 ，由此以融攝運用說。至於康德的「外及的存有論的概念」一層，則當開端另說。

　　⑵就超越的運用中辨解的辯證歷程說，我們融攝柏拉圖的傳統，甚至融攝胡塞爾的現象學所說之一切。胡塞爾以為通過他的「現象學的還原」便可「回到事物本身」，由於純粹意識之意指活動便可解除康德的範疇之拘囚與把持而直達物自身。其實，這物自身仍是當作現象看者之「如其所是」（ as they are ），而不是康德所說的「物自身」。它仍在康德的範疇所決定的範圍之內，不過他忘掉了這個底據而只說外物之「如其所是」之如相而已。因為他所說的純粹意識仍是識心也。只因不提外及的存有論的概念，而忘掉識心之本執，不知識心之邏輯性乃即其本身之抽搐相，遂覺得他已「回到了事物本身」，他可以「讓那展示其自己者即從其自己而被看見」。須知這從其自己而被看見者仍是現象範圍內的自己也，而不是康德所說的「物自身」。種種實在論、客觀主義，它們皆自以為已解除了康德的主觀主義，而回到了事物本身，其實皆是此類也。實在、客觀，康德亦不否認。這種種說皆是屬於康德所說的「經驗的實在論」之範圍。依我們所說的「超越的運用」，只因單就識心之執之內歛的邏輯性而說，識心遂退處於一邊，而讓那外物歸外物，遂顯出實在論的意味。殊不知外物歸外物，這外物仍是當作現象的外物。只要一及識心之執之外及相便可知。現象是識心之執之所搊起，是對人的知性而言，並無天造地設的現象。你若想越過這種意義的現象，而真回到事物本身，你必須達至「智的直覺」才可。你不能處於識心範圍內朝三暮四，便以為可解除康德的範疇之拘繫與把持而已回到了事物之本身。

(3)就「超越運用」必當機說，我們亦融攝懷悌海（A. N. Whitehead）的「知覺之因果效應」說。

依懷悌海，我們的知覺（perception）本有兩種模式。一是呈現的直接性之模式（mode of presentational immediacy），另一是因果的效應性之模式（mode of causal efficacy）。一般講知覺者，如休謨與康德，只知前者，而忽略了後者。因為只知前者，所以休謨說沒有因果關係，而康德則說因果關係是一個知性底概念，是我們的知性依此概念而先驗地決定的。這兩者的說法是「呈現的直接性之模式」下之異曲同工。殊不知我們的知覺不單是顯露一同時共在的當下世界這「呈現的直接性」，而且亦顯露一因果的效應性，而我們的知覺本身亦即在因果效應中呈現。知覺的世界不但是拘囚於當下的同時共在，星散孤立的東西之共聚（聚合），而且有其因果的效應，藉以有其過去現在未來的牽連。這種因果效應底牽連亦是在知覺中的。知覺不但是靜態地攝取當下直接呈現而星散的東西，而且亦是動態地攝取了那因果的效應，即攝取了那因果的倫繫。挺立在當下的一個直接物是在有效有應的動勢中如此呈現的。知覺並不單限於「當下者」之攝取，亦知覺及其因果的效應。懷悌海依此兩式展開了其有機的宇宙論。這一套中的那些描述都是可以說的。我現在只依他的知覺之因果的效應式而言因果之「直覺的確定性」（intuitive certainty）。這所謂「直覺」自是以感觸的知覺（sensible perception）為底子。因果倫繫是在知覺中呈現的，這呈現亦是知覺地直接的，不是推得的。你說我們只直接覺當下者，並未覺及過去。可是我們亦直接覺及一種動勢底音調；因果效應並非只被拉成時間底過去與現在，現在與未來。因此，因果之直覺的確

定性是可以建立的。

這直接呈現的因果效應即是我們的知性憑藉思解三格度所成的超越的運用所當之機。這機是屬於知覺事的。我們在超越的運用中把這因果效應誘導出來，並且予以釐定，釐定成為一種規則性的法則。這樣說來，因果倫繫既是屬於知覺事的，當然是客觀的，不是出於知性之立法；這當然也是實在論的意味。可是這種實在論只是由於知覺事與思解活動為異質而異層這事實而被主斷。我們一說超越的運用，即函著這種實在論。現在我們只就知性之內歛的邏輯性而說超越的運用，並未達至就知性之外及的存有論的概念而說超越的決定。因此，我們的思解活動是退處於一邊而讓開了一步。只因這一退處而讓開，外物遂被推出去而為外物，而因果倫繫也是屬於彼作為外物的知覺事而被擺在那裡，因而成了一種實在論。如果我們只籠統地說現象，而不知現象之所以為現象之特殊的意義，復不知其與有特殊的意義的「物之在其自己」相對照而顯，則這種實在論便成了決定的實在論。可是，如果我們知道了那些前提，則這種實在論究竟實在到什麼程度，是如何樣的實在論，這尚是未決定的。也許將來超越的運用與超越的決定並非不相容，內歛的邏輯性之邏輯概念與外及的存有論的概念亦並非不相容。如是，則這種實在論便非決定的實在論，而是一種「暫時的實在論」（provisonal realism），超越運用下的實在論。

超越運用下的實在論，由因果倫繫起，可以層層前進，進至柏拉圖的知識範圍內的理型（形式），進至來布尼茲的清明的知覺，乃至進至胡塞爾的現象學的還原，以及由之而至的純意識之所及。這一切都可以說為是「暫時的實在論」。

第六章　知性底形式簇聚之存有論的概念之超越的分解

1.　視存有論的概念爲知性底形式簇聚所依據的基本對照

　　我們預定知體明覺之感應與識心之執爲基本的對照。如果我們對於知體明覺之感應無眞切而相應的體悟，則對於智的直覺不能有清晰而明確的觀念，因而對於「物之在其自己」（物如）亦不能有清晰而明確的觀念。如是我們將只把智的直覺推諸上帝，而物之在其自己之清楚而明確的表象，具體而眞實的意義，亦將只屬於上帝的事，只上帝能知之。如果我們只說人類的知性是辨解的，概念綜和的，因此，它是非直覺的，又因此，它是有限的，而不說它是識心之執，說它是識心而不加「執」字，不點明其執性，則現象義亦不能被穩定，而存有論的概念之先驗性，先驗存在於知性而爲知性底形式簇聚，因此，視知性爲自然界（現象界）之立法者，凡此諸義亦皆不能被穩定。

　　我們將說人類知性底辨解性、概念性、綜和性，以及有限性，

皆以識心之執這執性來規定。如果人類的知性眞是與智的直覺相對照（康德實是如此），又如果人類的知性是由知體明覺之自我坎陷而成（康德無此義，因而知性未封住，即在主體方面無與之相對照者），則人類的知性即等於識心之執，執之顏色是必然的。

我們依據這「執」性證成康德的哥白尼式的觀點之改變爲必然。「對象符合於（或依順于）我們的概念」這一假設只有依據識心之執這執性始能充分地而且顯明地被證成。對象是現象義的對象；我們的概念是指存有論的概念說，非一般的經驗概念。這是康德所已充分意識到的。但是，如果不點明識心底執性，對象，縱使是現象，何以必須符合于我們的概念，而這些存有論的概念又何以必須是先驗的，先驗的又何以必是先驗地存在於知性，且因之而表示知性之立法性，這並不是顯明的。對象何以必須符合這些概念？符合不符合是它的事，我焉能定之？即使可以符合，又豈必符合於我們的概念，豈不可以符合於它本身所自有者？若說：如果它符合於它本身所自有者，那便又成了我們的概念符合於對象，我又如何能先驗地知它有這些概念所表示的特性？我只能經驗地知之。如果我只能經驗地知之，這些概念所表示的特性又如何能有普遍性與必然性？曰：它有自有，我知不知有何相干？我只經驗地約略知之有何妨礙？我之知無普遍性與必然性，又何礙其自身之有是普遍的與必然的？若說：如果是這樣，則存有論或者陷於懷疑論而不可能，或者只是經驗地約略知之，慢慢求接近，而這一接近將是一無限的前程，永不能達至之。曰：如果眞不可能，就讓它不可能；不可能而強使其可能，焉知非虛妄？如果只是經驗地約略知之，則此約略知之，亦未嘗不佳。這樣說來，則「概念符合於對象」未必定錯，

或者無所謂錯不錯，只是不好，如此，亦未必定是不好。而「對象符合於我們的概念」亦未必定是或定好，至少亦未能充分而顯明地被證成。說這些存有論的概念是先驗的，而對象必符合之，這亦不過是偏愛地把它們強放在知性上，只是一說而已，終不能免於遊移搖蕩也。

　　依此，要想使「對象符合於概念」為必然，則必須點明識心之執而後可。(1)對象是現象，(2)我們的概念是存有論的概念，再加上(3)識心之執，這三義和合而成一整體始充分而顯明地證成「對象必須符合於我們的概念」這一假設。此時，此假設不只是一假設，而且是一肯斷。識心之執，單觀其自身之痙攣性，就是其內斂的邏輯性；但這一執不但顯其自身之內斂的邏輯性，而且同時亦外及地執成這些存有論的概念所表示的定相，即是說，執成現象，由其挑起而執成之，執成現象與執成現象之定相是同一的，這兩者是同質的，亦無異層之間隔。分解地分疏之，始說這些「定相」是由存有論的概念而決定的，而這些存有論的概念是先驗的，即先驗地起現於識心底「本執」；復說當作現象看的對象必須符合於這些存有論的概念，以成其普遍而必然的定相。實則當這一執時，概念、現象、現象之定相，此三者是同時起現的（概念是由反省而意識到的），並非有個現成的現象來符合於我們的概念。只有拿這一執來封住，「現象符合於存有論的概念」才可充分而顯明地被證成。若是各頭敞開（對象是一頭，概念是一頭，知性又是一頭），而互相牽合，那是很難使人豁然通解的。以下試詳細說明之。

2. 決定的概念、定相與現象

凡概念都是決定性的概念。不管是經驗的概念，或邏輯的概念，或存有論的概念，皆然。因為概念是「方以智」的，因此，是有定相的。經驗的概念是有特殊內容的，它有定相，因此，它們指表一特定的對象，如方當方，圓當圓，黑當黑，白當白，皆有所當，當於此者不能當於彼，因此，公孫龍子曰：「正名者彼此也」。凡經驗概念所定當者皆是經驗地可說的，而概念就是我們藉以說之之工具。經驗概念代表一經驗的知識。

邏輯的概念是超越的運用所憑藉以成其為運用的虛架子，它無特殊的內容。雖是虛架子，亦有定相，因故不同於曲全，全曲不同於二用，此曰格度。思解必憑藉此虛架子方能成其辨解的歷程。吾人的知性所以為辨解的知性，而非直覺的，以此。就邏輯概念之獨行言，其符式化即為邏輯系統，此則唯是純理自己之展現。由純理展現之步位相而說數，由純理展現之布列相而說幾何形區。步位相、布列相、數與幾何形區，皆是有定相的決定概念。當其應用於現象，即決定成現象底數相與形區相，此亦是現象之定相。

存有論的概念不是經驗的概念，它們無特殊的內容；它們亦不是邏輯概念，亦不是由邏輯概念之獨行而成的數學概念與幾何概念，總之它們不是知性底內斂的邏輯性之形式簇聚。它們是外及的形式簇聚，它們指表現象底普遍性相。因此，它們是純粹形式的存有論的概念。它們足以決定存在物底存在性，即實有性。普遍的性相即是存在物底實有性。存在物是當作現象看的存在物，它們的實

有性是由存有論的概念而決定成的,這是認識論地決定的,即源於識心之執的決定。這些存有論的概念都是決定性的概念,它們本身皆有定相。用它們來決定現象即成了現象底定相。一說現象,便有定相。因此,現象、現象底定相以及存有論的概念,此三者是同時生起的,皆源於識心之本執。當識心之執一成時,同時挑起現象,同時由執之執念(所執持的概念)以執著之而使之有定相。只當我們單注意這執之內斂的邏輯性,讓開了一步,遂覺得現象是外物,讓外物歸外物,好像是客觀地現成的,與執無關涉。其實這一執既內斂亦外及。故當讓開一步,由超越的運用而說客觀的現象時,即已隱函現象是由執而挑起的,而一說現象便是有定相的現象,執念即已在其中起執著與決定性的作用,不過此時因我們讓開一步,單注意執之內斂的邏輯性,而不說或忘記它的外及性而已。如非如此,則那超越的運用亦無機可當,亦無由成其為一辨解的歷程。

識心之執,從知性到感性,是有貫徹性的,是一執便執下來的。起概念(邏輯的與存有論的),便是知性之執;形構時空為形式的有並對應範疇而形構成十二規模,便是想像之執;隨感性而成直覺,以時空為形式條件,便是感觸的直覺之執。感覺與感觸的知覺便是感性本身之執,是識心隨感性底接受而起的任運執,無分化無造作的執,依佛家,便名曰現量執。感性底接受本身就是一種執。它接受一個外物即是執著一個現象;即因它這一執,外物始成為現象,此是感性主體之挑起。由這挑起而起感觸的直覺,以時空為其形式條件,此是有直覺分化的執,即是經驗直覺底執。此執給吾人以對象即是執著一現象,使對象成為現象,使現象成為一直覺執底對象,此則康德名曰「未決定的對象」,即未經由概念來決定

的對象。直覺執雖尙未經由概念來決定,然亦可說是一種有直覺分化的執。其所以如此即因爲它以時空爲形式故。吾人亦可把感性底接受執與這直覺執合而爲一,總名曰「現量執」。當就感性底接受說感覺與感觸的知覺時,是重其材料義;當就以時空爲形式條件說直覺時,是重其置定義,把知覺現象置定於時空中而直覺之。因此,經驗直覺就是一個當下的知識(現量),此即曰直覺執。光是感覺或感觸的知覺不必有這直覺分化的知識義,故只能說個無分化無造作的任運執。

　　由直覺執之拘限於當下而躍起而進至於想像,吾人即由此想像說明時空之起現以及規模之構成,此曰想像之執。時空之起現(起現而爲一形式的有)而用於直覺以爲其形式,便成直覺執中現象之時間相與空間相。規模之構成以迎接範疇而使之落實,這便是範疇底感觸條件。是則想像即已執成大略的十二相,並執成時空爲一形式的有。再由想像而躍起以至於思之明確,即知性之起現概念,藉此概念,它順時空之決定現象之時相與空相,進一步復經由規模決定現象之普遍的性相,此即曰知性之執。在此知性之執上,現象成爲「決定的對象」,即是說,它們的存在底存在性,即普遍的定相,全部朗現出來。例如一相、多相、綜相、實有相、虛無相、限制相、常住相、因果相、交互相,以及可能相、現實相、必然相,全部因知性之執而朗現出來。推廣之,如生相滅相、常相斷相、一相異相、來相來去,等等,亦全部朗現出來。

3.　經驗與先驗底兩相即：經驗之知即是執知

　　經驗知識本身就是一種執知，並不是純客觀地無著地閱歷一些特殊的現象，因爲感性底接受，感觸直覺底攝取，其本身就是一種執。是故感觸地經驗之即是執地經驗之。只不過經驗，如其爲經驗而觀之，是只專注於特殊的現象，因而有特殊的內容而已。當其經驗時即已有一種執相在內，因而亦有一種定相在內。我們眼見是生，即執著此「生」相而視之爲定相；眼見是滅，即執著此「滅」相而視之爲定相；眼見穀種生芽，我們就說穀種是因，芽是果，因而即執著此因相果相而視之爲定相；眼見一物常住，昨日在此，今日仍在此，遂執著此常住相而視之爲定相；眼見一物持續其存在時，我們就說這是一物之實在性，遂執著此實在性而視之爲定相；眼見一物滅而不在，我們就說這是一物之虛無相，遂執著此虛無相而視之爲定相；眼見一物多物，遂執著此一相多相而視之爲定相；眼見多物集於一起而成一班或一聚，遂執著此班相聚相而視之爲決定的綜體相。感性底本質就是形軀性，即物質性。感性與外物接觸即是物質性與物質性相激蕩相限制，因此而有滯礙，因滯礙而有定相。周濂溪云：「動而無靜，靜而無動，物也。物則不通」。心陷於感性，隨順感性而爲經驗地去知外物，即如感性接物所現之滯礙不通之定相而亦滯礙不通地定相地去執知之。是以「經驗的知」即是一種物性的知，亦即執知。故感觸地經驗之即是執相地經驗之，即執見有種種不通的定相而閱歷之也。感觸直覺以時空爲條件去攝取外物即是執相地攝取之。如果以感觸直覺爲底子的經驗不執此種

種相，吾何以能經驗地知之？只因經驗是各別地知，而偏重於事象，遂把這種種相提出來而歸於知性，視爲一些普遍的性相，而且視爲是知性先驗地所知者，並視爲是經驗知識可能底條件。殊不知這只是撐開而分解地說。如果先驗地知歸先驗地知，經驗地知歸經驗地知，兩者懸隔而絕異；又如果經驗只是取零碎的事象而無執著之定相，只待先驗地所知者以爲其條件始可能，如是，則兩不相即，你說先驗者是其條件，而經驗者還無所見，條件自條件，仍掛空而無用，則又如何？是以必經驗即有執相，而後可說那歸於知性而爲先驗者是其所以可能之條件。如是，經驗地知與先驗地知只是有特殊內容與無特殊內容之別。有特殊內容者以執相爲輕，以事象爲重，而執相實已含於其中，於此，我們說經驗的綜和。無特殊內容者以執相爲重，以事象爲輕，偏於普遍的性相而籠罩一切，於此，我們說先驗的綜和，此綜和是知性之統思統攝也。先驗地所知者只是此普遍的性相，故亦可說此實不是知識也。依此而言，經驗主義與先驗主義無嚴格的對立。說那些定相所表示的規則性即是經驗所見亦無不可，因爲經驗地知即是執知也。說那些定相所表示的規則性即是知性底存有論的概念所先驗地決定者亦無不可，因爲這規則性本是依普遍的性相而說也。經驗地知即是執知，經驗先驗方可相即，因相即而說先驗者是經驗可能之條件，而經驗亦可經驗地有所見於那條件所表示的規則性。否則，你說你的，我還是無所見。若把經驗只視爲取事象，而無定相可取，這是忘了經驗之執相性，這不合經驗之本性，這是詭辯化了的經驗。休謨謬之於前，康德繼謬於後。因此，休謨說經驗無規則性；康德說規則性出於知性，此爲經驗可能底條件，而經驗自身仍無規則性，是則兩者不必

能相即。此皆由於忘掉經驗之知即是執知故也。（注意，我此義是說如果經驗只取事象，而無定相可取，則條件歸條件，經驗仍無所見。此義非康德的超越推述所能解答，因為他的推述只說先驗者是經驗可能底條件。只有點明經驗的知即是執知，方可說經驗地知之，經驗地有所見。）

如果依經驗的知即是執知一義而說經驗主義與先驗主義無嚴格的對立，兩者相即而皆可說，則懷悌海的「知覺之因果效應式」一說自可成立。蓋那亦就是「知覺的知」之執相也。如果於此「因果效應」，既不知其是「知覺的知」之執相，復欲以此而否認先驗說，而認為真是客觀地實在的，則亦是謬誤。一切現象範圍內的「暫時的實在論」皆可如此觀。（如果你說我說現象或事象無康德的意義，則我可說你不能逃，不管你願意不願意，或意識及不意識及。）

4.　「決定的概念」底起現之次第

識心之執是一執執下來的，直執至於感性。當吾人說感觸的直覺時，從所直覺的現象說，我們執有現象之時間相與空間相；從直覺以時間空間為形式條件說，我們執時間、空間為形式的有，現象之時間相與空間相即是此形式的有之所決定者。感觸直覺以時間、空間為形式即是當其直覺外物時把其所直覺的現象置定之於時間、空間中，因而現象有時間相與空間相。這是第一層執。

在此第一層執上，我們可以進而說種種相，皆是決定性的概念之所決定者。例如我們可以說一、多、綜之量相，由此量相而說廣

度量。我們可以說實在相與虛無相（歸消而至於無），由此而說強度量。我們可以說因果相、常住相與交感互通相：由因果相，我們可以引申而說力相、主動相、被動相、產生相等；由常住相，我們可以說常體不變、自身同一等；由交感互通相，我們可以說共在、抵阻等。我們亦可以綜就時間之範圍而說一切現象之可能性、現實性與必然性：此是態勢相（所謂程態），由此而可以引申地說要是、是、是已，以及變化等相。此四類執相是第二層執。第一層與第二層之間夾上一層想像之執以為媒介，這還是就四類十二相說的。依康德，此四類執相中，前二類是數學的、構造的；後二類是力學的、軌約的。

依此，第二層的執相必以第一層者為其先行的底據。第二層中前二類，因為它們是數學的、構造的，所以更接近於時間相與空間相。後二類因為是力學的、軌約的，所以不是在一直覺中構造一量，而是在時空關係中依先驗規律而類推一現象之存在（出現），存在是不可以構造的。因此，它們不是時空性直接之所函，而是要通過時空性而透至現象之物理的關係，即，依據屬於關係的存有論的概念而決定現象底種種物理相（此只就第三類說，因為第四類的態勢是虛籠的評估）。無論較切近於時空性或較遠於時空性，要必以時空相為底據。因此，康德說：

在我們的知識中，凡屬於直覺的每一東西，其所包含的不過就只是關係，即，在一直覺中地位之關係（廣延），地位底變更關係（運動），以及此變更所依以被決定的那法則之關係（運動力）。那現存於此地位或彼地位中者是什麼，或那

離開地位之變更而運用於事物自身中者是什麼，這不是可通
過直覺而被給與的（〈超越的攝物學之一般觀察〉第 II 段）

　　據此，則我們可說，這些關係就是現象底定相，也就是存有論
的概念之所決定者。「那現存於此地位或彼地位中者是什麼，或那
離開地位之變更而運作於事物自身中者是什麼，這不是可通過直覺
而被給與的」。康德說此話，無異於說現象就是這些關係相，而物
之在其自己是沒有這些關係相的，因此，也不可以被直覺，不可以
經由直覺而被給與，亦可以說它根本不在感觸的直覺中。它是永不
被知的獨體之自在。我們亦可以說，現象就是一些浮沈低昂互相依
待的關係相，在這些關係相後面作爲其支持點的那當體自己是沒有
關係相的，因而也不在關係相中。這不是說那些當體自己自有其關
係，不過我們不能知之，我們所知的只是它們自身所自有的關係之
彷彿相似。這乃是說它們根本無關係相。它們是獨體地或獨化地淵
渟在那裡的。依康德，現象是對人而言，不對上帝而言；在上帝面
前，沒有現象，只有物自身。如此，則依我們的傳統，我們即可說
現象是識心之執之所挑起或縐起的。我們不能感觸地知那些支持點
是什麼，我們暫且也不要知它們當體自己是什麼。只要預設有那些
支持點，則識心之執一接觸之（實不眞能接觸及之），便把它們縐
起來而成爲一些浮沈低昂的關係相，此即是現象。如果無執之縐
起，則它們當體即如，當體各歸於其自己而淵渟在那裡，此即是康
德所意想的「物之在其自己」。（康德是否有我這些詞語如「縐
起」、「當體即如」、「淵渟在那裡」，等，所描寫的意思，那無
關。如果沒有，那是因爲他不承認我們人類可有智的直覺故。須知

這是不能逃的,不管你意識到不意識到。)此義可圖示如下:

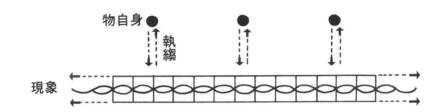

　　點處沒有關係,現象處只是關係。上下垂直的虛線箭頭表示識心之執之縐起(向上者為執,向下者為縐起),虛線者表示不眞能接觸到那當體自己。

　　就那些只是關係的現象說,當我們一說現象,同時即有時空相,亦同時即有存有論的概念所決定的種種關係相。在上圖中,橫直線表示時間相,兩頭可無限定地(非積極地說的無限地)申展,此如左右兩虛線箭頭之所示。界劃出的方形表示空間相,兩頭亦可無限定地伸展。基於其上的波浪式的雙曲線之交織表示存有論的概念所決定的種種關係相,亦就是現象。

　　因此,存有論的概念可直就以時空為形式條件的感觸直覺所縐起的現象以及所執成的時空相步步相函地引申出來,就中以時間相為尤重要。例如由時間相,(1)我們可自然想到一多相與廣度量相;(2)自然想到實在相與虛無相以及強度量相;(3)自然想到因果相以及力相,主被動相與產生相;自然想到常住相以及常體不變相與自身同一相;自然想到交互相以及共在相與抵阻相;(4)最後,自然想到態勢相以及要是、已是、是已、變化等相。我們亦可用龍樹菩薩所欲否定的生滅相、常斷相、一異相、來去相,這八相來概括;亦可

用賢首所說的緣起六相：總別、同異、成壞，來概括。這些相是存有論地必然地隱含在時間相中的。故當康德論規模時，說那與範疇相接應的12規模不過就是關於(1)時間系列、(2)時間內容、(3)時間秩序（關係）、(4)時間底範圍，這四者之先驗的決定，依照先驗的規律而來的先驗的決定。依康德，規模是接應範疇的，其實就是範疇（存有論的概念）所直接決定的種種相，說規模只表示知性概念之相即於感性（此義稍後即論之見下第5節）。若粘著於現象上說，我們就說這種種相就是現象底種種關係相，甚至就是現象自己。若反溯其所由成之源，我們就說它們是知性所自發地提供的存有論的概念之所決定。因爲它們皆是現象底普遍性相，所以決定成之的那些存有論的概念必須是純粹而形式的概念（法則性的概念），因此也必須是先驗的。先驗者先乎經驗而有之於識心之執之謂。即，其有之出生地是識心之本執。因此，故說爲是知性之形式簇聚，即它們皆簇聚於知性（本執）而成其爲「形式的有」也。這一溯源就是這些存有論的概念之「形上的推述」。形上推述者說明其爲先驗的形式的有之謂也。

　　我們不須如康德那樣，就邏輯判斷表作線索來發見它們，由此說爲範疇之形上的推述。因爲就邏輯判斷之邏輯形式，我們不必能引至那些存有論的概念，我們只能直接而必然地引出一些邏輯概念。只當把邏輯判斷看成是有內容的而且是涉指存在的知識判斷，我們始能向存有論的概念趨；而即使是這樣看，我們也不能一一對應地必然地指向那些存有論的概念。此點我在《認識心之批判》中已一一檢查過。因此，我們可放棄這一學究式的工作，而直就現象之時間相以及其輾轉所函的種種相來反顯地引申出這些概念。康德

把邏輯判斷視爲涉指存在的知識判斷就是著於存在。既著於存在，則就邏輯判斷之邏輯形式而引申，不如就存在之時間相而引申爲直接而顯明。存有論的概念源於識心之外及的執。如就邏輯形式而說之，那又變成從外及的執縮回來而歸到知性之內斂的邏輯性，此則方向相違而不必能發見之也。故康德此部工作既不健全，又不通透，這是由於爲西方的傳統邏輯所限而學究氣太重故也。（學究氣常不自然，徒執於已成之學而作形式的安排。雖說極其嚴格地想依順必然之路去思考，而實不自覺地落於順習決定。）

5. 康德的「超越的推述」中所設擬的疑難之不必要：超越的推述原只是分析的

存有論的概念源於識心之外及的執。當感性底接受挑起現象而吾感觸的直覺攝取之以給與於我們時，我們的知性之統思的執即「即」之而起現一些存有論的概念而直接先驗綜和地決定之，因此決定而使之有定相，即是說，執成定相。此之謂「相即而執」，簡名曰「即執」。存有論的概念原是相即於現象而起現的，因而亦必須是相即而執成定相。「即」表示知性並不是孤離地憑空無端起現一些漫蕩的純粹而形式的概念以待應用於或關聯於對象。若眞是憑空無端起現，則我們可問：它們如何能關聯於對象？如是，便須有康德所說的「超越的推述」。如果眞有這「如何」之困難，而不只是一分析的申明上的工巧姿態，則超越的推述亦不能解答之。如果只是一分析的申明上的工巧姿態，則超越的推述只是分析的，而不

是一眞困難之解答。康德最後還是歸於「即」。但他不點明原初之「即執」而成爲空頭的起現（對於知性未封住），他那最後歸於「即」乃是形式地強湊的「即」，而無眞實的粘合性。如果原初不「即」，而待「如何」之問題之解答以即之；又如果這「如何」之問題眞有獨立之意義，而不只是一姿態，則其最後歸於「即」乃是無根的強湊。雖說那些概念是「經驗可能底先驗條件」，由此以完成那個「即」，但這仍然是強湊。此誠如康德自己所解說：

　　知性底範疇並不表象這條件，即「在其下對象被給與於直覺中」的那條件。因此，對象顯現到我們面前，很可以沒有其處於「關聯於知性底功能〔作用〕之必然性」之下而顯現；而因此，知性亦不需含有它們〔對象〕的先驗條件。這樣，我們在感性領域中所不曾遇見的一種困難在這裡便呈現出來，即，思想底主觀條件如何能有客觀妥效性，即如何能供給出對象底一切知識底可能性之條件，這困難便出現。因爲現象確能獨立不依於知性之功能而給與於直覺中。舉例言之，設以原因之概念爲例，此原因之概念表示一特種的綜和，因此綜和，在某物 A 上，依照一規律，有一完全不同的另一置定的某物 B。現象爲什麼一定要含有任何這類的事，這並不是先驗地顯明的（經驗在這類事底證明上並不能被引用，因爲這裡所要建立的是一先驗概念底客觀妥效性）；因此，這樣的一個概念是否不或許全然是空的，是否在現象間的任何處總沒有對象與之相應，這是先驗地可疑的。感觸直覺底對象必須符合於感性底形式條件（這是先驗

地存於心中者），這是顯明的，因爲不然，它們必不能是我
們的對象。但是，它們也必須同樣符合於這條件即知性在思
想之綜和統一上所需要的條件，這一結論其根據並不如此顯
明。現象很可是這樣構成的，即：知性總不能見到它們是依
照著它〔知性〕的統一之條件的。每一東西很可以是在這樣
的混亂中，即，例如，在現象底系列中沒有東西呈現它自己
而可以給出一綜和底規律，給出之以回應原因與結果之概
念。如此，這個概念必全然是空洞的、虛無的、無意義的。
但是，因爲直覺無需於任何種思想之功能，所以縱然如此，
現象亦必把對象呈現於我們的直覺上。（〈超越推述〉章，
§13「任何超越推述之原則」）

如果康德此段文所說的「困難」眞地是一種困難，則說「一切先驗
概念必須被認爲是經驗可能底先驗條件」並未解答此困難。因爲此
主斷等於說「思想底主觀條件能有客觀妥效性」，「先驗的概念能
先驗地關聯於對象」，「能供給出對象底一切知識底可能性之條
件」。但問題是「如何能」。如是，那個主斷並未解答這「如何
能」之問題，而只同語重複地說了「實能」，或「必須認它們
能」。康德固是經過層層的綜和，如直覺中攝取底綜和、想像中重
現底綜和、概念中重認底綜和，而達至這「實能」的。如是，那些
先驗概念本就是「即於」現象的，通過綜和而即於現象。若本就是
即於現象，則那個困難不眞是一種困難，而只是一種工巧的姿態。
但康德卻又煞有介事地說了這困難。其故何在？

　　那是因爲他孤離地憑空無端地把一些存有論的概念安置於知性

上，視之爲知性所先驗地提供者。他是這樣地說先驗概念。這只是知性之敞開的獨行。如果知性眞是這樣的獨行，則它很可以只是表現它的內斂的邏輯性，而並無所知於存有論的概念。如果它有知於存有論的概念。那亦只是強安在它身上。如果這些概念是強安在它身上，則一方這些概念是無端而來，一方始有康德所說的「它們如何能有客觀妥效性」之困難。如果這困難眞是一困難而不只是一工巧的姿態，則說「這些先驗概念必須被認爲是經驗可能底先驗條件」等於未解答那困難，只是那困難中的想望，想望其能有客觀妥效性，這想望之重述。你可以就這些先驗概念說綜和，但這綜和是獨行的知性之先驗的綜和、存有論的綜和，那現象很可不接受，如是，這綜和仍不能落下來，而那些先驗概念仍不能是經驗可能底先驗條件，因而仍不能落下來有客觀妥效性，即先驗地關聯於對象。縱使你再設立超越的規模去迎接它們，這也無用。因爲規模只是那些概念底就時間之重述，而單是就時間不眞能建立起那些規模。如是，要想使這困難不眞是一困難，而只是一工巧的姿態，則原初必不能視知性爲獨行，其提供存有論的概念必不是孤離地無端而提供。那就是說，它原初就「即於」現象。除此以外，還要點明它的執性。這樣，我們便把知性封住，因而也把那些先驗概念封住，不讓它們遠離飄蕩，飄蕩了而待超越的推述以使它們落下來。（若眞遠離飄蕩，則它們無理由可以落下來。你也無先驗的理由去簡擇那一些先驗概念可以落下來。這除就經驗去簡擇，無先驗理由可以決定，這樣便糟。）

　　知性原是即於現象而執著其定相，即因它這「即而執」，它遂必然地而且先驗地起現一些存有論的概念以成就「其執」。這樣，

便無那種困難可能被提出。而當我們說那些先驗概念底綜和時，這
只是那執之分析的說明以完成此執，不是有待於這綜和，那漫蕩者
始能落下來（若眞漫蕩，則即使說概念底綜和亦仍落不下來。你綜
和你的，我還是不接受）。如是，執念必有其客觀妥效性，必能先
驗地關聯於對象，必能爲經驗可能底先驗條件；現象亦必接受之而
無能逃。現象固爲感性之所撈起，因而始成其爲現象，同時亦爲執
念之所執，因而始成其爲現象。並無現成的天造地設的現象。康德
說感觸的直覺給吾人以現象，而概念有待於超越的推述以合之，則
是直覺與概念脫節，直覺所給的現象好像是現成的、天造地設的，
而同時概念亦遠離而漫蕩，如是便有「如何能先驗地關聯於對象」
之困難，而待超越的推述以解答之。康德順流俗之習慣不自覺地忘
記了他所說的「現象」之殊義：對人而言，不對上帝而言。他未能
眞具體而眞實化此殊義。須知現象若眞只是對人而言，具體而眞實
化此義，便是對人之感性之挑起與知性之執念而言，則現象不能不
接受此執念之綜和，而執念亦無可應用與不可應用之困難。如是，
我斷言「超越的推述」中所設擬的疑難不必要。就執念之「即」再
拉開予以分解的疏通（說三層綜和以疏通之）則可，此只是思考之
工巧姿態。康德本亦即是此意。但他煞有介事地說了一個困難，便
弄成與這「只是工巧的姿態」相違反，而陷於尷尬的狀態中：好似
即而又不能即：如果即，則無困難，而超越的推述只是分析的；如
果不能即，而有困難，則超越的推述亦不能使之即。此皆由於對於
現象之殊義與知性之執義不通透故也。

6. 執念經由先驗綜和而先驗地關聯於對象，其所關聯到的對象是何意義的對象？

　　執念原就即於現象而綜和之。但此執念是一些純粹而形式的存有論的概念，不是對應一特定經驗現象的特定經驗概念。因此，它們的即於現象而綜和之，此綜和是我們的識心之執（知性）之統思或統攝，康德名此統思曰「超越的統覺」（transcendental apperception）。統思者是統就現象底全體（不特定於某一經驗現象）而思之，因此，此綜和不是對於特定經驗現象的特定經驗綜和，而是先驗地統就一切現象（現象一般）而綜和之，綜和之以示現（或甚至根本是執成）其普遍的性相（universal characteristics）。如果特定經驗綜和是一代表知識的判斷，則此種先驗綜和是否可說是一種判斷呢？因而是否可說是一種知識呢？說它是判斷，它無特定的經驗現象作對象，因此亦可以說它無所判斷。如果說它不是判斷，它又統就一切現象而肯斷了其普遍的性相，因此，它又有所判斷。康德亦名之曰判斷，而對於此判斷不加簡別，遂令人對於其所說的「先驗綜和判斷」起種種的誤會。實則此種判斷與經驗綜和判斷，其層次與對象俱不同：(1)經驗綜和是屬於經驗層，而先驗綜和則是屬於超越層；(2)經驗綜和是以特定經驗現象為對象，因此其綜和是有限定的綜和，而先驗綜和則是以存有論的普遍性相為對象，因此，其綜和是無限定的綜和。兩者既有如此之不同，則依今語說之，先驗綜和判斷實不是一個命題，而是一個原則。命題表示知識，原則不表示知識，而表示知識可能底根據。如此分判，當可不

令人起誤會，亦可不招致無謂的反對。

人們可說作為一原則的先驗綜和判斷雖然不是特定現象底經驗知識（命題），但亦可說是一種存有論的知識。康德所說的先驗知識（關於存在的）就是這種知識。知性以存有論的概念統就現象之全體而先驗地綜和判斷之即是先驗地知之。此豈不是一種知識？但是此種存有論的知識只是知現象底普遍性相，並不是經驗地知特殊現象之特殊性相，因此亦可以說它不是知識（命題）。依康德，凡吾人感觸直覺所及處始有知識之對象，因而始有知識。因此，作為知識之對象者必須是直覺所及的特定現象。嚴格地說，知識就是知這特定的現象。但是那普遍的性相並不是這特定的現象，它是知性底統覺之所統思，即知性以純粹而形式的存有論的概念去統思之：它是概念的思之所及，並不是感觸的直覺之所及。因此，它不是知識底一個對象，因而雖知之，亦不能算是知識。不得已，只好名之曰「存有論的知識」。吾人的先驗綜和判斷所判斷以知之者就是現象底那些普遍的性相。這樣，這種知就是以普遍的性相為其對象。我們的先驗概念經由先驗綜和而先驗地關聯於對象，其所關聯到的對象就是現象底這普遍的性相，而不是現象自己。然則這普遍的性相之為對象是什麼意義的對象？

這普遍的性相之為對象，嚴格言之，是對象底對象性（objectivity of objects），而不是對象，是存在物底存在性或實有性（being of existents），而不是存在物。例如量性、實在性、常住性、因果性等等，這些普遍的性相只是對象底對象性，「對象成為對象」底存有論的根據。它們一方對於我們是「無」（is nothing to us），因為我們不能直覺它們；一方它們又是「某種東西」

（something），因為它們雖然不是具體的存在物，而卻是普遍的
性相，究竟不是什麼也不是。海德格名此曰「純粹的地帶」（pure
horizon），而且是一個「不對題的」地帶，即它「不是一意向底
直接而專有的主題（theme）」，即它不是直覺底相對應者。康德
名之曰「某物一般」（something in general），「對象一般」
（object in general），又立一令人生誤會的名詞，名之曰「超越的
對象＝x」（transcendental object＝x），因為它不是可經驗的。

　　康德不首先點明這是普遍的性相，他直接說「某物」或「某物
一般」，說「對象」或「對象一般」，又說「非經驗的，即，超越
的對象」；但他一方又說這對於我們是「無」。他這樣說是因為他
不直接地即於現象說存有論的概念底綜和，而卻是以當作表象看的
現象為首出，說作為表象的現象必涉及「某物」，有它們的「對
象」，它們始能成為客觀的。如是，他是從「表象底客觀化」一問
題入手，由此而逼到那個「某物」，那個「超越的對象」，那個
「對象一般」。他始終未點明這只是普遍的性相，只是對象底對象
性、存在物底實有性，而卻只說為「某物」，只說為「對象」，又
說為「超越的對象」，這便難解，又足以令人生誤會，即誤會為是
一種對象，或誤會為是「物自身」。其實，它既不是一種對象，亦
不是物自身。試看以下的文獻：

　　　　在此點上，我們必須把「表象底一個對象」一詞語之意義弄
　　清楚。我們上面已說：現象自身不過就是感觸的表象，就這
　　些表象之為表象而且即以其自身而觀之，它們必不可被視為
　　能夠存在於我們的表象力之外的對象。然則，當我們說一個

對象相應於我們的知識，而結果又不同於我們的知識，這是
什麼意思呢？這是很容易看出的，即：這個對象必須只當作
「某物一般＝x」而被思想，因為在我們的知識之外，我們
沒有什麼東西我們可以安置之以對反於這知識而為與之相應
者。

〔……〕

但是這是很清楚的，即：因為我們只要去處理我們的表象之
雜多，又因為與我們的表象相應的那個 x（對象）對於我們
是「無」──如其所是，又是須與一切我們的表象區別開的
「某物」──所以對象所使之為必然的那個「統一」不會是
別的，不過就是表象底雜多之綜和中意識之「形式的統
一」。只有當我們在直覺之雜多中有這樣產生出的綜和統一
時，我們始能說我們知道對象。但是，如果，直覺不能依照
規律而被產生出來，即不能因著「使先驗雜多〔即純粹雜
多〕底重現為必然，以及使一個概念即雜多於其中被統一的
那個概念為可能」這樣一種綜和底功能，而復依照規律而被
產生出來，則這種統一亦是不可能的。這樣，我們思一三角
形為一對象，在那種思裡，我們是依照一個規律而意識到三
條直線之結合，因著那個規律，這樣的一種直覺〔案：即三
角形之直覺〕總是能被表象出來。這種規律底統一決定一切
雜多，並把這雜多限制到那些「使統覺底統一為可能」的諸
條件上去。這種統一底概念就是「對象＝x」底表象，此對
象就是我們通過一三角形之謂詞（如上所已提及者即三條直
線之結合）而思之者。

〔……〕

現在，我們可以進而更恰當地去決定我們的「一對象一般」之概念。一切表象，當作表象看，有它們的對象，而它們自己又轉而爲另一些表象底對象。現象是那能夠直接被給與於我們的唯一對象，而在現象中那直接地關聯於對象者叫做直覺。但是這些現象並不是物自身；它們只是些表象，它們轉而又有它們的對象——即，有一個其自身不能爲我們所直覺的對象，因此，它可以名曰「非經驗的，即，超越的對象＝x」。

這個超越對象之純粹概念，它實際上通貫一切我們的知識，它總是這同一者，它是那唯一能把「關聯於一個對象」即把「客觀的實在性」，賦與於一切我們的經驗概念的。這個純粹概念不能得到任何決定的直覺，因此，它只涉及那種統一，即那種必須在知識的任何雜多中被遇見的統一，而此知識底任何雜多是關聯於一個對象的。「雜多關聯於一個對象」這種「關聯到」之關係不過就是意識之必然的統一，因此，也就是雜多底綜和之必然的統一，通過心靈底一種共同的作用而成者，此心靈底共同作用把這雜多結合之於一個整一的表象中。因爲這種統一必須視爲先驗地必然的——否則知識必無對象——所以這「關聯於一超越的對象」之關聯，即是說，我們的經驗知識之客觀實在性，是基於這「超越的法則」的，即：一切現象，當通過它們，對象始能被給與於我們時，它們都必須居於綜和統一底那些先驗規律之下，只因著這些先驗規律，經驗直覺中的這些現象之互相關聯才是

可能的。換言之，經驗中的現象必須居於統覺底必然統一底諸條件之下，此恰如在純然的直覺〔只是直覺〕中，它們〔現象〕必須服從或隸屬於空間之形式條件〔意即空間這形式條件〕與時間之形式條件〔意即時間這形式條件〕。只有這樣，任何知識始能成為可能的。

以上四段文是從第一版的超越推述，「在一概念中重認之綜和」，一大段中錄出。「一般說的一切對象之區分為現象界者（感觸物）與本體界者（智思物）之根據」一章，亦有第一版與第二版之不同。第一版中者亦涉及「超越的對象」，有以下的文獻：

一切我們的表象確乎因著知性而涉及某個對象；而因為現象不過是表象，所以知性把它們涉及到一個「某物」以為**感觸直覺底對象**。但是，這個某物，這樣思之，只是超越的對象；而所謂超越的對象意即一個某物＝x，關於它，我們一無所知，而就我們的知性底現有構造言，也不能有所知，但是雖對之無所知，它作為統覺底統一之一「相關者」看，卻能只為感觸直覺中的雜多底統一而服務。因著這種統一，知性把雜多結合於一對象之概念中。這個超越的對象是不能與感觸與料分離的，因為若分離了，便沒有什麼東西可被遺留下來，被遺留下來以便它通過之而可被思想。結果，它本身不是知識底一個對象，但只是在「一對象一般」之概念下現象之表象——這「一對象一般」之概念就是那通過這些現象之雜多而是可決定的這一個概念。

恰因為這個理由，範疇並不表象特殊的對象，以之單單給與於知性，但只是用來去決定超越的對象（此超越的對象是「某物一般」之概念），通過那給與於感性中者而決定之，如此決定之，為的是要想在諸對象概念下去經驗地知道現象。

〔……〕

我把「現象一般」關聯到一個對象上去，此所關聯到的對象是「超越的對象」，即是說，是完全不決定的「某物一般」之思想。這個對象不能被名曰「本體界者」〔智思物，在此可指物自身言〕；因為我對於那「在其自身」者它是什麼一無所知，而除它只是作為「感觸直覺一般」底對象，因而也就是除在一切現象上是那同一者之外，我對於它亦無概念可言。我不能通過任何範疇而思之；因為每一個範疇只在經驗直覺上有效，當把這經驗直覺帶到一「對象一般」之概念下之時。範疇之一種純粹使用自是邏輯地可能的，即無矛盾；但它卻沒有客觀的妥效性，因為在那樣純粹的使用中，範疇並未被應用於任何直覺，以去把「一對象之統一」賦與於此直覺。因為範疇只是思想之形式，沒有對象是通過它而可被給與於我，我只是因著它而思想那可以被給與於直覺中者。

案：以上七段文字俱是第一版中者。在此七段文字中，康德俱論及「超越的對象」。於第二版他重寫超越推述，不立此詞。對於「區分一切對象為現象界者（感觸物）與本體界者（智思物）」一章亦大有修改。在第二版的修改文中亦無此詞。此詞確有不妥當處，第

二版去之，非無故也。

康德是由表象之涉及對象而立「超越的對象」一義。立此義為
的是可使表象免於主觀的遊戲，即可有客觀性。如是，這問題只是
「表象如何能客觀化」之問題。依康德，知識底真正對象（對應的
對象）就是這些表象（現象，直覺所及者）。但是，就這些表象如
何能客觀化而有客觀實在性之問題言，這些有資格作為真正對象的
表象又必須涉及「某個對象」，涉及「某物」（某種東西）。說涉
及「某物」比較好一點，因為此詞比較鬆泛。說「某個對象」便
差，說「非經驗的，即，超越的對象＝x」尤差，因為這便著實
了，成了一種對象。康德又回來以「某物一般」，或「一對象一
般」，說此「超越的對象」。「某物」或「某物一般」較鬆泛。它
是什麼呢？這很難定。但人們亦可不想它是一種對象。但「一對象
一般」則很難理解。此詞是單數，它不表示一般說的諸對象，乃是
一個普遍性的東西。由此普遍性的東西說「超越的對象」，這便說
死了，成了一種對象。但它又不能成為一種對象。康德說：「它本
身不是知識底一個對象」；又說：「範疇並不表象特殊的對象，以
之單單給與於知性」。但他又名之曰「超越的對象」。然則它究竟
算不算是對象呢？如果說成是一種對象，則作為真正對象的表象涉
及「某對象」，涉及此「超越的對象」（涉及之然後始可客觀
化），就等於說對象復涉及對象。這重重疊疊的對象便令人糊塗。

此皆由於從表象說出去，籠統地說涉及對象，而又不點明此
「某物」實只是現象底普遍性相，而不是一種對象，即不可作對象
看，如是，遂將此「某物」說成「一對象一般」，又說成「超越的
對象」，而又說它不是一「特殊對象」，「不是知識底一個對

象」。立詞不諦即是由於義理不通透也。

(1)「超越的對象」易使人誤會爲「物自身」。但康德說「它不能被名曰本體界的物自身」。可見此詞與物自身不同。但康德在〈超越的攝物學〉中以及在〈超越的辯證〉（如背反）中有時又把「物自身」直說爲「超越的對象」。此只是隨文立詞。如果超越的對象是剋指「物自身」說，這沒有問題，因爲它所指的已確定了。但此處所說的「超越的對象＝x」則不是「物自身」。故此處最好不以「對象」說。

(2)物自身不是知識底對象，因爲它根本不是感觸直覺所能及，它根本是在知識以外者；但它亦容許設想另一種非感觸的直覺以及之。而超越的對象則是指範疇所先驗地表象的「普遍的性相」說，它還是在知識範圍之內的。它之所以不能感觸地被直覺，因爲它不是存在物，它是普遍的性相，所謂「某物一般」（某種一般性的東西）。它亦不能容許爲另一種「非感觸的直覺」所及。因爲它是範疇所決定的，是統覺底統一底一個「相關者」。主觀地說，是統覺底統一；客觀地說，是這普遍的性相。統一就是拿範疇去統一。所以統一亦可以主觀地說，亦可以客觀地說。主觀地說，是統覺；客觀地說，是對象（實不是對象，而是對象之對象性，是普遍的性相）。所以康德說超越的對象是「統覺底統一底一個相關者」，嚴格說，是範疇之先驗的決定所示現的普遍性相，即以此普遍的性相爲統覺底統一之一「相關者」。「相關者」一詞甚好，因爲它可顯明地表示出他所說的「超越的對象」不是物自身。因爲物自身不是範疇所決定的，它亦不能是統覺底統一之一相關者。超越的對象即是範疇所決定的普遍的性相，故當物自身可爲另一種非感觸的直覺

（智的直覺）所及，而此超越的對象則不能為非感觸的直覺所及，因為非感觸的直覺不需要範疇故。如果一旦真有非感觸的直覺出現，則範疇被消滅，超越的對象亦歸於無，即兩者頓歸於寂。兩者既歸於寂，則現象亦無，那時只有物自身。

(3)康德說「超越的對象通貫一切我們的知識，它總是這同一者」。他又說本體界的物自身是「一切現象上的那同一者」。前者諦，後者不諦。因為超越的對象既只是範疇所決定的「普遍的性相」，它當然通貫一切我們的知識，它當然是那同一者。一切經驗對象都必須掛搭在這個「同一者」上面，例如都不能離開因果性、常住性等等。但若說物自身也是一切現象上那同一者，這便不諦。因為物自身是絕對地獨個的，是個個自立自在的，所謂「自爾獨化」，化無化相的。並不是整現象後面只一個物自身。它如何能是那「同一者」？如我上文第4節中所圖示，物自身只能是現象後面的支持點，而不能是一切現象上的那同一者。現象不過是些關係。它們的「同一者」只能是範疇所決定的普遍的性相。現象是感觸的直覺虛就外物（設擬為物自身）所挑起的。說虛就表示不是實就，因為感觸直覺實不能真及於物自身。現象處只是浮沈低昂的關係，而無點；物自身處只是點（個個自立自在），而無關係（不在依待關係中）。說物自身是一切現象上的那同一者，實是隨便的不愼之辭。現象上的同一者是普遍的性相，此不是對象，尤其不是個個的對象。現象處的經驗對象底個個性（所謂「諸對象概念」）實是一個結聚，憑依普遍的性相而結聚成的。而物自身之獨個則不是一個結聚。在物自身處，無需於範疇底綜和，而亦無經驗的綜和。

(4)康德說：「一切我們的表象確乎因著知性而關涉到某個對

象；而因為現象不過是表象，所以知性把它們關涉到一個某物，以此某物作為感觸直覺底對象」。此某物既是「超越的對象」，則以此某物作為「感觸直覺底對象」乃實是以此某物作為感觸直覺底超越的對象，那就是說，以超越的對象作為感觸直覺底對象。但超越的對象其本身既不是知識底一個對象，所以其本身也不能是感觸直覺底一個對象。因此，說「以此某物作為感觸直覺底對象」，這樣擺定地說出來，乃是不諦之辭。這很容易令人生誤會；而且因為感觸直覺根本不能及之，不但令人生誤會，而且根本不通。「以此某物作為感觸直覺底對象」實當改說為以此某物作為感觸直覺所關涉到的對象底一個超越的對象性、一個超越的根據，而不應直說為「感觸直覺底對象」。

康德在超越的對象處既如此說，而當其說超越的對象不能被名曰本體界的物自身時，他又說：「我對於此物自身一無所知，而且除把它只當作一感觸直覺一般底對象外，因而也就是除把它只當作是一切現象上的那同一者之外，我對於它亦無概念可言」。這同樣不諦。關於把物自身當作「同一者」之不諦已言之於上。此處直把物自身擺定地說為「一感觸直覺一般底對象」，這樣的措辭亦同樣不通。此語亦當改為：除把它只當作「一感觸直覺一般」所虛就（不是實就）的超絕的支持點外，我對於它亦無概念可言。

綜上四點足見「超越的對象」一名之不恰，以及有關諸辭語之不諦。第二版刪去實比較成熟。基本意思當然沒有改變。第二版作超越的推述之重述是直就統覺底綜和統一說，現象（表象）底客觀化是其結果。而且處處以感觸直覺與智的直覺，以神的知性（直覺的知性）與人類的知性（辨解的知性），相對照而言，這便益顯消

化的較成熟，而容易使人了解先驗綜和底特色。超越的推述不過是說明先驗概念經由先驗綜和而可以落實，有客觀的妥效性。從它們的落實說，它們可先驗地關聯到對象上去，而不是掛空地永不能落下來。所謂「先驗地關聯到對象」即是可應用於現象，而爲現象底「所以可能，所以成爲對象，所以客觀化」之存有論的基礎。因爲它們是先驗的純粹而形式的概念，所以它們的關聯到對象必須是先驗地關聯到。這不是經驗概念之關聯到其對象。此後者是簡單的。經驗概念所關聯到的對象就是諸經驗對象。但是這裡所說的是先驗的概念。因此，其關聯到對象便有歧義。茲疏通如下：(1)它們可應用於對象，而又不像經驗概念之應用於其對象，它們無對題的特定對象可爲其所應用，然則它們關聯到什麼對象？它們可應用於現象這應用是什麼意義的應用？(2)它們可應用於現象即是現象必遵守之而後始可成爲有客觀實在性的現象；它們是現象可能底基礎，是「現象之爲對象」底超越的對象性。因此，其應用於現象乃是翻在現象後面而爲不對題的應用，不是如經驗概念那樣爲對題的應用。對題的應用者有其對題的對象與之相應。不對題的應用者無對題的對象與之相應。因此，這不對題的應用於現象即是可落實於現象而爲現象所必遵守。因此，(3)面對面與此等先驗概念相對應者不是特定的對象，乃是普遍的性相。就特定對象（現象）說，它們的應用是不對題的；就普遍的性相說，它們的應用是對題的。而普遍的性相不是一種對象，因此，不可立「超越的對象」一名。因此，(4)所謂先驗概念可先驗地應用於現象，關聯於對象，乃是說它們先驗地不對題地可落實於現象，而卻又先驗地對題地決定一些普遍的性相以作爲它們的「相關者」（既有相關者，當然對題）。此「相關

者」只能是一些普遍的性相，而不能是一「超越的對象＝ｘ」。(5)
此「相關者」對於現象的關係乃是它是那「使現象為可能」的「存
有論的基礎」。此基礎，我曾名之曰「認識論地物物」之原則：它
是那物「物」者，而不是「物」（存在物）；這物物是認識論地講
的物物，而不是存有論地或宇宙論地講的物物，雖然這認識論地講
的物物之原則亦仍是「存有論的原則」。此即是說，這存有論的原
則是認識論地講，而非宇宙論地講（如懷悌海）或存有論地講（如
海德格所嚮往的古希臘）。此即康德之所以以「超越的哲學」（純
粹知性之分解）代「存有論」之故。

　　我這樣疏通足把第一版中「超越的對象＝ｘ」一詞之纏夾以及
其恰當的意義弄清楚。這樣的釐清足見康德論先驗概念之可應用性
原是就其即於現象（經由先驗綜和而即於現象）而論之的。只因先
驗概念之置於純粹知性是憑空無端的，未就知性之即於現象而論其
自發地執現這些先驗概念，所以始有那「如何可應用」之煞有介事
的疑難。如果原是就知性之即於現象而論其執現這些先驗概念，則
在原初即已把知性封住，概念並非憑空而漫蕩，如是，則其可應用
性便無「如何」之疑難。如是，則「超越的推述」只成分析的演
繹，由知性原初之「即而執」，並由此「即而執」中先驗概念之即
的先驗綜和，而可直接地分析出其先驗的可應用性。如是，超越推
述中那些層層的綜和只成一「即的先驗綜和」之層層的分解的申
明，而不是一疑難之解答，因原無疑難故。如果不是這樣，則先驗
概念之先驗綜和還是不必能落下來，很可是你綜和你的，我還是不
接受。如是，則先驗概念之先驗綜和與其可應用性之間的關係乃是
一強為牽合的關係。此強為牽合乃是我們從外面強把它們兩者綜和

在一起，而不是分析地必然的而且是自然的。若說這不是強爲牽
合，因爲其經由先驗綜和而應用到的對象乃是現象，不是物自身，
而現象必接受之，則我們可說，若是這樣，則原初便不必有疑難之
設擬；而若真知現象之所以爲現象之殊義，則原初知性之立概念就
是即於現象而執立的，因而亦無「如何可應用」之疑難，而超越的
推述便只是分解的申明，「如何」只是其可應用之分解的申明，而
不是一「疑難」之擬議。我之如此疏通並非否決推述中的諸義理，
乃只是取銷那「疑難」底設擬，使超越的推述成爲分析地必然的而
且是自然的。但是，我們這樣取銷，乃是由於我們有一重新的消
化，即從根上點明識心之執，並點明先驗概念之出現原是由於識心
之執之即於現象而執現，這樣把識心（知性）與概念皆予以封住，
然後始可取銷那疑難。若如康德那樣未把知性與先驗概念封住，則
其想那疑難亦是很自然的。但這樣一想，便有許多不順適不一致
處，而亦可以令人起爭辯。

　　把這一切都弄清楚，我們便可很順適地進而言先驗而形式的存
有論的概念經由先驗綜和所成的「執相」，由此以明現象之所以爲
現象。

7.　執相底程列

7.1　現象不過只是關係以及此關係如何能定得住

　　現象不過只是一些浮沈低昂的關係。物自身在這些關係背後作
它們的支持點，但這支持點並不是對應的。這是因爲(1)物自身處並

無關係，即是說，並不是以下的情形即：有一些物自身底關係與現象處的關係相對應，現象處的關係只彷彿約略似之，因此，我們只能感觸直覺地確知現象底關係，而不能感觸直覺地確知物自身底關係，只能隔簾窺影，若隱若顯地推知之。(2)物自身亦並不能透進來作為現象處的關係底「關係者」，現象處的關係底關係者仍只是現象，而現象不過是關係。因此，物自身之為現象底支持點是不對題的支持點。既不對題，何以又說是支持點？蓋若根本上無物自身，則亦不能有現象。因此，我們說現象只是識心之執虛就物自身而縐起來的。即依此義，遂虛籠地說物自身是現象底支持點。既縐起已，則現象就不過只是一些浮沉低昂的關係。而此等關係底「關係者」又只是現象，因此，結果必終於只是一些關係，而無最後的單一以為「關係者」。現象為關係者，而現象是一件事，而一件事又可表象為關係。因此，若終於只是關係，則關係本身亦不可能。因此布拉得來（Bradley）就說關係是一不可通的現象，必沕融於絕對中始為真實。這是新黑格爾派的思路。這不能說無道理。不過現在我們不直接順此路走。我們現在仍順康德的思路說。

　　現象只是關係，雖然順此說下去，關係本身不可通，然而事實上確仍只是關係。它們何以能自持其自己為關係？這個事實如何能定得住？依康德的思路，這沒有別的，這不過只是存有論的概念（範疇）之所決定。我們亦可以說這只是「執念」之所決定。執念是識心之執所先驗地執定的概念，是純粹而形式的存有論的概念，不是心理學意義的材質的觀念（意象）。由此執念之決定，現象遂得有這些關係相。因此，我們說現象之為只是關係是由執念而定住的。因此之故，它們遂得自持其自己為關係。這些關係相就是執

相,即由概念之執而執成的定相。概念是方方正正地有限定的,因此,其所決定成的諸關係相皆是「定相」,這亦即是現象。一說現象就函著有定相,不,現象與定相是一。並不是有現成的現象而待我們去決定它。現象是被縐起的。感性把現象給與於我們,是縐起地給與於我們,並不是現成地給與於我們。因此,當感性把它們縐起而給與於我們時,它們即已有定相,識心之執即已默運於其中。識心之執是一執執到底的。知性、想像、感觸的直覺,這不過是層層的說明而已。知性執現概念,因而執成現象之概念的定相;想像執現時空並就時空而執現規模,因而執成現象之規模相;感觸的直覺以時空爲其形式,遂執成現象之時空相。

7.2 以時空相爲基層相

我們可以時空相爲基層。

康德說:「時空是心之主觀建構」。心是指純粹的想像說。康德未這樣明說,但以理推之,當該是如此。這個心不會是感觸的直覺自己,因爲感觸直覺都是當下的,而時空自身卻是一個整一;感觸直覺雖以時空爲其形式條件,然此形式條件自身卻不是感觸直覺之所立。這個心當然亦不會是知性,因爲知性底作用是「思」,它只執現概念。所以這個心必須是純粹的想像。它所想的「形像」就是作爲「形式」的時間與空間。時間與空間之原初的表象,即由想像而建構起的那原初的表象,是一個整一:是一,是全,是無限,是定常。康德名此整一曰純粹的直覺,此表示它不是一個概念。時空之爲概念是後來的事,是就各種不同的部分時空而抽象成的。然而時空之原初的表象卻是一。因此,它必須是一直覺,而不是一概

念。這種直覺之建構作用之形構成時空就是純粹想像之建構；這種直覺作用是隸屬於想像而說的；如此說之，是只就時空之為一整一形式而明其為直覺，而不是概念。此作為形式的時空既已由想像之直覺作用而形構成，則它即隨附於感觸直覺中而為其形式條件。感觸直覺是就心之依附於感性而直接地攝取外物言。此直覺給吾人以外物，而時空之為直覺則是表示它是由想像之直覺作用而形構成，因而為一直覺，而不是由知性之思之概念的作用而抽象成因而為一概念。

　　感觸直覺以時空為形式條件，故當其攝取外物時，即已把外物排列之於時空中，那即是說，即已執成外物之時間相與空間相。反過來，當其執成外物之時空相時，即已預伏時空本身之成立，不管你自覺不自覺。說時空為感觸直覺之形式條件，那是反省後作理之定然說。《大智度論》中，龍樹解「一時」云：「佛何以不言迦羅，而言三摩耶？答曰：除邪見故，說三摩耶，不言迦羅」。據查，迦羅時即是指時間本身說。三摩耶時則是隨俗語言說，如一時、有時、某時、此時、彼時、過去時、現在時、未來時等，此是依附著特殊境況說。如言迦羅時，則是說時間本身，易令人生「時間實有」之想，此是大邪見，故云：「除邪見故，說三摩耶，不言迦羅」。實則就特殊境況說時相即已預伏時間本身之實有。只要知此實有是主觀建構的形式的有，而不是客觀自存的實有，便可同樣無咎。知其是主觀建構的形式的有，即知其是「執有」。此而「執有」，則就特殊境況說的時相亦是「執有」。既知時間本身是「執有」，則即可不執著之為客觀自存的實有，即，知其為假法而仍可撥而去之也。如是，則就特殊境況說的時相亦仍是執有之假相、方

便之權說。邪見只在認時空本身為客觀自存的實有。若知其是主觀的執有，則雖有而無害，即說迦羅時亦無妨礙也；即說其為定常，為形式的有，亦皆無妨礙也。

7.3 依概念而來的種種定相

現象之基層的時空相既明，我們即可進而依概念說現象底種種定相（執相）。

(1)廣度量

首先，我們就現象底時空相依量範疇說現象底廣度量。每一感觸的直覺是依時空形式去攝取現象，因此，每一現象皆有時空相。這時空相是直覺於其直接覺識現象時所帶上去的，此是直覺中的時空相。每一直覺是特定的，現象亦是特定的，因此，時空相亦是特定的（特殊專屬而有限定）。此即所謂一段一段的。此是直覺中的限定所成的一段一段的時空相。每一段是一個整全的段，但不是那原初所表象的時空自身之為整全。就這些整全的時空段，依量範疇去統思之，即重新呈現一綜和，便決定成一廣度量，因此，便說：「凡是現象在其直覺中皆是一廣度量」，或簡言之：「一切直覺皆是廣度量」。此中的「一切」或「凡」是就一切現象底每一個依概念底統思（綜和統一）而說的。因此，廣度量是一切現象底普遍性相。直覺中的時空相是就限定的直覺而散開說的，而廣度量則是依概念底統思而總持說的。統思是一種綜和。它所綜和的是什麼呢？就是時空相本身底雜多（複多）。時空相在直覺中雖是一段一段的，然而卻是些整全的段。但是當依量概念去統思之時，我們便把

那些整全的段剖解而爲衆多的部分段。所以統思所綜和的雜多就是每一整全段中的那些衆多的部分段。這些衆多的部分段是屬於時空相的，並不是就直覺底材質內容說。因此它們之爲雜多是「同質的」（homogeneous），而不是像材質內容那樣之爲異質的。統思所綜和統一的就是這些同質的衆多部分時空段；經由此綜和統一，一決定的時空段便可被產生出來。此一經由綜和統一而成的決定的時空段便表象現象底廣度量。廣度量是數學量，其定義是部分先於全體，部分底相續綜和使一整全（一決定的時空段）爲可能。這樣統思而成的廣度量可以適用於任何現象。因此，遂說：「一切現象在其直覺中皆是廣度量」。如是，廣度量是我們依量概念就現象之時空相而構造成的。

我們只能就一個一個的感觸直覺中有限定的整全時空相而說廣度量，因此，康德名此曰「直覺之公理」。「公理」者言其顯明性或確定性是先驗地白明的。一給與於直覺中有限定的整全，其時空相可以無限地分下去。因爲那有限定的整全已給與於直覺中，故吾人可虛籠地說其所含有的一切部分亦皆隨此整全之給與而給與。但其中所含的部分只能依其可分性而被區分出。其可分性無有停止處，因此，遂可無限地分下去。但我們卻不能說有一個置定的或現實的無限部分之綜體亦給與於直覺中，給與於有限定的整全中。可以無限地分下去，而所分出的部分卻是有限的。廣度量即由此所分出的有限部分而構成。無限地分下去是一個無限連續的前程，而永不能停止的，因而亦永不能完整的，因此，我們沒有一個無限部分底綜體而可以給與於直覺中，而那原給與於直覺中的有限定的整全亦不是由無限部分而構成。我們可以無限地分下去，但不能說由無

限的部分返回來構成那有限定的整全。此即我們所說的「不可逆原則」。此即表示無限部分從未現實地存在，因而亦不能由之而構成一無限綜體（無限類）。由有限部分而構成的廣度量是第一義數學應用的通路。此是依我們的說統說，康德不如此說。

我們可就一個一個的感觸直覺中有限定的整全時空相而無限地分下去，但我們卻不能把全部現象作成一無限的綜和或一有限的綜和，因而說它們的絕對綜體是無限的，或是有限的。因為現象底完整的絕對綜體，無論無限或有限，是不能被感觸直覺所給與的。我們當然可以離開直覺而邏輯地無限地綜和上去，但縱使是這樣的綜和，我們亦不能完整起來，而說現象底絕對綜體是無限的。既是邏輯地思之，當然亦無理由可以截然停止而不准再綜和上去，因此，亦不能說有限。這即表示現象世界，無論向前看或向後看，兩頭皆是敞開的。因此，我們的廣度量之概念只能就有限定的直覺說，只能依量概念這樣權假地決定之。

若問現象起於何處，只能說起於識心之執。識心之執緣起之，同時即以時空為形式而直覺之，因而遂使它們有時空相。時空相順現象邊說（即客觀地說之）是沒有起訖的。它們只有主觀的起處，即起於識心之執。但此識心之執並不能表示全部現象底完整綜體之時空相是有限的抑或是無限的。因此，依量概念去決定現象底廣度量只能就一個一個的感觸直覺中有限定的整全時空相通過所分出的有限的部分時空相之綜和統一而決定之。

(2)強度量

其次，我們再就時空之表象現象，依質概念而說現象之強度

量。

廣度量是就一個直覺之形式面說，強度量則是就一個直覺之材質面說。每一感觸的直覺是一經驗的直覺，其中含有一個感觸的知覺，此即是其材質面。康德說：「知覺是經驗的覺識，即是說，是一種『在其中感覺可以被發見』的覺識」。因此，材質面的知覺含有一個「感覺」以及與此感覺相應的「真實物」。感覺是主觀地說者，真實物是客觀地說者。此客觀地說的真實物其實只是一主觀的表象，它只使我們覺識到或意識到我們的感性主體是被影響的，而我們須把這真實物關聯到一個「對象一般」上去（覆看前第6節文）。此與感覺相應的真實物即是感觸直覺中的材料或材質（matter）。它與一感覺相對應，兩者同時生起，叶合為一，而形成一個知覺，此總曰直覺底材質面。

此材質面，就感覺說，它有一受影響的程度，可以從顯著而至淡薄，從淡薄而至顯著。這就是感覺底強度。與此感覺底強度相應的真實物亦有一種強度：它可以從存在到不存在。與感覺相應者名曰「實在」，與感覺底不存在（無感覺）相應者名曰「虛無＝0」。從實在逐漸到虛無是一個流轉的等級，此即是一強度量。康德說：「一個量度，如果它只當作統一而被攝取，而其中的複多性只有通過逐漸接近於虛無＝0始能被表象，則我即名此量度曰強度量。因此，在現象領域中的每一實在有一強度量或等級量」。這個強度量可名曰物理量，以與廣度量之為數學量區以別。

現象底這種強度量很像佛家所說的「成住壞空」，亦像鄭康成就陰陽之變所說的「始壯究」。這是一強度過程，有始有終而可以消滅的。人的自然生命亦是一強度量，它是一拋物線，拋起而可以

降落的。一切現象的存在皆是一拋物線。此其所以爲物理的也。廣度量總可以區分下去，因爲它是就部分的時空段說。但是強度量則不必由這樣連續地分下去而無底止來說。康德說：「每一感覺，同樣，現象領域中的每一實在，不管它怎樣小，它總有一程度，即總有一強度量，它總是能被減小的。在實在與虛無之間，有一種許多可能實在底連續，以及許多可能小而又小的知覺之連續。每一顏色，例如紅色，有一程度，不管它如何小，它總不會是最小；熱度以及引力之動量等亦然」。不必通過這樣的連續性而說強度量。因爲這樣，便已經把它數學化了。如果這樣說，便永不能達到「虛無＝０」。因此，我們只須根據「成住壞空」或「始壯究」這物理規律而說強度量。它雖可以由時空來表象，但它不是由時空段本身底綜和統一而構成。因此，它只服從物理法則，而不服從數學法則。當然你可以把它數學化，但這樣，便已喪失其強度性，而轉爲廣度量了。

　　這服從物理法則的強度量實亦是由「實在」與「虛無」這存有論的概念而執成的。我們經由這些存有論的概念，透過直覺底形式面而進至其材質面而這樣說現象底強度量。這是經由質概念底綜和統一而構成的，亦即執成的。感覺以及與之相應的眞實物本是一個強度的流轉。通過時空之表象之，復以質概念而決定之，它們始顯爲一強度量。材質面而可以先驗地知之者只這強度量。此先驗地知之，名曰「預測」，即對於知覺底預測。康德說「此知覺底預測」云：「在一切現象中，作爲感覺之對象的眞實物有一強度量，即是說，有一等級量」。此等級量可以預測；至於特殊的內容則不能預測，只可經驗地知之。

此等級量依「成住壞空」這物理法則來控制，並依「實在」與「虛無」這質概念來決定。這樣說便已夠，不必通過無限的連續來表象。

(3)關係相

我們再就現象底時空相，依關係範疇（存有論的關係概念），進而說現象底因果相、共在相以及常住相。

我們是由感觸直覺底形式面直接構造廣度量，進而穿過這形式面透至其材質面而構造強度量，復穿過此廣度量與強度量進而決定現象底存在，即決定它的因果相、共在相與常住相。這三相是有關於現象之存在以及其存在中之相互關係的。我們可先說因果相。

(a)因果相

直接披露於我們眼前的，或者說感觸直覺所直接攝取的，是一些現象狀態底變化。我們把這些變化的狀態排列之於時空秩序中。但只是時空底前後秩序並不能表示就是因果關係。時空秩序對因果關係言，只是必要條件，並非充足條件。因果關係是一物理關係，它在關係中由一已存在的現象狀態決定某一尚未存在的狀態。因此，在因果關係中那作為原因者必須有決定力，有產生力，使那未出現的狀態出現。但是所謂決定力、產生力，在現象範圍內，亦只是一些描述的詞語，我們並不真能確定一個有自體的「力」之概念。例如，吃麵包可以充饑，吃砒霜可以致死，我們能在麵包或砒霜中確定一個真實的，有自體的力之概念來決定並產生不餓或死之狀態嗎？麵包或砒霜只是一些浮沈低昂的物質關係之物質的結聚，

不知怎樣它與我們的生理機體有相順或相違的關係。我們即依據這相順或相違的關係，籠綜地說麵包或砒霜有一種力量可以充饑或可以致死。這個「力」之概念是由那物理結聚對其他狀態之相順或相違而虛籠地浮現出或烘托出，我們並不真能在麵包中確定一個力。因此，力之概念是一個虛構，它只是一個描述的詞語，並不是一個實體字。但只是就現象底結聚而這樣描寫。在現象範圍內，亦須是這樣的描寫，因為如此，我們始能經驗地說因果關係。但是經驗地說因果關係亦只是描述地如此這般說而已，並無自體的理由可資以決定某某定為因，某某定為果。因此，在因果關係中決定某某定為因，某某定為果，甚至決定這關係是因果關係，乃是由於存有論的因果概念就經驗的眼見，亦即就經驗的事實描述，而這樣地去執定之而已。

說到執定，不但是概念的執定，感性底攝取就已是執定，因此有眼見的描述。當感性挑起現象，把現象拉成只是一些浮沈低昂的關係時，即已有描述的因果關係可見。因為這些關係是屬於存在物之材質的關係，而不只是時空之形式的關係，所以它們之間總有一些相順相違處。當然這相順相違只是物理事實的，並無超絕形上的或理性的理由何以必如此。因此，當感性取象眼見有因果關係時，這乃只是描述地說，此即是感性底執。感性執成現象同時即執成有眼見的描述的因果關係。若說此眼見的描述的因果關係無必然性，那麼我們即進而說概念的決定，此則有必然性。但須知此必然性仍是概念的執定，是執的必然性，並非是超絕地形上的或理性上的必然性。這是我所說的「現象的存有論」上的必然性。因此，這因果關係說是概念所決定的可，說是感性所取之象所本有的亦可。

(b)共在相

適纔所說的因果相是從縱貫的相續方面說。但因果關係亦可是同時共存的，此則由事物之交互影響即交感互通而決定。康德說：

> 實體物底關係（在此關係中，這一個實體物所含有的一些決定其根據是含在另一實體物中）是影響底關係；而當每一實體物交互地含有其決定底根據於其他實體物中時，則此關係即是交感互通或交互之關係。這樣，空間中實體物之共在，除基於它們的相互影響之假設上，是不能在經驗中被知的。因此，實體物底交互影響是當作經驗底對象看的事物本身底可能性之條件。

交互影響（交感互通）是一個存有論的概念，由之而決定事物之共在。

我們在經驗直覺中，關於事物底知覺能夠交互地相隨，因此，我們說這些事物是共在的。例如「我能把我的知覺先指到月亮，然後再指到地球，或反之，先指到地球，然後再指到月亮；而因為關於這些對象底知覺能交互地相隨，所以我說它們是共在的。現在，共在是同一時間中的雜多之存在。但是，時間自身不能被覺知，因此，我們並不是只從置於同一時間中的東西去推想關於它們底知覺能夠交互地相隨」。康德這段話是說光是知覺，光是同一時間，這並不能客觀地決定事物之共在。知覺能交互地相隨，因此，說知覺底對象如月亮與地球共在。這種共在只是由「同一時間」來決定。

雖然知覺有前後，然因為它們交互相隨，所以說月亮與地球同時存在，即在同一時間中共在。然這只是表面的。知覺是主觀的，而同一時間亦難嚴格規定。先看月亮，後看地球，先看中的月亮與後看中的地球，焉知其是同時？光只交互相隨亦並不能決定其同時共在。除同一知覺中同時覺知之，我們不能說它們同時共在。只要分成兩個知覺，我們便很難決定其對象同時共在。「共在」實可以由同時來表象，但那決定「共在」者並不是同時。這恰如因果必在時間相續中，然只時間前後相續並不足以表示此即是因果。因果關係多於時間相續。時間相續是其必要條件，而非其足夠條件。同時之於「共在」亦然。因此，康德說：「我們並不是只從置於同一時間中的東西去推想關於它們底知覺能夠交互地相隨」，因此，交互相隨說它們共在。但是所以不是如此去推想並不是因為「時間自身不能被覺知」。因此，此語似是不相干者。但康德總是如此說。其意似乎是如此：我們以同一時間說共在，但同一時間這時間自身不能被覺知；時間是先驗形式，我們拿這形式去表象共在，但這形式不能經驗地被覺知，亦不能客觀地即在對象中決定這共在；因此，這必有一個成素能客觀地即在對象中決定這共在而與那「同時」相應以表象那同時，遂使我們返回來再以「同時」標識「共在」。客觀地即在對象中決定「共在」的那個成素即是概念——交感互通一範疇。

光是知覺底交互相隨，以及光是同一時間，並不能客觀地決定諸對象之共在。進一步，光是想像亦並不能這樣地決定之。康德說：「在攝取中，想像底綜和只顯示：當其他知覺不在此主體中時，此一知覺在此主體中，或此一知覺不在此主體中時，其他知覺

在此主體中，但不能顯示：這些對象是共在的，即是說，不能顯示：如果這一個存在，其他一個也同時存在，也不能顯示：只因它們這樣共在，所以知覺始能交互地相隨。結果，在那些互相外在地共在之事物這情形中，關於它們的諸決定之相互承續是需要有一純粹的概念的，如果我們想能夠去說：知覺底交互承續是植根於對象，並且因而想能夠去表象這共在為客觀的」。

　　概念能使一切表象，無論屬於知覺的，或屬於想像的，成為客觀的，即屬於對象的，不只是一主觀的遊戲。現象底交互相隨，因而共在，乃是由於存有論的「交感互通」之概念而客觀地決定成的。這一種決定是先驗的決定，是源於執念的。由於這樣的決定，現象始構成一組合體，一同一時間中的整全體，所謂「世界」。

　　因果相是縱的關係，共在相是橫的關係。如果現象界中的一切存在物是孤立的，則它們必不能作為部分來構成一全體。因此，我們必默認存在物之交感互通，因而默認其共在。這種默認即是概念底執定。由於這種執定，經驗中的描述的共在始可能。這樣的說法是一種加重「知性概念是經驗可能底條件」這一義的說法。其實經驗知識就是執知。在經驗中，順感性底攝取，想像底重現，眼見有交互共在，此雖是描述的，然亦是執成的，由感性之挑起現象之只為關係，即已執成。識心之執是一執執到底的。反省而加以客觀化始說概念底決定以成其必然。並不是有一現成的現象（既是現象即非現成，現成便是物自身）擺在那裡而待概念去決定。因此，說「共在」是概念底決定可，就經驗的描述，說是事象本有亦可。只因描述無必然，始進而說概念底決定。由概念底決定始可先驗地推比現象之共在。這種推比上的必然實亦是執的必然。

(c)常住相

　　無論是相續的因果相或是交互的共在相皆預設一常住相以爲其托體或基體。此基體或托體亦名本體、常體或自存體，它是持久不變者。一切相續者或共在者皆只是此持久者底一些決定，是「持久者在其中存在」的一些路數。依此諸決定以爲路數（樣式），持久者始有其現實而具體的存在。就此持久者之具體存在言，此持久者亦名曰實體物（多數說的本體）。此是持久者帶著其可能的決定而說，即帶其所可依以存在的諸般路數而說。如果離開這諸般路數而單言此持久者，說之爲托體或基體，則是分解地抽象地說。

　　此持久者旣是恆常不變，即在一切時中存在，所以它在自然中的實量旣不增亦不減。

　　如果無此持久者，則相續的變化亦不可能。相續的變化是依待一不變者而顯，亦依待一不變者而可能。如果無持久不變者，則相續的變化亦無標準可資以使之進入我們的意識中，它們只是一虛無流，連變化亦不可說。共在者亦復如此。我們說共在是依據實體物之交感互通而說。如果無持久性的實體物，則交感互通亦不可說，因而共在亦不可說。那不過只是一些虛影晃來晃去而已。如是，依理言之，相續與共在理應有一持久者以爲其底據。否則相續底經驗與共在底經驗皆不可能，即不能成一經驗知識。

　　但是，這持久者在視作「現象底綜集」的自然界中究竟有沒有呢？我眼見我的書桌昨天在此，今天復在此，好像它是常住在那裡。但是它終久可變成灰，最後連灰亦無，那麼，桌子在那裡？桌子旣無，桌子底常體何在？或者可說，桌子變成灰，最後連灰亦

無，這並非絕對地是無，它也許無形中變成旁的東西，或無形中參加於旁的東西中而增益了或助成了旁的東西。因此，桌子這個個體沒有了，因而亦無所謂桌子常體，然而全自然界中的全部物質質素仍然不增不減地擺在那裡，此即所謂「物質不滅」。生滅變化者是其變形爾。但此所謂「物質質素」亦不過只是一抽象物而已。什麼叫做物質質素？如果它不只是思想中的一個空概念，而是一個實物，則它仍不過是一些游氣底結聚而已。游氣結成桌子，桌子散了，再結成旁的。而游氣仍不過是一些具體的材質關係也。如是，物質質素常住不變亦不可說。不結聚而為個體，而只是抽象地說的物質質素常住不變，這是沒有的事。康德說常體是就個體物說的，故可以多數言之。若只是抽象地說的瀰漫全現象界的物質質素（常住不變，不增不減的物質質素），則不可說多數。因此，說常體就是就個體物而說的。一切現象底存在，一切變化者底存在，一切共在者底存在，皆預設一留住不變者以為其「底據」，以為其「留住的相關者」。此所謂「一切」云云是一切個體物中的一切云云。因此，那持久不變者是個體物中的持久不變者，它是對應個體物底一切現象而為一「留住的相關者」。他不是混漫個體而綜說一切現象背後的那唯一的物質質素。依我們的說法，縱使說普遍的唯一的物質質素，此物質質素亦不是抽象地說的物質質素，而仍是要結聚而為個體的物質質素。因此，說常體就是對應個體物而說常體。那麼，這種常住體在作為現象底綜集的自然界中究竟有沒有呢？這是不能由經驗來發見的。我們所眼見的那個常住的桌子底常在實只是由於肯定了那個常體而來的影子。若不肯認那個常體，桌子底常在便不能說。其常在實並非常在也，縱使是影子亦不能說，因為眼見

桌子可以消滅。肯定了那個常體，縱使桌子消滅了，游氣結聚而爲
另一個體，則另一個體仍有其常體。常體只對應個體而言，卻並不
保證個體不消滅。此常體底意義既不是不滅的獨個靈魂，亦不是作
爲創生原則或實現原理的道體。因爲它既不能創生，亦不能不滅，
即它不是本體界（智思界）的東西，而仍是現象界者。然則，這種
常體究竟有沒有呢？如有，它是什麼意義的常體？它是如何形成
的？（道體不能說形成，不滅的靈魂亦不能說形成）。

　　依康德，我們說現象不過是一些浮沉低昂的關係。物自身是它
的不對題的支持點，但卻不是它的常住體。如果現象只是關係，則
沒有終極的關係者以發生這些關係，這些關係背後亦無一個常住體
以支托這些關係。那就是說，在作爲現象底綜集的自然界中是沒有
所謂常住體的。然則康德說：「持久不變者是一切現象底存在之留
住的相關者，是一切變化底留住的相關者，是一切同時共在者底留
住的相關者」，這是什麼意思呢？這「留住的相關者」是如何出現
的呢？

　　康德底辯說是由整一的時間不變（是一定常的形式）來逼顯這
持久不變者。他說：

　　　　一切現象是在時間中；而亦只有在時間中，時間當作基體
　　　　（當作內部直覺底恆常形式），共在或相續始能被表象。這
　　　　樣，「一切現象底變化在其中可以被思想」的那時間是留存
　　　　在那裡，而且是不會起變化的。因爲時間正是那「相續或共
　　　　在單在其中始能被表象，而且是當作時間底諸決定而被表
　　　　象」者。現在，時間以其自身而言不能被知覺。結果，在知

覺底對象中,即是說,在現象中,必須見有托體,此托體表象時間一般;而一切變化〔相續者〕或共在者,在其被攝取中,必須在此托體中而且必須通過現象對於此托體底關係,而被知覺。但是,那一切是真實者〔實在者〕底托體,即是說,那一切是屬於事物之存在者底托體就是本體;而那一切屬於存在者只能被思想爲是本體底一種決定〔只能當作本體底一種決定而被思想〕。結果,這持久者(只有關聯於這持久者,現象底一切時間關係始能被決定),便是現象領域中的本體,即是說,是現象中的真實者,而且是當作一切變化底托體而永爲那同一者。而因爲它在其存在方面是這樣的不變者,所以其在自然中的實量是既不增亦不減。

此中關鍵的句子是:「時間其自身不能被知覺。結果,在知覺底對象中,即是說,在現象中,必須見有托體它表象時間一般」。康德接上文又說:

我們的關於現象底雜多之攝取總是相續的,因而亦總是在變化的。單通過這種攝取,我們決不能決定這種雜多,當作經驗底對象看,是否是共在的抑或是相續的。就這樣的決定說,我們需要有一底據,它在一切時間中存在,即是說,它是某種留住而持久的東西,一切變化與共在只是「此持久者在其中存在」底許多路數(許多時間形態)。而由於同時與相續只是時間中的關係,所以結果只有在持久者中,時間底關係才是可能的。換言之,持久者是時間自身之經驗表象底

基體〔托體〕；只有在此基體中，時間底任何決定才是可能
的。持久不變者，當作一切現象底存在之留住的相關者，一
切變化底留住的相關者，一切同時共在者底留住的相關者，
它表示時間一般。因爲變化不影響時間自身，但只影響時間
中的現象。（共在不是時間自身底一個形態；因爲沒有時間
底部分是共在的，它們一切皆在互相相續中）。如果我們把
相續亦歸諸時間自身，則我們必須又想另一時間，在此另一
時間中，相承續才是可能的。只有通過持久不變者，時間系
列底不同部分中的存在始能獲得一量度，此量度可名之曰久
歷（duration）。因爲在赤裸〔純然〕的相續中，存在總是
在消失中，而且總是在重新開始中，從不能有絲毫量度可
言。因此，若無持久不變者，亦無時間關係可言。現在，時
間以其自身而言不能被知覺；所以現象中的持久者是時間底
一切決定之基體，因而亦是諸知覺底一切綜和統一（經驗底
一切綜和統一）底可能性之條件。這樣，時間中的一切存在
以及一切變化須被看成只是那留存下來而堅持著的東西底存
在之變形〔形態〕。在一切現象中，持久不變者是對象自
己，即是說，是當作現象看的本體〔實體物〕；而另一方
面，那變化或能變化的每一東西只屬於「本體或諸本體〔實
體物或諸實體物〕在其中〔或所依以〕存在」的那路數，因
而亦就是屬於諸實體物底諸決定。

此中的關鍵句子仍是：「時間以及其自身而言不能被知覺；所以現
象中的持久者是時間底一切決定之基體」。

　　時間是內部直覺底定常形式，因而亦是一切現象底「基體」，此「基體」是「底據」（underlying ground）義。此只是詮表上的喻解。時間並不真是居於現象底下面或後面以為其基體或底據，它乃是心之主觀建構，用之以表象或決定現象，因而遂使現象有時間相。現象因時間之表象之或決定之始成其為現象，因此，始說時間為現象底基體或底據。此是主觀地言詮上的底據，而持久不變的常體則是客觀地說的存在上的基體。時間固然恆常不變。現象在時間中變，而時間自身不變。我們不能把相續再歸給時間。康德是由這個恆常的形式來逼顯那個客觀地說的存在上的常體（持久不變者）。時間自身是一形式，不是一現象，當然不能被知覺（感觸地被覺知）。因此，在對象方面必有一個常住體以呼應那恆常不變的時間（時間一般）而表象之。時間表象現象底相續、共在與久歷。此三者是時間之三態。說它們是時間底三態，是說時間在應用時（在表象現象時）被現象所刻劃出的三態，並不是時間自身有此三態。時間自身，當作形式看，既不相續，亦不共在，亦無所謂久歷。它表象常體底常住不變，因而顯出常體底久歷性（在時間中的常住性）。此久歷性反而倒映於時間上，遂成為時間之久歷一形態。同時我們亦以常體來呼應那恆常不變的時間自身而表象之，因此，遂可使我們返回來再以時間來表象常住體底久歷性。這與說「共在」處同：我們以「交感互通」一範疇客觀地決定現象之共在，而表象「同時」，復返而以「同時」所示之時間自身來表象「共在」，遂成為時間之共在一形態。因果相亦然。我們由「因果性」一範疇客觀地決定現象之相續的因果相，而表象時間之相續相，復返而以時間相續所示之時間自身來表象相續的因果相，遂成

爲時間之相續一形態。（時間自身無所謂相續。它的相續相是由它
所表象的因果相續倒映於其自身，遂成它的相續相。從因果概念所
決定的因果相續而表象時間底相續相亦是此因果相續倒映於表象之
之時間上而表象出時間底相續相。）這種來回表象頗爲繳繞。但康
德以「時間自身不能被覺知」來逼顯一常住體（共在處亦然）實即
隱含著這來回表象之義，並非以「時間自身之不可被覺知」爲根據
來建立常住體也。常住體自是概念所決定的。「時間自身不能被覺
知」，因此，我們由之逼顯出存在方面的常住體與之相呼應而表象
此不能被覺知的恆常不變之時間。此一表象即成時間之久歷相，恆
常不變性轉而爲外歷性，實亦只是其所表象的常住體之久歷性（在
時間中持久留住）之倒映於其自身。故康德之就時間之恆常不變來
逼顯常住體實即是就「久歷性」說的。此久歷性在來回表象中通時
間與常住體之兩面。這並非說光由時間爲一恆常不變之形式即可建
立常住體也。

　　康德在這樣來回表象中，由時間之恆常不變逼顯常住體，此方
式復見之於《純粹理性批判》之〈規模章〉。他在講本體底規模時
亦如此說，如下：

　　　　本體底規模就是時間中的眞實者之常住，即是說，就是那
　　　「作爲時間一般底經驗決定之基體」的眞實者之表象，因而
　　　亦就是當一切別的東西在變時那作爲留住不變者的眞實者之
　　　表象。（那流轉的東西之存在於時間中流過去，可是時間本
　　　身並不流過去。對於「其自身不流轉而常住」的時間，在現
　　　象領域中，必有一在其存在方面不流轉的東西，即是說，必

有一本體，與之相對應。只有在關聯於本體中，現象底相續
與共在始能在時間中被決定。）

案：此段文括弧中以本體（常住不變者）與時間自身相對應，這仍
是由時間自身之定常逼顯存在方面的常體之常住不變以與之相呼應
而表象之，因為時間自身不能被覺知故。結果便是常體表象恆常不
流的時間（時間一般），而恆常不流的時間作為形式亦表象常體之
久歷，因此，久歷遂通時間與常體之兩面。

　　這種來回表象自是繳繞，但其實義只表示客觀的常體是知性概
念就著時間之表象而決定成的。因此，有兩義必須記住：(1)現象底
常體是不可得的；(2)康德視常體為一存有論的概念，為一範疇。我
們當依據此兩義來說現象底常住相。

　　現象底常住相是識心之執就時間所表象的對象之久歷（持續存
在）經由「本體」一範疇而決定成的，即執成的。對象之久歷是表
面的。我們不能客觀地知道或發見對象方面眞有其常住不變性以為
其常體。對象也許只是一些物質成素（一些感觸的知覺）在只是關
係下底結聚，結聚成一個體而剎那流變，是一條無間等流的線，我
們便認為這是它的久歷，便認為它是在持續存在著。這「認為」是
由眼見（經驗的描述）而來的。因此，眼見底經驗就是一種執。只
這一執還不夠。為的完成一個經驗，完成現象底秩序性，我們還須
經由一個存有論的概念（「本體」一範疇）來決定那久歷性，那持
續存在者底持續性，決定之以為此對象底常住不變性，即是說，以
為此對象底常體。因此，常體是由「本體」一概念底綜括作用（亦
即決定作用）而烘托出來的。它似乎是客觀，而實是由主觀的執定

而執成的。經過這一執定,那對象始眞成其爲對象,爲一客觀的對象。復經過這一執,始滿足我們的理論的辨論底要求,即,如果無此常體底執定,則一切相續與共在皆不可能,因而一個經驗不可能,甚至一個現象自身亦不可能,一切都歸於星散而漂蕩了。全體現象界,全部經驗知識,實是由於這種概念底綜括執定而始完成的。綜括成常體,對象始成爲一客觀而眞實的對象,始成爲一「決定的主詞」,一切謂述都寄託在它上面。

康德只說知性底概念,概念底先驗綜和,知性爲自然立法,但並不說這是知性之執,而其實就是執。康德說:「現象中的秩序與規則性,我們所名之曰自然者,乃是我們自己所引出的。設我們自己,或我們的心靈底本性,不曾原初把這秩序與規則性置放在現象中,我們決不能在現象中找得它們」。「我們自己所引出」,「我們的心靈之本性」把秩序與規則性置放在現象中,這不是識心之執是什麼?可是若不點出這執字,人們可視爲非常可怪之論而不相信。一旦點出執字,便豁然醒悟。設若我們記住現象底特殊意義,現象與物自身底超越區分之眞實意義,則此「執」字之點出乃是必然者,亦是合法者。這執不是心理學的情緒,乃是概念的思之思的執。所謂「立法」,所謂「原則」,所謂「先驗綜和」,其實皆是源於思之本執。

甚至就像羅素那樣的實在論者亦承認須有「準常體之設準」。「設準」者經驗不能發見之,而爲知識故,須假設之之謂也。「準常體」者不知其是否客觀地眞是常體,準似之之謂也。然則康德視之爲範疇,而吾人視之爲經由範疇而執成,皆不爲過矣。

人類的知性是辨解的,非直覺的;人類的直覺是感觸的,非純

智的。辨解之所以爲辨解就是由於須使用概念，而概念有綜括作用，而其所綜括的雜多則是來自感性，非知性所能給與。因此，概念、綜和以及雜多來自感性，這三點是人類知性之特色。康德在第二版的超越推述中，屢屢點示此意，以與無限心（神心）相對照。然則把人類知性之特色說爲是識心之執乃是甚爲合理的。現象是對識心之執而言，這亦是必然的。爲自然立法，自然只是現象，立法只是識心之執定，這也是必然的。就常體說是如此，就因果與共在說亦是如此。乃至就廣度量與強度量說亦復如此。

7.4　總關係三相而名曰「經驗底類推」

以上分別說明因果相、共在相與常住相。今再綜結述之。康德名此三者曰「經驗底類推」。「經驗」就是一經驗的知識，是一綜攝名詞，它亦包括現象。「類推」就是依類而推的先驗的推比性或規律性。「經驗底類推」就是關於經驗知識或關於現象底存在底先驗的推比性或規律性，依此推比性，一種經驗底統一可以從知覺中而發生出。因此，類推底總原則是如此：「經驗只有通過知覺底必然連繫之表象才是可能的」。在第一版中，康德是如此陳述：「一切現象，就其存在而言，是先驗地服從一些規律，即『決定其在一整一時間中的相互關係』的那些規律」。

康德證明此原則云：

> 經驗是一經驗的知識，即是說，是一種「通過知覺而決定一個對象」的知識。它是一種知覺底綜和，它不是含在知覺中，而是其自身在一整一意識中就含有知覺底雜多之綜和統

一。此綜和的統一構成那感覺對象底任何知識中，即經驗中，之本質的成分，以與那純然的直覺或感官底感覺區別開。但是，在經驗中，知覺只依偶然的秩序而聚合於一起，所以沒有「決定它們的連繫」的那必然性是或能夠是在知覺本身中被顯露。因為攝取〔感攝〕只是把經驗直覺底雜多置放於一起這一種置聚；我們在攝取中找不出任何必然性底表象，此所謂任何必然性即「決定這樣置聚起來的現象要在空間與時間中有相連繫的存在」的那必然性。但是，因為經驗是一種通過知覺而來的對象之知識，所以含於雜多底存在中的關係須在經驗中被表象，其被表象不是當作它要在時間中被構造起來而被表象，而是當作它客觀地存在於時間中而被表象。但是，因為時間其自身不能被知覺，所以時間中對象底存在之決定只有通過它們〔對象〕的在時間一般中的關係始能發生出，因而也就是說只有通過「先驗地連繫它們」的那些概念始能發生出。因為這些概念總是帶給它們〔對象〕以必然性，所以隨之可說：經驗只有通過知覺底必然連繫之表象才是可能的。

時間底三相〔三態〕是久歷、相續與共在。所以這將會有時間中的現象底一切關係之三種規律，而這些規律將先於一切經驗，而實在說來，它們亦使經驗為可能。因著這些規律，每一現象底存在，在關涉於一切時間底統一中，能夠被決定。

三種類推底一般原則基於統覺底必然統一上，即，在關涉於一切可能的經驗意識中，即是說，在關涉於每一時間瞬上的

一切知覺中，而基於統覺底必然統一上。而因爲這種統一是
先驗地居於經驗意識底基礎地位，所以以上所說的那個一般
原則〔即類推底一般原則〕是基於一切現象（就它們在時間
中的關係說）底綜和統一上的。因爲根源的統覺是關聯於內
感的（內感是一切表象底綜集），而實在說來，是先驗地關
聯於內感之形式的，即是說，是先驗地關聯於「雜多的經驗
意識」之時間秩序的。一切這種雜多，就其時間關係說，必
須被統一於根源的統覺中。這一點是爲統覺之先驗的超越統
一所要求，每一東西它要是屬於我的知識的（即屬於我的統
一起來的知識的），因而能夠對於我而爲一個對象，它就要
依順於這種統覺底統一。在一切知覺底時間關係中的這種綜
和統一，如這樣先驗地決定的，就是這法則，即：一切經驗
的時間決定必須居於普遍的時間決定底規律之下。我們現在
所要討論的經驗底類推必須是這個陳述底一些規律。

這些原則〔即類推底原則〕有這種特殊性，即：它們不是有
關於現象以及現象底經驗直覺之綜和，但只有關於這樣的現
象之存在以及現象之就其存在而說的相互間的關係。一種樣
式，即「某種東西在其中或所依以在現象中被攝取」的那種
樣式能夠如以下的樣子而先驗地被決定，即：此樣式中的綜
和〔作用〕之規律能夠即刻把先驗直覺（這一成素）在每一
經驗地來到我們眼前的事例中給出來，即是說，能夠使之出
現。但是，現象底存在則不能這樣先驗地被知；縱使承認在
任何這樣的樣式中我們能設法去推斷說某種東西存在，我們
卻不能決定地知道它，即是說：我們不能預測那些特徵，即

「關於這某種東西底經驗直覺所經由之以與其他〔經驗〕直
覺區別開」的那些特徵（features）。

案：以上四段，第一段證明類推底一般原則：經驗只有通過知覺底
必然連繫之表象才是可能的」。第二段，依時間之三態（久歷、相
續與共在）說有三種先驗規律，即三種類推。第三段說明三種類推
底一般原則基於統覺底必然統一。第四段則說明三種原則底特殊
性，即，它們皆有關於現象底存在，而不是有關於現象底量度。但
此第四段有些語句十分隱晦。首先，「這些原則有這種特殊性，
即：它們不是有關於現象以及現象底經驗直覺之綜和，但只有關於
這樣的現象之存在以及現象之就其存在而說的相互間之關係」。此
一整句，「但只」以下是明白的；但「它們不是有關於現象以及現
象底經驗直覺之綜和」則隱晦。「有關於現象」意思是有關於現象
本身底量度；現象本身底量度是依量概念之就現象之形式面而成的
構造綜和而成，所綜和成者即是廣度量。「現象底經驗直覺之綜
和」恐是就經驗直覺中之材質面說，即依質概念之構造綜和而成強
度量。三種類推底原則不是有關於這方面的。關論這方面的乃是
「直覺之公理」以及「知覺底預測」。康德不顯明地點出，只籠統
含混地說「不是有關於現象以及現象底經驗直覺之綜和」，這是令
人糊塗的。

其次，「一種樣式，即『某種東西在其中或所依以在現象中被
攝取』的那種樣式能夠如以下的樣子而先驗地被決定，即：它的綜
和之規律（此樣式中的綜和之規律）能夠即刻把先驗直覺這一成素
在每一經驗地來到我們眼前的事例中給出來，即是說，能夠使之出

現」。此一長句中，「樣式」就是感性攝取底樣式。感性攝取底樣式以時空這形式條件來規定。這種樣式能夠如此地先驗地被決定，即：此感性樣式中的綜和作用之規律能夠即刻（立即）把先驗直覺這一成素在每一經驗事例中給出來。「先驗直覺」是指時間與空間說。以時空為形式條件的感性樣式，其中綜和作用所依的規律，即所依的量概念，能夠即刻把先驗直覺這一成素，即時間與空間這一成素，重現出來（產生出來），在每一經驗事例中重現出來。我們就能依這樣子把那感性樣式先驗地決定出來。這樣決定之，就能顯示出感性攝取底樣式即是以時空為形式條件的那樣式。簡單地正面說出來就是如此：當感性攝取外物時，它成功一經驗的直覺；在此經驗直覺中的現象，或直說為即此經驗直覺本身，就其形式面說，我們能依量概念底構造綜和而先驗地知其為一廣度量，再就其材質一面說，我們依質概念底構造綜和而先驗地知其為一強度量；不管是廣度量抑或是強度量皆是就時間（再加上空間亦無妨）而構造成，故此構造綜和底過程即是產生（重現）時間、空間本身（所謂先驗直覺這一成素）之過程（此成廣度量），同時亦即是決定真實物為一等級量之過程（此成強度量）：這樣地產生出（重現出）時間本身以決定現象為一廣度量，並就時間之表象作用以決定那真實者為一強度量，這便足以先驗地決定我們的感性樣式為以時空為形式條件者。感性底樣式可以這樣地被決定，同時反過來，現象底廣度量與強度量亦可先驗地構造地被決定即被知。此即對於直覺說公理，而曰「直覺之公理」，即直覺上之自明地確定者；對於知覺說預測，而曰「知覺底預測」，即知覺上可以先驗地預測者，此是預測地確定者：此兩者皆是直覺地確定的（允許有直覺的確定性），

亦皆是構造的。

　　「但是,現象底存在則不能這樣先驗地被知;縱使承認在任何這樣的樣式中我們能設法去推斷說某種東西存在,我們亦不能決定地知之,即是說,不能預測那些特徵,即『關於這某種東西底經驗直覺所經由之以與其他〔經驗〕直覺區別開』的那些特徵」。這一整句是清楚的。關於現象底「存在」,我們不能先驗地構造地知之,因為「存在」不能被構造,這只能經由感性以接觸之。我們雖然可以依規律先驗地推斷說某種東西存在,但不能決定地知之。所謂「決定地知之」即是經由感觸直覺覺到之時始能決定地知之。而依規律先驗地推斷說有某種東西存在,這只是虛籠地知,即辨解地知,而不是直覺地知。而直覺地知之,即經由感觸直覺以覺到之,這是經驗的知識,經驗的直覺之知是個個不同的,各有其特殊的經驗內容,如聲色臭味等,此則決定現象之存在者。這些經驗內容底特色,亦即經驗直覺底個個不同,是不能夠先驗地被預測的。我們不能只依規律就可先驗地決定地或構造地知之。因此,就現象之存在說,我們所能先驗地作成的只是就其相互關係依規律而類推之或推比之以使其連繫於一起,因而使經驗知識成為一有機的統一。此統一就是康德所說的「統覺底先驗的超越統一」,而「連繫」亦就是其所說的「必然的連繫」,即依概念而成者。此即是「經驗底類推」所作成者。因此,類推原則不是構造的,乃是軌約的(規則性的)。它的確定性是辨解的,不是直覺的。「經驗底類推」者即是表示一個經驗知識上之推比地或辨解地或軌約地所可確定者。

7.5　構造原則與軌約原則

因此，康德分判經驗底類推與前面已講過的直覺之公理與知覺底預測這兩者之不同云：

前兩種原則，因爲它們證成數學之應用於現象〔意即使數學應用於現象爲合法〕，所以我名之曰數學的，它們涉及現象之可能性，而且就現象之直覺以及其知覺中之真實物而言，它們亦教導我們現象如何能依照數學綜和之規律而被產生出來〔案：「產生」字不妥，改爲「決定」較順適〕。這兩種原則使我們使用數目量度爲合法，因而也能使我們去決定現象爲一量度。例如，我們能因著結合月光底某種200,000的照度而先驗地決定即先驗地構造日光底感覺之程度〔等級量〕。因此，這兩種原則可以叫做是構造的。

至於那些「想去把現象底存在置於先驗的規律之下」的原則，則完全不同。因爲存在是不能被構造的，所以這些原則只能應用於存在底關係上，而亦只能產生出軌約的原則。因此，我們不能期望有公理或預測。但是，如果一個知覺在一對於某一其他知覺的時間關係中而被給與，則縱使此某一其他知覺是不決定的，而結果我們也不能裁決它是什麼，或裁決它的量度可是什麼，然而我們仍然可以肯斷說：在它的存在方面，它是必然地在此時間之模式〔形態〕中與前者〔即已被給與的知覺〕相連繫。

在哲學中，類推指示某種東西十分不同於其在數學中所表象

的。在數學中，它們是些公式，表示兩個量的關係之相等，它們總是構造的；這樣，如果比例中底三項已被給與，則第四項亦同樣可被給與，即是說，亦同樣能被構造出。但是，在哲學中，類推不是兩個量的關係之相等，而是兩個質的關係之相等；而從三個特定項中，我們只能得到「對於一第四項的關係」〔關聯於一第四項〕之先驗知識，而不能得到第四項本身之先驗知識。但是，這關係可以為「在經驗中尋求第四項」產生一規律，它並且是一個記號，因著此記號，那第四項可被檢查出來。因此，經驗底一個類推只是一個規律，依照此規律，一種經驗底統一可以從知覺中發生出來。它並不告訴我們純然的知覺或一般說的經驗直覺自身如何能發生。它不是對象底構造原則，即是說，不是現象底構造原則，但只是對象〔現象〕底軌約原則。

關於「經驗思想一般底設準」亦可這樣說，這些設準是有關於純然直覺之綜和（即現象底形式之綜和）、知覺之綜和（即知覺底材質之綜和）以及經驗底綜和（即這些知覺底關係之綜和）。它們只是些軌約的原則，而與數學的原則不同，數學的原則是構造的，它們與數學的原則之不同，實在說來，不是在確定性上有不同（兩者皆有先驗的確定性），而是在它們的明據性〔evidence 顯明性〕之本性上有不同，即是說，就那專屬於數學原則的「直覺成分（結果亦即是有證明力的成分 demonstrative factors）之性格」而說它們與數學原則不同。

案：以上康德所說皆甚清楚。但最後一段說及「經驗思想一般底設準」亦是軌約原則，此需要吾人予以特別的注明。「經驗思想底設準」是就程態範疇而說的。吾在此，不想多說。簡單地述之是如此：「凡與經驗底形式條件（即直覺底條件與概念之條件）相契合的，那便是可能的；凡與經驗底材質條件（即是說與感覺）相結縛的，那便是現實的；那在其與現實的相連繫中而依照經驗底普遍條件而被決定的便是必然的」。這三個設準之為軌約原則是軌約地決定時間底範圍，即，在現象領域內就一切可能的對象決定其是否以及如何屬於時間，亦即決定在什麼情形下是可能的，在什麼情形下是現實的，在什麼情形下是必然的。這是第二序上的軌約原則，與類推之為第一序上的軌約原則不同。若依〈背反底批判的解決〉中所說的構造與軌約，則類推之為軌約在現象界內亦是構造的，可是若說類推亦是構造的，則又與公理與預測兩類有不同。公理與預測之為構造的是指數量之構造而言。在此，康德是就 construction（構造）而說為 constitutive（構造的）。實則此兩詞亦可稍有不同。前者可譯為構造，而後者似當譯為組構。如果公理、預測與類推，俱視之為組構的，則類推當說為是關係地組構的，公理與預測則說為是量地組構的。這雖有點彆扭，然並非不合法。因為若依〈背反底批判解決〉中所使用的構造與軌約而言，則凡可以綜和而完整起來而成一放得下（平鋪得下）的現實綜體者即曰組構的；凡不能如此者，則曰軌約的。現在，在現象界內，類推底原則實可以決定現象底相互關係，因而可以平鋪得下而成為現象底秩序，因此便可說為是組構的。否則於範疇便不可說客觀妥效性。此組構雖不能把現象底全部綜和成一個完整的絕對綜體而繫屬之於一超越的理

念，因爲它表示知性底綜和，非表示理性底綜和故，然而現象界底全部現象既俱在這些類推原則（規律）下而成爲一現象，則此原則便即是組構的。可是這樣說，又須與前兩類（公理與預測）分別開。因此，我說前兩類爲量地組構的，而類推則爲關係地組構的。如果構造、組構與軌約三者獨立使用，則可說：公理與預測是構造的，類推是組構的，而設準才眞正是軌約的。設準本是第二序上的，對於現象界加以反省的，因此是虛的，而類推則是第一序上的，是現象底存在之自身上的事，因此是實的。就虛層說軌約，此與〈背反底批判解決〉中所說的軌約義同。康德把虛實兩層合而爲一，俱說之爲軌約的，便有點與〈背反之批判解決〉中所說的軌約義不一律處。現象底「存在」固然不能被構造（實亦不能被組構），然就其存在而說的它們的相互關係卻亦實可以依規律而組構起來，組構之爲一「必然的連繫」，現象即在此必然連繫中存在，不管我們已直覺到或尚未直覺到，此是依概念而可先驗地決定者。因此，我提議構造、組構與軌約三者獨立使用，而說公理與預測是構造的，類推是組構的，設準是軌約的。康德視構造與組構爲同義語，於類推說軌約則嫌輕。依三者獨立使用說，組構比構造爲寬廣，軌約一保其虛意。此等字眼畸輕畸重極難斟酌。依康德原文說亦無礙，但須通其意。

康德又說：

在知性底純粹概念之應用於可能的經驗中，這些純粹概念底綜和作用之使用或是數學的或是力學的；因爲這使用一部分是有關於「一現象一般」底純然直覺，一部分是有關於現象

底存在。直覺底先驗條件是任何可能經驗底絕對必然的條件；可是一可能的經驗直覺底對象之「存在」之諸條件其自身卻只是偶然的。因此，數學使用底原則將是無條件地必然的，即是說，是確然的（apodeictic）。力學使用底那些原則亦實有先驗必然性之性格，但只在某一經驗中的經驗思想底條件下有此性格，因而也只是間接地有此性格。不管它們的通貫經驗的無疑的確定性為如何，然而它們總不會含有那專屬於前者的「直接的顯明性」。但是關於這一點，當此諸原則底系統結成時，我們將能更好地判斷之。

範疇表很自然地是我們的原則表底構造之指導。因為原則只是範疇底客觀使用之規律。因此，純粹知性底一切原則可列之如下：

1
直覺底公理

2　　　　　　　3
知覺底預測　　　經驗底類推

4
經驗思想一般底設準

我所以有意採用這些名稱為的是要想給這些原則底顯明性〔明據性〕中的差異以及其應用中的差異以突出的顯著性。不久將可清楚：那含在依照量與質底範疇而來的現象底先驗決定中的諸原則允許有直覺的確定性，就它們的明據力（evidential force）說與就它們的先驗的應用（應用於現

象）說，皆然。因此，它們與其他兩組原則不同，其他兩組
原則只允許有一純然地辨解的確定性。甚至當我們知道這確
定性在兩種情形中皆是完整的時，這區別亦仍然成立。因
此，我將名前者曰數學的原則，名後者曰力學的原則。但是
須注意：我們在前一情形中〔即在質量兩組原則中〕很少論
及數學底原則，一如在後一情形中〔即在關係與程態兩組原
則中〕我們亦很少論及一般物理力學底原則。我們只討論純
粹知性底原則之關聯於內部感覺（特定表象間的一切差異可
略而不論）。正是通過純粹知性底這些原則，數學底特殊原
則以及力學底特殊原則始成為可能的。因此，我之所以這樣
稱呼它們乃是因為它們的應用之故，而不是因為它們的內容
之故。

案：此兩段文是把四種原則分為兩類，一類是數學的，一類是力學
的。兩類原則俱有確定性，數學的允許有「直覺的確定性」，力學
的則允許有「辨解的確定性」。關於數學的，是就概念綜和之使用
說，不是就數學本身說。概念綜和底使用之原則之為數學的使數學
底特殊原則（即數學本身底原則）為可能。因此它們亦涉及數學。
此種涉及，康德名曰「從概念到直覺」。〈超越的攝物學〉中所論
者則是「從直覺到概念」，那是論數學本身底原則者。康德說：
「因此，當我縱然把數學底原則置而不論時，我亦將論及數學底可
能性以及其先驗的客觀妥實性所基於其上的那些更根本的原則。這
些更根本的原則必須視為一切數學原則之基礎。它們是從概念進到
直覺，而不是從直覺進到概念」。這些「從概念進到直覺」的更根

本的原則便就是「直覺之公理」與「知覺之預測」這兩類「概念綜
和之數學使用底原則」之所論者。

　　關於概念綜和底力學使用之原則，我們仍須確認「類推原則」
是第一序者，此是眞正力學使用底原則，但亦是使力學底特殊原則
（力學本身底原則）爲可能者，而不是力學本身底原則。至於設準
之爲力學使用之原則則是第二序者，這不過是反省地確定時間之範
圍而已。

7.6　純粹知性底一切原則之綜列

　　因此，我們可以把純粹知性底這些原則總列如下

Ⅰ　直覺底公理：一切直覺皆是廣度量。（第二版）

　　　　　　　　一切現象在其直覺中皆是廣度量。（第一
　　　　　　　　版）

Ⅱ　知覺底預測：在一切現象中，那作爲感覺之對象的眞實者
　　　　　　　　皆有一強度量，即，皆有一等級量。（第二
　　　　　　　　版）

　　　　　　　　在一切現象中，感覺以及在對象中與此感覺
　　　　　　　　相對應的那眞實者（實在物）皆有一強度
　　　　　　　　量，即，皆有一等級量。（第一版）

Ⅲ　經驗底類推，類推底總原則：

　　經驗只有通過知覺底必然連繫之表象才是可能的。（第二
　　版）

　　一切現象，就其存在而言，皆先驗地服從一些規律，即在
　　一整一時間中決定其相互關係的那些規律。

Ⅲ.1第一類推：本體底常住性（持久性）之原則：

在現象底一切變化中，本體是常住不變者；其在自然中的實量是既不增亦不減。（第二版）

一切現象含有常住者（常體）以為對象自身，並含有流轉者以為此對象底純然決定，即是說，以為「此對象在其中存在」的路數。（第一版）

Ⅲ.2第二類推：依照因果性法則而來的「時間中相續」之原則：

一切變化是依順原因與結果底連繫之法則而發生。（第二版）

每一在發生的東西，即每一開始存在的東西，皆預設某種東西，即「其依照一規律所隨之而來」的某種東西。（第一版）

Ⅲ.3第三類推：依照交互或交感互通之法則而來的「共在之原則」：

一切本體物，只要當它們能被覺知為在空間中共在，它們即一是皆在通貫一切的交互中。（第二版）

一切本體物，只要當它們共在，它們皆處於通貫一切的交感互通中，即是說，皆處於交互影響中。（第一版）

Ⅳ 經驗思想一般底設準：

Ⅳ.1那與經驗底形式條件相契合者，即是說，與直覺底條件以及概念之條件相契合者，便是「可能的」。

Ⅳ.2那與經驗底材質條件相結縛於一起者，即是說，與感覺相結合於一起者，便是「現實的」。

Ⅳ.3那在其與「現實的」相連繫中而依照經驗底普遍條件而被
　　決定者，便是「必然的」（即當作必然的而存在）。

以上這些原則是純粹知性先驗綜和地判斷對象（即統思對象）所依
據的原則。故這些原則亦名知性底「綜和原則」。而「原則底分
析」，康德亦名之曰「判斷論」。依康德立名底分際，這些綜和原
則雖然與「先驗綜和判斷」底內容相同，然而卻不即是先驗綜和判
斷本身，乃是先驗綜和判斷所依據以成其為判斷的原則。在系統的
陳列中，概念底分析以及原則底分析皆是為的要成功並說明一先驗
綜和判斷，無論這先驗綜和判斷是數學中的或是自然科學中的。然
而對於這些先驗綜和判斷本身卻並沒有程列出來，但只是虛籠地一
說。這是因為我們已肯認了數學與自然科學中實有先驗綜和判斷，
故問題單在說明其如何可能，如是，遂有概念底分析與原則底分析
以說明之。這是一種批判的工作。超絕形上學（即所謂各別形上
學）中亦有先驗綜和判斷，如世界必有一開始，等等，但這些先驗
綜和判斷並不能由概念底分析與原則底分析以說明並證成其為可
能，即我們的知識能力並不能擴張到它們那裡以使之成為一積極的
知識。因此，概念底分析與原則底分析只能說明並證成數學與自然
科學中的那些先驗綜和判斷以使數學與自然科學為可能。數學本身
代表形式知識，自然科學本身代表經驗知識。使之為可能的那些先
驗綜和判斷則代表存有論的知識（此即所謂一般形上學，形上學通
論，或內在形上學）。康德以理性綜說之，說之為此是思辨理性之
所及者，至於超絕形上學乃至其中的先驗綜和判斷，那不是思辨理
性之所能及而證成之者，此須另由實踐理性（理性之實踐的使用）
以契接之。此是康德學之大體規模。

康德類比於普通邏輯之論概念、判斷與推理，故在其超越的邏輯（〈超越的辨物學〉）中亦分此三部而論之。此三部是對應三種認知機能而成，即知性、判斷性（判斷機能）與理性。普通邏輯相應於知性，論概念（名詞）；相應於判斷機能，論命題；相應於理性，論推理（這只是康德的比配，通常則把三種機能皆概括於「知性」這一通稱下）。普通邏輯只是形式的，它抽掉知識底一切內容，只處理思想之形式，故其論概念只是當作一個詞項（term）而處理之。然而超越的邏輯則涉及某種決定性的內容，即純粹而先驗的知識之內容，故其相應於知性論概念，此概念是範疇，即存有論的概念；其相應於判斷機能論判斷，此判斷不是一般的命題，而是先驗綜和判斷，復亦不是論此先驗綜和判斷本身，而是論先驗綜和判斷所依以成的「綜和原則」；而其相應於理性論推理亦並不是論推理本身，而是就知性所提供的概念，依順理性推理底程序而向後追溯，追溯至一完整之境，而提供出一超絕的理念，然而此一部分卻是辯證的，而不是分析的。

關對著特殊的內容，說有三種認知機能，其實亦可以說只是一種機能即知性一機能之三態。知性是「概念之能」，同時亦是「原則之源」。而理性是虛的，它既可以運行於概念與原則底有效範圍內，亦可以脫離這有效範圍，而把概念與原則帶至超絕之境。理性本身實無所產生。它所提供的「理念」實只是由知性底概念而轉成。實處只在知性。

依此，就概念底分析與原則底分析而言，知性提供概念，而概念皆有概括性或總持性，故概念可充當一規律（rule），故康德亦說知性是「規律之能」。知性同時亦是「原則之源」，而原則是就

判斷而立的。判斷亦是知性底一種能力，並非是獨立的一種機能也。判斷是把某種東西歸屬於規律之下底能力，即是說，是區別某種東西是否處於一特定規律之下底能力。那就是說，範疇關聯於對象，把對象歸屬於範疇下，便就是判斷。此是先驗的綜和判斷。判斷之成必依原則。康德亦說「原則就是範疇底客觀使用之規律」。依此，概念是規律，這是從第一序上說的。原則亦是規律，這是從第二序上說的。概念、判斷、原則，可以說是三層；我們依這三層而有重重疊疊的詞語。

原則散開說是四類，如上所列；總起來說，它們暗示一個總原則，那就是一切先驗綜和判斷底最高原則：「經驗可能底條件同樣亦是經驗對象可能底條件」；「每一對象皆處於一可能經驗中直覺底雜多底綜和統一之必然條件下」；「當我們把先驗直覺底形式條件、想像底綜和以及在一超越的統覺中此種綜和底必然統一，關聯到一可能的經驗知識上去時，先驗綜和判斷才是可能的」。散開說的那四類原則皆是表示此義，故此義可以說是一切先驗綜和判斷底最高原則（分析判斷底最高原則是矛盾原則）。

普通邏輯不能教導我們如何判斷對象。它只呈列思想一般底形式；至於如何應用這形式，那並沒有一種原則（第二序上的規律）可以指導你，那只有靠你的聰明。書呆子知道好多法律條文、醫學知識，但到應用時仍然錯誤百出。那些條文只是呆板的公式，可是也並沒有一種原則指導你應用。應用只有靠經驗（閱歷）與聰明（母慧）。但是，超越的邏輯（〈超越的辨物學〉）則可以提供一些原則教導你如何判斷，以完成這先驗的綜和判斷，此即是存有論的知識；而存有論的知識在某一義上亦可以說不是一種知識，不是

對題的經驗知識,乃是這知識可能底條件:此即是〈超越辨物學〉之所處理以辨之而且先驗地知之者。

以上諸解說只是順康德的學究式的架構所牽連的諸詞語而予以疏通。總起來,知性、判斷、理性,皆只是一識心之執;概念、原則、先驗綜和判斷,皆只是識心之執之所執現;而原則之所示以及先驗綜和判斷之所斷亦無非就是識心之執之所執現而落於對象上而成的一些定相,因而這些定相亦就是由執而成的一些決定性的相:時空相、廣度量相、強度量相、因果相、共在相、常住相,乃至程態方面的可能相、現實相、必然相。由廣度量相可引申出一相、多相,綜相;由強度量相可引出實在相、虛無相、限制相;由因果相可引申出生相、滅相,乃至變化相、運動相,等等。龍樹所說的不生不滅、不常不斷、不一不異、不來不去,乃是就般若照空的無執相說。那麼,翻過來,生滅、常斷、一異、來去,便就是執相。生滅來去相概括在因果相中;常相屬於常住,斷相屬於虛無;一異相概括於一相多相中。總之皆由時空相來表象。

此下我們本當即論執與無執底對照。然在正式論述此義以前,亦有釐清純粹理性底虛幻之必要。以下試綜述康德《純粹理性批判·超越的辯證部》之大義。

8. 純粹思辨理性底虛幻性

依上7.6,我們已說知性、判斷性(判斷機能)、理性,這三種認知機能只是知性一機能之三態,亦同是一識心之執之三態。知性提供概念,而概念可充當一規律,故知性亦是規律之能。知性同

時亦是原則之源，故亦是判斷之能。理性即是知性底條貫性。康德
即以「推理」說理性。故理性是虛的，它可以運行於知性底概念與
原則之有效範圍內，在此，它把知性底判斷條貫起來；它亦可脫離
這有效範圍，而把知性底概念與原則帶至超絕之境。因為理性底推
理，若獨立地觀之，我們沒有理由把它限制於某一點上，不准其依
三段推理底方式再向前條貫。此若在形式邏輯裡，便無問題。但在
超越的邏輯（〈超越的辨物學〉）裡，則有問題。因為超越的邏輯
涉及對象，故理性底推理之無限拉長在此亦想趨於完整之境而期在
對象方面有所肯定。但此肯定又是無根的，純是理性自己獨行之超
絕的肯定。知性在使用範疇以思辨感性之所給與者時，只負責把
「不過只是關係」的現象予以概念的決定，而使之具有定相，它並
不負責把全部現象完整起來，而期對於此完整體有所肯定。因此，
在知性底立場上，全部現象或現象界是兩頭敞開的。感性呈現之，
知性單只如此決定之，即執定之。何處是其起處，何處是其依止
處，這不是知性所能知的。想把現象界完整起來，而就絕對完整處
有所肯定者，乃是獨行之理性。理性也就是知性底推理作用。因
此，所謂是獨行的理性之所嚮往而作之者，實亦即是獨行的知性不
與感性合作時本於對象方面一無所知而卻自以為有所知所凸起的假
象，所作的虛假的判斷、肯定或裁決。這樣，純粹知性底使用（獨
行的使用，非經驗的使用）便變成辯證的，非分解的。康德即於此
說為是純粹理性底辯證的推理，即虛假的推理。前知性與感性合作
所成者是康德的超越邏輯中的分解部，此亦名曰「真理底邏輯」
（logic of truth）。所謂「真理」亦是俗諦性的真理，因為它是知
性與感性合作時之所執成者。「理性獨行所成的辯證推理」之批判

則是其超越邏輯中的辯證部。康德以爲古人用「辯證」一詞是作爲一種技藝或學問之名，它雖有種種意義，然總不過是「虛幻底邏輯」（logic of illusion）。（案：此當就辯士之使用而言，若柏拉圖所用者以明理型之離合，則恐不是如此。）但康德此辯證部，其使用「辯證」一詞乃是意在對於純粹理性所成的虛假推理予以批判的思辨。因此，若類比分解部之被名曰「眞理底邏輯」，則此「超越的辯證」部即可名曰「虛幻底批判之邏輯」（logic of the critique of illusion），而不是「虛幻底邏輯」。所謂「純粹理性底批判」，恰當地說，即指目此部而言。

理性獨行（獨立不依於一切經驗）所追求的絕對完整可以在三方面表現。

(1)它就「思維主體」而追求心態串系底絕對統一。思維主體是理性心理學底對象。理性心理學亦名曰「超越的靈魂論」。理性把那思維主體視作「靈魂不滅」中的靈魂。

(2)它就全部現象界中的現象而追求其條件系列之絕對統一。一切現象底綜集名曰「世界」，此是理性宇宙論底對象。理性的宇宙論亦名曰「超越的世界學」。理性對於世界底絕對完整有所肯定。

(3)它就思想一般底一切對象追求其條件系列底絕對統一，即其可能底最高條件。凡能被思的一切對象底可能之最高條件就是一切存有底存有，此是超越的神學底對象。此超越的神學亦名曰「關於上帝底一種超越的知識學」。

因此，康德說：「純粹理性能爲一超越的靈魂論、超越的世界學以及最後關於上帝底一種超越的知識學，提供理念。」這些學問全然是純粹理性底產品，知性決無法產生出來。純粹理性爲這些學

問提供理念，它並以爲單憑其自己即可對於與此理念相對應的對象
有所知，即是說，它能給它所提供的理念以「客觀的實在性」。例
如它爲理性的心理學提供一代表絕對統一的獨體靈魂之理念，並以
爲它已知道了這獨體靈魂之實在，因此，它遂可以安然肯定靈魂不
滅而無疑。它爲理性的宇宙論提供代表絕對完整的諸般理念，如世
界有始無始等，並以爲它已知道了與此諸般理念相對應的對象之實
在性，因此，它遂可安然肯定此對象之實在性而無疑。最後，它爲
超越的神學提供上帝一理念，並以爲如此便算已證明了上帝之眞實
存在。

　　實則理性底這部工作並非分解的，乃是辯證的，因爲其中的推
理有虛幻。康德名理性心理學中的辯證推理曰「純粹理性底誤推」
（paralogism of pure reason）；名理性宇宙論中的辯證推理曰「純
粹理性底背反」（antinomy of pure reason）；名超越的神學中證
明上帝存在底論據之不可靠曰「純粹理性底理想」（ideal of pure
reason）。

　　以下只就純粹理性底誤推與背反以明純粹理性底虛幻性。

8.1　關于「純粹理性底誤推」

　　關此，《純粹理性底批判》中有第一版與第二版之兩作，第二
版的重述比較簡單化，茲依之略述如下。

　　思維主體（思維的我）是理性心理學底對象。這個思維主體就
是笛卡兒「我思，我在」的那個「我」。康德由「超越的統覺」來
說它。關於這個「我」，我已釐清於第四章第7節，當覆看。理性
的心理學由此「我」意想「靈魂不滅」中的獨體靈魂，因此，它預

設「靈魂」有以下四特性：

(1)靈魂是「本體」。此是靈魂之實體性（substantiality）。此作為本體看的靈魂當然是「非物質的本體」，康德原文以「非物質性」（immateriality）說之。我們還須注意，靈魂是本體，此本體不是當作範疇看的那個本體。此是直指獨體靈魂而說其自身就是一個非物質性的實體，它不是我們用「本體」一範疇就著雜多底統一而決定成的。

(2)就此獨體靈魂底性質說，它是「單純的」。此是它的「單純性」（simplicity），亦說為「不可破壞性」（incorruptibility），亦即是不可分割性。因為實體性的獨體靈魂不是一組合體，故不可分割。

(3)就其所存在於其中的不同時間說，它是數目地同一的，即是說，它是單一、純一（unity），而不是眾多（plurality）。此是說它的「人格性」（personality），因此得名曰「獨體靈魂」（indivi-dual soul）。」

(4)就其關聯於空間中的可能對象說，它是物質中的生命原則，是靈魂，是動物性底根據（超越根據），而此由於為「精神性」所限制，它復轉而有「不滅性」（immortality）。精神性（spirituality）由前三點來表示。

現在的問題就是由「思維的我」是否可達至此四特性？康德檢查如下：

(1)「思維的我是一主體」並不等於說「我作為一對象對我自己而為一自存的實有或實體」。前者是一分析命題，後者是一綜和命題。思維的我（我思）當然是一個能思的主體，但這並不表示它就

是客觀地自存的實有或實體。即由「思維的我」推不出這實體性，
則此實體性當然是加上去的；因此，說「它是一個自存的實體」，
這顯然是一綜和命題。思維的我本是「認知我」，也就是我所謂
「邏輯的我」，它只是一個「形式的有」。我們不能由它之為「形
式的有」推出它是一個自存的實體性的有。我們由思維的我之為形
式的有可以超越地或跳躍地臆想一個自存的實體性的有以為真我，
但不能由此形式的有直接地來證明到。

　　(2)「統覺底我是一」不等於說「這個我（思維的我）是一單純
的本體」。前者亦是一分析命題，而後者則是綜和的。統覺底我既
是一形式的有，它自然是一個整一（非組合的整一）。但此「一」
是就其為「形式的有」而說，這並不表示它是單純的本體之為一。
前者是「虛一」，後者是「實一」。若如我們的說法，「虛一」是
知體明覺自我坎陷所凸起的形式的我之為一，而「實一」則是知體
明覺自身之為一。這兩者間的距離甚遠，而其性質亦根本不同。因
此，由「統覺我是一」不能證成「它是一個單純的本體」。

　　(3)「在我所意識的一切雜多中我同一於我自己（我自身同
一）」並不等於說「我自己是一真實的本體這本體之同一性」。前
者是分析命題，後者是綜和命題。思維的我既是一形式的有之為虛
一，它當然是雜多中的自身同一者，亦是雜多流變中的留住不變
者。但此自身同一，留住不變，是就其為「形式的有」而說，這並
不表示我自己是一個真實的本體，由此真實的本體說我是一人格，
乃至說這人格底同一性，即並不表示說這個思維的我就是一個「獨
體的靈魂」。

　　(4)「我，作為一思維的實有，不同於外物如身體乃至空間中一

切可能的對象」並不等於說「我自己只作爲一思維的實有而存在，即可以離開外物而永恆自存（不以人的形態而存在）」。前者是一分析命題，後者是一綜和命題。我作爲一思維的實有，它當然不同於空間中的一切外物（我的身體亦在內）；但這並不表示這個思維的實有就是一個可以離開外物甚至離開人的形態（人身）當作一獨體的靈魂而永恆自存。

　　因此，康德綜結說：「依是[*]，思想一般中『我自己』底意識之分析並不能產生一點什麼有關於作爲對象的『我自己』之知識。思想一般底邏輯解釋已被誤認爲一種關於對象底形而上的決定了。」

　　如果我想對於作爲獨體靈魂的那個我（眞我）有所知，即，當作一客觀自存的對象，作爲一自存的實體的對象，而期對之有所知，這必須要一種直覺。感觸直覺不能及之，這所需要的直覺必須是智的直覺。但依康德，吾人無智的直覺。因此，那個眞我（不滅的獨體靈魂）是永不能被知於我們的。至於就著思維的我（這是從思想一般中所意識到的我自己）而作邏輯的分析（如上列四點中那些分析命題），那更不能視作關於獨體靈魂底知識。但是理性的心理學認爲那樣就算對於獨體靈魂已有眞實的知識了。這是一種「誤認」，即把「思想一般」中的我之邏輯解釋誤認爲一種關於眞我底「形而上的決定」。如有智的直覺，我們可對之作此「形而上的決定」，否則不能作此形而上的決定。復次，由「思想一般」所意識到的「形式的我」，我們對之可有一「形式的直覺」，但不能於此說「智的直覺」。而形式的直覺並不能對之作一形而上的決定也。

　　此中既有誤認，那麼理性的心理學中關於不滅的獨體靈魂所作的推證自然是「誤推」，因而也就是「辯證的推理」了。純粹理性

在此是無能爲力的。我們須把純粹理性在此方面的虛幻性撥落掉，
然後可不在此方向上枉費力氣。

8.2　關于「純粹理性底背反」

關此，康德原文甚長，也是辯證部中最核心而且最精釆的一
章。今茲簡略述之，而且重在就其批判的解決之思路撮其要以明其
解決此背反底關鍵觀念。

純粹理性爲超越的世界學（理性的宇宙論）提供「理念」。它
如何提供這理念？它是順「有條件者」向後返追求其條件系列底最
後完整亦即絕對完整而提供之。因此，要求宇宙論的完整綜體便可
視爲是「理性底原則」。康德就要檢查這樣的原則究竟是什麼意義
的原則以及其作用何在，成就如何。

理性依順知性底四類範疇可以提供出四種宇宙論的理念：

(1)　依順量範疇，就時間、空間所表象的量，要求全部現象底
組合，組合而爲一世界的組合之絕對完整。

(2)　依順質範疇中的「實在」一範疇，要求現象領域中一有限
制的所與整全之區分中的絕對完整。（例如空間中的物質體就是一
有限制的所與整全，也就是充滿一段時間中的眞實物之實在而爲
「實在」一範疇所決定。）

(3)　依順關係範疇中「因果性」一範疇，要求一現象底起源中
之絕對的完整。

(4)　依順程態範疇中「偶然必然」一對範疇，就現象領域中可
變化的東西底存在之依待性而要求一絕對的完整，要求一無待的必
然的存有以完整起那偶然物底依待之系列。

　　四類範疇共有十二個，單取此四個者，以其可引至一系列故。不能引生一系列者則不取。至於量範疇，則亦籠統取之，不必單指一、多或綜也。

　　理性順此四範疇要求全部現象界底絕對完整，即就此絕對完整處之無條件者而提供一理念（idea）。"idea"一詞，依柏拉圖之使用，本有圓滿義。但在柏拉圖之哲學裡，則譯曰「理型」，因為他視此為實在故；而在康德之使用，則譯曰「理念」，因為它不必有實在性故。理念者，純粹思辨理性就絕對完整處之無條件者所觀想而立的一個「超越的概念」之謂也。在此，即曰「宇宙論的理念」。

　　理性這樣提供，若知其所提供者只是一個「理念」，並無客觀實在性，則亦好辦。但獨斷論者卻常不這樣謙虛，他們視理性之所提供者有客觀實在性；他們以為這樣提供之，便算對於與此理念相應的對象有了知識，因此便安然置定此對象而無疑。

　　但是理性之這樣提供並不能定住其自己。同樣的理性，依同樣的路數，亦正可提出相反的主張。這樣，便形成理性自身之衝突，因此，便名曰「純粹理性之背反」。正因有此背反，我們遂說理性不能穩定住其自己之提供。若能穩定住其自己之提供，便成分解的，而不是辯證的。所以正因有此背反，理性之提供過程必有虛幻，因此，名曰「辯證的推理」。

　　背反有四：

　　⑴　第一背反（超越理念底第一衝突）。

　　正題：世界在時間中有一開始，而就空間說亦是被限制的。

　　反題：世界無開始，在空間中亦無限制；就時間與空間這兩方

面說，它皆是無限的。

康德原文對此正反兩題俱有證明，而且俱予以檢查。我在此只略說其意便可。

一切現象俱在時間中。時間所表象的現象必成一串系。如果我們順此串系向後返，則每一步後返中現象底存在必在時間中，此存在底前一狀態之存在亦必在時間中。我們能不能說現象底存在忽然停止於此而再不准或不能向後拉長呢？我們似乎不能這樣說。這「不能」便形成反題底主張。但執持正題者認為若世界在時間中無開始，則世界從眼前說起必恆久以來即永永存在，此即函說一無限的系列已流過，而無限的系列是從不能通過相續的綜和而被完整起來的。你如何能知世界定是一無限的系列而無開始呢？因此，你說無限，這只是一個儱侗的敞開，你不能決定什麼。但是，我們要想說明現象世界底存在，則「存在」一觀念必函一「開始去存在」，因此，必有一個最後的開始以完整起這系列，藉以說明這世界之最初的「開始去存在」。若只是相對的開始，而無最初的第一開始，則等於對於其存在並未說明。因此，要想說明其存在，它的時間中的存在系列必須能完整起來才算。而能完整起來即表示世界在時間中有一開始。這最初的第一開始即表示世界有一創造者使之在時間中開始去存在。

在空間方面亦如此。如果空間所表象的現象是共在事物之無限地擴張，則我們對於此無限擴張所示的無限系列亦不能通過部分之相續增加而把它完整起來。既不能完整起來，你不能客觀地斷定它就是無限的。你所說的無限是一個儱侗的敞開的觀念，不能決定什麼。因此，你對於世界底存在在空間方面亦不能算有說明。要想能

說明，則對於共在事物底系列必須能完整起來。而能完整起來即表示世界在空間方面有一限制。一個創造者同時給世界一個開始，同時亦給它空間方面一個限制，那就是說，世界在空間方面是有限的。因爲世界是被造的，凡被造的都是有限體。

但是，反題方面則認爲若世界在時間中有一開始，則其未開始存在前必有一虛空的時間。在虛空的時間中，沒有「一物之發生」是可能的。在虛空的時間中，什麼也沒有，何以忽然會出現一個事物？這豈不是要魔術？時間是表象現象底存在。存在之前而復前皆是存在，皆是時間所表象的（即在時間中），寧有其停止處說它再無一狀態在其前而在此忽然開始存在？凡現象底存在都是前時未在而現在開始存在。但這種開始都是系列中的相對的開始，都是有爲之前者，即都是有條件的。若說有一狀態無爲之前者，而忽然無條件地開始，那是不可通的。在空間方面亦如此。若說世界在空間方面有限制，則在此有圈限的世界以外必有一虛空的空間；而空間所表象的現象之共在部分不准其擴張，這也是無理由的。因此，世界無論在時間方面或空間方面皆是無限的。

此便是正反兩題之衝突，也就是理性自身之衝突。

康德說這第一背反是數學的。因爲系列中的每一部分乃至絕對完整處之無條件者（第一開始）皆是同質地在時間與空間中，即皆爲時空所表象。反題中的無限亦同樣皆爲時空所表象。此即是就時空所表象的全部現象把它們組合起來而成爲一個世界而肯斷其全量或爲有限或爲無限。這種肯斷當然有問題。總檢查在後。

(2) 第二背反（超越理念底第二衝突）

正題：世界中每一組合的實體物是由單純的部分而造成，而除

單純者以及那由單純者而組合成者外，再沒有什麼東西可存在於任
何處。

反題：世界中沒有組合的東西是由單純的部分而組成，而世界
中亦無處存有任何單純的東西。

此是區分之背反。此所謂「區分」是就一給與於直覺中的「有
限制的整全」而言。此「有限制的整全」是指一「組合的實體物」
而言。每一給與於直覺中的實體物，爲空間所表象者，可看成是一
個組合物，即是說，它不是一個單一，它可以被化解，被區分。順
「實在性」一範疇說，一直覺中的眞實物（實體物）是封在一些界
限之內的，這些界限即爲一直覺所割截成。即由此割截，它是一有
限制的整全，因而是一決定性的完整。就這決定性的完整而言，它
不需要通過測量，即，通過它的部分之相續綜和而被構造，它是在
直覺底限制中而被表象的。因此，它雖是一決定性的完整，一有限
制的整全，然而既不需要通過它的部分之相續綜和而構造其綜體，
則它亦可以說是一「不決定的量」，這就是康德所說的「一不決定
的量可以當作一全體而被直覺」（見第一背反正題證明中之注
語）。可是若通過時間之被充滿或虛空而把它表象爲一等級量，即
強度量，它即成一決定的強度量。若通過量範疇而把它決定成一廣
度量（此由齊同單位之相續增加而綜和成），則它即成一決定的廣
度量。這是知性底工作。現在是就理性之追求絕對完整而言。是故
一直覺中的實體物，它雖是一有限制的整全，一決定性的完整，不
需要它的部分之相續綜和而即可被直覺，然而順著知性概念之可以
把它決定爲一強度量與廣度量而言，我們可知它必是一組合物（順
經驗科學之可把它化解而言，它亦是一個組合物）。它既是一組合

物，它即可被區分。由區分成它的部分而說明它之為一組合物。如果因它是一組合物而必由部分而組成，則它必由最後的「單純者」而組成。因為如果它可以無限地分下去而永無底止，無最後的單純者，則此區分之系列等於未完整起來，而我們之以部分來說明其為一組合物亦等於未說明。因為說明者即是可以停止。相對的說明非終極，故說明若真成其為說明，則必函是終極的說明，因而必有最後的單純者以為停止處。此即正題之主張。

然而一組合物既是一由空間所表象的部分而組成，則其部分必是一廣延物。凡廣延物必永遠可以分下去，決無最單純而不可分的部分以為停止處。說一空間所表象的部分忽然可以停止而不准分下去，這是毫無理由的。因此，世界中決無處可存有任何單純的東西。此即反題之主張。

康德注明云：「正題中的單純者，你可以想是來布尼茲所說的 monad（心子單元）。但心子單元只涉及那「當作單純本體而直接被給與」的單純者，並不涉及組合物中之成素。就組合物中之成素言，說「原子」（atom）亦許較好。因此，康德說這正題可以叫做是「超越的原子論的」（transcendental atomistic）。但是因為「原子」一詞，長久以來，是專用來指表「說明物體現象（分子 moleculae）底一種特殊模式」，因此，它亦預設經驗概念，總之它是經驗科學中的詞語，所以這正題較適當地說，可名曰「辯證的單子學原則」（dialectical principle of monadology）。

在這第二背反中，反題似乎更有理由。但經過批判的檢查後，它同樣不能成立。因為它之否定「單純者」不只是簡單地否定，它亦正面主張組合物是由無限的部分而組成。這便成可批評的。詳檢

見後。

(3)　第三背反（超越理念底第三衝突）。

正題：依照自然之法則而說的因果性不是唯一的因果性，即不是世界底現象所由之以被引生出的那唯一的因果性。要說明這些現象，去預定復有另一種因果性，即自由之因果性，這乃是必要的。

反題：沒有自由可言，在世界中每一發生的東西只依照自然之法則而發生。

此第三背反是由於順「因果性」範疇去追溯而形成。依自然之法則而說的因果性（此曰自然的因果性或機械的因果性）與自由之因果性（此亦曰意志之因果性）本可兩立而不相悖。但在理性的宇宙論中，純粹思辨理性就現象界的「有條件者」向後追溯，追溯一最後的「無條件者」以為一種絕對自發性的原因，名此自發性的原因曰「超越的自由」，作為現象系列底第一開始，這便容易引生背反。因為我們同樣亦可順現象界中有條件者而同質地追溯其條件，條件復成為有條件者而又有其條件，如是便成一條件系列，而此系列可以無限地拉長而永無底止，決無所謂最後的無條件者，它只制約別的，而不為別的所制約。因為凡現象俱是事件，凡事件俱在時間中。凡時間所表象的事件決無只制約別的而不被制約者。因此，條件系列即是事件系列，這決不能無端可以停止。因此，凡發生的東西俱是依照自然之法則而發生，此中決無「絕對自發性」可言。但是正題亦並非無理由。因為我們順因果性來說明一事件發生之原因，若原因中有原因而永無底止，則等於未有說明，即「原因」一概念並未極成其自己。是以必有一第一原因以為絕對的自發性，然後此後的因果系列方能立得住，而以因果性去說明現象之發

生方能算是一種說明。此固不是知性底責任，但理性可以如此要求。理性以此滿足其自己，同時亦即以此來極成「以因果性去說明」這說明，因而亦即極成了「因果性」一概念。否則因果關係中的原因與結果俱站不住，俱成不可通的。須知從知性底立場上說，因果只是一範疇，現象間的因果關係是這範疇所決定的，它的兩頭是敞開的。今從理性底立場說，如果原因底追溯是無限地拉長而永不能停止，而復斷說一切皆依照自然因果性之法則而發生，這便成了自相矛盾。蓋永不能停止，即畢竟無原因可言，原因一概念不能成立；而復斷說一切皆依照自然因果法則而發生，這便成了以無有為有，反過來復又是有而不能有。故無限制的泛自然因果性結果便是無因果性。當然反題方面可以安然承認這個不可理解的「謎語」（enigma）。這便成背反，理性自身底衝突。

　　此背反中之正題從有條件者追溯其無條件的絕對自發性，這一種追溯是異質的，與前兩種數學的追溯之為同質的不同。因為這絕對自發性所表示的第一開始並不在時間中，這但只是另一種因果性底開始；而自發性所表示的自由自決亦不可視作一事件而為時間所表象。康德舉例來說：「如果我在此時從我的椅子上立起，依完全的自由而立起，而在此又沒有為自然原因底影響所決定，則一個新的系列，連同著一切它的自然後果（無限的後果），即在此事件中（即我從坐椅上立起這事件）有它的絕對開始，雖然就時間說，這個事件只是一先行的系列之連續。因為這個決心（即從椅子上立起這個決心）以及我的活動並不形成純粹自然結果底相續之部分，而且亦不是它們底一純然的連續。就此決心之發生而言，自然的原因對於它並沒有表現什麼決定性的影響力。它實隨著那些自然原因而

來，但卻不是從那些自然原因而生出。依此，就不屬於時間的因果
性而言，它必須被名曰現象系列底一個絕對第一開始」。（對於此
第三背反中正題方面之省察中語）。

從外部時間相續而言，我之立起是一事件，它的先行事件是
坐，即承續著坐而來。但我之起立並不由坐而決定，它是由我的自
由決心而決定；我的完全自由的決心並不是一時間所表象的事件。
這便顯出一異質的因果性。反題完全是從外部的事件相續而言，因
此，便只有一種因果性，即自然因果性，凶而它的追溯亦是同質
的。

如果知道這異質同質底差別，再加上其他檢查，這兩種主張或
許都可成立。因為它們的背反並不眞是矛盾的對反，而是辯證的對
反。其他背反亦然。詳檢見後。

(4)　第四背反（超越理念底第四衝突）。

正題：有一個絕對必然的存有隸屬於世界，其隸屬於這世界或
是當作它的部分而隸屬之，或是作為它的原因而隸屬之。

反題：一個絕對必然的存有在世界中無處可以存在，它亦不能
存在於世界之外而為它的原因。

這是由於順著程態範疇中「必然偶然」一範疇去追溯無條件者
而來的背反。「偶然」，依範疇底嚴格意義，它指表一物之矛盾的
反面為可能。落於經驗中，為時間所表象，一物底狀態變為另一狀
態，這是可能的。但是，既為時間所表象，則先行的狀態與後繼的
狀態，因為在不同的時間中，便不可說為是矛盾的相反，這只表示
變化底可能，此便是「經驗的偶然」。如果脫離時間，只依範疇去
想，那便是「智思的偶然」。今從偶然物追溯「絕對必然的存

有」，則此偶然物必須是經驗的偶然，那就是可變化有依待的偶然物。「必然」是指表一物其不如此是不可能的，那就是說，它不能有變化；它必須如此，而且恆常如此。因此，它是絕對必然的存有，它是那無待而自足者，因此，它是那無條件者。

這第四背反底正題是想由經驗的偶然物之依待系列追溯那時間中「絕對的無待者」以完整起這系列。此絕對的無待者是隸屬於這感觸世界的，那就是說，它是這依待系列中的一部分，即作爲最後的原因的那一部分。它不能居於這感觸世界之外而爲其原因。因爲時間中一個依待系列之開始只能因著那在時間中先於這系列者而被決定。因此，一個依待系列底開始底最高條件必須當這系列尚未存在時即已在時間中存在。因此，這依待系列底必然原因之因果性，因而也就是說，這原因本身，必須屬於時間，因而也就是屬於現象，屬於感觸世界。正題說這必然的存有之隸屬於這世界「或是當作部分而隸屬之，或是作爲它的原因而隸屬之」。這個「或」底說法是不必要的。因爲這不能成爲兩個交替的可能。這只有一可能，即這必然的存有作爲最高的原因隸屬於這依待系列而爲其中的一部分。康德的證明中又加上一可能，如此作結論云：「因此，某種絕對必然的東西是含在這世界本身中，不管這某種東西就是世界中這變化底全部系列，抑或是這系列底一部分」。如此，「這絕對必然的存有就是世界中這變化底全部系列，亦成一可能。但這一可能在正題中說是無意義。因爲正題是從一切偶然物底依待系列嚮往一絕對必然存有以爲其最高的原因，並不是亦可把那全部依待系列本身視爲必然的存有。唯物論者、機械論者，或可這樣想；但此處的正題不能這樣想。因此，加上這一可能乃爲失旨者，徒增混亂。

反題方面則把想絕對必然存有的一切想法，想其在世界內，或在世界外，或甚至想其就是這依待系列本身（或可有人這樣想而不必是正題），皆予以否定，因此，根本否定有一絕對必然的存有存在。因為若順經驗的偶然物之依待關係向後追溯，無理由可以停止，忽然跑出一個無待者。若這樣，那便是違反於決定現象底力學法則的。若說這全部依待系列本身就是絕對必然的，則各別的是偶然的，其全部系列亦不能是必然的。我們只能說這全部依待系列本身只是如此如此，並無超越者以保障之，如何能說它是必然的？一旦它全部崩潰亦很是可能的。至於說絕對必然的存有在世界以外，則正題已否決之，反題理同。

這背反之所以成是因為視絕對必然的存有為在時間中。根據這同一理由，遂有正反兩題之衝突。

8.3　康德對于背反所作的批判的考察

康德在呈列四種背反後，便想予以批判的解決。他有很長的文字討論這種批判的解決。這種討論，我可名之曰批判的考察，也就是正式解答底預備。這種預備，我把它簡化，綜列為以下六點。這六點就是正式解答那種衝突的關鍵義理。

(1)推理之謬誤。

康德以為全部背反是基於以下的三段推理：

「如果有條件者已被給與，則一切它的條件底全部系列亦同樣被給與。

現在，感覺底對象已當作有條件者而被給與。

所以一切它的條件底全部系列亦同樣被給與。」

在此三段推理中，康德以爲大前題中的「有條件者」是取其超越的意義或邏輯的意義，而在小前題中則是取其經驗的意義。因此，這兩個中詞底意義不一致，這便成三段式中四詞之過。

如果大前題中的「有條件者」是邏輯意義的，則那大前題只是一分析命題，這是「無所懼於超越的批評」的。因爲「有條件者」即已含着其條件，我們只須對於「有條件者」作一邏輯分析即可。這種邏輯分析工作一直窮追到底，把它所含有的一切條件皆分析出。故分析命題即函着一分析工作，而分析工作即函着一切它的條件底系列之完整的預設而皆可分析地呈現之，即是說，皆可分析地被給與。那完整的預設是一邏輯設準，而那分析工作是邏輯分析底工作，這當然「無所懼於超越的批評」，亦不能有任何懷疑之可能。

如果大前題中的「有條件者」是超越意義的，則「有條件者」以及它的條件底全部系列是當作「物自身」看。如此，「則依有條件者之被給與，這後返於其條件之後返不只是當作一工作（分析工作）而被安置，而且是因有條件者之被給與而實亦早已被給與。而因爲這情形在這系列底一切分子上皆然，所以條件底完整系列，因而也就是說這無條件者，亦可因而被給與，或者不說因而被給與，而勿寧當說因而被預設，依有條件者被給與這一事實而被預設。在此，有條件者與其條件底綜和是一種純然知性底綜和，它表象事物是如其所是而表象之，而並沒有考慮及我是否能得到以及如何能得到關於這事物底知識」（康德〈背反章〉第七節中語）。這樣，若當作「物自身」看，則「有條件者」以及其條件底全部系列是現成地擺在那裡的，即被置定了的，故一給與即全部被給與。這甚至亦

不須要分析，亦不須要綜和，縱使這綜和是純然知性底綜和。這就是由「有條件者」之為超越意義的而來的結果。

　　背反中的三段推理是宇宙論的推理，不只是純然形式邏輯的，故其大前題中的「有條件者」當該是超越意義的。是故康德說：「這宇宙論的推理底大前題其取用這有條件者是在一純粹範疇之超越的意義中而取用之，而小前題則是在一個應用於純然現象的知性概念之經驗的意義中而取用之。這樣，這論據是犯了那種辯證的謬誤之過，此謬誤名曰 " sophisma figurae dictionis "（〈背反章〉第七節）。小前題中的「有條件者」所以是經驗意義的（說知性概念者是因這有條件者或順量概念說，或順因果概念說，等等），乃是因為它明是就「感覺底對象」說，即，是現象也。「如果是現象，則我不能依詞語之同一意義（即與大前題中者之同一意義）而說：如果有條件者已被給與，則一切它的條件（當作現象看）亦同樣被給與，因而亦無論如何我不能推斷出它的條件底系列之絕對完整的綜體。現象，在其攝取中，其自身不過就是空間與時間中的一種經驗的綜和，而且亦只有在此種綜和中始能被給與。因此，我們不能隨以上之義（即大前題中所說者）而說：如果有條件者，在現象底領域內，已被給與，則構成它的經驗條件的那種綜和亦因而被給與以及被預設。這種綜和首先發生於後返中，而若沒有這種後返，這種綜和便從不能存在。我們所能說的是如此，即：後返於條件這種後返，即是說，在條件一面的那種連續進行的經驗綜和，是當作一種工作而被責成或被安置，而且我們所能說的又是如此，即：在這後返中，決不能缺少了那所與的條件」（同上）。

　　這種後返當作一種工作是經驗後返底工作，與上所說邏輯分析

之工作不同。「有條件者」與其條件當作邏輯分析看與當作物自身看，俱無時間中的相續相；但經驗後返中的經驗綜和卻必須在時間中相續進行。因此，當作物自身看者，如果有條件者已被給與，則它的條件底全部系列亦在其自身而被給與。但是當作現象看者，則不能如此說。

又，一旦視作「有條件者」，其實便不可視作物自身，因為凡物自身皆無「有條件者」與條件底分別故，無制約與被制約相故。視作物自身者不過是順獨斷論者之不顧其是否以及如何被給與而方便權說而已，權說之以明條件系列底絕對完整之純為思辨理性底一種獨斷，一種虛妄的置定，置定之儼若為已經給與了的。

(2)工作與公理之別。

通過以上的檢查，當作現象看的「有條件者」底條件系列只能通過經驗的後返而出現而永不能完整起來者。此種經驗的後返是一種「工作」，它不能決定這全部系列底絕對完整。因此，康德云：「因為在一感觸世界中，沒有條件系列底最高限，視之為一物自身者，是通過宇宙論的綜體原則而被給與，但只能把它當作一種工作，即『在條件系列中要求後返』這一種工作，而被安置，所以純粹理性底原則是要在這些詞語中被修改的；而如果它這樣修改了，則它仍可保留其有效性，其有效性之被保留實不是當作一個公理，即我們想這綜體為現實地存於對象中，這樣的一個公理，而被保留，而是當作知性上的一個問題，因而也就是主體上的一個問題，而被保留，這問題，它引導知性，依照理念所規定的完整性，在任何所與的有條件的東西底條件系列中，去進行這後返之工作，並帶著這後返之工作使之繼續前進」（〈背反章〉第八節）。

因此，純粹理性底宇宙論的綜體原則只指表一種經驗後返之「工作」，並不指表一「公理」，即「想這綜體為現實地存於對象中」這樣的一個公理。視「有條件者底條件之全部系列亦同樣被給與」即是視這完整綜體為一公理。「公理」在以前總是被理解為「自明的真理」。但這個綜體原則並不真是自明的。只當它被視為邏輯分析的，它才是自明的；但這是把邏輯的解釋誤為形而上的決定。不然，則是當它所陳述的有條件者與條件被視為物自身時，它才是自明的；但在此，「有條件者」不是物自身，是現象，而它的條件系列中的分子亦只有在經驗後返中的經驗綜和裡始能被給與，然而此系列底絕對完整卻從不能經驗地被給與。是則視之為自明的乃是誤把現象轉移為物自身。因此，視綜體原則為公理即是視綜體可客觀地被肯斷，即現實地存於對象中。如羅素與懷悌海合著的《數學原理》，其中有一個「無限公理」（axiom of infinite），即是假定「無限類」（無限綜體）可以客觀地被構造。當然他們用「公理」一詞並不意謂自明，乃是「假定」義。而康德正是揭穿這假定，不允許把宇宙論的綜體原則視為一公理。而這個意思用在數學論理，便成直覺主義者的「有限論」。

(3)軌約原則與構造原則之別

綜體原則，如果視之為指表一種工作，則它是一「軌約原則」（regulative principle）；如果視之為指表一公理，即它是一「構造原則」（constitutive principle）。因此，康德云：「理性底原則（即純粹理性底宇宙論的綜體原則），恰當地說來，實只是一個規律，這規律它在已給與的現象底條件系列中規定一種後返，它並禁止去把這後返帶至一結束之境，即因著把這後返可達到的任何東西

視爲絕對無條件者而把這後返帶至一結束之境。因此，它不是經驗底可能以及感覺底對象之經驗知識底可能之原則，因而亦就是說，它不是知性底一個原則；因爲每一經驗，在其符順於直覺底特定形式中，是被圍在它的界限或範圍之內的。它亦不是理性底一個構造原則，而能使我們去把我們的感觸世界之概念擴張到一切可能的經驗之外者。它勿寧是經驗底最大可能的連續與擴張之原則，它不允許任何經驗的限制（界限）被視爲絕對的。這樣，它是理性底一個原則，此原則是用來充作一個規律，設定那我們在後返中所應當去作的是什麼，但卻並不預測那在對象中當作在其自己而先於一切後返而被呈現者是什麼。依此而言，我名此理性底原則曰理性底軌約原則，使它與條件系列底絕對綜體之原則區別開，此條件系列底絕對綜體是被視爲現實地存在於對象中（即存在於現象中），〔是被視爲在對象中（即在現象中）即以其自己而被給與，〕這樣，這條件系列底絕對綜體之原則必是一構造的宇宙論原則。我試想用這種區別去表示實無這樣的構造原則，因而去阻止那不可避免地要發生的事情，即那設非如此，通過一種超越的非法偷轉，便不可避免地要發生者，此即是把客觀實在性歸給理念，歸給一個只用來充當一規律的理念，這種事」（〈背反章〉第八節）。

這樣，所謂「軌約原則」就是把獨斷論者的「絕對綜體已被給與」底原則（此是理性之突進所冒出的虛妄肯斷）轉爲這樣一個原則，即把這綜體視爲一理念，只充當一規律，以之來引導我們去作經驗後返底工作，這樣一個原則。簡單言之，理性底綜體原則只是經驗後返底工作之原則。軌約者即是依據這軌道來引導並約束我們作經驗的後返。這個綜體只是一理念，我們並不能肯斷它的對象方

面的「客觀實在性」。而構造原則卻正是把這綜體原則視作一個公理而視綜體爲有客觀實在性者，即，客觀地被肯斷者，視之爲現實地存於對象中者。換一個較輕鬆的說法，構造原則即是視絕對綜體爲一客觀地平鋪得下者，而軌約原則卻是視綜體只是一理念，並不能客觀地平鋪得下。此是康德於此背反章說這一對詞語之諦義。依此衡之，則知性底原則中視「經驗底類推」爲軌約原則爲不恰，至少彼處說軌約與此處說軌約，意義不甚一致。蓋「經驗底類推」視作知性之原則是可以平鋪得下者，因此，說它是構造原則倒反恰當，惟此構造與量度原則之爲構造的，其意義不同而已（當覆看前7.5）。

(4)理念與理念底客觀實在性之別。

依上文，絕對綜體，在軌約原則下，只是一個理念、思想物，並無客觀的實在性，此即名曰「超越的觀念論」（transcendental idealism）。因此，康德說「超越的觀念論是宇宙論的衝突底解決之鑰匙」（〈背反章〉第六節之標題）。但「構造的宇宙論原則」則把客觀實在性歸給理念，此即成「超越的實在論」（transcendental realism）。超越的實在論是一種虛幻，是把現象看成物自身，把有條件者以及其條件底全部系列看成物自身。康德說：「如果這世界是一個在其自身而存在著的整全，則它或是有限的，或是無限的。但是這兩可能皆是假的。因此，世界（一切現象底綜集）是一在其自身而存在著的整全，這也是假的。由此，我們可說：一般說的現象（現象一般）若外於我們的表象便是無，此恰正是現象之超越的觀念性之所意謂者」（〈背反章〉第七節〈理性與其自身之宇宙論的衝突之批判的解決〉）。依此，「現象之超越的觀念

性」即是現象若離開我們的表象（感性中的表象）便是無，即是不准把現象視爲物自身。若視之爲物自身，則只是一個空觀念。因此，超越的觀念論即是對於「超越的實在論」之揭穿。康德又說：「設我們對於超越實在論之虛幻讓步，則自然與自由皆不能保存」（〈背反章〉第九節第三背反之解決中「自由與普遍的自然的必然性相連繫之說明」中語）。故康德必否決「超越的實在論」，而肯斷「超越的觀念論」。超越的觀念論是遮撥之詞，遮撥那視絕對綜體爲物自身，爲有客觀實在性者。關於此詞，普通有誤解，詳釋見附錄。

(5)無限地後返與不定地後返之別。

康德說：「當這整全是給與於經驗直覺中時，這後返在其內部條件底系列中是無限地進行著的；但是當這系列中只有一個分子是被給與的，從此一被給與的分子開始，這後返要去進行到絕對的綜體，當是如此時，則這後返只是屬於不決定性的（不定的）。依此而言，一個物體底區分，即是說，給與於一定界限間的一段物質之區分，必須說爲無限地去進行著。因爲這一段物質是當作一整全，因而也就是連同著這整全底一切可能的部分，而被給與於經驗直覺中。因爲這整全底條件就是其中的部分，而這部分底條件就是部分底部分，依此下分，無有底止，又因爲在此化解底後返中，這條件系列底無條件（不可分）的分子從未被遇見，所以不只是沒有任何經驗的根據以停止這區分，而且任何繼續區分底進一步的分子其自身就是先於這區分之繼續而已經驗地被給與（嚴格說，當該是：其自身就是隨同著這整全之被給與於直覺中而亦先於這區分之繼續而已經驗地潛伏地被給與於直覺中）。那就是說，此區分是無限地進

行的。另一方面，因爲任何特定人底祖先之系列並不是以其絕對綜
體而被給與於任何可能經驗中，所以這後返乃是從這世代系列中的
每一分子進至一較高的分子這樣地進行著的，而且亦沒有經驗的界
限，即顯示一分子爲絕對地無條件者的那界限，而可以被碰見。而
因爲此中的分子，即可以供給條件者，並不是含在對於這整全底一
個經驗直覺中而先於這後返，所以此處之後返不是因著所與者之區
分而無限地進行著的，但只是不定地進行著，以尋求進一步的分子
以便可以加到那些是所與者上去，而這些進一步的分子其本身復又
總是當作有條件者而被給與」（〈背反章〉第八節）。

　　康德又簡單地云：「當這整全是經驗地被給與時，在其內部條
件底系列中無限地去進行後返，這乃是可能的。可是當這整全不是
被給與的，但是首先要通過經驗的後返而被給與，則我們只能說：
尋求這系列底更高而又更高的條件這種尋求是『無限地』可能的」
（同上）。案：Max Müller 譯此最後一句無「無限地」一副詞。
斯密士譯加此「無限地」一副詞。如原文有之，似當改爲「無定
地」。

　　依此，只第二背反中區分底系列是無限地進行著的，因爲所區
分的整全是已給與於直覺中的。至於第一、三、四，這三種背反中
的後返系列是不定地進行著的，因爲這系列底絕對完整之整全是從
不能被給與於直覺中的。給與於直覺中的一個整全是圍在一個界限
內的，界限是因著經驗直覺而成的界限。此名曰「有限制的整
全」。此有限制的整全，就直覺說，是一個不決定的量。但因爲它
爲空間所表象，我們可以把它看成是一個組合物，事實上，它亦實
是一個組合物，因爲由空間所表象的物質體不會是不可分的純一。

它既是一組合物，它當然可分，可化解，它有它的構成的成分。因此，我們可以虛籠地說，它的一切部分是隨著那有限制的整全之被給與而亦一起被給與，即是說，一起被帶進來。但是，這只是虛籠地說。它的部分究竟是有限，抑還是無限，我們還是不能說。我們所能說的只是它可以無限地分下去，因爲空間所表象的總是可分的，沒有理由可以停止。無限地分下去，無論分至多遠，那所分出的部分總是隨著那有限制的整全之被給而早已潛伏地被給與了的，只是通過連續區分而被彰顯出來。區分可以無限地連續下去，但所已分出的卻總是有限的部分，那無限的部分而可以爲一無限的綜體者，卻從未現成地被給與。因此，我們不能說這有限制的整全是由無限部分而構成。所分出的總是有限的，由此有限部分之綜和而成的量名曰「決定的量」。此須通過所分出的部分之相續增加而成，然而那個有限制的整全，名曰不決定的量者，卻可以當作一整全而被直覺，而不須通過它的部分之相續增加去構造它的綜體。此後者是通過它的可分性而後起的。因此，康德說：「一個不決定的量可以當作一整全而被直覺，是當它是這樣的時才可，即，它雖然被封在一些限制之內，我們卻不需要通過測量，即是說，通過它的部分之相續綜和，去構造它的綜體。因爲這些限制（即它所封於其中的那些限制），在割截進一步的東西中，其本身即決定它的完整」（第一背反正題之證明中的註語）。以上是就有限制的整全之區分而說。它可以無限地分下去，但不能由無限部分而構成。此就是一般所說的康德所說的無限是「潛伏的無限」（potential infinite），而非「現實的無限」（actual infinite）。今之直覺主義者之所以主「有限論」亦源於此。羅素與懷悌海所說的無限是「現實的無

限」，是把綜體原則看成是公理或構造原則下的無限，現實地存在於對象中的無限。

可是當系列中只有一個分子（有條件者）被給與，而其條件系列底絕對完整之整全卻從未被給與，則我們的經驗的後返卻必須是不定的，而此系列中的每一分子亦只有通過經驗的後返始能達到；而此後返沒有界限，故那不被給與的整全只有通過經驗後返中部分之相續綜和而被領悟，而不能客觀地斷定它究竟是有限的，抑是無限的。因此，所謂「不定」者，就後返言，沒有界限，你總可以前進一步，尋求那高而又高的條件，但永不能達至一絕對的無條件者；就世界底全體之整全言，你不能決定它是有限抑是無限。然則就後返言，何以不說是無限地進行著，而說是不定地進行著？這與在區分處究竟有何嚴格的差別？依康德，這關鍵只在那整全之被給與或不被給與。康德又舉一例說，一條直線可以無限地拉長（引至無限長），但「去畫一條線」則只能說「不定」，至少加之以「不定」實比加之以「無限」為正確。「不定」只是意謂你畫一條線可如爾所願。如果把這個意思用在宇宙論的綜體上，在軌約原則下，你只能不定地追溯下去。若說是無限地追溯下去，好像這世界底整體是無限的一樣；但是世界底整體如何是完全不能估量的，因此，說「不定」為較好。在區分處，我們說可以無限地分下去，這也不是說那有限制的整全可以由現實的無限部分而構成。因此，無限與不定之分，關鍵只在整全之被給與或不被給與。因為被給與者，其所有的部分亦隨同著一起潛伏地被給與，並非是完全敞開的，不定的，故若可分，便無限地分下去，但不能說由無限部分而構成。那未被給與者，其所有的部分（條件系列）亦因而未被帶進來，是完

全敞開的，不定的，只有通過經驗的後返而得知，因此，這後返只好說是「不定的」，雖然你總可以前進一步，而無底止。因此，「不定」根本是由於系列中的分子未事先（即在追溯前）被帶進來，完全訴諸經驗的後返而被決定，你怎能便說這後返可以無限地進行呢？因此，只好說不定。由此不定，遂可間接地說我們亦不能決定這世界之綜體是有限抑是無限。

(6)辯證的對反與矛盾的對反之別

這一點容易辨明。依康德，背反中的衝突實只是辯證的衝突，而不是矛盾的衝突，因此，其衝突只是假象。如果是矛盾的衝突（對反），則是分解的，其中必有一真或一假，而不能俱真俱假。例如一個說世界是有限，一個說世界是無限，這兩者皆是正面表示，因此，它們不是矛盾地對反的。又如一個說組合物中有單純者，一個說無單純者，這兩者一肯定，一否定，這好像是矛盾的對反；但說無「單純者」意在表示由無限的部分而構成，這便與前者成了辯證的對反，總歸有限無限並行。又如一個說除自然因果性外還有自由因果性，一個說只有自然因果性，並無自由因果性，這好像是矛盾的，然而若知層面之不同，則兩者很可以並存，而不是矛盾的，因此，其衝突只是「辯證的」。又如一個說有一必然的存有，一個說無必然的存有，這亦好像是矛盾的，然而若知層面有不同，則此衝突亦只是辯證的。因此，康德說第一二兩背反是同質的，意即其系列中的部分皆在時間空間中；第三四兩背反是異質的，意即正題方面所要求的「自由」與「必然的存有」是不在時空中的，與其所制約的其他分子為異質；但反題方面卻只是順同質的觀點而宣說無自由，亦無必然的存有。

8.4　康德對于背反所作的批判的解決：正答

如果我們明白以上六點，則正面解決背反中的衝突是很容易的。

(1)　關於第一背反底解答：

(a)　此背反中的正反兩題，其後返系列中的分子是同質的，即是說，不管世界在時間方面有開始或無開始，其系列中的分子皆是在時間中；不管在空間方面是有限或無限，其系列中的分子皆是在空間中。

(b)　這樣的絕對完整之整全從未被給與於直覺中，因此，正反兩題中的後返是「不定的」。

(c)　因爲後返是不定的，所以我們不能決定這世界在時間方面是有開始或無開始，在空間方面是有限或無限。因此，正反兩題可皆假。

(2)　關於第二背反底解答：

(a)　此背反中的正反兩題，其區分底系列中的分子亦是同質的，即不管是有單純者或無單純者，其系列中的分子皆是在空間中，即皆是空間所表象的部分。

(b)　此所區分的整全是一個已給與於經驗直覺中的有限制的整全，即被封在界限內的整全。因此，由於其可分性而來的區分系列是可以無限地連續下去的。

(c)　雖可以無限地分下去，然而卻並無一現實的無限綜體。因此，我們亦不能說那個有限制的整全是由無限部分而構成。因此，正反兩題亦皆假。

(3)　關於第三背反底解答：

(a)　此背反中，正題底後返系列是異質的，即自由因果性只是一因果性之開始，並非一時間之開始。因此，絕對自發性所表示的自由自決不在時間中，即不是時間所表象的事件，而作爲它的後果的事件系列一是皆在時間中，皆爲時間所表象。這便形成了一個異質。反題底後返系列是同質的，即一切皆視爲是時間所表象的事件系列，自然無所謂「自由」。

(b)　無論正題或反題，那絕對完整之整全從未被給與於經驗直覺中。因此，其後返以成系列是不定地進行著的。

(c)　但因爲正題是異質的，反題是同質的，兩者底立言層面有異，故兩者可允許並存，即在現象界方面承認自然的因果性，在智思界方面承認自由底因果性，這並非不可能。因此，正反兩題若釐清其分際，可以俱眞。正題方面只是異質地思議另一種因果性之可能，但它並不能建立「自由」一理念之眞實可能。那就是說，純粹思辨理性亦只是異質地提供一超越的理念，它並不能建立它的客觀眞實性，使之從超絕的轉爲內在的，從「可是」轉爲「實是」（實踐的實是）。反題方面，在現象界內說普遍的自然因果性，這是可允許的；但一往否認自由因果性則非是。

(4)　關於第四背反底解答：

(a)　此背反中，正題方面的後返系列要求一「絕對必然的存有」，這是異質地進行的；反題方面之否定「絕對必然的存有」是同質地進行的。

(b)　無論正題或反題，後返系列底絕對完整是從未被給與的。因此，正反題中的後返是「不定的」。

(c)　但因為正反題有同質異質之別，故「絕對必然的存有」與「偶然物之依待」可兩存。正題方面異質地思議一個「必然的存有」這是可允許的。但此「必然的存有」是純粹地智思的，它不在依待物之條件系列中。但是依待物底全部系列可以基於這「智思的存有」上（這是依基督教傳統意許這「智思的存有」為上帝）。反題方面，若就現象界說一切皆是依待的，自無不可。但一往否認一「必然存有」之可能則非是。因此，若釐清分際，正反兩題亦可俱真。

由此批判的解答，我們可以解開純粹思辨理性自身之糾纏（衝突）以及其虛妄的置定。就第一第二兩背反言，全是虛妄的肯斷。這表示我們的純粹思辨理性無法估量全部現象界底完整量度為如何，而現象界本身本亦是不能估量的。是以純粹理性這樣估量之，說它有始無始、有限無限、有單純者、無單純者，皆虛妄也。在這裡尚說不上提供一理念。康德以理念言之，是一般地泛言。及其被揭穿，則妄提之理念即泯滅。就第三第四兩背反言，若釐清其分際，則可以提供一理念：自由與絕對必然的存有是可以說的，唯不能得其實而已。若以為那樣的證明便算是一客觀的肯斷，這也是虛妄的置定。是以即就自由與必然的存有而言，純粹思辨理性亦無多大的作用也。經驗這樣的揭穿，我們可把思辨理性底能力與限度弄清楚，而把它圍於知性與感性範圍內，而不讓它獨行以引起糾纏與幻結。雖然康德說這樣的虛幻是自然的，與邏輯的虛幻不同，將層出不窮，縱使揭穿之，而亦將自然地出現，然究其實，亦實可以不復在此枉費氣力也。說這是理性底自然幻象，這亦不過是說我們人類的理性或者說本性有其自然地向上要求完整與根柢之理想性，而

此「理想性」可轉度以明之，不必單由思辨理性之獨行以明之。此
種歧出而幻結之獨行實可揭穿而不再如此行。理性或本性之理想性
是一會事，思辨理性之歧出的獨行又是一會事。我們可把理性提
昇，把本性提升，不必專由推理說理性，可就相應於眞實的理想之
提昇了的本性（眞性）說具體而眞實的理性。西方哲人太爲邏輯推
理所表現的思辨理性所吸住。縱使康德已注意及實踐理性，然復亦
說只是一個理性，不過有思辨的使用與實踐的使用而已。是即言理
性太泛，而並未從根上釐清也。吾不知何以能由推理所表示的理性
可直接轉而言其實踐的使用以明道德與自由自律的意志？實則道德
理性只是道德理性也。此方是眞正的實踐理性，此非可由推理所表
示的只是一個理性所能明也。因此，吾人的眞實本性亦須釐清，非
可把人只視爲有限，單就此有限而泛言人之本性也。

佛有十四難不答。《大智度論》卷二有云：

何等十四難？世界及我常，世界及我無常，世界及我亦有常亦
無常，世界及我亦非有常亦非無常。世界及我有邊，無邊，亦
有邊亦無邊，亦非有邊亦非無邊。死後有神去，後世無神去，
後世亦有神去亦無神去，死後亦非有神去亦非無神去。後世是
身，是神，身異，神異。
若佛一切智人，此十四難何以不答？答曰：此事無實，故不
答。諸法有常無此理，諸法斷亦無此理。以是故，佛不答。譬
如人問搆牛角得幾斗乳，是爲非問，不應答。復次，世界無窮
如車輪，無初無後答。復次，答此，無利有失，墮惡邪中。佛
知十四難常覆四諦諸法實相。如度處有惡蟲，不應將人度。安

隱無患處，可示人令度。

依此，此十四難大體是屬於康德所說的辯證推理者。依序排之，當
如下：

Ⅰ 世界及我是常乎？

　　　　無常乎？

　　　　亦常亦無常乎？

　　　　亦非有常亦非無常乎？

Ⅱ 世界及我有邊乎？

　　　　無邊乎？

　　　　亦有邊亦無邊乎？

　　　　亦非有邊亦非無邊乎？

Ⅲ 死後有神去？

　　　無神去？

　　　亦有神去亦無神去？

　　　亦非有神去亦非無神去？

Ⅳ 後世是身？

　　　是神？

　　　身異？

　　　神異？

　　　當該是十六難。最後一類約爲二難耳。第一類世界及我常無常
底問題，若就現象界（緣起性空）說，「常」本是知性範疇所決定
成的，亦即執成的。無常（斷）亦然。既是執成的，當然虛妄無
實。是故就諸法實相（緣起性空）說，不常不斷。「不常不斷」是

遮辭，非是一正面之肯斷。然為成知識，此種範疇之執是必要的。

第二類世界及我有邊無邊底問題即是屬於第一第二背反者。世界有邊無邊即是有始無始、有限無限。就「我」說，即是區分中有單純者無單純者之應用於「我」。此則全屬虛妄無實。故康德答之以皆假。龍樹亦云：「世界無窮如車輪，無初無後答」。意即亦無「有初」之答，亦無「有後」之答。此即「亦非有邊亦非無邊」也。儘管是虛妄，而這樣批判地解答之，以明其為虛妄，亦並非不可。

第三類死後有神無神底問題是屬於靈魂不滅底問題。此若批判地解答之以明靈魂不滅並非不可能，這也是可允許的。只是思辨理性不能證知之而已。若轉一角度，則可以得其實。佛教後來的發展亦言法身常住也。獨體靈魂之常在只是一形態而已。

第四類後世是身乎？是神乎？是身變異乎？是神變異乎？若從現象界說，五陰流轉，此四者俱不可說。若從智思界說，承認獨體靈魂底常在，則後世身變，而神不變。若不採取獨體靈魂之形態（此非究竟），而依法身常住說，亦未嘗不可。但若依法身常住說，則亦不單是身，亦不單是神，而身與神亦無所謂異不異。因為身是妙色身，而神亦是即於一切法而為法身、般若、解脫、三德秘密藏。是則分判解答之，亦未嘗不可。

是則佛於十四難（十六難）不答，亦非定不可答。掃清思辨理性之糾纏與虛妄，而批判地解答之，於開啟正悟非無好處。佛之不答亦恐糾纏不已，墮惡邪中，無利有失耳。直就「四諦諸法實相」實踐地明人之解脫向上以得正覺實智，亦可說是無形中解答了。此即示換一角度，可得實答。

8.5　向「無執的存有論」過轉

如果我們把純粹思辨理性底辯證性（虛幻性）釐清，則換一角度可將現象界予以重新安頓，不再順著「從有條件者向後追溯以求絕對完整」之路來異質地提供自由與必然存有之理念以完整起現象界。縱使把宇宙論的綜體原則視爲理性之軌約原則亦是多此一舉。因爲這不過是順獨斷論者之歧出而予以方便的揭穿而已，非謂必經此路也。

康德說「上帝只創造物自身，不創造現象」。此語非常重要，必須謹記於心。現象只是對有限的人類而言。如吾前所屢說，現象只是人類感性之所挑起，知性之所執定。如果上帝只創造物自身，則上帝只直接負責物自身，不直接負責現象。如果不直接負責現象，吾人又焉能順現象界「有條件者」向後追溯，求一絕對無條件者，以直接來完整起這全部現象界？蓋若如此，則好像上帝是要直接來負責這現象界之存在或出現者。康德不自覺地忘掉了現象與物自身在對於上帝甚至自由之關係上須有不同的考慮，忘掉了「上帝只創造物自身不創造現象」這一要義（本來此義不見於《純粹理性批判》而見於《實踐理性批判》，好像上帝要直接來負責現象界之存在，現象界之存在要直接依靠於上帝；好像自由因果性底直接後果系列就只是現象，現象系列就直接依靠於自由。

縱使現象與物自身之分是主觀的，只是對於同一對象底兩面觀，然亦不能說上帝直接負責現象之存在，自由之後果就是現象。正因是主觀的，所以我們說對識（感性與知性）而言便是現象，對智（知體明覺、般若智、自性清淨心）而言便是物自身。是則所謂

「主觀的」只是意謂這分別決定於兩層面的主體而已。現象只是識心虛即於物自身（即而不能至）而挑起縐起並執成的，此即所謂「同一對象」之實義，同一對象而有兩種身分之存在。康德把「智」那個主體移於上帝處說，這亦無礙，因爲物自身總是對應著創造性的「智的直覺」而言。因爲人是決定的有限，不能有智的直覺，所以才把它只移於上帝處說。如果人雖有限而可無限，可轉出無限心，則即在人身上便可說智的直覺，此即是「智主體」。康德所以認定自由之後果即是現象，正因他於「自由」處不能正視無限心，不能肯認智的直覺，遂有此籠統的認定。

如果我們能於人身上轉出「智主體」之無限心義，則肯認吾人可有智的直覺，這乃是必然的。因此，智主體底智的直覺之創造性只直接對物自身負責，不直接對現象負責。（在此，上帝與自由合一，只是一無限心故。）現象直接隸屬於識心（識主體），是智心之自我坎陷而轉爲識心，即由此識心而挑起縐起並執成的。識心憑依智心而起，則虛即於物自身而挑起的現象亦間接地統攝於智心。如果識心有其必要，則識心與現象都是智心之「權用」。縱然其中有無明之成分，亦是明的無明。

智心之「經用」是物自身。因此，自由之後果，在自由無限心底智的直覺之朗照下，亦皆是物自身之身分，而不能說是現象。現象只由識心對此「經用」加以執著的表象而成。自由無限心處智的直覺之妙用無時間相，亦無空間相，亦無「表象的思考相」（representative thinking），因而亦無概念底執定。因此，它的「經用」（所謂大用流行）處「境無境相」的境不能不是「物自身」。

　　作為「權用」的識心與現象是間接地統攝於智心。因此，反過來，智心是間接地為現象之根據。智心無限，則憑依智心而起而為其權用的現象亦隨智心之無限而為無限地起現。智心之無限不是一個量或綜體之觀念，因此，現象之「無限地起現」，這「無限」亦不是一個綜體量之觀念。綜體或量只是思辨理性底綜和思考（還是一種表象的思考）。上帝豈有綜和思考耶？豈以綜體或量之方式來完整或估計其所創造之世界耶？依此，就第三第四背反而言，我們說現象間接地統攝於智心，而復隨智心之無限而亦無限地起現，這樣說便足夠多了。同時，現象為權用故，可讓它無限地起現，此是進；亦可不讓它起現，而頓歸於寂，此是退。同時亦可說即現象即物自身，即物自身即現象；即經即權，即權即經；即進即退，即退即進。洒脫自在，經權不礙，進退自如。此是實答。

　　就第一第二背反而言，識心（表象的思考）既不能估量現象底全量為如何如何，而智心又不以「綜體量」之方式來完整現象界，則此兩背反中之正反兩題既可俱假，便可取銷，只就第三第四背反而說「現象間接地統攝於智心，隨智心之無限而亦無限地起現」，即足夠。我們只能說，為權用故，識心起現，現象即起現；現象起現，識心即以時間空間去表象之，以概念去執定之。我們不能用「綜體量」底方式去估量現象界底全體為如何。若問現象在時間方面起於何時，答曰：即起於識心之執。但這不表示你知道了它的綜量，亦不表示這現象界因此識心之執而為綜體式的有限。現象既間接地憑依智心，直接地而亦生因地源於識心，而為無限地起現，則時空之表象之即隨其無限地起現而亦無有底止無有限定地去表象之。若問其表象之之表象止於何處，答曰：即止於識心之止處。此

種起止俱不依綜體之路而說。此是第一第二背反中的問題之解銷與實答。

如是，我們只剩下執與無執底對照。由執而說現象的存有論，此即康德分解部之所作。由無執而說本體界的存有論，此亦曰「無執的存有論」，此即為下章之論題，此是依中國哲學傳統而說者，非康德所能及。

附錄　超越的觀念論釋義

1.　康德論「理念」（idea）

康德在《純粹理性批判》中屢次聲明他的主張是「超越的觀念論」（transcendental idealism）與「經驗的實在論」（empirical realism），而不是「經驗的觀念論」（empirical idealism）與「超越的實在論」（transcendental realism）。這兩對名詞底對翻十分重要。要想了解「超越的觀念論」一詞之恰當意義，我們必須先了解「理念」（idea）一詞之使用。

康德使用「理念」一詞完全依柏拉圖之路數而使用。他在《純粹理性批判》〈超越辯證〉第一卷第一節論「理念一般」中有云：

> 柏拉圖是依這樣的路數使用「理念」這個字，即十分顯明地是要以此詞去意謂某種東西它不只是從不能感覺而假借得來，而且它甚至遠超過知性底概念（亞里士多德專論知性之概念），因爲在經驗中沒有與之相合的東西可以被遇見。依柏拉圖，理念是事物本身底基型，而不只是依範疇之樣式而

爲可能經驗之鑰匙。依他的觀點，理念是從最高的理性而發
出，而從最高理性這個源泉中，理念亦要爲人類理性所分
得，但是，人類理性現在卻不再是在其根源的狀態中，而是
被迫著要努力因著回憶之過程（此名曰哲學）去招還那舊有
的理念，此舊有的理念現在被弄成十分模糊了。

依康德，理念就是「理性底概念」，故吾人譯爲「理念」。依柏拉
圖，「理念是事物本身底基型（archtypes）」，故就柏拉圖，吾人
譯爲「理型」，意即發自於最高理性的理想的基型。康德又云：

柏拉圖在實踐之領域中，即是說，在那基於自由的東西中，
見到他所說的理念底主要例證，而自由則轉而基於這樣的知
識形態（modes of knowledge），即基於那種是理性底一特
殊產品的知識形態。任何人，如果他想從經驗中引生出德行
之概念，並且（如好多人實際上所已作的）想把那最多只能
在一種不圓滿的解釋中充作一個事例的東西作成一個模型，
由之以引生出知識，則他必至使德行成爲某種依照時間與環
境而變化的東西，一種歧義叢生的怪物，即不允許有任何規
律之形成的「歧義叢生的怪物」（an ambigous
monstrosity）。反之，如我們所知者，如果任何一個人已被
舉出作爲德行底模型〔模範〕，則那眞正的根源模型，即我
們用之以比較衡量這已被視爲確實的模型者，並且單用之以
判斷此被視爲確實的模型之價值者，是只能在我們心中被發
見。這個根源的模型就是德行之理念，就此理念而言，經驗

底可能對象可以用來充作事例（證明理性底概念所命令者在某種程度上是可實踐的），但卻不能用來充作基型。沒有人能活動得適合於那被含在德行底純粹理念中者，這一事實決不足以證明這個思想〔即德行之理念這個思想〕在任何方面必是虛妄的或空想的（chimerical）。因為只有因著這個理念，任何關於「道德價值或道德價值之反面」的判斷才是可能的；因此，這個理念可以為接近道德圓滿的這種每一接近充作一不可缺少的基礎——不管人性中的障礙（障礙到無可指派的界限指派給它之程度）可以使我們遠離這種道德圓滿底完整成就。

柏拉圖首先在實踐之領域中，見到他所說的理念底主要例證。關此，康德有底注云：

> 他實亦把他的概念這樣擴張至思辨的知識，只要這思辨的知識是純粹的而且完全是先驗地被給與的。他甚至亦把他的概念擴張至數學，雖然數學底對象除在可能經驗中被發見外無處可以被發見。在這一點上，我不能遵從他，我亦同樣不能遵從其關於這些理念底神祕推演，或如普通所說，其所因以實體化這些理念的過度誇奢——雖然由於必須被允許之故，其所用於此範圍內的那種高舉的語言實完全可有一符合於事物之本性的溫和的解釋。

這樣，康德是想把柏拉圖所說的理念完全限於實踐理性之領域內。

他不贊成他把理念擴張至思辨的知識，甚至擴張至數學。他亦不贊成他的關於這些理念底神秘推演，或其所用以實體化這些理念的過度誇奢。康德既把柏拉圖所說的理念限制於實踐領域內，所以他又進而從國家立法方面說明理念之重要。並進而又云：

> 但是，不只是在人類理性顯示眞正因果性的地方，以及理念是行動與行動底對象之運用的原因的地方，即是說，在道德範圍內，柏拉圖很正當地辨識出源自理念這一個根源之清晰的證明，而且就自然界本身說，柏拉圖亦看出源自理念這一個根源之清晰的證明。一個植物，一個動物，宇宙之有秩序的排列——因而大概亦可說這全部自然界——皆清楚地表示出：它們只有依照理念始可能，並亦表示出：雖然沒有一個被造物在其個體存在之情況中能與那最圓滿的東西（即在其種類上爲最圓滿的東西）之理念相一致——此恰如人類不能與人之理念相一致——然而這些理念卻完全在最高知性中每一個當作一個體而且每一個當作不變者而被決定，而且它們是一切事物之根源的原因。但是只有事物之綜體，即在其相互連繫中以構成這宇宙的那事物之綜體，才是完全地適合於這理念者。假若我們把柏拉圖底表示法中的那些誇奢語置之不理，則這哲學家底精神飛躍，即從反射於物理的世界秩序上的那副本模式（ectypal mode）飛躍到依照目的，即依照理念，把這世界秩序予以建構的安排，這種精神的飛躍實是一值得尊敬與模仿的事業。無論如何，就道德、立法以及宗教底原則而言，經驗（在此即善底經驗）其自身只有因著理

念始成爲可能的（作爲理念之經驗的表象，善底經驗總是不完整的），在這一點上，柏拉圖底主張顯示其完全獨特的功績。當其主張得不到承認，那是由於其主張之被判斷是準確地依照那些經驗規律而被判斷，而這些經驗規律，若視之爲原則，其無妥效，柏拉圖底主張本身已經把它證明了。因爲當論及自然時，經驗可供給規律，而且是眞理之源，可是就道德法則而言，咳！它卻正是虛幻之母！從那已作成的東西中去引生出那規定「應當被作的東西」之法則，或者去把那「已作成者」所因以被限制的界限置之於那規定「應當被作者」的法則上，再沒有比這爲更可譴責的。

最後，康德誠懇告誡我們當謹愼保存「理念」這個字之原義，不要把它變成一個字，在隨便混擾中，用來去指示任何以及每一種表象，以致引起對於科學之傷害。這自暗指柏克來（Berkeley）而言。他說：

這並不缺乏適當於每一類表象的字眼，這樣，我們決不需侵佔這些字眼中任何一個字眼之領域。這些字眼底依序排列當如下：

綜綱（genus）是「表象」一般〔一般說的表象〕。

隸屬於此綜綱下者是表象與意識〔覺識〕俱，即「知覺」（perceptio）。

一個只關聯於主體而爲主體底狀態之變形的知覺（perception）即是「感覺」，一個客觀的知覺則是知識。

知識或是「直覺」，或是「概念」。

直覺是直接地關聯於對象，而且是獨個的。

概念則是因著若干事物所可共有的特徵而間接地關聯於對象。

概念或是一「經驗的概念」，或是一「純粹的概念」。

純粹的概念，只要當其單只在知性中有其根源（不是在感性底純粹影像中有其根源），它即被名曰「綜念」（notion）。

一個從綜念而形成而且超越了經驗底可能的概念便是一個「理念」，或曰「理性之概念」。

任何人他若熟習這些區別，他必見到：聽見顏色紅之表象被名曰理念（idea），這乃是不可容忍的。它甚至亦不應當被名曰一知性之概念，即被名曰一綜念。

案：「顏色紅之表象被名曰理念」，這自是不可容忍。但柏克來之以“idea”名「顏色紅之表象」並不是取柏拉圖使用此詞之意義，乃是取其另一個意義，或許是希臘文這個字底本義。據一般通曉希臘文的人之表示，希臘文 idea 一詞本是指可看見的相狀而言，乃是現出來的「相」，即現象之「相」。柏拉圖則倒轉之以爲事物本身之基型，不是感覺物，而是「實在」。當然，柏拉圖亦可保存其爲「可見之相」之義，但卻是心眼或慧眼所見之相，而不是肉眼所見者。心眼所見者其客觀的根源是理性。因此，在柏拉圖的哲學裡，“idea”之被譯爲「理型」者，是從其爲客觀的「基型」或「形式」而譯。譯之曰「相」（陳康的譯法），雖能照顧到文字底

原義，然已不妥了，即，不合柏拉圖使用此詞之原義（這是哲學概念底原義，不是文字學上的原義）。德哲海德格（Heidegger）說柏拉圖之倒轉，由此開啓一偉大的傳統，乃實是一種衰退（decline）。他要返回柏拉圖以前。這眞是見仁見智了。康德仍然遵守柏拉圖的使用，視之爲「精神的飛躍」。

可是若就希臘文 " idea " 一詞之本義而言，柏克來的使用倒反是恰合的了。因爲它本是可看見的相，現出來的相，即現象之相。因此，說「顏色紅之表象」，擴大之，全部知覺現象，是 idea，亦不是不可容忍的了。不過在此，idea 便不可譯曰「理念」或「理型」，因此，普通遂以「觀念」譯之。但實則亦不可譯曰「觀念」，因爲這樣，idea 便成一種心理學的想法了，主觀意味大重。而柏克來所說的 idea 卻是指所覺知的對象而言，等於現實而具體的事物（thing）。現實而具體的事物不離心覺。故凡感觸知覺之所覺知者皆名曰 " idea "。因此，在柏克來底哲學裡，idea 實只是感觸知覺底「覺象」（知覺現象）。因此，只可譯曰「覺象」；凡象必有「相」，因此，亦可譯曰「覺相」但總不可譯曰「觀念」。

依以上所述，" idea " 一詞有兩種使用，一是柏拉圖的使用，一是柏克來的使用。在柏拉圖的使用中，它是理想的基型，康德隨之，便是理性底概念（理性所形構成的完整的概念）。在柏克來的使用中，它是覺象（知覺現象），等於現實而具體的事物。如果我們就此兩種意義的 idea 而說一種 idealism，則因爲有此兩種使用，遂使 " idealism " 一詞極難翻譯。在柏拉圖處，問題較簡單，它是就理型說的，因此，它可直接被譯爲「理型論」，當然亦函是一種「理想主義」（此詞較通泛），因爲理型本是理想的基型。如果直

泛譯爲理想主義，亦是理型論式的理想主義。理型是柏拉圖本人所
實主，而理想主義則是後人之所加。在康德處，情形較複雜，它是
就理念說的，因此，它可直接被譯爲「理念論」，亦函是一種「理
想主義」（有理想性），因爲理念本是理性所形構成的一個理想的
完整性的概念。但在柏拉圖，理型就是實在，無理型與「理型底實
在性」間的分裂，故問題較簡單。可是在康德處，因爲批判的考
慮，故有理念與「理念底實在性」間的分裂，因此，情形遂較複
雜。在柏克來處，idealism 旣不可譯爲理型論、理念論，甚至亦不
可譯爲觀念論，它當然更不含有理想性；其直接的意義只是覺象
論。然一般亦以「觀念論」譯之，此是因爲他所說的覺象，雖是從
對象而言，等於現實而具體的事物，然因爲是經驗主義的，故可馴
至純是主觀的，甚至與夢幻無以別。在此，亦有「實在性」底問
題。然此「實在性」不是與「理念」對言，而是與夢幻對言。在柏
克來本人，他並不以爲他所說的覺象是主觀的幻象，他以爲這是客
觀的實在，是上帝把它呈現於我們的心覺前的。可是若不管上帝底
插入，只就其經驗主義的覺象而言，他實亦擋不住「主觀幻象」底
推稱。因此，一般遂以「觀念論」譯之。然須知，此所講「觀念」
並非是心理學意義的，乃是認識論意義的，只表示他所說的覺象是
主觀的（意即建立不起其客觀性），因而馴致於與夢幻無以別（建
立不起其實在性）。若將此義謹記於心，則把他的 idealism 泛譯之
以觀念論，似亦勉強可通，然而其實只是「主觀的覺象論」而已。
以「觀念論」這個泛稱譯之，是只因「實在性」問題之插入而然。
說觀念論是有點貶視的意味，就建立不起其客觀性與實在性而貶
視。但就柏克來本人而說，其說 idea 是只表示所覺知的存在物

（知覺現象，對象）不能獨立不依於心覺之覺知而存在，是重在表示存在物之具體性與現實性，此具體性與現實性是一物只在其與心覺發生關係時才獲得，此即是「凡存在即被覺知」一語之實義。假定一物永不與心覺發生關係，則它或是抽象概念而沒有存在，或即設定其存在而亦非具體而現實的存在。這個意思若自絕對心（無限心如上帝）處說，無問題。但若自經驗主義的知覺現象說，則柏克來所嚮往的具體而現實的存在物，此存在物底存在之客觀性與實在性即不容易被建立起。因此，人們遂得名其主張曰"subjective idealism"，而吾人亦得以有貶視意味的「主觀觀念論」譯之，其實只是「主觀的覺象論」，或「經驗主義的覺象論」，或簡單言之，「經驗的覺象論」，並非說覺象只是一個心理學的觀念或意象。

因此，無論理型或理念，它們皆是超絕的（非感觸界的）理想物（智思物）。覺象則是感觸界的感觸物。因爲理型或理念皆是超絕的理想物，故就它們而說的 idealism 亦可說爲"transcendent idealism"：就柏拉圖言，是「超絕的理型論」（理型論式的理想主義）；就康德言，是「超絕的理念論」（理念論式的理想主義）。就康德而言，這「超絕的理念論」尚不是其《純粹理性批判》中所說的"transcendental idealism"，雖然並非無關係，又雖然此後者中"transcendental"一詞實即等於"transcendent"。因爲前者（超絕的理念論）是直接就「超絕的理念」本身而立名，此是正面表示之詞；而後者（譯爲「超越的觀念論」，加點貶損的意味）卻並非直接就「超越理念」本身而立名，而卻是從「現象之並非物自身」說起，此似是一個負面表示（所謂遮詮）之詞。這樣一

來，問題便複雜，令人很難確定 " transcendental idealism "（超越的觀念論）一詞之確定意義究爲何。下文試正式討論之。

2. 康德在純粹理性底誤推中論「超越的觀念論」與「經驗的實在論」

康德說「超越的觀念論」是與「經驗的實在論」相連而說的。他是有取於這一對名詞所表示的立場的。與此立場相反的主張便是「超越的實在論」與「經驗的觀念論」，這是他所否決的。但是他所肯定的那一對主張正式見之於辯證部第一版的「純粹理性之誤推」，而此章在第二版中又全部改寫，不復見有此對名詞。如果以第二版爲準，則此對名詞正式見之於〈純粹理性之背反〉章第六節「超越的觀念論是解決宇宙論的辯證之鑰匙」，在此以前是不見有的。〈超越的攝物學〉中論及時空之超越的觀念性與經驗的實在性，意義甚明確，但未說超越的觀念論與經驗的實在論；又稍提及「現象底觀念性」或「現象之超越的概念」，但亦未說超越的觀念論與經驗的實在論。〈超越的攝物學〉中的這些辭語當然與了解這一對名詞有關。但如果只就此一部分看，而不與〈辯證部〉貫通起來看，則我們很難了解其所說的「現象底觀念性」、「現象之超越的概念」，究竟是何所指，因而對於其所說的「超越的觀念論」亦不容易了解其的義。你所說的「現象底觀念性」究竟是順柏克來的意思說，抑還是順「超絕的理念」之線索說，這是很難確定的。因此，對於「超越的觀念論」亦很難有確解。一般解者皆是渾淪地一說。若不求甚解，亦似乎已明白了。但若仔細一審，你所說的「觀

念論」之所以為觀念處究竟指什麼說，你加「超越的」一形容詞究竟是什麼意義，這便很難確定。因為經這一問，很可有兩答，而普通是順柏克來的意思說，即，就現象不離心而說，而所以加「超越的」一形容詞以有別於柏克來者，是因為有先驗形式以表象之，並有範疇以決定之。究竟是否如此呢？若真如此，則「超越的觀念論」便成與「經驗的實在論」為同義語。吾曾為此極感困惑。又看到英人派通（Paton）每以柏克來意義的 idea 說康德所說的「表象」。若順此想下去，則上面那個解釋是很順理成章的。但我仔細一審，貫通〈辯證部〉而觀，則覺得此解不諦，非康德使用此詞之義。吾未能遍查一切研究康德者之著作。吾只就吾所想者把這問題如此形成，即：超越的觀念論與經驗的實在論究竟是同指呢？抑還是異指呢？「超越的觀念論」究竟是內指地（immanently）說呢？抑還是外指地說（transcendently）？若順一般的講法，則兩者是同指。若是同指，則「超越的觀念論」是內指地說。吾以為此是錯誤的解釋。以下試引康德語以明之。

康德在第一版〈純粹理性底誤推〉章中，評論「第四誤推：觀念性」時有云：

> 在展示我們的誤推之一切欺騙性的虛幻以前，我們必須必然地區別兩種觀念論，即超越的觀念論與經驗的觀念論。所謂超越的觀念論，我意是這樣的一種主張，即：現象須被視為盡都只是表象，而不是物自身，而因此，時間與空間亦只是我們的直覺之感觸形式，而並不是一些決定當作即以其自身存在著而被給與，亦不是那被視為物自身的對象之條件。對

於這種觀念論，有一種與之相反的「超越的實在論」，它視時間與空間為某種在其自身而被給與的東西，獨立不依於我們的感性。這樣，「超越的實在論者」解釋外部現象（其實在性是被視為當然的）為物自身，獨立不依於我們以及我們的感性而存在，因此，也就是外於我們而存在，此「外於我們」一片語是依照知性底純粹概念而解釋。事實上，就是這「超越的實在論者」他此後表演了「經驗的觀念論者」之身分。在錯誤地設想感覺底對象（如果這些對象要成為外在的）必須有一種即以其自身而存在的存在，而且獨立不依於感覺而存在的存在，在如此錯誤地設想之後，他見到：依此觀點而言，一切我們的感觸的表象皆不適宜於去建立感覺底對象底實在性。

另一方面，「超越的觀念論者」可以是一「經驗的實在論者」，或如其所被稱，是一「二元論者」；那就是說，他可以承認物質底存在而無須走出他的純然的自我意識之外，或在「他的表象底確定性」，即「我思故我在」，以外，認定任何更多的東西。因為他認這種物質以及甚至這物質底內部可能性只是現象；而現象，如果它離開我們的感性，它即是無。因此，在他，物質只是「表象之一類」（直覺），此一類表象名為外部的，其為外部的不是因為處於對於外部的對象自身之關係中而為外部的，而是因為它們把知覺關聯於空間而為外部的，在此空間中，一切事物皆互為外在，而空間自身卻是存於我們。

從開始，我們即已宣布我們自己是有取於這種「超越的觀念

論」；這樣，我們的主張可移除一切困難，即依在我們的純
然的自我意識之獨自的證據（unaided testimony）上而承認
物質底存在，這個路數，或依宣布物質底存在之因以上的承
認而被證明，其被證明之樣式同於作為一「思維的存有」的
我自己底存在之被證明，這個路數，而移除一切困難。我意
識到我的表象，這是沒有問題的；因此，這些表象以及我自
己（有此等表象的我自己）都存在著。但是外在的對象（物
體）只是現象，因此，也不過就是我的表象之一類，這一類
表象底對象只是某種通過這些表象〔而有〕的東西。離開這
些表象，它們〔對象〕即是無。這樣，外物其存在著一如我
自己，而此兩者，實在說來，皆是依據我的自我意識之直接
證據上而存在著。唯一的差別就是：作為「思維主體」的我
自己之表象只屬於內部感覺，而標識廣延物的那些表象則亦
屬於外部感覺。要想達到外部對象底實在性，我正亦不須依
靠於推理，其不須依靠於推理亦恰如我之就我的內部感覺底
對象底實在性即我的思想之實在性而言之不須依靠於推理。
因為在這兩方面，對象皆不過只是一些表象，關於它們〔對
象〕底直接知覺（覺識）同時即是它們的實在性之一充分的
證明。

因此，「超越的觀念論者」即是一「經驗的實在論者」，他
對於作為現象的物質允許其有一實在性，此實在性不允許是
被推斷出的，而是直接地被覺知的。可是另一方面，「超越
的實在論」則不可避免地要陷於許多困難中，並且見到它自
己不得不屈服於「經驗的觀念論」，在此經驗的觀念論中，

它視外部感覺底對象爲某種有別於感覺自身者,並且視純然的現象爲自存的實有,在我們之外而存在著。在這樣的一種觀點上,不管對於這些事物底表象我們意識得如何清楚,可是仍然不能確定:如果這表象存在,則與此表象相應的對象也存在。可是另一方面,在我們的系統中,這些外在的事物,即物質,在一切它們的布置與變化方面,皆不過是純然的現象,即,皆不過是我們心中的一些表象,關於這些表象底實在性,我們可直接地意識及之。

就我所知,因爲一切採用「經驗的觀念論」的心理學家皆是「超越的實在論者」,所以在把一種很大的重要性歸給經驗的觀念論這一方面,他們確然已十分一致地在進行着,此被歸之以極大重要性的經驗的觀念論是當作這樣的一個問題,即「人心對之不知如何去進行」的一個問題。因爲,如果我們視外部現象爲一些表象,即爲這些表象底對象所產生於我們心中的一些表象,又如果這些對象是在其自身外於我們而存在著的東西,則實不可能去看出:我們除因著從結果推到原因這種推斷外,我們如何能去知道這些對象底存在;而既然是由結果推原因,則此原因是否在我們內抑或在我們外,這亦必須總是可疑的。我們實可承認:某種東西,即,以其超越的意義或許可在我們之外的某種東西,是我們的外部直覺之原因,但是這個某種東西並不是我們在物質底表象以及有形體的東西底表象中所正思維及的對象;因爲物質以及有形體的東西只是現象,即是說,只是一種純然的表象,它們除在我們內從不能被遇見,而它們底實在性亦依於直接的意

識，恰如我自己的思想之意識之依於直接的意識。超越的對象〔案：意即超絕的對象〕，就內部直覺以及外部直覺說，皆同樣是不被知的。但這不是我們這裡所說的，我們這裡所說的是經驗的對象，此經驗的對象，如果它被表象於空間中，它即被名曰外在的對象，如果它只被表象於它的時間關係中，它即被名曰內部的對象。但是，空間與時間除在我們內〔除在我們心內〕皆不能被發見。

這樣，「外於我們」〔在我們之外〕這一詞語在意義上是不可免地有歧義的，它有時指表那作為物自身的東西離開我們而存在，有時指表那只屬於外部現象者。就此後一義而言（在此後一義中，關於我們的外部直覺底實在性之心理學的問題得以被理解），要想使這個概念〔意即「外於我們」這個概念〕完全無歧義，我們將把經驗地外在的對象與那些可以說為是超越意義〔案：意即超絕意義〕的外在的對象區別開，即因著顯明地把前者名為「被發見於空間中的事物」而把這兩者區別開。

案：以上六段文是就「第四誤推：觀念性」而說的。而此觀念性是就靈魂之關聯於空間中的可能對象而說，亦即就其外部關係而說，在此外部關係上，想到外物底存在之觀念性。但此種「觀念性」是與理性心理學就靈魂本身而推證其為如何如何似不甚相干，故第二版重述此誤推，於此第四誤推便不就靈魂之外部關係而說外物底存在之觀念性，而只就靈魂本身說其「不滅性」。但我們可不管這一點，我們在此只就其論「觀念性」而看超越的觀念論與經驗的實在

論之意義。以上六段文皆反覆說明超越的觀念論函着經驗的實在論，而經驗的觀念論函着超越的實在論。

　　但是，究竟什麼是「超越的觀念論」？此一整詞中「超越的」一形容詞究竟是什麼意思？指何而說？「觀念論」之「觀念」或「觀念性」究竟是什麼意思？指何而說？依以上六段文中之第一段，康德說「超越的觀念論」是這樣一種主張，即：「現象須被視爲盡都只是表象，而不是物自身，而因此，時間與空間亦只是我們的直覺之感觸形式，而並不是一些決定當作即以其自身存在著而被給與，亦不是那被視爲物自身的對象之條件」。這個意思不過說兩點：(1)現象只是表象，不是物自身；(2)時間與空間只是感觸直覺之形式，不是客觀自存的東西，亦不是物自身底條件。此兩點意思是《純粹理性批判》，從頭起一直貫穿着全書的主張。但若以這兩點意思說「超越的觀念論」一詞之意義，則嫌太泛，人們不知此詞底恰當意義究何在。若經一問，便可有不同的解釋，如我所已說，至少可有兩解，一是順柏克來說 idea（覺象）底思路而爲內指地作解，一是順柏拉圖與康德本人說 idea（理型或理念）底思路而爲外指地（超絕地）作解。但是在康德上面那個籠統而太泛的解說中，我們看不出究應向何路作解，至少依柏克來的思路作解亦未嘗不可，而且甚爲順適。然而通貫觀之，又好像不是如此，即，這不是康德立此詞之所以，因而亦不是此詞之實義。

3. 康德在〈純粹理性底背反〉中論「超越的觀念論」

　　康德在〈純粹理性底背反〉章第六節〈超越的觀念論是宇宙論
的辯證底解決之鑰匙〉（直譯為〈作為宇宙論的辯證底解決之鑰匙
的超越的觀念論〉）中首述「超越的觀念論」云：

　　我們在超越的攝物學中已充分地證明：每一在空間或時間中
　　被直覺的東西，因而也就是說對於我們為可能的任何經驗底
　　一切對象，不過就是現象，即是說，不過只是表象，這些表
　　象，就它們所依以被表象的樣子言，或當作廣延的存有看，
　　或當作變化底系列看，皆無「外於我們的思想」的獨立存
　　在。此種主張，我名之曰「超越的觀念論」。〔康德在此於
　　第二版加底注云：我在別處有時亦名之曰「形式的觀念
　　論」，以與「材質的觀念論」區別開，即是說，與通常型的
　　觀念論區別開，此通常型的觀念論懷疑或否決外物本身底存
　　在。〕實在論者，在此詞〔即實在論一詞〕之超越的意義
　　中，視我們的感性底這些變形為自存的東西，即是說，視純
　　然的表象為物自身。
　　把那長期被貶損的「經驗的觀念論」歸諸我們，這乃是不公
　　平的。經驗的觀念論，當它承認空間底真正實在性時，它卻
　　否決空間中的廣延物之存在，或至少視它們的存在為可疑，
　　因而在此方面，它不允許真理與夢幻之間有任何恰當可證明
　　的區別。至於時間中內部感覺底現象，經驗的觀念論覺得視
　　它們為真實的事物並沒有困難；實在說來，它甚至肯斷這內
　　部經驗是內部經驗底「對象（在其自身具著一切這種時間決
　　定）」之現實存在之充分的而且是唯一的證明。

反之，我們的「超越的觀念論」則承認外部直覺底對象在空間中被直覺者之實在性以及時間中的一切變化為內部感覺所表象者之實在性。因為空間是那「我們名之曰外部直覺」的直覺之形式，又因為設無空間中的對象，則必無經驗的表象可言，所以我們能而且必須視空間中的廣延物為真實；這在時間方面亦同樣是真的。但是這個空間以及這個時間，並連同著空間與時間的那一切現象，並不是在其自身的事物；它們不過是表象，而且不能外於我們的心靈而存在，甚至對於我們的心靈（作為意識之對象的心靈）底內部而感觸的直覺（此作為意識之對象的心靈是被表象為「為時間中不同狀態底相續所決定者」），亦不是這自我之當體自己，如其在其自己而存在，即是說，它不是這超越的主體〔超絕的主體〕，但只是一種現象，這現象是要被給與於感性上，即被給與於這個不被知於我們的存有底感性上〔意即這超絕主體底感性上〕。這內部現象不能被承認為以任何在其自身而且即以其自身這種樣子而存在；因為它是為時間所制約，而時間不能是物自身底一種決定。但是，空間與時間中的現象之經驗的真理性〔真實性〕卻是充分地被保障了的；它是很夠與夢幻區別開的，如果夢幻與真正的現象這兩者依照經驗的法則真地而又完全地在一個經驗中互相膠著或攪混時。

案：此三段所說不出前錄六段文所說者之外。但首段開頭所解說的「超越的觀念論」仍不過是說「每一在空間或時間中被直覺的東西，〔……〕不過就是現象，〔……〕皆無外於我們的思想的獨立

存在」。如果我們只限於這解說的語句，則「超越的觀念論」一詞似乎是只就「現象不離心」（無外於我們的思想的獨立存在）而只為現象或表象而說。如是，則此詞之立只是「內指地」（immanently）而立。「觀念論」中的觀念或觀念性是就「現象不離心」而說；而「超越的」或「形式的」一形容詞，人們可解說為是就先驗形式以及純粹概念（範疇）之超越地駕臨（表象或決定）現象而說。如是，則超越的觀念論與經驗的實在論為同指（同義語）。這是順柏克來的思路而想此詞。同一現象一方可說是柏克來意義的「觀念」（覺象），一方亦可說是康德意義的「實在」（在空間中）。如是，則康德的「經驗的實在論」與柏克來的「經驗的觀念論」（覺象論）無以異，所差者唯在柏克來無先驗的形式與範疇又不承認物質底存在而已。

如果康德說「觀念」（理念）同於柏克來的說法，則這樣解自未始不可。但康德說觀念乃遵循柏拉圖的風範而說，而他又明說「把那長期被貶損的經驗的觀念論歸諸我們，這乃是不公平的」，此即明示他的「經驗的實在論」與柏克來的「經驗的觀念論」有區別，不能只以「現象不離心」來籠統。縱使同是「現象不離心」，吾人亦不能即以此義來解說他的「超越的觀念論」。因為就「現象不離心」說觀念，此觀念同於覺象，而「超越的觀念論」中的觀念或觀念性乃同於理念，順柏拉圖的思路而來者。兩者意義既不同，便不能以「現象不離心」義的觀念（覺象）解說「超越的觀念論」。順由柏拉圖的思路而來的「理念」義解說「超越的觀念論」是康德本人之本旨（因為康德不准許說「顏色紅之表象為理念」），而依「現象不離心」的覺象義之觀念把康德的「經驗的實

在論」中之實在者說成與柏克來的「經驗的觀念論」中的作為觀念者（覺象者）為同指，這乃是後人之所加。

4. 正解「超越的觀念論」與「經驗的實在論」

「經驗的觀念論」，康德亦名之曰「材質的觀念論」（material idealism）。此有兩型。一曰笛卡兒的「或然的觀念論」（problematic idealism），此亦曰「存疑的觀念論」（sceptical idealism）；另一則是柏克來的「獨斷的觀念論」（dogmatic idealism）。獨斷的觀念論否決感覺底外部對象之存在，存疑的觀念論則懷疑其存在。所謂「外部對象」（external objects）有時亦說「外物」（outer things），總指「物質」（matter）而言。物質是表象於空間中的外部對象（物體）之所以為外部對象者，即所以為實在者。柏克來之所以說「存在即被覺知」（To be is to be perceived.）其目的即在想除消這個「物質」。可是如果物質眞被除消，則空間以及以空間為不可分離的條件的一切外物皆成虛幻不實的。柏克來可說我只除消那個抽象的而永不被覺知的物質，我並不否認那具體而現實的知覺現象之實在性；凡我說對象都是指具體而現實的事物說，並沒有一個孤立的、抽象的、而永不被知的物質。話雖可如此說，但不能因為分解地說的物質之抽象性便否決物質之存在。分解地說的抽象的「物質」一概念自是存於思想中，並無具體而現實的存在，然既知分解地說的物質是抽象的單提，豈不可復融於具體物中而肯認其存在？當我們說空間中的物體、現實的存在物時，物質性已在內。所以，若一往否認物質之存在，專訴諸

感觸的知覺，則縱使說具體而現實的物體，這物體亦成虛浮無實的。是以柏克來之說實不免粗率而武斷也。

存疑的觀念論不否認「物質」底存在，但只懷疑其可證明性。我們不能通過感觸的知覺而直接地證明之，但只能通過知覺底原因而間接地推證之。但從結果推原因總是有問題的。而且我們亦不能確知這所推證的原因究在我們內抑在我們外。因此，作為知覺之原因的那個物質，其存在性便成可疑的、或然的，因此，這便成「或然的觀念論」或「存疑的觀念論」。

無論獨斷的觀念論或存疑的觀念論，所謂「觀念論」就是就否認或懷疑物質底實在性而言。但無論「否認」或「懷疑」，皆是從感觸的知覺說起，因此，便名曰「經驗的觀念論」，或「材質的觀念論」，意即這是經驗地（empirically）或材質地（materially）說的物質之不存在或其存在有問題。獨斷的觀念論只是一層的覺象，並無物質那個底子。存疑的觀念論承認有這個底子，但其存在卻是可疑的。承認有這個底子者，經驗地說，其存在為可疑，因此，成為經驗的觀念論，但既不否認其存在，則超絕地說（transcendently），便成「超越的（超絕的）實在論」，意即超絕地肯定物質之實在性。所謂「超絕地肯定物質之實在性」，即是離開感性，把外物視為物自身，單只是理智地就其自身而觀之之謂。前錄康德「誤推」中六段文以及背反章第六節中三段文，其中所說的「經驗的觀念論」大抵是指「存疑的觀念論」而言，因為它函著「超越的實在論」；而「獨斷的觀念論」既不承認「物質」那個底子，自亦無所謂「超越的實在論」。獨斷的觀念論既不承認物質底存在，單只有覺象之一層，因此，其為觀念論是只內縮於就覺象之不離心而為觀

念（覺象義的觀念）而說，此是正表的觀念論。存疑的觀念論既承
認有物質底存在，但其存在爲可疑，因此，其爲觀念論是涉指物質
存在之可疑而爲觀念論，並非單就感覺本身之無異於夢幻而爲觀念
論；其所正表者是「超越的實在論」。

　　康德既不贊成獨斷的觀念論，亦不贊成存疑的觀念論，總之，
他不是一「經驗的觀念論者」。他的主張是「經驗的實在論」，意
即經驗地說，表象於空間中的外部對象（物質）底實在性是「直接
地被覺知的」，而不是「間接被推知的」；我們「不須走出純然的
自我意識之外而即可承認物質底存在」；「外物其存在著一如我自
己之存在著，而此兩者，實在說來，又皆依於我的自我意識之直接
的證據上而存在著」。此中所謂「經驗地說」並非表示是純然經驗
主義的，因爲康德並非是經驗主義者。又，所謂「直接地被覺知」
並非是經驗主義的「直接地被覺知」，因爲若是經驗主義的，顯
然，外部對象（物質）底實在性不能直接地被覺知（被證明）；因
此，其意乃是通過我們的感觸直覺，在時空形式之表象之以及概念
之決定之中而直接地被覺知（被證明）。

　　因此，「經驗的實在論」意即「肯定經驗地說的外物之實在
性」這樣一種主張。但既是經驗地說的外物，自必須是感觸直覺中
的外物，因而亦必是在空間中的外物，即：必須是當作現象看的外
物，此即是康德所說的「物質亦不過只是一類表象」（ a species of
representations ）。它不能超絕地外於我們的感性而即以其自身而
存在著，即，它不是「物自身」。你若把它看成是物自身，它即是
無，什麼也不是，一無所有。此時，它只是理性所構思的一個理念
（空觀念），它根本無實在性。即依此實在性之否決而立「超越的

（超絕的）觀念論」。因此，「超越的觀念論」者否決當作現象看的外物（物質）之「超絕的實在性」，而宣稱其「超絕的觀念性」之謂也。因此，如此說的「觀念論」不是就著「外物不離心（感性）而爲現象」說，乃是就著「其離感性而爲無」說。此即是我所謂「外指地說」（transcendently），而非「內指地說」（immanently）。如若內指地說，即，就「其不離感性而爲現象」說，則它正是「實在的」，此即成「經驗的實在論」。因此，超越的觀念論與經驗的實在論，雖然相函（mutually implies），卻非同指的同義語。經驗的觀念論不知外物（物質）是現象，而視之爲物自身，因此，遂肯定其「超絕的實在性」，而成爲「超越的（超絕的）實在論」。超絕地說是實在（卻不能證明），而經驗地說卻是可疑的，因而一切感覺表象亦無異於夢幻。超越的觀念論正否決這種超絕的實在性，因此，它是遮詞，而非表詞；然而因爲它肯定外物之經驗的實在性，故經驗地或內指地說，它函著經驗的實在論，此是正表之所在。

　　以上說明「超越的觀念論」是外指地說。「超越的」一形容詞實即「超越」或「超離」義。「超越的」亦可易詞而爲「形式的」。所謂「形式的」，意即空無內容義，因爲無直覺故，純以概念而思故。如此作解，雖在上錄誤推中以及背反章第六節中康德釋此詞之語句裡看不出來，因爲那些語句只表示現象不過只是表象，而不是物自身，時間、空間不是物自身之條件。只這樣說，人們便可只就「現象不離感性」之正表而理解超越的觀念論，因爲它缺少一折轉之跌宕故。但是，康德在背反章第七節「理性自身之宇宙論的衝突之批判的解決」末段中，卻較能顯出這「外指地說」之意

義：

> 這樣，純粹理性在其宇宙論的理念方面底背反，當這背反被
> 表示為是如此，即：它只是辯證的，而且它是由於一種幻象
> 而來的衝突，這幻象是由我們把那「只當作物自身之條件而
> 自持其有」的絕體綜體之理念應用於現象上，即「只存在於
> 我們的表象中，因而也就是當其形成一系列時，只存在於一
> 相續的後返中，而並無他處可存在」，這樣的現象上，而發
> 生，當這背反被表示為是如此之所說時，它即消滅而不見。
> 但是，從這種背反裡，我們所能得到的，實在說來，實不是
> 一獨斷的利益，而是一種批判的而且是主張性的〔學理上的
> doctrinal〕利益。它對於「現象底超越的觀念性」可供給一
> 間接的證明，即應當可使那「不以超越的攝物學中所給的直
> 接證明為滿足」的任何人信服的一種證明。這種證明必存於
> 以下的兩難中。如果這世界是一個在其自身而存在著的整
> 全，則它或是有限的，或是無限的。但是這兩可能皆是假的
> （如在反題與正題底證明中所表示的）。因此，「世界（一
> 切現象底綜集）是一在其自身而存在著的整全」，這也是假
> 的。由此，我們可說：一般說的現象若外於我們的表象便是
> 無〔沒有什麼東西外於我們的表象〕，此恰正是「現象底超
> 越的觀念性」之所意謂者。

此段文中說到「現象底超越的觀念性」。〈超越的攝物學〉中給它
一「直接的證明」，而此處論背反則給它一「間接的證明」。如果

人們不以〈超越的攝物學〉中所給的直接證明為滿足，則此處的間接證明可增加其信服。此處說「現象底超越的觀念性」顯是外指地說。「現象沒有什麼東西外於我們的表象」，那就是說，現象若外於我們的表象而視之為自存的，它便是無，意即一無所有。這樣的想法只是一個空觀念，並無真實的實在與之相應，因此，這就是「現象之超越的（超離的）觀念性」。因此，觀念性是外指地說，亦就是遮撥地說，是遮義，並非表義，因而亦是劣義，是貶詞。世界是現象底綜集（sum），我們不能把它視之為一在其自身而存在著的整全（絕對綜體）而說它是有限的或無限的。我們只能在經驗的後返中決定它的量度。若客觀地而且超絕地把它視為自存的整全而謂其為有限或無限，那只是空觀念，什麼也不是，是無。這即表示第一背中正反兩題皆假。這也就是為什麼「超越的觀念論」是解決背反之鑰匙之故。

　　「現象之超絕的觀念性」，就理性說，是理性之「理念」，但此理念是假的，故只好譯為「觀念性」，言無實也，意即根本沒有這會事。自由與上帝雖亦是理性之理念，然尚是一可能的概念，即有正表意義的理念，只思辨理性不能證明其實在性而已。至於把現象視為物自身，而把它們的綜集形構成一個絕對綜體，以其自身而存在著，而且進一步謂其為有限或無限，這根本是一個假理念，根本無正表的意義，所以理念即變成只是空觀念。康德凡於現象乃至時間與空間說其「超絕的觀念性」皆是就著這種無正表意義的假理念而說。肯定現象乃至時間、空間底這種超絕的觀念性而否決其超絕的實在性便是「超越的觀念論」一詞之所以立。勿以其對於此詞所作的簡單而籠統的解說而生誤解也。其解說之語句雖只表示現象

不離感性，然而其說「超越的觀念論」，乃至說「現象之超越的觀念性」，卻是就「現象若離感性而視之為物自身便是無」而說；這也可說是言在此而意在彼。故只就現象不離感性，依柏克來的思路，去解說「超越的觀念論」乃至「現象之超越的觀念性」，這決然是誤解。然而康德的表示缺少一跌宕，亦負一部分責任。

5. 康德在〈超越的攝物學〉中論「現象底觀念性」

　　康德說對於「現象之超越的觀念性」，在〈超越的攝物學〉中已給與一「直接的證明」。但在〈超越的攝物學〉中，康德只說「空間中現象之超越的概念」，又只說「當作純然的現象看的感覺底一切對象底觀念性」（簡言之，即是「現象底觀念性」），而卻並無「現象之超越的觀念性」一詞。是則其所謂「直接的證明」者實則並無顯明的正文以表示之也。

　　他在〈超越的攝物學〉中說明空間之「經驗的實在性」與「超越的觀念性」一段中，最後有云：

　　　　以上的解說只在想使人不要設想這裡所主斷的空間之觀念性可以用顏色臭味等不充分的例子來說明。因為顏色臭味等這一切實不能正當地被視為事物之特性，但只應視為主體方面的一些變化，這種變化，實在說來，是可以因人之不同而不同的。在如顏色臭味等這樣的例子中，那根源上其自身只是現象者，此譬如一枝玫瑰，卻被經驗的知性視為物自身，縱

然如此，可是在關於它的顏色上，它能不同地〔差別地〕顯
現於每一觀察者。另一方面，空間中的現象之「超越的概
念」是一批判的提醒（a critical reminder），即：凡在空間
中所直覺者無一是物自身，空間不是一個形式，它附著於物
自身而爲物自身底固具特性（intrinsic property），對象之
在其自身是完全不被知於我們的，而我們所叫做外部對象者
不過只是我們的感性之表象，其形式是空間。感性底眞正相
關者，即物自身，不是通過這些表象而被知的，亦不能通過
這些表象而被知；而在經驗中，就物自身而言，沒有問題曾
被問及。

案：關於空間之經驗的實在性與超越的觀念性，下節再說。此段文
首先表示康德所說的「空間之觀念性」不可用顏色臭味等來說明。
顏色臭味等只是 idea（覺象），這是柏克來的說怯，此所謂獨斷的
觀念論（亦是經驗的或材質的觀念論）。康德說空間之「超越的觀
念性」是就視空間爲自存的實有或附著於物自身而爲其固具的特性
這種「絕對的超越的（超離的）實在性」之否定而說，不是就其爲
直覺之先驗形式，爲心之主觀建構，而說。是以「空間之觀念性」
不能用顏色臭味等例子來說明。康德之說此，顯然是在防止人們以
柏克來的思路來了解這種觀念性。

　　其次，康德進而說明「空間中的現象之超越的概念是一批判的
提醒」。「現象之超越的概念」一詞正是我們現在所要注意的。此
詞究如何了解呢？就他所提醒吾人的，如「凡在空間中所直覺者無
一是物自身」云云，而觀，則「現象之超越的觀念」不過是說現象

不是物自身，空間不是自存的實有。這與說「超越的觀念論」同。
吾人仍不知這何以是「現象之超越的概念」。這「超越的」一形容
詞究如何解呢？這「超越的概念」究是外指地說抑還是內指地說，
單在那「批判的提醒」中是看不出的。可是，若貫通著看，則知所
謂「現象之超越的概念」意即關於空間中的現象之超越的（超離
的）想法。這超越的想法意即離感性而思之。離感性而思之，意即
「就事物之通過理性，即是說，不管我們的感性之構造，而以在其
自身而考量之」（康德論空間之觀念性中語，見下節）。如此思
之，則現象便是無。此等於說「一般說的現象若外於我們的表象便
是無」。因此，「現象之超越的概念」等於去說「現象之超越的
（超離的）觀念性」。在超絕方面，既只能說現象底觀念性，並無
實在性，因「離感性而思之便是無」故，則不離感性，就其為空間
中的現象而言，它便有「經驗的實在性」，意即現象是客觀的實
在。前者是外指地說，後者是內指地說。此則同於背反章第七節所
說的「現象之超越的（超離的）觀念性」一詞之義。但這「外指地
說」之一折轉，單在那「批判的提醒」中是很難看出的。吾不知到
此重要的關頭，康德何以總是落於正面說現象為如何如何。人們若
於此著眼，則亦可順其正面說現象為如何如何者來了解「現象之超
越的概念」，一如順柏克來的思路來了解「超越的觀念論」。但其
實並不如此。此康德之表示不善巧也。

又，〈超越的攝物學〉中「§8對於超越的攝物學之一般的觀
察」這一大段中，康德又說：

Ⅱ　在穩固內外感覺底觀念性，因而亦即當作純然現象看的

一切感覺之對象底觀念性，這種學說中，那特別相干的便是
去觀察：在我們的知識中，凡屬於直覺的那每一東西——苦
樂之感以及意志因爲不屬於知識故除外——其所包含的不過
只是關係；即是說，不過只是在一直覺中的位置（廣延）之
關係，位置底變化（運動）之關係，以及這種變化所依以被
決定的法則（運動力）之關係。那現存於這個或那個位置中
者是什麼，那離開位置之變化而運作於物自身者是什麼，這
並不是通過直覺而可被給與的。現在，一個物自身不能通過
純然的關係而被知；因此，我們可以說：因爲外部感覺所給
與我們的不過只是關係，所以這種感覺在它所具有的表象中
只能包含一個對象對於主體之關係，而並不包含對象自身之
內部的特性。〔……〕

案：此段文是第二版所增加。此中又只說「內外感覺底觀念性，因
而亦即當作純然的現象看的一切感覺之對象底觀念性」。「內外感
覺底觀念性」尤糊塗，其實這只是籠總的說法，實只是「感覺底一
切對象（現象）底觀念性」。康德喜歡這樣無謂的絡索（嚕囌）。
只說「現象底觀念性」，且無「超越的」一形容詞，這更易令人生
誤解。且第一版本無此文，而爲第二版所增加，明是根據辯證部背
反章第六節所說的「超越的觀念論」以及第七節所說的「現象之超
越的觀念性」，而補入，補之於全書底開頭，而又補的如此簡略，
只說「現象之觀念性」，其不令人生誤解者幾希。說是在此「超越
的攝物學」中已給與「現象之超越的觀念性」一「直接的證明」，
而關於此「直接的證明」，若看第一版者，則根本不見有之，若看

第二版者，則又見其說的如此參差不齊（一說「現象之觀念性」，一說「現象之超越的概念」），又如此非正式作論題。故單看「超越的攝物學」者很難了解「現象之超越的觀念性」一詞之恰當意義也。

　　此處只說「現象之觀念性」，而對此「觀念性」之解釋又不過是「凡屬於直覺的每一東西其所包含的不過只是關係」，即，只是現象，而不是物自身。人們若順此正解而觀之，則很可依柏克來之思路而理解此「觀念性」。康德說我們不可用「顏色臭味等不充分的例子」來說明「空間之觀念性」（其實「不充分」一詞亦不恰當，康德又說這是「假類比」，此則較恰，見下節）。這雖是防止人們以柏克來所說的 " idea "（覺象）來說明「空間之觀念性」，然亦足以表示人們之易於有此想法。在空間處猶如此，則在此，直接說「現象之觀念性」，更易令人依柏克來之思路去作解。可是若會通《純理批判》底全部思想而理解之，則知康德在此說「現象之觀念性」乃是以其全部思想為背景而說之，決非柏克來義。其只說「觀念性」乃略辭耳，亦如說「空間底觀念性」為略辭，實即同於「空間中的現象之超越的概念」，亦同於「現象之超越的觀念性」；而「超越的」意即為「超絕的」或「超離的」。然而康德在此用略辭卻實不應該，因為前後無連繫而孤起故。這亦足見此思想是後來之補加，儼若隨時想到而作補注。其初撰稿並未正式以此為論題而予以「直接的證明」。其正視此義之重要乃在背反章耳。用後返溯，故於此攝物學中而作補注。至於其說明之籠統同於其說明「現象之超越的概念」以及「超越的觀念論」。唯背反章第七節中「現象之超越的觀念性」一詞則較顯豁。故得以此為準而作通解。

6.　康德論空間與時間之「超越的觀念性」與「經驗的實在性」

　　超越的觀念論、現象之超越的觀念性（乃至簡單說法的現象之觀念性）以及現象之超越的概念諸詞，雖皆渾淪隱晦，易令人生誤解，然而對於空間與時間之超越的觀念性與經驗的實在性，康德說的卻非常清楚而明確。我們即以此爲準來了解現象方面的「超越的觀念性」，乃至簡單說的「觀念性」，以及「現象之超越的概念」。時間、空間與現象，這三者俱可說其超越的觀念性與經驗的實在性。我們即依據這三者之「超越的觀念性」來了解超越的觀念論，依據其「經驗的實在性」來了解經驗的實在論。康德於現象方面所說者實是依與在時空方面所說者爲同一思路方式而說也。

　　康德在〈超越的攝物學〉中說空間之經驗的實在性與超越的觀念性云：

　　　　「一切事物皆在空間中相鄰接」，這個命題是在這限制，即這些事物是被看成是我們的感觸直覺之對象這限制下，而有效。現在，如果我們把這〔限制〕條件加到〔主詞「事物」之〕概念上而說：「一切事物，當作外部現象看，皆在空間中相鄰接」，則這規律便是普遍地而且無限制地有效的。因此，就那「凡能外在地被呈現於我們而爲對象」的東西說，我們的解釋建立空間之「實在性」，即，空間之「客觀有效性」，但是就事物當其通過理性，即是說，不管我們的感性

之構造，而以在其自身而被考量時說，則我們的解釋同時亦
建立空間之「觀念性」。依是，就一切可能的外部經驗說，
我們肯斷空間之「經驗的實在性」；而同時我們亦肯斷它的
「超越的觀念性」──換言之，一旦我們拉掉以上所說的條
件，即，拉掉把空間限制於可能經驗這種限制，而看它是某
種居於物自身之下而爲其底據的東西，則空間畢竟是無〔意
即什麼也不是，一無所有〕。

案：此文說「空間之超越的觀念性」是就其不被限制於可能經驗，
而視之爲物自身之底據（即條件），而說。此時之空間便是無，什
麼也不是，一無所有，即只是一空觀念，並無實在性，因此而說這
是空間之「超越的觀念性」。此中「超越的」一形容詞是超離或超
絕義。斯密士已指出「超越的」（transcendental）當爲「超絕
的」（transcendent），說「超越的」是康德一時之不愼。其實亦
非必定是不愼，因爲康德總是如此使用，非只此處爲然也。只要知
其爲超絕義便可。關此，詳論見下第8節。現在只說若如此超絕地
思之，則它便是無。如視空間爲自存的絕對實有，即視之爲某種居
於物自身之下而爲物自身之底據（即條件）的東西，或視之爲附著
於物自身而爲其固具的特性，爲其所固具的關係或決定，這皆是肯
斷它的「絕對的超越的實在性」。康德否認此種實在性，以爲若如
此思之，便是無，因此，只肯斷它的「超越的觀念性」。

　　以上是直接地就著「超絕地思空間，空間便是無」而說。超絕
地思之，便是不把它限制於可能經驗。而不把它限制於可能經驗，
它便無現象可表。因此，亦可轉而就著「事物當其通過理性，即是

說，不管我們的感性之構造，而被思量時」而建立空間之超越的觀
念性。只通過理性而思事物，則事物便非現象，因此，我們對於事
物無感觸的直覺，因而亦無經驗。事物既如此，則空間便落空。如
以為不落空，而視之為物自身之條件，那只是空想。故由事物之只
通過理性而即以在其自身而被思，亦可說明空間之超越的觀念性。
事物之只通過理性而被思，即是超絕地思事物。超絕地思空間，空
間無現象可表，因而是無；而超絕地思事物，空間亦無現象可表，
因而亦是無。故此兩種說法皆足表示空間之超越的觀念性。反之，
「就一切可能的外部經驗說」，空間本是感觸直覺之條件，它本限
制於感性，未曾只通過理性即超絕地而被思，而事物亦是感性中的
事物即現象，亦未曾只通過理性即超絕地而被思，此時，空間即有
其「經驗的實在性」。所謂「經驗的實在性」並非說空間是由經驗
而獲得，乃是說從經驗上說，它有現象可表，它是感觸直覺之形
式，因而亦是現象之形式，因此，它有實在性，因而遂說為「經驗
的實在性」，此亦曰「客觀的實在性」。

　　因此，「經驗的實在性」是內指地說（immanently），「超越
的觀念性」是外指地說（transcendently）。即於感性是內指地
說，離乎感性是外指地說。

　　「事物當其通過理性，即是說，不管我們的感性之構造，而以
在其自身而被思量時」，固可說明空間之超越的觀念性，但這樣超
絕地思之同時即是「事物（現象）之超越的觀念性」。此時，事物
即不是現象，而是當作物自身而觀之。此亦即是把現象視作物自
身。然而現象不能是物自身。是以若視之為物自身，它便是無，什
麼也不是，只是一個空觀念，因此，遂名曰「現象之超越的觀念

性」。此與說空間之觀念性爲同一思路或方式也。簡單說的「現象之觀念性」，乃至作爲「批判的提醒」的「現象之超越的概念」，亦同此解。

然而康德說空間之觀念性與實在性能顯明地表示出內外異指——經驗的實在性是內指地說，超越的觀念性是外指地說。於說「超越的觀念性」時亦有一折轉之跌宕，不只是說：空間是感性之形式等等這種正表語，而且亦說：若超離感性，只通過理性而視之爲物自身之條件，它便是無。經過這一跌宕，逐能顯出其觀念性只是由「超絕地思之」而然。可是當其解說「超越的觀念論」、「現象之超越的概念」、「現象之觀念性」時，卻並無此折轉之跌宕，是以易令人生誤解。惟於背反章第七節說「現象之超越的觀念性」時，則較能顯出此折轉之跌宕。故吾人即以該處之解說爲準而通解「現象之超越的概念」以及「現象之觀念性」並斷定超越的觀念論與經驗的實在論爲內外異指而說。而最後的根據則在康德之說空間之超越的觀念性與經驗的實在性。是以「超越的觀念論」乃是依據時間、空間、現象，這三者之「超越的觀念性」而說。而「經驗的實在論」則是依據此三者之「經驗的實在性」而說。

康德論時間之超越的觀念性與經驗的實在性如下：

如果我們抽離了我們的內部地直覺我們自己這直覺之模式——藉這直覺模式，我們同樣亦把一切外部直覺一起皆收攝於我們的表象機能中——因而視對象爲它們可以是在其自身，則時間便是無。只有在關涉於現象中，時間始有客觀的妥實性，那些現象就是我們視之爲我們的感覺之對象者。如果我

們抽離了我們的直覺之感性，即是說，抽離了那專屬於我們的那種表象之模式，而說事物一般，則時間便不再是客觀的〔意即不再有客觀妥實性〕。因此，時間是我們的（我們人類的）直覺之一純粹地主觀的條件（我們人類的直覺它總是感觸的，即是說，只就我們爲對象所影響而說的直覺），而若離開這主體，而在其自身，則它便是無。縱然如此，可是在關涉於一切現象上，因而在關涉於一切能進入我們的經驗中的東西上，它卻必然地是客觀的。我們不能說：「一切事物是在時間中」，因爲在這「事物一般」之概念中，我們是抽離了關於它們〔事物〕的直覺之每一模式，因而也就是抽離了那「單在其下對象始能被表象爲在時間中」的條件。但是，如果我們把這條件加到這概念上，而說：「一切事物，當作現象，即當作感觸直覺之對象，皆在時間中」，則此命題便有其合法的客觀妥實性，而且有其先驗的普遍性。

因此，我們所要執持的是時間之經驗的實在性，即，在關涉於那一切允許被給與於我們的感覺上的東西中，時間之客觀的妥實性。因爲我們的直覺總是感觸的，所以沒有在經驗中曾被給與於我們的對象而不符合於時間條件者。另一方面，我們否決對於時間之一切要求於「絕對實在性」這一切要求；即是說，我們否決：時間絕對地隸屬於事物以爲其條件或特性，而獨立不依於任何涉及即涉及我們的感觸直覺之形式之涉及；那屬於物自身的特性從不能通過感覺而被給與於我們。依此，這一點即是那構成「時間之超越的觀念性」者。所謂「超越的觀念性」，我們意謂：如果我們抽離了感

觸直覺之主觀條件，時間便是無；而且它亦不能依「自存」或「附著」之路數而被歸屬於對象之在其自身（對象離開其關聯於我們的直覺）。

但是，這種「觀念性」，就像空間底觀念性一樣，必不可因著「假的類比」（false analogies）而以感覺來說明〔斯密士在此有注云：時間與空間底觀念性必不可與歸諸感覺的觀念性相混〕，因為現象，即感觸的謂詞所附著於其中的現象，其自身有客觀的實在性，這是由於先有了這觀念性〔即時間與空間之超越的觀念性〕然後才被認定的。〔案：此句底意思是說：由於先有了時空之超越的觀念性，然後才能認定現象之客觀的實在性。若視時空有超越的實在性，則現象之客觀的實在性必不能成立。此即是超越的實在論必函著經驗的觀念論。但康德卻主張經驗的實在論。〕在時間之情形中〔意即在時間這一方面〕這樣的客觀實在性必完全喪失，除非當它〔這實在性〕只是經驗的，即是說，除非當我們視對象自己只是現象。關於這一論題，讀者可參看前節末所已說者〔案：即關於空間之觀念性與實在性那一節末所已說者〕。

案：以上三段文論時間之超越的觀念性與經驗的實在性，其說法完全同於說空間，不須重複疏釋。現在我們所注意者是康德所說的「假的類比」。

7. 關於康德所說的「假的類比」

　　康德告誡我們說：「〔時間空間底〕這種觀念性決不可因著假的類比而以感覺來說明」。而斯密士亦注云：「時間與空間底觀念性必不可與歸諸感覺的觀念性相混」。聲音、顏色、臭味、冷暖等感覺正是柏克來所謂 " idea "（覺象），而康德卻不允許名「顏色紅之表象」曰 idea（理念）。若想以這些感覺為例來說明時間與空間底超越的觀念性，那便是「假的類比」。這明是表示康德說時間與空間之超越的觀念性不是就其為主觀的，為心之主觀建構而說，乃是就其「超離感性便是無」而說。關於此種觀念性之不可以感覺來說明，康德於時間方面說的較少，他告訴我們參看關於空間所說者。他在空間方面說的較多，如下：

　　　　空間是唯一的例外，除空間外，再沒有主觀的表象，涉及某種外部的東西者，能被說為既是客觀的而又是先驗的。＊因為再沒有其他主觀的表象，我們由之能引申出先驗的綜和命題，就像我們能從空間中的直覺而引申出者那樣（原注：參看§3空間概念之超越的解釋）。因此，嚴格地說，這些其他〔主觀的〕表象並沒有觀念性，雖然它們在這方面，即以下所說的方面，與空間底表象相契合，即，它們只屬於我們的感性樣式之主觀構造，例如，就像在顏色、聲音、冷熱底感覺之情形中，視、聽、觸底樣式之主觀構造，而顏色、聲音、冷熱等這些感覺，因為它們是純然的感覺，而不是直

覺，所以它們實不能以其自身產生出關於任何對象之知識，
尤其不能產生任何先驗的知識＊。

兩星號＊表示此段文是第二版底修改文。第一版原文則如下：

因此，一切外部現象底這個主觀條件〔即空間〕不能與任何
其他主觀條件相比較。酒底味道並不屬於酒底客觀決定，甚
至作爲一對象的酒，我們意謂這酒是現象，酒之味道亦不能
屬於酒這現象底客觀決定，它只屬於主體中去嘗它的那感覺
之特殊構造。顏色並不是物體之特性（它們附隨於關於這些
物體底直覺上），但只是視覺底一些變形，視覺即是那在一
定樣子中爲光所影響的視覺。可是另一方面，空間，作爲外
部對象底條件，它必然地屬於這些外部對象底現象，或屬於
對於這些外部對象底直覺。味道與顏色並不是這必要的條
件，即，「單在其下，對象始能對我們而爲感覺底對象」的
那必要的條件。它們之與現象相連繫，是只當作一些結果而
偶然地爲感覺底特殊構造所增加上去的。因此，它們不能是
先驗的表象，但只基於感覺，而實在說來，在味道這一方
面，甚至是基於情感（苦與樂），而爲感覺之一結果。復
次，沒有人能先驗地有一顏色之表象或任何味道之表象；可
是，因爲空間只是有關於直覺底純粹形式，因而並不含有任
何感覺（不管是那一種），而亦沒有什麼東西是經驗的，所
以空間底一切種類以及一切決定能先驗地被表象，而且必須
先驗地被表象，如果圖形之概念以及圖形底關係之概念要發

生時。事物定須對於我們而爲外部的對象，這只有通過空間才是可能的。

此兩版不同之文皆接下文：

以上的解説只在想使人不要設想這裡所肯斷的空間之觀念性能爲顏色、臭味等這樣完全不充分的例子所説明。因爲顏色、臭味等這一切實不能正當地被視爲事物之特性，但只應被視爲主體方面的一些變化，這些變化實在說來是可以因人之不同而不同的。在像顏色、臭味等這樣的例子中，那根源上其自身只是現象者，此譬如一枝玫瑰，卻被經驗的知性視爲物自身，縱然如此，可是在關於它的顏色上，它能不同地顯現給每一觀察者。〔下接「另一方面，空間中的現象之超越的概念是一批判的提醒」云云。此則前第5節已錄而論之，茲不再錄。〕

案：由以上的文字看來，康德一則説我們不可以「顏色臭味等這樣完全不充分的例子」來説明空間之超越的觀念性，一則説我們不可因著「假的類比」以感覺來説明時間之超越的觀念性。「假的類比」較好。這並不是「不充分」或「不足夠」，乃是根本於感覺（顏色、臭味等）不可說「觀念」或「理念」（idea）。縱使柏克來這樣說之，其使用 idea（覺象義）卻完全不同於康德之使用，在康德，idea 是理性之概念。故吾人若看到柏克來於感覺現象說 idea（不離心覺之覺象），便以顏色、臭味等來説明時間、空間之超越

的觀念性，那便是一種「假的類比」，不只是「不充分」而已也。康德明說「嚴格言之，〔顏色、臭味等〕這些主觀的表象並無觀念性」。此即明示康德不於感覺現象說「觀念」，乃至「觀念性」；他只就「時間、空間超離感性而被視爲物自身之「條件」說時空之超越的（超絕的）觀念性，並就「現象之超離感性而被視爲物自身」說現象之超越的（超絕的）觀念性。這種「觀念性」正符合於「理性之概念」義，即不管我們的感性之構造，而只「通過理性」而思之。此種只通過理性而思之，若用之於時間與空間，便成視時空爲自存的實有，或附著於物自身而爲物自身之固具特性，這便是時空之「超越的（超絕的）實在性」；若用之於現象，這便成視現象爲物自身（爲「事物一般」），這也是現象之「超越的（超絕的）實在性」。但是，這種超絕的實在性，依康德，實在是一種虛妄。故他說若這樣思之，時空畢竟是無，現象畢竟是無。這即無異於否決了這種「超絕的實在性」，因而亦即肯斷了它們的「超絕的觀念性」，此即是說，這樣思之，只是一個理性上的空觀念也。故時空以及現象之「超絕的觀念性」皆是超絕地（所謂外指地）說，並非就時空之爲主觀的而爲感性之形式而說，亦非就現象之不離感性而說。此後者正是要說明它們的「經驗的實在性」，此是內指地說（immanently）。

因此，我們不得因爲時空是「主觀的表象」，顏色、臭味等亦是主觀的表象，便認爲可以用後者來說明前者之超絕的觀念性。

時空之爲「主觀的表象」是先驗的，又是客觀的，由之能引生出「先驗的綜和命題」。但顏色、臭味等主觀表象並不能先驗地被表象；它們亦不能是客觀的，它們只是「主體方面的一些變化」；

它們實不能是「事物之特性」、「現象之客觀的決定」;「它們是純然的感覺,而不是直覺」。

由時空之先驗而客觀的表象,我們肯定了對象(外物)底實在性,同時亦肯斷了時空底實在性,這實在性只是「經驗的實在性」。因為只有「經驗的實在性」,所以它們(時空及當作現象看的對象)不能有「超絕的實在性」。因為不能有「超絕的實在性」,所以它們只有「超絕的觀念性」。因為超絕地說,它們只有觀念性,所以經驗地說(內指地說),它們卻有實在性(客觀實在性)。此即是超越的觀念論函著經驗的實在論;而相反地,經驗的觀念論(存疑的觀念論)卻函著超越的實在論。

在此,康德似乎仍承認陸克(Locke)第一性與第二性之分。不過第一性仍是現象,即真正的客觀的現象,並不是物自身,因為那分別只是「經驗的分別」。但是柏克來卻不承認這分別,因此,他的「獨斷的觀念論(覺象論)」遂把一切現象弄成與夢幻無以異。

8.　「超越」與「超絕」之不同以及「超越」一詞之兩義

康德在〈超越的辯證部·引論Ⅰ〉論「超越的幻象」中有云:

> 我們將名那些其應用完全限於可能經驗底範圍之內的原則曰「內在的原則」(immanent principles),而另一方面,則名那些它們聲言要去越過這範圍(限制)的原則曰「超絕的

原則（transcendent principles）。在這後一種之情形中，我並不是涉及範疇之超越的使用或誤用，此種超越的使用或誤用只是判斷機能之錯誤，當它不曾適當地為批評所抑制，因而對於領域底界限亦未曾予以充分的注意時，須知只有在此領域內，純粹知性始被允許有自由的表演（free play）。我是意謂一些現實原則，它們激勵我們去拆毀一切那些藩籬，並且去攫取或佔有一完全新的領域，此完全新的領域不承認有任何界限。這樣，「超越的」（transcendental）與「超絕的」（transcendent）不是可以互換的詞語。純粹知性底原則，如我們前文所列者〔案：即「原則之分解」中所列者〕，只允許經驗的使用，而不允許超越的使用，那就是說，不允許擴張至經驗底範圍以外的使用。另一方面，一個原則，它若取消了這限制，或甚至命令我們實際去越過這限制，則它便叫做是「超絕的原則」。如果我們的批評在揭露這些已被視為確實的原則中之幻象能夠成功，則那些只屬於經驗的使用的原則可以叫做是純粹知性底「內在原則」，以與其他原則〔案：即「超絕的原則」〕相對反。

康德在此段文中正式表示「超越」與「超絕」不是可以互換的字眼。超絕與內在相對反。「內在的原則」是其應用完全限於可能經驗底範圍之內的原則，而「超絕的原則」則聲言要越過這限制，它激勵我們去拆毀一切藩籬，並去攫取或佔有一完全新的領域。「內在的」是"immanent"，不是 internal（內部的），意即域內或宇內。「宇」是六合之內的那個宇，即現象底宇，亦即可能經驗底

宇。域是界域或領域，此亦是可能經驗底域。「超絕的」亦曰超離的，即超離乎經驗而隔絕乎經驗之意，此可曰域外或宇外。宇外之宇是「現象底宇」之外的一個「完全新的領域」，此可曰「智思的宇」（intelligible world），不是「感性的宇」（sensible world），此例如上帝、靈魂不滅、自由意志等所表示的宇。

　　但是，「超越的」則不一定能表示這樣一個完全新的領域。例如「範疇之超越的使用」只是由一時忽略，未經過批評的檢查，未充分注意領域之界限而成，因而亦只是「誤用」。這種「超越的使用」只是一時的滑過而不自覺地離開了經驗。它滑過而離開了，它實不應亦不能離開，因而亦不能形成一新的領域。因此，它與「超絕」不同。超絕亦可說為超離，但此超離是實的，它真可以越過而離開那些界限而形成一新領域。而「超越」亦有超離義，但此超離是虛的，不應離而離，故是一種錯誤。範疇之超越的使用、時空之超越的觀念性、現象之超越的觀念性、現象之超越的概念、時空以及現象之超越的實在性，乃至超越的幻象，等等，凡此諸詞中「超越的」皆是錯誤的超離，因而亦是「虛的超離」。而「超絕」之超離則是實的。實的可以置定得下，虛的則不能。例如超越的辯證中理性之宇宙論的原則（嚮往一絕對完整的綜體），如視之為「公理」，為構造原則，便是「超絕原則」，但此種看法是假的，故不能真成為一「超絕原則」。經過批評的檢查，只可視之為一種後返之「工作」，為一「軌約原則」。此軌約原則所示之向後返而嚮往一絕對完整之綜體只可說為超越的，而不可說為超絕的。故理性底背反中所成的推理皆應只是「超越的推理」，而不應說為「超絕的推理」，故皆是「辯證的推理」。辯證而曰「超越的辯證」，幻象

而曰「超越的幻象」，此則便不可說「超絕」也。「超絕原則」所表示的新領域亦可變成實踐意義的「內在的」（immanent in practical sense），但總不能變成觀解意義的「內在的」（immanent in theoretical sense）。

但康德使用「超越的」一形容詞亦不完全是這「虛的超離」之外指義，而亦有不離乎經驗之內指義。此如超越的感性論（〈超越的攝物學〉）、超越的分解、時空之超越的解釋、範疇之超越的推述、超越的統覺、超越的想像、超越的知識、超越的決定、超越的規模、超越的綜和、超越的我、超越的對象（第一版〈超越的推述〉中者），等等，凡此諸詞中之「超越的」皆是「不離」之內指義。此是「超越」一詞之正義，亦是康德哲學之特色之所在，所謂「超越的哲學」。那些詞語皆是由「超越的分解」而展示出者，故皆屬於分解部，即真理部。所謂超越而內指者，意即由先驗的成分駕臨乎經驗以上而又指向於經驗而使經驗為可能者。因此，它是積極的意義。而屬於「虛的超離之外指」的那一組詞語中之「超越的」則是消極意義的，是虛幻或錯誤之所在，因而亦是批判之對象。故康德云：「現象之超越的概念是一批判的提醒」，即不應超離感性而超絕地思之也。此種超離是虛的，因無所得故也。所得者是無，只是一空觀念，故不能成為一「超絕原則」也。

因此，「超越的」一形容詞有兩義：一是積極的意義，此是內指義的超越的，此屬於分解部；二是消極的意義，此是虛的超離，虛的外指，此屬於辯證部。

但康德雖知「超越」與「超絕」不可互換，但亦不見得嚴格遵守。例如在純粹理性之背反中，他常以「物自身」為「超越的對

象」。「物自身」實不能作對象。如果要視之為對象，亦是「超絕的」，而不是「超越的」。因為「物自身」是實的故，非虛妄故，不可廢故，而又非知識之所及故。第一版〈超越的推述〉中「超越的對象＝x」不是物自身，用「超越的」可，但此詞可以解消。

又如〈超越的辯證部〉引論結語云：「我們將把辯證部分為兩卷，第一卷討論純粹理性之超絕的概念，第二卷討論純粹理性之超絕而辯證的推理」。但當討論到純粹理性之「超絕的概念」時，他又名這些「超絕的概念」曰「超越的理念」。此則兩詞又可以交換使用；而實當以「超越的」為恰，只要知其為「虛的外指」義即可。又，「超絕而辯證的推理」，此中「超絕」亦當為「超越」，亦是「虛的外指」義。故斯密士說「時空之超越的觀念性」，此中「超越的」實當為「超絕」的，說「超越的」乃是康德之不慎。此則未見諦當。康德焉有如此多之不慎！它有超離義自是不錯，但卻是虛的越離，虛的外指，所得是無，是幻象，故不用「超絕」，而用「超越」也。

超絕與超越之不同以及超越之兩義既經說明，則「超越的觀念論」須就「超越」之消極的意義去了解，自甚顯明。「超越的觀念論」，不是康德正面的主張。其正面的主張是「經驗的實在論」，此是由「超越的分解」而展示出者。「超越的觀念論」是遮詞、貶詞，是經由遮撥了時空以及現象之絕對而超越的實在性而顯的那虛妄的理境之表示。此即批判地提醒我們不可以虛為實。因此，它不是由現象之為現象（不離感性）以及時空與範疇之為主觀的（從主體而立）、先驗的而立。此後者是屬於超越分解之積極面，由此面而說「經驗的實在論」。

　　一般理解望文生義，似是就「超越」一詞之積極的意義以及順柏克來的思路以及其所說的"idea"（覺象）來解說「超越的觀念論」，因此，遂把康德的哲學視爲觀念論，或主觀主義，這皆是不對的。他們忘記了「經驗的實在論」一義，亦忘記了康德所說的「現象」與柏克來所說的"idea"（覺象）不同，雖同是不離心（不離感性），然而「現象」卻是客觀實在的。在柏克來，覺象與夢幻無以異，因爲他否定了外部對象（物質）之存在故；然而在康德，現象是客觀地實在的，不是夢幻，因爲他能直接證明外部對象（物質）之存在。外部對象（物質）之所以爲實在乃由於先驗條件故。而先驗條件之爲主觀的並不表示他的分解部底全部哲學就是觀念論或主觀主義。其說「觀念」是虛的超離地說也。是以派通（Paton）以柏克來意義的覺象（idea）說康德所說的「表象」乃不諦者。此對於了解「超越的觀念論」，乃是一種障礙。他只看見皆不離心（不離感性），便以柏克來義的 idea 說之，而不知其中尚有許多曲折，並不可以如此說。縱使吾人已知柏克來義的"idea"就是「覺象」，然而此覺象亦不同於康德所說的「表象」。客觀存在的「物質」亦只是「一類表象」，故於經驗地實在的表象外，必別說「虛的超離」意義的「理念」乃至「觀念性」也。說不離感性的主觀表象必涉及對象，是對象底表象，否則只是主觀的遊戲，這只是解說上的跌宕，目的正在透露仍是現象或一類表象的外部對象（物質）底客觀實在性，並非說「表象」就是柏克來的與夢幻無以異的「覺象」也。

　　說時空是感性底形式，說範疇是知性底概念，這只表示它們皆不能由經驗而獲得，故皆可視爲主觀地先驗的。然而因爲它們皆有

客觀的實在性，故亦顯露出現象底經驗的實在性，乃至現象底時空性（時空為現象之條件），以及現象底法則性，因為現象並非是天造地設的（上帝不造現象），乃是對人類的感性與知性而現起故。時空與範疇雖是主觀地先驗的，然在現象範圍內皆有客觀的實在性（即經驗的實在性）；亦正因此故，現象亦在現象範圍內（當作現象而視之）有客觀的實在性。康德的主張正是這樣的「經驗的實在論」。由此，遂有吾人推進一步的說法，即：時空與範疇皆源於識心之本執，它們與現象是同時執起的。現象是客觀的，雖非「天造地設」地現成的。然若無時空與範疇之執定，則現象不能被定住。現象之被定住正是康德所說的客觀的（經驗的）實在性，而在佛家則曰「遍計執」。主觀只是就時空與範疇之執相而言；執相而說主觀，這是合法的。可是因這執相而定住現象，則現象之定住亦是執。這即表示若根本無識心之執，則時空與範疇固泯，而現象之定住亦被解消，現象亦寂而歸於物自身。此雖是由康德之說而為進一步的發展，然卻必為其說之所函。此是根據中國哲學傳統而照察出者。

9.　絕對的真常心與物自身之絕對的實在性

由以上冗長的疏解，我們可以綜結說：知識範圍內的一切說、一切論，如經驗論、理性論、實在論、觀念論（經驗的觀念論，存疑的或獨斷的）、陸克的兩種物性說（經驗的區分）、來布尼茲的兩種知覺說（邏輯的區分），乃至入近時以來種種不滿（實是不解）康德的主觀條件說者，如懷悌海的「知覺之因果效應說」、胡

塞爾的現象學，這一切皆總歸於或不能逃康德的「經驗的實在論」與「超越的觀念論」。即我所說的「暫時的實在論」最後亦歸於康德的「經驗的實在論」。

idealism，有時亦譯為唯心論。實則在西方的傳統裡，並無真正的唯心論。因為 "idea" 無論是柏拉圖的「理型」義，或康德的「理念」義（理性底概念），或柏克來的「覺象」義，雖皆與心有關，而皆不是心。像陸王那樣的「心學」之心，或佛教「如來藏自性清淨心」那樣的真常心之心，在西方是沒有的。是故心學唯心，或真常心唯心，皆不可以西方傳統中的 "idealism" 譯之。心學之心、真常心之心，簡單地皆只是「心」，並不是 "idea"。idea，在柏拉圖，是理性的心光之所洞見；在康德，是理性的思考之所構想；在柏克來，是感觸知覺之所覺知。就前兩者而言，只是「望道而未之見」的朦朧嚮往。而心學之心或真常心之心則是直接地就此作為主體的絕對真常心之呈現而立言。設以儒家為準，此絕對真常心（知體明覺）同時是道德的，同時亦是存有論的。在此絕對真常心之感應中，若分解地說，心是大主，所感應的一切存在皆是物自身之存在。若圓融地或如如地說，一切是心而不見有物，同時亦是一切是物而不見有心，同時亦是一切非心非物。《般若經》云：一切法趣空，一切法趣色，等等。智者大師本之云：「若色若識皆是唯識，若色若識皆是唯色」；又云：「亦得唯色，唯聲，唯香，唯味，唯觸，唯識」。這是從「識」底層次上說。若翻上來，亦可說：若色若智皆是唯智，若色若智皆是唯色；亦得云：唯色，唯聲，唯香，唯味，唯觸，唯智。是故「絕對的真常心（智心）論」即函著「絕對的實在論」（物自身之實在，唯物自身始可說是絕對

的存在、真實的存在）。此是陸象山所說的「平地」。西方哲學中那一切論、一切說，如上所列舉者，皆是「平地起土堆」。那些土堆其自身皆是停不住的；停得住的土堆是經驗的實在論與超越的觀念論；可是雖是停得住，然仍然是土堆，這是非虛妄的土堆，即是說，雖是土堆，然卻有其權用上的必然性。從此「平地」而觀，人們亦常說中國的思想並無西方哲學中所謂唯心唯物（其實西方並無真正的唯心論，在西方所謂「唯心」實只是超越的觀念論或經驗的觀念論），這自是可以説的。然而這卻不是原始的、素樸的渾淪。一般人朧朦見到此義，卻不知這後面有一明徹的學問傳統作根據，即在中國的傳統中，最高的智慧就是那「平地」上的「絕對的真常心論函著絕對的實在論」，這是通過千錘百鍊的實踐工夫所開闢出的理境，這是自覺地明徹地達到者。唯此一理境必須待至「無執的存有論」全部朗現出來始能徹底明白。此即下章之論題。

第七章　執相與無執相底對照

1.　龍樹的「八不」：緣起實相

　　龍樹《中論·觀因緣品》第一云：「不生亦不滅，不常亦不斷，不一亦不異，不來亦不去。能說是因緣，善滅諸戲論。我稽首禮佛，諸說中第一。」生滅、常斷、一異、來去，這八相，如上章所述，都可概括在直覺底公理、知覺底預測、經驗底類推，這三類原則中所決定的諸相中。康德費大力要成就此諸相，否則經驗知識不可能。但龍樹依佛家底立場卻要破除此諸相，所以於此八者皆說「不」。這兩個立場似相反而實相成。不破除，則無由證緣起實相。不建立，則經驗知識不可能。破除必有其所以可破除之道，那就是因為它們皆是由執著而成，即皆是虛妄的。虛妄的可破除，若是實的，便不可破除。然則康德建立之以說明經驗知識之可能，此建立之根源實亦是識心之執也。康德說先驗概念，說先驗綜和判斷，說此諸相由先驗概念之決定而成，實皆是識心之執之所執現，並不是什麼理性也，縱使說理性，亦須知此只是識心之執之「超越的邏輯性」之理性（此邏輯性就超越的邏輯言，不就形式邏輯言，

不管什麼邏輯，邏輯理性總是執性）。此蓋是必然的。此而必然，則於執與無執間即可有一對照。有此對照，然後可以顯出現象與物自身這兩者各自底真實意義。

龍樹說「八不」是就緣起實相或般若照空而說，其目的不在就識心之執說知識也。佛敎說「緣起」只是就這緣起本身說緣起，他們不預定任何事：旣不預定一物自身（物之在其自己）與之相對照，亦不預定一經驗的立場（例如經驗主義底立場）以經驗地描述之，復不預定一超越的立場以超越地建立之。因此，他們旣不從經驗的描述上說其事實上的可能，亦不從超越邏輯底立場上說其理性上的可能。如果要從此兩立場而說其可能，那只是執的可能。今旣要破除此種執，故緣起只如其爲緣起而視之。如是，在此緣起上便無一相是可理解的；生滅、常斷、一異、來去，乃至因果，皆不可能，此即是緣起實相：實相一相，所謂無相，亦即空相、如相，即寂滅相。故云：「能說是因緣，善滅諸戲論」。此種因緣生，簡言之，緣生或緣起，實無理由可說，亦無定相可得，乃只是幻化的緣生。康德說「現象不過只是關係」，如果這「只是關係」即如其爲關係而觀之，不想經由概念而定住之，則結果亦必歸於此種「緣起」。經由概念而定住之，實只是一種執。今旣破此執，則覆蓋而控制此緣起者便被解除。如是，則緣起浮露而歸於幻化。而康德則必定住此種緣起，即此種不過只是關係的緣起，故必建立此種執。否則關係亦不能說。若依佛家，不能說就讓它不能說；本不能說，故關係亦只是一種幻化，故畢竟空寂無相也。若想向「般若照空」方向走，則便是佛家那一套；若想說明經驗知識之可能，則便是康德那一套。此無可逃也。但此兩者雖似相反而實相成，只要知「知

性」不過是識心之執。

2. 空、假、中：「緣起性空」一義之輾轉說明

可是問題是在佛家並不預定一「物自身」。就「諸行無常，諸法無我」的「法」來平看，佛家是緣起幻有（似有無性）之一層觀。空是抒義字，並非實體字。緣起幻有即函法無自性（無我），法無自性即函是空，即以空為性。「以空為性」（所謂空性）是第二序上的正說，即就第一序上的遮撥說再翻上來從正面說。故空是抒義字，非實體字。即依此義而說緣起幻有一層觀。故龍樹《中論・觀四諦品》第二十四有云：「衆因緣生法，我說即是空，亦為是假名，亦是中道義。未曾有一法，不從因緣生。是故一切法，無不是空者。」此兩頌，前一頌是很有名的。但此前一頌的句法頗有問題，因此，可引生兩解。一是順中文獨立地看，此頌可一氣讀下，如是，主語是「衆因緣生法」，而「我說即是空，亦為是假名」，此兩語是謂述「因緣生法」的；而「亦是中道義」這一語是綜那兩種謂述而言之的。如是，這語意當該是如此：衆因緣所生的一切法，我說它們就是空，同時亦就是假名，因而這亦就是中道義。同一「緣生法」主語就其義而言，說空，就其為事而言，說假名（說有）。空有不離，同在一緣起法上呈現，名為中道。空是就緣起法無自性說，是抒緣起之義。這樣，則緣起法不落常見、有見、增益見。雖空而又是假名有，此就緣起之為事之當身說。這樣，雖說空，亦不落斷見、無見、減損見。總起來，這一緣起法不常不斷，不有不無，如此照了，名為中道。故當說「中道義」時，這是表示

吾人對於緣起法的如實了解，意即能如此如實了解，便是合乎中道義的了解。這樣解釋，於義亦通。但這樣解，則「亦爲是假名」一語中的「爲」字便無意義，與「是」字爲重疊。故亦有隨便寫「爲」爲「謂」。但這不合梵文句法原意。據通曉梵文者云，「爲」字是因爲義，不是與「是」字爲重疊。如是，當有另一解：衆因緣所生的法，我說它們就是空，而亦因爲這空亦是假名，故這空就是中道義。如是，首兩句（實只一句）以因緣生法爲主語，以空爲謂述語，而後兩句則是以空爲主語，以假名與中道義爲空之謂述語。這樣解，則語意完全不同了。青目釋云：「衆因緣生法，我說即是空；空亦復空，但爲引導衆生，故以假名說〔空〕；離有無二邊故，名〔此空〕爲中道」。月稱云：「即此空，離二邊爲中道」（見印順《中觀論講記》引）。青目與月稱俱是印度人，他們的解釋都是照梵文句法原義解的。就空說中道，即是所謂勝義空，或第一義空。「是故一切法無不是空者」，龍樹原亦是歸結於這種「空」的。但是這種就空本身說中道，而中道之所以爲中道復以離有無二邊說，而離有無二邊是就「空亦復空」，「空亦是假名」而說，是則假名就空本身說，不就緣起法之爲事本身說。此當然於《中論》亦有根據，〈觀行品〉第十三有云：「大聖說空法，爲離諸見故。若復見有空，諸佛所不化」。《般若經》說十八空，亦有「空空」（空亦復空）。空是抒義字，不是實體字，故不可執有實有空。若執實，則成定有。今空亦復空，則空非有。但「爲引導衆生，以假名說空」，則空亦不無。不有不無，便是「離有無二邊」，名爲中道空。但如此說中道，與說「空空」同，並無第一序上的眞實意義，只是怕人把空執實，故再以空而遮之，此只是第二

序上的破執。此並無深義，若明白空只是抒義字，則亦不須這樣弔詭。當然初機亦常易犯「見有空」的執實，故此種弔詭亦並非無作用。但這只由於未真明白空義而已。

中國的佛學者大抵不就「空亦復空」而說中道，因為這只是一個附注語，不是第一序上的正文正義。他們只就「緣起性空」一義而說中道。大抵龍樹底目的是在顯空底實義（勝義空），故云「是故一切法無不是空者」，而空亦假名說，不可執實，他是要我們即就緣起法而泯絕無寄地冥證這樣絕待的空義（不是空體）。「空亦復空」是虛起的姿態，落實了，仍是「即緣起即性空」之空義。中國的佛學者就是就這落實的層次說的。

首先，僧肇的〈不真空論〉是直就「不真即空」這一義而說不有不無之中道。「不有」是就空說，「不無」是就緣起說。假名是就緣起法說，不必再說空亦復空，空亦是假名。不有是真諦，不無（幻有）是俗諦。「不有不無」，不偏於一邊，便名中道。只是「不真即空」之一義，由此一義輾轉引申皆是分析語。故云：「聖人乘千化而不變，履萬惑而常通者，以其即萬物之自虛，不假虛而虛物也」。「即萬物之自虛」即是「色之性空，非色敗空」之義，亦即「緣起性空」，「不真即空」之義。僧肇引《放光》云：「第一真諦無成無得；世俗諦故，便有成有得。」彼繼之云：「夫有得即是無得之偽號，無得即有得之真名。真名，故雖真而非有（無成無得）；偽號，故雖偽而非無（有成有得）。是以言真未嘗有，言偽未嘗無。二言未始一，二理未始殊。故經云：『真諦俗諦謂有異耶？答曰：無異也』。此經直辯真諦以明非有，俗諦以明非無。豈以諦二而二於物哉？然則萬物果有其所以不有，有其所以不無。有

其所以不有，故雖有而非有。有其所以不無，故雖無而非無。雖無而非無，無者不絕虛（不是絕對的空虛）。雖有而非有，有者非眞有（假名假號）。若有不即眞（不即是眞有），無不夷跡（不是絕對的空虛而泯除迹象），則有無稱異，其致一也」。又云：「若應有，即是有，不應言無。若應無，即是無，不應言有。言有，是爲假有以明非無；〔言無，是爲〕借無以辨非有。此事一稱二，其文有似不同。苟領其所同，則無異而不同。然則萬物果有其所以不有，不可得而有；有其所以不無，不可得而無。何則？欲言其有，有非眞生。欲言其無，事象旣形。象形不即無，非眞非實有。然則不眞空義顯於茲矣。故《放光》云：『諸法假號不眞。譬如幻化人，非無幻化人，幻化人非眞人也』。」

此雖是通論空義，不是解釋《中論》那一頌底句意，然亦實與頌意不背也。僧肇雖未提出「中」字，然就緣起性空（不眞即空）而說不有不無，此亦即是「中道義」。而且這樣講更爲順適，豈必如龍樹之就「空亦復空」（空空）而說中道耶？只要義不相礙，亦不差謬，即可。

印順《中觀論講記》解「衆因緣生法」一頌中有云：

> 三論師以中假義解釋前頌：「衆因緣生法」是俗諦，「我說即是空」是第一義諦。二諦是教，是假名；假名而有即非有，假名而空即非空；依假名的空有，泯空有的一切相，這是中道。所說雖略有出入，但他的空有假名說就是說明了有是假名的非實有，空是假名的非偏空，依此而顯中道。雖說三諦，依然是假名絕待的二諦論；不過立意多少傾向圓融而

已。中道是不落兩邊的，緣生而無自性空，空無自性而緣
起，緣起與性空交融無礙，所以稱之為中道義，這是恰當而
確實的。不是離空有外，另有一第三者的中道（頁353）。

如此引述而信，則三論師的「空有假名說」是以假名貫空有兩面
的。「因緣生法」就俗諦言是有，這有本身是假名說的有。「我說
即是空」是第一義諦，這第一義諦空亦是假名說的，此合乎《中
論》的句意。空亦假名，就是意謂不要把空執實，而要就「緣起無
性」去了解，亦即就「不真即空」去了解。就「緣起無性」去了
解，是經過「空亦復空」之弔詭而即於緣起的，即是說，落實於緣
起上說。這是即緣起泯空相的第一義諦空、勝義空，順《中論》的
語勢，亦就是「中道義」的空。《中論》是偏就或著重這樣了解的
空而說「中道義」的。但是三論師的「空有假名說是說明了有是假
名的非實有，空是假名的非偏空，依此而顯中道」，這卻是兼顧
「非實有」與「非偏空」這兩面而顯中道；這是完全落實於「緣起
無性」、「不真即空」，這一義上，就假名說空有兩面之相即，而
說中道。這似亦不甚合《中論》原文底語勢，但於義卻無違；亦可
以說《中論》底原語勢即伏有此義。故印順云：「立意多少傾向圓
融而已。」兼顧兩面落實說，始可說「圓融」；而龍樹卻是假虛的
弔詭而顯勝義空（非偏空，非執實有空）以為中道也。印順所說的
「中道不落兩邊，〔……〕緣起與性空交融無礙，所以稱之為中道
義」，這亦是兼顧兩面而落實說。這亦不合龍樹原語勢而於義無
違。

　　龍樹原語勢經由「空空」之弔詭，以勝義空為中道，此名曰中

道空，此即是眞諦，故只有眞俗二諦（緣起幻有本身是俗諦），並不以「中」爲第三諦。他所說的「中道義」是形容空的，無獨立的意義。他所說的勝義空、中道空、眞諦，是就「緣起無性」這一整義而具體地、絕待地說的。兼顧緣起與性空兩面而圓融地說，則是兩面相即地、對待地說。這兩種說法並不相礙，而實相函。因爲「空亦復空」就是要即於緣起、緣起無性，去了解空，不可執實有空；而這樣了解的空就是勝義空，非偏空，故是中道空。而此亦即函著：空既是即於緣起無性而爲空，則緣起幻有之假名有就要即於無性空而爲有，不是實有。此即兩相即而爲中道，非以「空亦復空」之一頭說爲中道。實則一頭說即函著兩頭說；中道空亦函著中道假。是故由「空亦復空」之中道空而顯示的眞俗二諦猶是分解地說，而終歸於眞俗不二也。

　　既然可以兼顧兩面而圓融地說（這是般若智之圓融），則天臺宗說空假中三諦亦無礙。這亦是就「緣起無性」這一整義而落實說，但卻是把這一整義分拆開說。這當然亦不合原文語勢。但既可以分兩面說，則三諦說亦是必然的。天臺宗說空是就「緣起無性」之性空這一空義而說的，這是分解地說。這亦不表示執有空，只是分解地單顯這空義而已。他說假是單就緣起法本身說，「假名」只限於此，這當然是落實於第一序上說。假名是法，空是義。就假名法說俗諦，就空義說眞諦。這二諦當然是分解地相對而說，亦就是天臺宗所說的方便權說，這亦合於三論宗所說的二諦是敎，是假名（這假名是第二序上的）。「中」就是方便權說的空假之圓融而歸實，恢復緣起與性空兩者之相即，而不落於任一邊，這才是具體的眞理，此就是天臺宗所說的「圓實諦」（般若觀法上的圓實諦）。

這是佛眼之所觀，佛智之所照。天臺宗就是這樣地說中道（中諦）。中諦即是一實諦。連前空假二諦，這便成分解地說的三諦。分解地說是三諦，歸總落實只是一實諦。即一而三，即三而一，故云「即空即假即中」。此言同一緣起無性法同時即是空，同時即是假，同時亦即是中。三「即」字連說是急辭，表示不讓我們在空假處停住，乃是「即空而假即是中」，「即假而空即是中」。分解地說，是緩辭，方便以示而已。「即空而假即是中」，此是中道空。「即假而空即是中」，此是中道假。中諦就是就中道空、中道假而說，此是「中」之名之所以立。

　　客觀地抒義是如此，對應修止觀而說亦是如此。而且那客觀的義必以修止觀來證實。這樣說三諦，自不合《中論》原頌語勢，而且「亦為是假名」語中之「為」字亦成重疊字。但縱然如此，卻不能說這不是「緣起性空」義，亦不能說這不為《中論》原頌句意之所函。因為「空亦復空」這一頭說而且跌宕說的「中道空」即函著「中道假」，亦函著落實於第一序而無須第二序的跌宕（弔詭）的兩頭說。天臺宗只把那「中道義」的空移而為中諦（亦是把中道假移而為中諦），而把空限於與假相對（亦是把假限於與空相對）而相對地、分別地說之而已。

　　印順又說：

　　　　天臺家，本前一頌，發揮他的三諦論。在中觀者看來，實是大有問題的。第一，違明文。龍樹在前頌中明白的說「諸佛依二諦，為眾生說法」，怎麼影取本頌，唱三諦說？這不合本論的體系，是明白可見的。第二，違頌義。這兩頌的意義

是一貫的,怎麼斷章取義,取前一頌成立三諦說?不知後頌歸結到「無不是空者」,並沒有說是故一切法無不是即空即假即中。如《心經》,也還是「是故空中無色」,而不是是故即空即色。《華嚴經》也沒有至於究竟,終是無相即有相。這本是性空經論共義,不能附會穿鑿。要發揮三諦圓融論,這是思想的自由。而且,在後期的真常唯心妙有的大乘中,也可以找到根據,何必要說是龍樹的宗風呢?

又像他的「三智一心中得」,以為龍樹《智度論》說,真是欺盡天下人!龍樹的《智論》還在世間,何不去反省一下呢?中國的傳統學者把龍樹學的特色完全抹殺,這不過是自以為法性中宗而已,龍樹論何曾如此說!(《中觀論講記》353頁至354頁。)

案:此評斥不諦,可謂矜持太過。首先,天臺宗與空宗自有別,即圓教與通教之別。雖有別,而不能無所繼承。三諦說即是繼承「緣起性空」一義而開出,無背於性空義。第二,言三諦乃配合三觀三智而言。三觀出自《菩薩瓔珞本業經》。三智出自《大般若經》(連同《大智度論》)。「三智一心中得」文見《大智度論》卷第二十七,何言《智論》無此說?天臺家並不欺天下人,乃印順欺人也。何不一查?此乃矜持而慢之過也。第三,三諦圓融與真常心無關。它可以移於真常心上說,亦可以只就「緣起性空」一義而說。移於真常心上,就不空如來藏說真空妙有是一義,就緣起法之「似有無性」(賢首語)而說三諦圓融亦仍然可以,此又是一義。「緣起性空」是通義,天臺、華嚴俱不能違。華嚴雖未就「緣起性空」

說三諦，然而義不能違。又，華嚴宗是眞常心系統，天臺宗並不是眞常心系統。唯心並不唯眞心，此乃天臺家所明言。天臺斥華嚴爲偏指清淨眞如，緣理斷九，乃別教，非眞圓教。然則言三諦圓融何必在眞常心中找根據？第四，天臺家言三諦圓融只就「緣起性空」說。解如上。「違明文」是表面的，於義無違。「違頌義」實是違語勢，於義理仍無違。天臺家只是憑藉《中論》此頌分解地開三諦，不是扣緊文句講。（就文句說，中譯底表達法實有問題。若獨立看中文，很難想到靑目與月稱那樣的解釋，只一「爲」字並不能表達那個意思。如果「爲」字是「因爲」義，則必須只補一空字以爲主詞，連說下來是不行的。）天臺宗去鳩摩羅什較遠，只獨立地看中文，把那個頌一氣讀下來，沒有注意「亦爲是假名」中「爲」字之特殊，故以爲此頌即含有空、假、中三諦。今若知「爲」字有殊義而把讀者之一氣連讀擋住，則三諦說是開端別起。雖別起，而與「緣起性空」之通義無違。龍樹原頌自有其所偏重，而此三諦說亦爲其所函也。只表面說「違明文」、「違頌義」，有何力量？此眞所謂執文而不通義也。只如僧肇之「不眞即空」，三論師之「空有假名說」，實亦含有三諦義，不過他們只是渾淪說，沒有拆開說而已。說二諦，說三諦，豈定相違乎？言之之分際不同耳。單顯空義以爲一諦，此是分解地權說，與一切智慧眼相應。單就緣起法當身之幻有說假名以爲另一諦，此亦是分解地權說，與道種智法眼相應。緣起與性空相即無礙以爲中諦，此是圓實地說，故曰「一實諦」，此與一切種智佛眼相應。如此分疏，有何妨礙？不但無妨礙，而且更顯得明晰。而且即龍樹本人亦非無此三諦義。「空亦復空」所顯的勝義空、中道空，亦只是《中論》那個偈底一種語勢而

已，不必然定須如此也。如《大智度論》卷六釋經初品中「大忍成就」一句云：

> 觀一切法非空非不空，非有相非無相，非有作非無作，如是觀中，心亦不著，是名甚深法。如偈說：「因緣生法，是名空相，亦名假名，亦說中道。若法實有，不應還無。今無先有，是名爲斷。不常不斷，亦不有無。心識處滅，言說亦盡」。於此深法，信心無礙，不悔不沒，是名「大忍成就」。

此中所引偈首四句同於《中論》那個偈，但無「爲」字底問題。此豈非顯然連說空假中以爲三諦乎？又，卷六釋經初品中如幻如焰等十喻中「鏡中像喻」云：

> 因緣中果不得言有，不得言無，不得言有無，不得言非有非無。諸法從因緣生，無自性，如鏡中像。如偈說：「若法因緣生，是法性實空。若此法不空，不從因緣有。譬如鏡中像，非鏡亦非面，亦非持鏡人。非自非無因，非有亦非無，亦復非有無，此語亦不受，如是名中道」。以是故，說諸法如鏡中像。

案：此以「心識處滅，言說亦盡」爲中道。此豈非空假、有無、非有無，皆權說，而不受任何語方爲圓實中道乎？不受任何語之中道亦就是「即空即假即中」也。「鏡中像」即假也，「無自性」即空

也，諸「非」所表示的「言說盡」即中也。這個「中」即是佛眼之所觀，佛智之所證，不可以任何字作偏面說。然則「空亦復空」之中道空與「空假相即」而爲中，就中道空中道假而說中，豈定相違而不相函乎？印順說：「緣起與性空交融無礙，所以稱之爲中道義，這是恰當而確實的。不是離空有外，另有一第三者的中道。」天臺宗的中諦亦正是這樣的中道，亦不是離空有外另有一第三者的中道。龍樹亦原有此義，說三諦豈定非性空義乎？

吾以上就《中論》之頌文解釋龍樹之原義，委及僧肇之「不眞即空」義，三論師之「空有假名」說，以及天臺宗之開三諦，以爲凡此諸義皆是「緣起性空」一義之輾轉引申。不特此也，即眞常心系之華嚴宗言及大緣起陀羅尼法，種種玄談，奇詭的義理，亦皆不悖「緣起性空」之通義。其與空宗不同乃在講圓教，把「緣起性空」套於「眞常心」上說，而於「緣起性空」之通義仍不背。天臺家有圓中但中之說，邪是就圓別而論，不是就「緣起性空」之通義而說。以下試就賢首文明之。

3. 賢首言「六相」：相即無相

賢首於《華嚴一乘教義分齊章》「義理分齊」第十中講到「六相圓融義」。六相即總別、同異、成壞六相，是謂緣起六相。緣起性空（似有無性）本無定相。此雖從正面說六相，實是藉此六相以明「緣起性空」義，仍是龍樹之「八不」也。是以其所說之六相皆非定相，故凡所說皆是詭譎語。文云：

總相者，一含多德故。別相者，多德非一故；別依止總，滿
彼總故。同相者，多義不相違，同成一總故。異相者，多義
相望各各異故。成相者，由此諸義，緣起成故。壞相者，諸
義各住自法，不移動故。

此是總說，下就眾緣成舍，以問答分別解釋。

問：何者是總相？

答：舍是。

問：此但椽等諸緣，何者是舍耶？

答：椽即是舍。何以故？爲椽全自獨能作舍故。若離於椽，
舍即不成。若得椽時，即得舍矣。

問：若椽全自獨作舍者，未有瓦等，亦應作舍。

答：未有瓦等時，不是椽，故不作。非謂是椽而不能作舍。
今言能作者，但論椽能作，不說非椽作。何以故？椽是
因緣，由未成舍時，無因緣故，非是椽故。若是椽者，
其畢全成。若不全成，不名爲椽。

問：若椽等諸緣各出少力共作，不全作力者，有何過失？

答：有斷常過。若不全成，但少力者，諸緣各少力，此但多
個少力，不成一全舍，故是斷也。諸緣並少力，皆無全
成，執有全舍者，無因有故，是其常也。若不全成者，
去卻一椽時，舍應猶在。舍既全成，故知非少力並全
也。

問：無一椽時，豈非舍耶？

答：但是破舍，無好舍也。故知好舍全屬一椽。既屬一椽，
　　故知椽即是舍也。

問：舍既是椽者，餘板瓦等應即是椽耶？

答：總並是椽。何以故？去卻椽，即無舍故。所以然者，若
　　無椽，即舍壞。舍壞故，不名板瓦等。是故板瓦等即是
　　椽也。若不即椽者，舍即不成，椽瓦等並皆不成。今既
　　並成，故知「相即」耳。一緣既爾，餘緣例然。是故一
　　切緣起法，不成則已，成則相即鎔融，無礙自在。圓極
　　難思，出過情量。法性緣起通一切處，準知。

案：以上解釋「總相」。初看，好像完全是詭辯。其實他說總、
舍、椽、瓦等，意義完全不同常情，所謂「出過情量」（超乎世俗
的推比）者是。他是根據緣成相即：一即一切，一切即一而說。而
其目的是緣起性空，緣成不可解，是則成而無成，一切只是一如
相。此是總綱領。根據此總綱領，總、舍、椽、瓦等皆非定名。

　　整合是「總相」。但此「總」並非其自身為一綜體之定名
（totality）。因此，舍亦非是一構造的綜體。佛家說緣成並非是
構造論。若以為舍是一邏輯的構造品，則舍即成一定名。作為定名
的舍是一決定的概念。在此，椽瓦等是構成舍的條件或成素之一，
而不能即是舍，來回地相即便不能說。如是，椽瓦等亦俱是決定的
概念，而其間的關係亦俱是決定的關係。此則自成一套，便是世間
的知識，即所謂「情量」（俗情的知識）也。但這卻不是「緣起性
空」所函蘊的「智知」。是以「一乘緣起無盡陀羅尼法」底呈現必
須由拆穿此等決定關係而顯，因此：總、舍、椽、瓦等決非決定概

念，因此，始有那些來回相即底辯說，而即此「相即」亦是即而不即，故終於又有那些來回相遮底辯說，此其總義只在顯一不可思議的如相，而唯有以智的直覺相應。即此智的直覺亦須智無智相，直覺無直覺相，方能與那不思議的「如相」如如相應。以總別同異成壞來回相即相遮地辯說亦是賢首所謂「生智顯理」。「若廢智，則一切不可說」。此所謂「廢智」即是智無智相也。

依緣起義，一切皆緣成，皆無自性。此不可以「是」底方式去思。西方哲學訓練我們以這個「是」，但佛家則訓練我們去掉這個「是」。例如舍，「此但橡等諸緣，何者是舍？」舍本身只是假名。但你不可把它看成是一個構造的綜體這樣的假名。它在緣起上仍宛然是舍。它之是舍如何說？「橡即是舍」。這仍然落在諸緣上說它為舍之實。它不是一個綜體底虛名。這與西方的唯名論不同（性空唯名與西方唯名論之以抽象的概念綜體為虛名不同）。「橡即是舍」，此中的「即是」是緣成的「即是」，而非西方哲學所訓練我們的「是什麼」之「是」。

橡之緣成地即是舍是因為「橡全自獨能作舍故」。「橡全自獨作」表示它不是一個構成的成分以一部分的力量參與諸緣中去作成舍。如果它是如此，則它本身只是一「少分力量」，不能即成舍，因而亦不能即是舍。「諸緣各出少力，此但多個少力」。一少力不能成舍，多個少力仍不能成舍。各出少力共作而成，此乃是定名下的想法，法界緣起不能這樣想。是以一緣自己即能完全地成一全舍。諸緣中每一緣皆是如此。橡全自獨作，板瓦等亦全自獨作。而且一緣即全緣，「板瓦等即是橡」，橡即是板瓦等，因而說一緣即是全緣，故能獨自全成舍，橡即是舍，板瓦等亦即是舍。一緣即、

攝、入一切緣而為一緣，非是定名之一緣。因此，缺一緣即缺全緣。缺一緣即無舍，無舍亦無橼與板瓦等。舍成即諸緣成，諸緣中任一緣成即全緣成，因而一緣成即舍成。是謂一成一切成，一壞一切壞。故「總」非綜體定名之總，而是一緣即是總。是則總不作總想，而每一緣之獨自全成（全自獨作）即是總，是則總而非總也。總而非總成其總。是即來回相即來回相遮也。

每一緣全自獨作即是總，則總與別有何異？

第二，別相者，橼等諸緣別於總故。若不別者，總義不成。由無別時，即無總故。此義云何？本以別成總，由無別故，總不成也。是故別者即以總成別也。

問：若總即別者，應不成總耶？

答：由總即別故，是故得成總。如橼即是舍，故名總相。舍即是橼，故名別相。若不即舍，不是橼。若不即橼，不是舍。總別相即，此可思之。

問：若相即者，云何說別？

答：祇由相即，是故成別。若不相即者，總在別外，故非總也。別在總外，故非別也。思之可解。〔案：定名即是總在別外，別在總外。如此總別是情量之執也。不是緣起之如相上的總別。〕

問：若不別者，有何過耶？

答：有斷常過。若無別者，即無別橼瓦。無別橼瓦故，即不成總舍，故是斷也。若無別橼瓦等，而有總舍者，無因有舍是常過也。

案：雖有椽瓦等別於總，而此別非定別，故別即是總，是則別而非別也。故別而非別成其別。總而非總成其總。「椽即是舍」，是總，別而非別也。「舍即是椽」，是別，總而非總也。是故以總成別，以別成總。

> 第三，同相者，椽等諸緣和同作舍，不相違故。皆名舍緣，非作餘物，故名同相也。
> 問：此與總相何別耶？
> 答：總相唯望一舍說。今此同相，約椽等諸緣，雖體各別，成力義齊，故名同相也。
> 問：若不同者，有何過耶？
> 答：若不同者，有斷常過。何者？若不同者，椽等諸緣互相違背，不同作舍，舍不得有，故是斷也。若相違不作舍，而執有舍者，無因有舍，故是常也。

案：此所言「同」是就「諸緣成力之義齊同，不相違背」而言。然則「同」是協同義，齊同義；消極地說，是「不相違」義。這不是自身同一之同，也不是一個普遍的實有對諸多而為同一者，這是「同一者」（the same one）之同。這與龍樹所說的「一異」之一不同。一異之一主要地是就自身同一說。緣起無性，不一不異。無論是一或同，大抵可有各方面的意義；然皆無定相，亦即皆不可說。

椽等諸緣，協同和合，不相衝突，是名同相。同相與總相不同。總相是就一舍說，同相是就諸緣說。若諸緣和合，同作一舍，

此豈非與「椽即是舍」相衝突？曰：諸緣和合，共作一舍，此非「各出少力共作」，故與「椽即是舍」不相衝突。此只是諸緣間不相違背。其合力共作是合「全自獨作」之力共作，不是合「各出少力」而作，故一方不相違而合同，一方亦即諸緣中任一緣即是舍。故此同相實即就諸緣之相即相入，圓融而不相礙說。雖合力不相礙，而又不失其各自之「獨作」之全，故雖合而實無所謂合。合字只是虛意地說也。此亦可說合而無合成其合。若是「各出少力」之合，則是「定合」。定合即不能「全自獨作」。定合成舍是世間知識底說法。定合不能合而不合。

　　第四，異相者，椽等諸緣隨自形類，相望差別故。

　　問：若異者，應不同耶？

　　答：祇由異故，所以同耳。若不異者，椽既丈二，瓦亦應
　　　　爾。壞本緣法故，失前齊同成舍義也。今既成舍，同名
　　　　緣者，當知異也。

　　問：此與別相有何異耶？

　　答：前別相者，但椽等諸緣別於一舍，故說別相。今異相
　　　　者，椽等諸緣迭互相望，各各異相也。

　　問：若不異者，有何過失耶？

　　答：有斷常過。何者？若不異者，瓦即同椽丈二，壞本緣
　　　　法，不共成舍，故是斷。若壞緣不成舍，而執有舍者，
　　　　無因有舍，故是常也。

案：異非即相違，故雖異而合同。亦正由于異，始可說合同。進一

步，雖異，而相即相入，板瓦等即是椽（緣成地即是），則亦雖異而無異。異而無異成其異。是則異非定異，無自性故。雖無自性，而椽總是椽，瓦總是瓦，椽是丈二，瓦不必是丈二，是即諸緣之異相。即是說，雖無自性，相即相入，而本緣法並不壞也。此是緣起性空下幻現的異。此異不礙其相即相入之緣成地無異。因並無一有自體的板瓦定是板瓦。既無「定是」之板瓦，則瓦而非瓦，當體即如，板而非板，當體即如。何以故？緣成故。諸緣既可入於此而成此，而此亦可入於諸緣而非此，此即是異而無異也。異而無異，即非定異。自幻現的板瓦言，板平，瓦不必平，此好似定異。然此定異是情量之執。既知其是執，則拆穿此執而知其爲幻現的異，即不礙諸緣之緣起無自性之無定是。無定是，則異而無異也。正因無定是之無異，始可說幻現之異之不相礙，而合其「全自獨作」之力以成舍，而亦合而無所謂合也。合而無所謂合，則亦異而無所謂異也。

　　賢首之辨釋只說板瓦之異，因異而不壞本緣法；又只明異與別不同；又只明無異則有斷常過。然而卻未顯示出異而無異（前言同相亦未顯示出合而無合），這便容易使人把異看成是定異。故吾於此同異相皆著重此點而補之。大抵言總別同異皆是借用世間既成的詞義以明緣起無性，故必須首先明此所借用的詞語，在世間知識中，皆是決定概念，而此等決定概念皆是執，故在借用之以明緣起無性上，皆必須被轉成非決定的概念，故最後必須是總而無總成其總，別而無別成其別，合而無合成其合，異而無異成其異。此雖是經由一弔詭而仍歸於正面說的總別同異，不似龍樹之純遮顯（只說「不」），然而既知其非決定概念，則此無總之總，無別之別，不

合之合，不異之異，仍只是「生智顯理」，而終歸於無相也。遮詮表詮其致一也。此義綜顯，在下成壞二相。

> 第五，成相者，由此諸緣，舍義成故。由成舍故，椽等名緣。若不爾者，二俱不成。今現得成，故知成相互成之耳。
>
> 問：現見椽等諸緣各住自法，本不作舍，何因得有舍義成耶？
>
> 答：祇由椽等諸緣不作，故舍義得成。所以然者，若椽作舍去，即失本緣法，故舍義不得成。今由不作故，椽等諸緣現前故，由此現前故，舍義得成矣。又，若不作舍，椽等不名緣。今既得緣名，明知定作舍。
>
> 問：若不成者，有何過失耶？
>
> 答：有斷常過。何者？舍本依椽等諸緣成，今既並不作，不得有舍，故是斷也。本以緣成舍名為椽，今既不作舍，故即無椽，亦是斷。若不成者，舍無因有，故是常也。又，椽不作舍，得緣名者，亦是常也。

案：吾人平常說諸緣和合而成舍，是即諸緣有作成義。但諸緣如何去作成舍？此若稍一諦審，便見很難作答。但吾人平常總說這「成」字。諸緣之去作成某某，當然不是如工匠之作。那麼，我們可以說這是形成之作，諸緣和合就形成了舍。但這樣形成只是我們的說明，這只是說明上的形成。若客觀地就各緣法本身說，它們如何合起來便能形成這舍，這也不可理解。眼見板是板，瓦是瓦，椽是椽，如何便忽然出現了一個舍？即使是工匠作，工匠動手動腳亦

只是搬瓦，砍木，運椽，亦未直接作一個舍。你說工匠把那些材料作一定的配置，便成舍，配置錯了，便不成舍。但什麼叫一定的配置？在舍未出現以前，這亦無先天的定準。即使偶然湊巧配成一個舍，即以此成舍的偶然配置爲一定的配置，即使是如此，則如此配置亦不過是諸緣各在一定的位勢，這還是我是我，你是你，我未曾想到去作舍，我也不知我在這裡如何便成舍，這還是諸緣自在而已，如何便能形成舍，這仍不可理解。人造物是如此，自然物亦是如此，此即所謂「現見椽等諸緣各住自法，本不作舍」，亦《中論》所謂「諸法不自生，亦不自他生，不共不無因，是故知無生」。「生」義不可解即「成」義不可解。雖成義不可解，而屋舍宛然呈現，此即不成之成：不成而成即是成。「祇由椽等諸緣不作，故舍義得成」。「若椽作舍去，即失本緣法」，緣不成緣，何有於舍？可是若眞不作，板瓦等亦不得名緣，故必須不作而作。此即奇詭不可解的緣起。除非說上帝自無而造，否則定須如此。上帝自無而造，不利用諸緣，因而亦不可說緣起。是故康德說上帝不造現象，只造物自身。一落於緣起，即是現象。而要使緣起現象爲可理解，即生滅、一異、常斷、來去，皆可說，總別、同異、成壞，亦皆可說，則這一切必須被視爲決定概念，而其可被視爲決定概念是由於先驗範疇來決定之。但這一套實只是識心之執。若不執，亦不說上帝自無而造，則定須如龍樹與賢首等之所說。

不作而作名曰成，則作而不作亦可名曰「壞」。實則既無所謂成，亦無所謂壞，只是「即空即假」之如相而已。

第六，壞相者，椽等諸緣各住自法，本不作故。

問：現見椽等諸緣作舍成就，何故乃說本不作耶？

答：祇由不作，故舍法得成。若作舍去，不住自法者，舍義
　　即不成。何以故？作去，失本法，舍不成故。今既舍
　　成，明知不作也。

問：作去，有何失？

答：有斷常二失。若言椽作舍去，即失椽法。失椽法故，舍
　　即無緣，不得有故，是斷也。若失椽法而有舍者，無緣
　　有舍，是常也。

案：此「壞相」義已函於前「成相」義中。正由於不作，始成，故
成是不成之成。成既是不成之成，則成而無成，各住自法，即是
「壞」。「各住自法」一語既可說成，亦可說壞。結果，亦無所謂
成，亦無所謂壞。成壞俱是假名，非決定概念也。（如要想使它們
不是假名，而是決定概念，則須經由先驗概念以定住之。而此定住
是執，故其為決定概念仍是執相，結果還仍是假名，此是執上之
假。若知其為執相而不執，方便說不成之成，不壞之壞，則是不執
之假名。）

進一步，「各住自法」之住亦是住而不住。若真是住，則有自
性，便成定住。定住是常，非緣成矣。

賢首總結六相云：

總即一舍，別即諸緣，同即互不相違，異即諸緣各別，成即諸
緣辦果，壞即各住自法。

此六相之義是來回相即,來回相遮,故總而非總成其總,別而非別成其別,同(合)而無同成其同,異而無異成其異,不成而成即是成,成而不成即是壞。總別、同異、成壞,俱是假名說,非決定概念,亦非決定關係也。

4. 即、入、攝,以及一多之非定相義

以上言緣起六相。但是,所謂來回相即,何謂「即」?此須進一步詳細展示。即、入、攝,乃至一多等,俱須詳細展示,明此等詞語俱非決定概念。

賢首於《華嚴一乘教義分齊章》中講到「緣起因門六義法」時,以空有、有力無力、待緣不待緣,三對六義之六種不同的組合,合釋《攝大乘論》中之六義:剎那滅、俱有、待衆緣、決定、引自果、恆隨轉。

(1)空,有力,不待緣:此「剎那滅」義。「何以故?由剎那滅故,即顯無自性,是空也。由此滅故,果法得生,是有力也。然此謝滅非由緣力,故云不待緣也」。

(2)空,有力,待緣:此是「俱有」義。「何以故?由俱有故方有(因與果同時俱有),即顯因是不有,是空義也。俱故能成有,是有力也。俱故非孤,是待緣也(待果爲緣)。」

(3)空,無力,待緣:此是「待衆緣」義。「何以故?由無自性故,是空也。因不生緣生故,是無力也。即由此義故,是待緣也。」

(4)有,有力,不待緣:此是「決定」義。「何以故?」由自類

不改故，是有義。能自不改而生果故，是有力義。然此不改非由緣力故，是不待緣義也。」

(5)有，有力，待緣：此是「引自果」義。「何以故？由引現自果，是有義。雖待緣方生，然不生緣果（不生緣家之果，只生自己因家之果），是有力義。即由此故，是待緣義也」。

(6)有，無力，待緣：此是「恆隨轉」義。「何以故？由隨他故，不可無。不能違緣，故無力用。即由此故，是待緣也。」

無著《攝大乘論》說此六義是就唯識系統中「種子」義而說。賢首則收於如來藏系統中就大緣起陀羅尼法廣說一切緣生義，即一切緣起法皆可從因方面說此六義也。或就阿賴耶識說，或就如來藏心說，此是系統底問題。吾人現在只就緣起本身說。

賢首根據此六義進而說「十玄緣起無礙法門」。所謂「緣起無礙」即是相即相入。他首先以待緣不待緣分異體同體二門，由此二門明相即相入。待緣者相由義，謂就不同的緣起事相望相待而言也，故由此說「異體」。異體者不同的事體也。不待緣者不相由義，謂任一法自具德故，同一事體即具無盡眾多故，故由此說「同體」。同體者同一事體也。

先說待緣的異體門。賢首云：

> 就異體中有二門：一相即，二相入。
>
> 所以有此二門者，以諸緣起法皆有二義故。一、空有義，此望自體。二、力無力義，此望力用。由初義故，得相即。由後義故，得相入。
>
> 初中，由自若有時，他必無故，故他即自。何以故？由他無

性，以自作故。由自若空時，他必是有，故自即他。何以
故？由自無性，用他作故。以二有二空各不俱故，無「彼不
相即」。有無無有無二故，是故常相即。若不爾者，緣起不
成，有自性等過，思之可見。

二明力用中，自有全力故，所以能攝他。他全無力故，所以
能入自。他有力，自無力，反上可知。不據自體，故非相
即。力用交徹，故成相入。又由二有力，二無力，各不俱
故，無「彼不相入」。有力無力，無力有力，無二故，是故
常相入。

又，以用攝體，更無別體故，唯是相入。以體攝用，無別用
故，唯是相即。

案：此由異體門說明相即相入之義。從緣起法之空有義說明「相
即」；從緣起法之有力無力義說明「相入」。空有義是就緣起法之
「自體」說。此云「自體」與普通所說無自體，無自性之「自體」
不同。無自性，無自體，正是空義。而此云「自體」即是自他緣起
法之自己，此是事自體，亦是事體之體，即自他緣起法各事體之自
己。此事自體亦曰「法體」。即，從緣起法之法體方面說，可有空
有兩義。就其無自性而言，它是空；就其幻有（似有）而言，它是
有。無自性，此中所無的「自性」，對事自體而言，可名曰義自
體。事自體，即所謂「法體」，是虛說；而義自體是實說。無實說
的義自體，故顯緣起法是性空。空缺實有義之自性自體，而即以空
爲性。義自體無，而事自體宛然呈現，此即所謂「非無幻化人，幻
化人非眞人耳。」

　　力無力義是就緣起法之「力用」說。力用亦稱「業用」。此則易明。推之，待緣不待緣是就緣起法之「資助」說。此亦易明。

　　何以由緣起法之空有義可以說明「相即」？「由自若有時，他必無故，故他即自。」自己這個緣起法若存在時，其他緣起法即無獨立之存在（「他必無」）。即在此義上，說「他即自」，他即於自而就是自。「自若有，他必無」，他之必無是因性空（無性）而爲無，並非沒有幻化緣成的他。正由於他是以自爲緣而作成（不作之作），故他即是自。反之，「由自若空時，他必是有，故自即他。何以故？由自無性，用他作故」。「自若空時」，意即自己若因無性而爲無時，「他必是有」，即必須有他。他必須存在而緣成自，故「自即他」，意即自即於他而就是他。在緣起法上，雖性空，而不是斷滅。故當說自法因空而無時，必須有他，他之必有亦不是因有自性而爲有；當說他法因空而無時，自必須有，這有亦不是因有自性而爲有。是故自有他無，或自無他有，不是邏輯上的排斥關係。正因非排斥關係，所以才能「相即」。而自即他或他即自，即函「一即一切，一切即一」。而這個「即」是待緣相由中緣成的「即」，當然不是謂述語中的即。自有他無，他就是自，他之存在即在自之存在中。自無他有，自就是他，自之存在即在他之存在中。自即他，他即自，不是主謂關係。此緣成的「即」即函一成一切成，一切成一成」。緣起是不常，相即是不斷。不常不斷的緣成，據緣起六相中的壞相說，亦就是成而不成，即，「各住自法，本不作故」。此是「相即」義之全部義蘊。到成而不成時，只是「即空即假即中」之如相。「相即」亦實在是「即而未即」也。如是，吾人藉「相即」關係表示大緣起陀羅尼法之相狀，最後還是相

而無相，狀而無狀。須知這個「相即」關係並不是一個由時空以及概念所表象的決定關係。相即如此，相入亦然。

藉力與無力以明「相入」，這相入關係亦不是一決定關係。從「自」方面說，「自有全力故，所以能攝他，他全無力故，所以能入自」。有力攝他，這「攝他」底根據是在緣成的「相即」。惟「不據自體，故非相即」。此時即說攝他、他入自，而不說他即自。所謂攝即是這一法，由於緣成之一成一切成，來收攝其他一切法，而其他一切法即因無力而全部吸入於「自」之存在中。他之無力不是眞地無力，乃只是無那有自性的力。不常不斷，他只是因緣成的即自而爲自所攝而無力，這只是他的低昂之低沈。他若浮昂起來，他即成有力而攝自，而自亦被吸入於其中而入於他。此即所謂「力用交徹，故成相入」。攝不是一個本體統攝一切現象，乃是一法攝一切法，一切法入於一法，此即所謂「一攝一切」。同時，一切法攝一法，一法入於一切法，此即所謂「一切攝一」。又，此攝亦不是如磁石那樣，眞有一種物理的力量，來吸攝其他法。因此，由力而攝，這「力」字亦只是虛說，不是物理關係中的實體字。故攝與入亦不是由時空與概念所表象的決定關係。故攝而不攝，入而不入，只是如如平鋪，而實空如無相。是故即、攝、入，皆是方便權說，藉以顯示「緣起性空」之實義耳。其成爲決定關係乃是由於時空與概念之執而被決定成。此時即不是緣起實相，即不是不生不滅不常不斷等所遮顯的實相（實相無相），乃是康德所說的現象底關係，即由時間所表象由概念所決定的關係，此後者乃實可概括在唯識家所說「遍計執」中。

甚至相即相入底分別亦是權說。亦可以說只是一相即，亦可以

說只是一相入。因為據自體，據力用，亦只是權說。說實了，力用就是緣起法之自體，除此力用外，「更無別體」。依此而言，「唯是相入」。自體全部就是一力用，除此自體外，亦別無一力用。依此而言，「唯是相即」。

以上是異體門中相即相入之說明。賢首復有十錢之喻示。但這個喻並不見得更顯明，故不錄。

關於同體門，則說「一中多，多中一」，與「一即多，多即一」，這兩義。關此兩義，賢首無原則性的說明，只直接以十錢之喻來表示。但因太簡略而又不顯明，故不錄。

異體門是從待緣相由說，同體門是從不待緣不相由說，即從一法自體即具眾德來說。任一法即是一無盡藏。十玄緣起無礙中說「一多相容不同門」云「此上諸義，〔案：即教義、理事、解行、因果、人法、分齊境位、師弟法智、主伴依正、隨其根欲示現、逆順體用自在，十義〕，隨一門中，即具攝前因果理事一切法門。……然此一中，雖具有多，仍一，非即是其多耳。多中一等，準上思之。餘一一門中，皆悉如是，重重無盡故也」。引《華嚴經》偈云：「以一佛土滿十方，十方入一亦無餘」。又說「諸法相即自在門」云：「此上諸義，一即一切，一切即一，圓融自在，無礙成耳。若約同體中，即自具足攝一切法也。然此自一切復自相入，重重無盡故也」。引經偈云：「初發心菩薩，一念之功德，深廣無邊際。如來分別說，窮劫不能盡。何況於無邊、無數無量劫，具足修諸度、諸地功德行？」又云：「問：如同體一門中，即攝一切無盡者，為一時俱現耶？為前後耶？答：於一門中炳然現一切者，屬微細攝。隱映互現重重者，屬因陀羅攝。……此辨同體一門中，具足

自在無窮德耳。餘異體等門中亦準思之。問：若一門中，即具足一切無盡自在者，餘門何用爲？答：餘門如虛空。何以故？同體一門並攝一切，無不盡故」。凡此諸語俱就同體門中說「一中多，多中一；一即多，多即一」。同一事體具無盡，不必由待緣相由中之即入始可說無盡。待緣相由是分散開說，不待緣不相由是收斂集中說。亦可以同歸待緣相由，亦可以同歸不待緣不相由。緣起實相自如此耳。

　　賢首說此異體同體是就毘盧舍那佛法身說。如天臺宗說「一念三千」，則是就陰入心說「理具」。但理具須「事造」。理具是同體，事造是異體。此在智在識俱然。唯須知識中之造是執造，智中之造是任運而現。不論識之執造或智之任運而現，並由理具而然。識中之理具是「法性即無明」，智中之理具是「無明即法性」。一切唯識，亦可一切唯色、唯聲、唯香、唯味、唯觸。智者說此義是本《般若經》「一切趣色，是趣不過」，等等而來。此亦同體門也。吾這裡不討論他們的系統底差異，只就「緣起性空」一義，以爲凡以上所說諸相狀皆可說耳，皆是一義之輾轉引申，亦可以說皆是分析語耳。無論如唯識宗之收於阿賴耶識上說，或如華嚴宗之收於如來藏心上說，或如天臺宗之「由無住本立一切法」，收於「一念無明法性心」上說，於「緣起性空」皆不悖謬。不要說只龍樹之空宗始徹了「緣起性空」，其他所了皆不究竟。其他之差異是在系統之差異，不在其不徹了「緣起性空」也。是故「緣起性空」是共義。天臺、華嚴判空宗爲通教或大乘始教，非無故也。宗龍樹者每欲只憑藉「緣起性空」一義來評斥其他由此一義而來之引申之說法爲不徹，此亦矜持太過耳。

5. 唯識宗之三性：遍計執性與「執的存有論」

　　以上由《中論》之八不，通過僧肇之不眞即空，三論宗之空有假名說，天臺宗之即空即假即中，直至華嚴宗之六相與相即相入，這一委述旨在明這一切說法皆無非是「緣起性空」一義之輾轉引申。就中於華嚴宗之所示現所述獨多者乃因其列相獨廣，足以藉之以與執相相對照耳。《中論》說八不是遮顯。所遮者是生滅常斷一異來去。然則其所遮者即是作爲決定關係的執相或定相。其所顯者只是緣起之實相。實相一相，所謂無相，即是如相。「不壞假名而說諸法實相」（《般若經》語），即此如相。賢首說種種相是從正面說，但並非視之爲決定關係也。其說六相，乃至即、入、攝等，亦示其非決定關係，而結果仍歸於無相也。故賢首於「緣起因門六義」中說：「問：此六義與八不，分齊如何？答：八不據遮，六義約表。又，八不約反情，理自顯。六義據顯理，情自亡。」六義如此，六相亦然（賢首云：六義據緣起自體，六相據緣起義門。以六相攝六義）。所謂「情」者即執相定相也。所謂「理」者即實相如相也。

　　情（世情俗情）之執相定相就是屬於唯識宗所說之遍計執性。《中論》未有正面立出遍計執性，唯識宗始正式立出，因此，遂有三性之說。三性（依他起性、遍計執性、圓成實性或眞實性）實亦只是「緣起性空」一義之輾轉引申說。緣起即依他；性空即空自性，空執著，此即預伏一遍計執；空卻執著而顯實相如相即是眞實性。唯識宗說三性已，復說三無性：相無自性性、生無自性性、勝

義無自性性。此三無性是對於三性的一種說明，並非就三性之有（有這三性）來一個對翻，復說三無性。就遍計執性說，即是執，則所執之相自然是無，是虛妄，因此而說「相無自性性」。就依他起性說，既是依他而起，自無無因的「自然生」或「自性生」，因此而說「生無自性性」。就真實性說，既是真，是實，是如，則凡依他起（緣起）皆是無自性，空，因此而說「勝義無自性性」。此亦是「緣起性空」一義之輾轉引申說，並無新義。

唯唯識宗說遍計執很籠統，只說就依他起上加以周遍的計度執著，執著有自性，散開說，執著有種種相，便是遍計執性。並未集中地而且確定地說出這些執相，亦未就那些「不相應行法」說這些執相。我今集中地而且確定地說這些執相就是康德所說的由時空所表象以及由概念所決定的那些決定關係。就佛家說，那些「不相應行法」，如我所整理，只流轉、定異、相應、勢速、次第、和合、不和合、命根、衆同分、生、老、住、無常，以及時、方、數，這十六個，始真是遍計執相。參看〈龍樹之辯破數與時〉一文，此文將收於《佛性與般若》一書中。這樣集中地說，乃是爲的說明經驗知識底可能。因此，康德所說的那一套，成就全部現象界中的諸現象，甚至現象界之自身者，根本就是遍計執攝（屬於遍計執的）。

康德費大力所成就的超越哲學，即純粹知性底超越分解，欲以之來代替那驕傲的存有論，即所謂形上學通論，乃最後終歸屬於遍計執，這實在非始料之所及。順西方哲學底傳統，當然想不到這是遍計執，亦不會用執去說它。然而事實上實如此，無可逃。這恰如康德說知性爲自然立法看起來好像是誇大而背理，然而卻實是正確的。存有論是如何驕傲的一個名稱！康德把它謙和化而爲超越的哲

學，純粹知性底超越分解。我再就康德的謙和，如其本性，把它說
爲是知性之執之所至。存有論就是成就遍計執以爲經驗知識底可能
立基礎。因此，這個存有論就是執的存有論，因而亦就是現象界的
存有論，因爲現象本亦就是執成的。那些執相、定相、決定的關
係，就是現象底一些相，甚至就是現象本身，因爲依康德，在上帝
（神心、無限心）面前，是無所謂現象的。康德費大力成就存有
論，成就現象，就是爲的成就經驗知識。這在哲學的智慧上是有很
大的價值的。但他只承認這一種知識，吾人並無對於物自身底知
識，這便減弱了他的哲學智慧與哲學生命。以感觸直覺爲底子的經
驗知識是執的知識。若說這種知識不能及於物自身，這是當然的。
若說吾人只有這一種知識，那便成問題；若說吾人不能有不以感觸
直覺爲底子的無執的知識，那更成問題。因爲這兩個說法並不是對
於「人」一主詞所作的分析命題。縱使視人是有限的存在，然人之
爲有限存在亦不是定命的：人是有限而可無限的。若止於有限而不
可轉，那兩個說法是分析命題。若不定命地止於有限而可無限，則
那兩個說法不是分析命題。康德亦說人的實踐理性，道德法則，可
以把我展露於一有眞正無限性的世界中，它可以無限地升舉我的價
值，它可以顯示一獨立不依於一切動物性，甚至獨立不依於全部感
觸世界的生命。就在這一可能上，遂使那兩個說法不是分析命題。
但康德終於那樣說，這是因爲他終於不能承認吾人可有不以感觸直
覺爲底子而以智的直覺爲底子的「智知」。如果人眞地不能有這種
智知，則由道德法則所顯露的無限性必是虛的，即康德所謂只在知
性上爲可理解，意即對之不能有直覺。如果道德不是虛的，無限性
不是虛的，則必須承認這種智知。因此，康德既承認道德可顯露人

的無限性，而又不承認人可有智知，其分析必有問題。因此，吾人依康德所說的道德可顯露人的無限性，而說人雖有限而可無限。即依此一可能，吾人說「人只有一種知識，而不能有無執的知識」，這一命題不是分析命題。因此，我們即可想另一種智知爲可能。如果康德所說的無限性只是虛的，我們即可想一「如何使之成爲實的」一可能。如果道德法則不是虛的（康德亦說他不是猜想它，亦不是尋求之於黑暗中，而是眞見到它如在眼前），人的無限性不是虛的，則康德說人只有一種執知，而無智的直覺之智知，必有問題，因此，吾人斷言：吾人實可有智知，這不只是一種可能而已。

中國的哲學生命與哲學智慧，無論儒、釋或道，皆寄託在這種智知底可能上（即肯定上）。因此，我們承認我們可以知物自身。上文從佛家方面說的執相與無執相底對照即顯露智知之可能，以及以智知物自身之可能。因爲，如果康德所說的那些決定關係是隸屬於遍計執的，則去掉這種執著便是智知底無執，而無執即顯露物自身，智知即純智無執地直接證應物自身。一經點明那些決定關係是計執，則由無執而說智知乃甚爲顯明者。康德本亦說那些決定關係是由時間所表象以及由概念所決定而決定成者，這顯然就是執。所謂「先驗」，吾已指明，就是先到識心之本執而止；所謂「超越」就是越在經驗以上而駕臨乎經驗以超越地決定經驗以及經驗之對象。說的那麼莊嚴，而實不過是計執：先驗是執的先驗，超越是執的超越，現象底法則性是執的法則性。全部邏輯，無論是形式的或超越的，都是在執底層次上。純粹知性底分解所取代的存有論就是執的存有論，說明現象之所以爲現象的存有論。

6. 在佛家如何可說物自身？又如何可有一「無執的存有論」？

　　現在我們再問：在佛家如何說這物自身？佛家本只有「緣起無性」之一層，並無另一種對象曰物自身。性空、無性，就是無「自身」的。那裡還有一個「物自身」？但是，若知康德所說的物自身不是現象外的某種東西：「物自身之概念與現象之概念間的區別不是客觀的，但只是主觀的；物自身不是另一個對象，但只是關於同一對象底表象之另一面相」（康德《遺稿》，E. Adickes 編次，頁653），則雖「緣起無性」之一層，亦仍可說物自身。無性而執其有定相既是執，則去掉此執而即如其無性而觀之，即，直證其無性之「如」相，那便是緣起物之在其自己，此即是無自己底自己。此時亦無緣起可說，緣而非緣，起而不起。故云：「不生不滅，不常不斷，不一不異，不來不去」；又云：「諸法不自生，亦不自他生，不共不無因，是故知無生」。佛教說「緣起」不是定性緣起，乃是不可解的，無定相的幻化的緣起。若執定有生滅常斷等定相可說，那便成了定性緣起，而不是如幻如化，而定性緣起卻是執著。因此，如果我們去掉這執著，而知道它是非定性的緣起，便見緣起實相：實相一相，所謂無相，即是如相：這便是緣起物之在其自己；而緣而非緣，起而不起，亦即物而無物也。此則唯智相應，非執識所知。此當然與計執底層次不同，但卻不是在緣起外有另一個對象曰物自身。計執不但使緣起有定相，而且亦把緣起定死了。去此定相，不定死緣起，不以時空與概念把緣起決定成平鋪的，那便

雖緣起而當體即如，此即是緣起之在其自己。

以前一般的了解好像以緣起幻有（假名有）爲俗諦，以空性爲真諦，遍計執根本是虛妄，不能算是諦。但是，既知其爲幻有，便不是定性緣起，此就是真諦。遍計執而成的定性緣起才真正是俗諦。賢首說遍計執「情有理無」，情有即是俗情有、情量有，故此執相才是真正的俗諦。康德費大力所說的那一套不過是爲的成就經驗知識，亦就是爲的成就俗諦。我們不能看輕這遍計執。若單看幻有爲俗諦，此若真是俗諦，那便不是幻有，而是定有。若真是幻有，則已就是空了，如了，那便就是真諦，而不是俗諦。是以龍樹云：「衆因緣生法，我說即是空，亦爲是假名〔亦因爲空亦是假名〕，亦是中道義〔故此空亦即是中道義〕。」此即是說的實相無相的因緣生法，故即是真諦，第一義諦。天臺宗雖就空假中分別說三諦，而用連三「即」字即起來，結果亦就是一圓實諦也。那就是說，空是真，假而不執之幻有亦是真，兩者圓融起來更是真。分別說不過是方便顯示而已。若以幻有爲俗，那亦不過是急於說真俗不二，還是一圓實諦之實相無相的緣起也。吾以爲這都漏掉了遍計執。他們那些妙談是不能有計執在內的。可是如果遍計執才真正是俗諦，則真俗底圓融不能這樣急促地直接說。賢首說「情有理無」，倒容易使我們視遍計執爲俗諦。（遍計執是就定相之使經驗知識爲可能說。在經驗知識內，當然復有一些因執而生的主觀的虛妄，但經驗知識本身則暫不視爲虛妄。其爲虛妄，即理無，是對實相而說。）

賢首說三性中的真實性是就真常心說。這不合自印度傳來的空有兩宗底說法。他是把緣起收於如來藏心上說，此即所謂「如來藏

緣起」也。這是問題底轉進一步：眞實性從主體方面說。但空有兩宗則都是直就緣起本身說，即，從客體方面說。我們現在即就這從客體方面說的眞實性說「緣起物之在其自己」──無自己底自己，此亦如說無自性，空，而即以空爲性，空性就是它的自性，它之在其自己。

　　但是，賢首底轉進並非無意義。這裡啓發了一個問題，即，緣起法底實相，如相，即緣起法之在其自己，是何所依止？依止於什麼而成其爲「在其自己」？依止於什麼而顯露其爲實相，如相？物自身與現象之分旣只是主觀的，則現象依止於識心之執，那麼，物自身亦必依止於一主體而始成爲物自身。物自身旣不是另一個對象，但只是關於同一對象底表象之另一面相，則它必依止於主體而後見。此主體當然是智心，眞心，其作用即是智的直覺。這本是我們早已說明了的。但是現在就賢首底轉進而言，「緣起法底實相，如相，即在其自己，何所依止」底問題即函著一切無自性的緣起法本身底存在之起源底問題以及其存在之必然性底問題。關於這些問題底說明即函著一個佛家式的存有論──無執的存有論。把眞實性收於眞常心上說即函著把一切法統攝於眞常心。此一轉進原是印度空有兩宗所不及的。而在此轉進上，即空有兩宗亦有別。

　　空宗，就《般若經》（包含《大智度論》）與《中論》而觀之，對於一切法取現成的態度，無根源的說明之問題。它只以般若而空之，空之而見其實相，故曰「實相般若」。《般若經》亦言般若具足一切法：菩薩以不住法住般若中，具足六度，乃至一切其他法數；亦言一念具足萬行：菩薩行般若波羅蜜時，一念具足萬行，布施具足一切，持戒具足一切，其他皆然。但是這種具足只是作用

地具足，以不離、不捨、不壞一切法，而亦不受、不著、不可得一切法之方式而具足一切法。「不壞假名而說諸法實相」（經〈散華品〉第二十九中語，《智論》卷第五十五）。「是一切法皆不合不散，無色無形，無對一相，所謂無相」（〈句義品〉第十二，亦見〈散華品〉）。經共九十品，論共一百卷，重重複複，不過說此義。由具足一切法亦可說般若成就一切法。不捨不著，「不壞假名而說諸法實相」，此即是成就一切法。此種成就是何意義的成就？曰：此不過是在般若活智之作用中具足而成就一切法，此是作用的、水平的具足，而不是存有論的、豎生的具足。「是法住法位，世間相常住」（《法華經》語）。一切法是本來現成的，不過以實相般若穿透之，皆成妙用，因此而說般若具足而成就一切法，成就其空如之實相而不必壞之。例如布施，不捨，不著，方成布施，此是無相真布施。持戒亦然，不捨不著，方成無相戒。《般若經》只是憑藉現成已有之法，而說般若之妙用，未曾予一切法一根源的說明。般若具足一切法，此並非說一切法皆豎生地、存有論地根源於般若。龍樹之論釋（《大智度論》）以及《中論》之緣起性空，皆不過秉承《般若經》之旨趣反覆申明諸法之實相，亦未曾以般若為一切法之存有論的根源。依此而言，吾人可說：一般所謂「空宗」實並非一系統，亦非一門戶（一個宗派）。說明一切法之來源，這是另一問題。空宗無此問題。如有願作此工作者，不管如何說法，《般若經》及所謂空宗皆可以般若之不捨不著而具足成就之。依此而言，《般若經》及空宗之所說可以說是共法，大、小乘乃至佛乘之共法，此是普遍而無色者，故非一系統，亦不可說是一宗派。如是，凡想對於一切法底存有之來源以及其存在之必然性予以「存有論的

說明」者皆是一系統。如《解深密經》及前後期唯識學皆是一系統，華嚴宗亦是一系統。天臺宗最接近於空宗，然彼畢竟不即是空宗而須自立宗派者，以彼亦具有一系統性。

　　唯識宗是想以阿賴耶說明一切法，此名曰「阿賴耶緣起」。「無始時來界，一切法等依。由此有諸趣，及涅槃證得」（無著《攝大乘論》引《阿毘達磨大乘經》偈）。他們是以阿賴耶解釋那個「界」字的。但阿賴耶是無覆無記，本質上是染汙的。由之只能說明有漏法，不能說明清淨無漏法。故此一系統並不能算圓滿。此即所謂「虛妄唯識」系之思想，玄奘所傳者即代表這一系。但是早期的唯識學（就中國所傳言），如眞諦所傳之《攝大乘論》，便不直以無覆無記的阿賴耶解釋那個「界」字，而是把它解爲「解性阿賴耶」，或直以「如來藏自性清淨心」說之，或說爲第九無垢識（菴摩羅識）。這當然不合無著之原義。但這卻是想於阿賴耶（第八識）處再推進一步講一超越的眞心。這一想法集結於《大乘起信論》，遂成爲「如來藏緣起」之系統。這一系統實比較圓滿，此名曰「眞常唯心」系之思想。中國的佛教是高視這一系的，即把它視爲比印度原有的空、有兩宗（空宗與唯識宗）爲進一步的。印度方面雖無這方面的論，《大乘起信論》出現於中國，然而卻有這方面的經，此曰後期的眞常經。故此一系是宗經不宗論的。若說亦宗論，那所宗的就只是《大乘起信論》了。華嚴宗就是根據《起信論》之系統而建立其圓教的。故賢首之將眞實性收於眞常心上說，那是由「對於一切法之來源予以存有論的說明」之思路而來的。到此，始可於佛家方面說一「無執的存有論」。這是順唯識學之思路而來的。

　　可是在華嚴宗以前，前後期唯識學以外，還有一個系統並不依唯識學之思路而建立其系統，但卻比華嚴宗更為圓滿，即更為是圓教，因而亦更能顯出佛家式的「無執的存有論」之眉目，那便是天臺宗。

　　前言天臺宗更接近於空宗之般若學，然畢竟不同於空宗者，因般若之具足一切法只是般若活智之不捨不著之作用地具足，尚不是存有論地具足。般若之圓只是不捨不著之妙用的圓，尚不是存有論的圓。此即表示空宗尚非真圓教（天臺宗判之為通教，華嚴宗判之為大乘始教）。真圓教必須是存有論的圓具，而存有論的圓具即是一系統。「從無住本立一切法」，「一念無明法性心」即具三千世間，由之說明一切淨穢法門，此即是存有論的圓具之系統性。也許當「無明即法性」時，我們說智具三千（不說念具三千），此智具三千仍是《般若經》之不捨不著之「作用地具」之樣式，固是如此，然而卻是以「存有論的圓具」為背景而為作用地具：作用地具即存於存有論的圓具，而存有論的圓具亦不外此作用地具之樣式。《般若經》固可向此而趣，然《般若經》無一切法之來源之問題，故亦無天臺宗之系統性，因而亦尚無「作用地具即存於存有論的圓具」之義。

　　「存有論的圓具」之思想固是由於對於一切法底存在之起源以及其存在之必然性予以存有論的說明而來，然而就佛家而言，其關鍵還是《大涅槃經》中「佛性」一觀念之出現。佛性是佛果之因地，因此說三因佛性：一曰正因佛性，此即中道第一義空，亦曰如來藏我，亦曰法身，此是客觀意義的整佛性，亦曰法佛性；二曰了因佛性，此即智德，亦即般若；三曰緣因佛性，此即斷德，亦曰解

脫。緣了二佛性是主觀意義的佛性，是由那整佛性而抽引出的，此可總曰覺佛性（分別言之，了因佛性是智慧，此是覺之本義，緣因佛性是禪定，定慧不二，故總曰覺佛性）。佛性，從因地言，即是成佛所以可能之超越根據；從顯而爲果說，即是佛果之體段。成佛以一切衆生得度爲條件，故法身不能離報化身而獨存。「三身爲一」即示攝三千世間法而爲佛。佛果如此，佛性亦然。「佛性」觀念一出現，故欲對於一切法底存在之起源以及其存在之必然性予一存有論的說明，必須剋就此佛性之觀念予一「存有論的圓具」之說明。亦因此故，《般若經》之般若作用地具足一切法遂收於佛性上而轉爲實體性的智具三千法（由了因佛性而說者），因此，始成功一「存有論的圓具」。實體性的智具，此智具之樣式可仍如般若經所說之不捨不著，然而由於收於「佛性」上講，遂成爲「實體性的智具」，以「佛性」爲體故。

　　對於一切法作存有論的說明必備兩義：一是其存在之根源，二是其存在之必然。這兩義，就佛家而言，皆有獨特的姿態。其存在之根源不由於上帝之創造，亦不由於良知明覺之感應（自由無限心之道德的創造），而乃由於「一念無明法性心」，「法性即無明」時之念具念現，「無明即法性」時之智具智現。這就有一獨特的姿態。當智具智現時，即有一「無執的存有論」，此時就是智心與物自身之關係。當念具念現時，即有一「執的存有論」，此時即是識心與現象之關係。至於一切法底存在之必然性問題，則由於成佛必備一切法而爲佛，此即保住了法底存在之必然性。天臺宗於這「存有論的圓具」之眉目實比較任何一宗爲顯豁而周到，獨能顯出佛教式的存有論之特色，故吾下文以天臺宗爲準，並進而與華嚴宗作比

較。

7. 天臺宗的圓教:「無執的存有論」

《般若經》說,「不壞假名而說諸法實相」。《維摩詰經》說:「但除其病而不除法」。《法華經》說:「是法住法位,世間相常住」。由此而有一般說的「不毀世間而證菩提」,以及「生死即涅槃,煩惱即菩提」。由此而有天臺宗「法門不改」,「除無明有差別」之說。這明表示法本身,無論好壞,或淨或穢,皆是客觀的、常在的。問題單在執不執。執是病,不執是無病,故「除病不除法」也。法是客觀的,執不執是主觀的。執是識,不執就是智。法對識言就是有執相定相的現象,對智言就是如相實相的在其自己。智與如相應合一,識與執相應合一。法對執不執而有兩面相。假定執識可以轉,因而現象歸於無,而如相實相的法之在其自己卻是真正的客觀的實在。因此,除無明,仍有「差別」。此所謂「差別」是客觀地就「法之在其自己」說,不是主觀的執的差別(虛妄分別),因此,智者講《法華經》於此就說「差而無差,無差即差」。

但是釋迦講十二緣生,自無明說起,則好像無明與差別同一化,即主觀的執與客觀的存在同一化,沒有把「法門不改」底意義留出來。因此,除無明,便無法說差別,亦不能說還有客觀的存在,因為一切存在皆是緣無明而起。這樣一來,則一旦滅度,便成什麼也沒有。這或許就是小乘說「灰身滅智」為涅槃之所由,這不能免於虛無主義之咎過。但是佛教不是亦不應是虛無主義。因此,

我們必須說：釋迦說十二緣生乃是隨順眾生自無始以來的執著說，這是粘附於無明說存在。存在既可以粘附於無明而緣起，在此，它就是執的存在，現象的存在，它亦可以不粘附於無明而緣起，在此，它就是緣而非緣，起而不起的如相實相的法之在其自己。我們必須替「法門不改」留下一餘地。

這些「法門不改」的法門，即十界三千法門，依天臺宗說，是「一念無明法性心」即具的。這是順現實眾生底無始無明說。這是「法性即無明」的執識之具，因此，這所具的三千法門統統是執染的法門，因而也就是有執相定相的現象法。可是，若通過止觀底工夫，則「無明即法性」，而三千法就是清淨的法門，這是智具的三千法，也就是如相實相的三千法，法之在其自己的三千法，也可以說是無一法可得的三千法，這是真正客觀存在的實相法。是故知禮《十不二門指要鈔》解「一念」中有云：「圓家斷證迷悟，但約染淨論之，不約善惡淨穢說也」。斷、證、迷、悟，是止觀工夫上的事，善惡淨穢法門是客觀本有上的事。此即「法門不改」也。

但是這所謂「法門不改」的客觀自在的實相法，此中所謂客觀自在並不是空頭兀然的客觀自在，乃是隸屬於智的：由智具而智現。因具而現，則現是本本有者任運而現，不是作意而現；而且是一現全現（三千法門一現全現），不是可以現，可以不現；因不斷九界而為佛故；亦不是歷別地現，因無時相故。此亦如康德說物自身是隸屬於上帝。上帝創造物自身，並不創造現象。上帝之創造物自身是依神意神智而創造。神智底作用是直覺，因此，也就是依智的直覺而創造。在「隸屬」這一點上，康德的說法與佛家的天臺宗、華嚴宗（甚至空、有兩宗），甚至與儒家及道家，俱無以異。

但是從實相法之「所隸屬者」說，儒、釋、道俱從主體方面說，並不從上帝方面說，這是本質的異處。康德雖亦說「自由」可以接近「物自身」，但因自由是一設準，吾人並無智的直覺以朗現之，故此主體仍落空。在此，顯出康德的不足與不圓熟。我現在從儒、釋、道三家說，不從耶教的康德說。在此，我是以中國的哲學智慧為準來融攝康德。

實相法之隸屬於智不像現象之隸屬於識。後者是在認知的對偶性下而隸屬於識的。現象是以「對象」底姿態出現。但是實相法之隸屬於智則不是在認知的對偶性下而隸屬。實相法亦不可以作「對象」觀。說它是智之對象乃是語言上的方便，它實不是對象，即無對象義。它是「智如不二」下的如相、自在相：如相一相，所謂無相，當然亦無「對象」相。識心之執雖挑起現象，但以概念決定之，這便是執定之為一對象，為我所攝、所思、所知之對象。而智則無執，故不如此。首先須了解這「智如不二」下的無對象相。

智者《四念處》卷四說圓教四念處中有云：

處者境也，從初不離薩婆若（一切智）。能觀之智照而常寂，名之為念。所觀之境寂而常照，名之為處。境寂，智亦寂。智照，境亦照。一相無相，無相一相，即是實相。實相即一實諦，亦名虛空佛性，亦名大般涅槃。如是境智無二無異。如如之境即如如之智，智即是境。說智及智處，皆名為般若。亦例云：說處及處智，皆名為所諦。是非境之境，而言為境；非智之智，而言為智。亦名心寂三昧，亦名色寂三昧；亦是明心三昧，亦是明色三昧。《請觀音》云：「身出

大智光，如燒紫金山」。《大經》云：「光明者即是智
慧」。《金光明》云：「不可思議智境，不可思議智照」。
此諸經皆明念只是處，處只是念。色心不二，不二而二。爲
化眾生，假名説二耳。

案：此首言智如不二，引申而言色心不二。智就是心（圓教説念即
智之異名），處就是色（境義即爲色）。此色是妙色，如色或性
色，亦是「色寂三昧」之色。如此言色與心非執識中之色與心也。
又云：

欲重説此義，更引天親唯識論。唯是一識，復有分別識，無
分別識。分別識者是識識，無分別者似塵識（識變似塵色，
識色不二，故曰無分別）。一切法界所有瓶衣車乘等，皆是
無分別識。〔……〕龍樹云：「四念處即摩訶衍，摩訶衍即
四念處。」一切法趣身念處，即是一「性色」得有分別色，
無分別色。分別色，如言光明，即是智慧也。無分別色即是
法界，四大所成皆是無分別等，是色心不二〔案：即智如不
二〕。彼既得作兩識之名，此亦作兩色之名。若色心相對，
離色無心，離心無色。若不得作此分別色，無分別色，云何
得作分別識，無分別識耶？若圓説者，亦得唯色、唯聲、唯
香、唯味、唯觸、唯識。若合論，一一皆具足法界。諸法
等，故般若等。内照既等，外化亦等。即是四隨逐物，情有
難易。〔案：「四隨」者即四悉檀：隨樂欲、隨機宜、隨對
治、隨第一義。「逐物」即逐機也。〕

案：智者大師所說的「唯是一識，復有分別識，無分別識」，是就八識所成的一個識之流加以反省的解說而這樣說。「分別識者是識識」，這是從「能變」方面單看識之自身。「分別識」就是與識所變現的「似塵」分別開看的識。這就叫做「識識」，意即分別開看的識之自身這一種識。但是，識不能離開它的作用而有自體。它的作用就是變現「似塵」。塵者「境」義。一說境，就是色法，故亦曰境色，或塵色，即對象義，所謂「相分」也。但是塵境只是彷彿是塵，彷彿是境，並非真正獨立於識的真實境也，故曰「似塵」。所以一說識，就是帶著其作用而說「似塵識」。當說「似塵識」時，就是「無分別識」也。故云：「一切法界所有瓶衣車乘等皆是無分別識」，攝所從能，色心不二也。瓶衣車乘本是色法。就此色法亦可說分別色，無分別色。分別色就是瓶衣車乘等之為相分之自身。無分別色就是此相分為識所變現而與識不二，這是攝能從所也，仍是色心不二。故說唯識可，說「唯色」亦可（此色是眼所見之色，與聲香味觸相對而言者，不是與心相對的那個色法之色），說唯聲、唯香、唯味、唯觸，亦可。此是圓說也。故智者大師在上引一段文之後又有云：「當知若色若識皆是唯識，若色若識皆是唯色。」色就是「識色」，識就是「色識」。

例此，就四念處說，「一切法趣身念處，即是一性色得有分別色，無分別色。分別色，如言光明，即是智慧也。無分別色即是法界，四大所成皆是無分別等，是色心不二。」此是就圓實諦說。身念處是境是色，此是「性色」，意即法性化了的色，此亦曰「妙色」。只此一「性色」，然可就之而言分別色與無分別色。「分別色」是「色色」，意即單就其為境之自身而說的色這一種色。但這

種色既是性色、妙色，則亦就是智色，意即智慧化了的色，實相化了的色，這就是智如不二，色心不二，故曰「無分別色」，意即與智不分別看的色。這是從色方面說。若從智方面說，則亦可有分別智與無分別智。「分別智」者即是分開單看般若之自身。「無分別智」者，則是智與「智處」不二也。無分別智與無分別色是一。「說智及智處，皆名為般若」，此是「非智之智而言為智」，此是無分別智，攝所從能也；只是一智，只是一色，即是法界。「說處及處智，皆名為所諦」，此是「非境之境而言為境」，此是無分別色，攝能從所也：只是一色，只是一智，即是法界。必須有這兩面說，智如不二，色心不二，方能圓足。但是智者說「分別色，如言光明，即是智慧」，此似有點差謬，因為此說的當該是「分別智」。或故意如此說，分別色即函分別智，亦未可知。然例「分別識」，則不當如此說。故吾順通如上。

　　就「性色」而說分別色與無分別色，乃至說分別智與無分別智，與就識而說分別識與無分別識不同。智者亦只說以唯識為例耳。前者是就智具三千而明智如不二，色心不二。後者是就識具三千（即「一念無明法性心」之具三千）而明識色不二。前者是本體界的存有論，無執的存有論，三千法皆是「在其自己」之實相法。後者則是現象界的存有論，執的存有論，三千法皆是念念在執中的現象法，計執法，亦即有執相定相的法。

　　天臺宗是在「性具」系統下的智如不二之色心不二中穩定住了三千法之在其自己。此時的「性具」是「無明即法性」的性具，亦即無執無著的智具。智具即智現。一無分別智，即一智如不二的法性心，同時即具三千世間法（善惡淨穢法門俱在內），同時即頓現

三千世間法。這樣的即具而頓現就是佛。佛是不斷九界而爲佛的。
六道衆生加聲聞、緣覺與菩薩，爲九界。六道衆生法爲穢惡法，二
乘菩薩佛爲淨善法。對佛而言，六道衆生加二乘與菩薩這九界俱爲
穢惡法。此是客觀地就「法門不改」之法說，亦即是就「去病不去
法」之法說。這些九界法雖是穢惡，然在佛智則「解心無染」，是
謂「通達惡際即是實際，能以五逆相而得解脫，亦不縛不脫，行於
非道，通達佛道（智者《觀音玄義》卷上釋名中語）。惡際旣即是
實際，則一切穢惡法門俱成善用。不但是俱成善用，而且一切穢惡
法俱是在其自己之實相法。此即天臺宗所謂「性惡」。「性惡」云
者，這些穢惡法門俱是智如不二的法性心所本具也。以其本具，故
這些穢惡法即是性德上的穢惡法。惡是形容法的，不是形容智如不
二的法性心的。這不可以儒家的性善性惡去了解。

　　所謂穢惡法，這不過是我們的順俗方便說。若在佛智，則旣都
是實際，則亦無所謂惡。智如不二，色心不二的法性心「亦名心寂
三昧，亦名色寂三昧」。在此三昧寂中，一切法皆是在其自己的實
相法：實相一相，所謂無相，即是如相，亦即自在相。如相、自在
相，即表示它們不是「對象」。這裡是沒有能所相對的「對象」義
的。智如不二的智具之即現之；而其具而現之並不是依「爲其所
對」的「對象」之方式而具之現之，乃是在心寂三昧，色寂三昧中
一體呈現。在此一體呈現中，單就法說，就是在其自己之自在法、
實相法，而「法不出如」（《維摩詰經》），亦法而無法，更無一
法可得也，故曰「色寂三昧」。此曰「不可思議智境，不可思議智
照」。所謂「智的直覺」亦是不可思議也（不可以識心之執去思
議）。智的直覺，依康德的規定，就是「其自身就能把它的對象之

存在給與於我們」的那種直覺。這只是順俗名言粗略地說。實則智的直覺（不思議智照）無對象，它只有智如不二，色心不二下的心寂三昧，色寂三昧中之實相法。它亦無所謂「其自身就能把它的對象之存在給與於我們」，它亦無所謂「給」，無所謂「不給」，它只是在心寂三昧、色寂三昧中與實相法一體呈現。這就是給了，但無所謂「對象」。這是「性具」系統下的說法。但是，在康德的說法中，智的直覺有創生義，而在天臺宗的性具系統下，則是即具即現，似乎不顯這創生義。在佛家，無論那一宗，都不能顯此義。從道德心說，例如陽明的知體明覺，則易顯此義。然雖不顯此義，而在心寂三昧、色寂三昧中的一切法是「在其自己」之實相法，則無疑。這就是天臺宗的「本體界的存有論」，無執的存有論。同一三千法，執即是現象界的存有論，不執就是本體界的存有論。執與不執是約迷悟說，故本體界的存有論可能，智的直覺亦可能，而「在其自己」之實相法亦可朗現也。「在其自己」之實相法底存有根本是在心寂三昧、色寂三昧的智如不二下呈現。若脫離了此智如不二的三昧而仍說物自身，則物自身之存在即是冥在，而冥在無在，物自身亦不可得而保也。康德說物自身繫屬於上帝，又說實踐理性可以接近之，此即開一「非冥在」之門。唯不能朗現之，則對於人而言，它仍是冥在。故在此，吾人須以中國哲學智慧為準而融攝康德。康德非究竟也。

8. 別教下的「無執的存有論」

華嚴宗不就「一念無明法性心」之即具三千而言執與無執之對

翻，而是順唯識宗之言阿賴耶緣起，推進一步，言如來藏緣起，即就此如來藏緣起而言執與無執之對翻。彼將唯識宗所言之圓成實性，即眞實性，收於「如來藏自性清淨心」上說。此清淨心即眞實性，此名眞如心，心眞如，此爲一切染淨法之所依止。因此，賢首說此眞實性有兩義，一曰隨緣，二曰不變。隨緣者隨染淨緣而起染淨法也。不變者，雖隨染淨緣而起染淨法，而其自身仍不失其清淨自性也。兩義合起來說，則有「隨緣不變，不變隨緣」之兩語。此大體是根據《勝鬘夫人經》與《大乘起信論》而立者。此曰「性起」系統，而非「性具」系統。

　　但此「隨緣不變，不變隨緣」之兩語，可有兩層意義：一是現實的，一是理想的。現實的是順眾生無始以來之無明而說，即就生死流轉而說。理想的則是就還滅而說。一切眾生雖在迷中，然皆有一如來藏自性清淨心，故有成佛之可能。因此，《華嚴經》說「心佛與眾生，是三無差別」。心者如來藏自性清淨心也；佛者此心之體現者也；眾生者雖有此心而未體現者也，故是一潛在的佛。眾生雖無始以來即在迷中，因而亦總在生死流轉中，然而其所以在生死流轉中而有如此這般之現象亦必依待其不自覺的不變眞心之隨緣而起現，否則一切法無所依止。此所謂「眞如依持」，非「阿賴耶依持」也。雖在生死流轉中，亦總有一些是染法（惡法），有一些是淨法（善法）。反溯到眞心上，即說此眞心隨染淨緣起染淨法。此是迷中之眞心也。法有染淨，無論染法淨法，皆須憑依此眞心而起現，恰如波浪之憑依水。法有染淨，而眞心不變。此即《勝鬘經》所謂「自性清淨心而有染汙，難可了知」也。實則一念無明，所謂無明風動，此眞心即在隨緣中而起現染淨法，而無論染淨，一是皆

在執念中。嚴格言之，染淨法之起現，其直接生因只是執念。但執念亦憑依眞心而起，故云眞心隨緣也。實則眞心並不起。眞心只是執念起現之憑依因，而非其生因。因憑依眞心而起，遂間接地說眞心隨染淨緣起染淨法。若不解此間接的憑依義，則不染而染，眞「難可了知」矣。

　　此眞心既間接地即被憑依地隨緣起現，則所隨之緣是敞開的、不決定的。有可隨者，則隨到而起現；無可隨者，則隨不到而不起現。這隨不隨是偶然的，亦即經驗事實上的。究竟這「隨到」底範圍是如何呢？能不能圓足起來呢？在此，華嚴宗是敞開的，即不決定的。所謂爲一切法之所依止，此中的「一切」是籠統的，即，不圓足的。天臺宗說「性具」三千，則即圓足。此只言性起，而不言性具，便成敞開而不圓足。當然，它亦可以隨緣隨到十法界底三千世間法，並未劃一個界限不准隨到，但這亦只是可能而已，並無「必然」。而天臺宗之「性具」，則是必然地具此三千世間的。

　　現實面既如此，則在還滅的理想面便成天臺宗所指責的「緣理斷九」，即只緣依「如來藏自性清淨心」這個清淨眞如理而隔斷了九法界（六道衆生加聲聞緣覺與菩薩爲九法界），隔斷了九法界以成佛。這是寶塔式的層層升進。佛是通過「始覺」而還歸「本覺」，這本覺底全部朗現。本覺是如來藏自性清淨心底如如智照。此時雖有無量無漏功德法，依此而言「不空如來藏」，然這只是佛法界底充實飽滿，賢首所謂「十身佛」是也。這並不具九法界法，因爲早已超過了九法界，不但已超過了六道衆生，而且聲聞緣覺，甚至菩薩，亦已被超過了。因此，賢首建立華嚴一乘教義，唯是就華嚴時（佛第一時說《華嚴經》）毘盧遮那佛法身說一乘。一乘即

佛乘；而這一乘圓教是「別教一乘圓教」。「別」者專就佛法身說，不但不共聲聞緣覺，且亦不共菩薩。賢首說這是「稱法本教，非逐機末教」。其他九界法皆是逐機而現也。所謂「稱法本教」意即佛親身說自證語，相應所證法界之實而說，所謂稱性極談，如所如說，故是「本教」也，意即最原初之教也。此亦如孟子所說「中道而立，能者從之」，毫不曲就也。賢首云：「稱法本教謂別教一乘，即佛初成道，第二七日〔意即第二個七天〕，在菩提樹下，猶如日出，先照高山，於海印定中，同時演說十十法門〔十而又十：十佛、十通、十明、十解脫、十無畏、十眼、十世、十諦，乃至種種其他十〕，主伴具足，圓通自在，該於九世十世，盡因陀羅微細境界，即於此時，一切因果理事等，一切前後法門，乃至末代流通舍利，見聞等事，並同時顯現。何以故？卷舒自在故。舒則該於九世，卷則同在一時。此卷即舒，舒又即卷。何以故？同一緣起故，無二相故。經本云：於一塵中，建立三世一切佛事等。又云：於一念中，即八相成道，乃至涅槃，流通舍利等。廣如經說，是故依此普法，一切佛法普於第二七日，一時前後說，前後一時說。如世間印法，讀文則句義前後，印之則同時顯現，同時前後，理不相違。」由此即開佛法身底大緣起陀羅尼法諸相狀，如前文3、4兩節所述。當知此所自證法既是稱性極談，毫不曲就，故華嚴會上二乘如聾如啞，完全聽不懂也。「猶如日出，先照高山」，即並未照到幽谷也。此即示圓滿只是佛自身底圓滿，並未真至無所不照，無所不遍的具體而真實的圓滿。此即隔斷九界，而唯談我佛也。亦荊溪所謂不開權，不發迹，未暢佛之本懷也。因此，高則高矣，而不能「即而圓」。是故天臺開權顯實，會三歸一。一即三，不隔三而為

一。三即一，不離一而爲三。權即實，則雖權而亦實。實即權，則
雖實而亦權。無權無實，當體即如。即九界而爲圓，亦十界互融而
爲圓。是眞生死即涅槃，煩惱即菩提，故不斷九也。故天臺於第五
時法華涅槃會上說圓敎，顯是經過了第一、二、三、四時之發展，
無幽不照，而說。如此所說方是具體而眞實的圓敎。賢首名之曰
「同敎一乘圓敎」。同、別兩字，似無褒貶意，然實則意函褒
「別」而貶「同」。褒者褒其高也。然同樣亦可反過來褒「同」而
貶「別」，貶者貶其不即而圓也。就圓敎言，當然「同敎」爲眞
圓；而別敎之圓則只是形式的圓，意即分解地獨顯佛界以爲圓也。

9. 「緣理斷九」：別敎與圓敎底分別

　　當然，人可致疑：「緣理斷九」之評諦當否？華嚴宗能接受
否？依以上所說，似是諦當；而華嚴宗自標爲別，似亦可以接受此
評而無辭以答。然華嚴宗可以說：所謂「別」者是就佛之造詣境界
超過九界而不同於九界說，並非說不具九界之法。雖具九界法，而
在佛卻全是稱性功德，並不同於各該界自身之法義。如言十身佛，
華嚴宗分爲解境、行境二種。解境十佛者，謂衆生身、國土身、業
報身、聲聞身、緣覺身、菩薩身、如來身、法身、報身、虛空身。
行境十佛者，謂成正覺佛、願佛、業報佛、住持佛、涅槃佛、法界
佛、心佛、三昧佛、本性佛、隨樂佛。就解境十佛說，即一佛身具
九法界身也。然此九法界境佛身在佛境身上俱是稱性功德，圓融無
礙，故其義不同於各該界自身也。賢首於《華嚴一乘敎義分齊章》
中言依報云：「然彼十佛境界所依有二：一國土海，圓融自在，當

不可說。若寄法顯示，如第二會初說〔《華嚴經·如來名號品》初
說〕。二世界海，有三類：一蓮華藏莊嚴世界海，具足主伴，通因
陀羅等，當是十佛等境界。二於三千界外，有十重世界海：一世界
性、二世界海、三世界輪、四世界圓滿、五世界分別、六世界旋、
七世界轉、八世界蓮華、九世界須彌、十世界相。此等當是萬子已
上輪王境界〔此當十地菩薩境界〕。三無量雜類世界，皆徧法界。
如一類須彌樓山世界，無量邊畔，即盡虛空，徧法界。如一類樹形
世界，乃至一切衆生形等，悉亦如是，皆遍法界，互不相礙〔此當
地前菩薩境界〕。此上三位〔十佛等境界爲佛果位，萬子已上輪王
境界爲解行位，無量雜類世界地前菩薩境界爲見聞位〕，並是一盧
舍那十身攝化之處。仍此三位本末圓融，相收無礙。何以故？隨一
世界，即約粗細，有此三故。當知與三乘全別不同也。」十身佛依
報旣有此三類世界海，當然亦具九法界。唯在佛，「只是一盧舍那
十身攝化之處」，而「本末圓融，相收無礙」也。若如此，天臺家
何以斥之爲「緣理斷九」耶？此則似乎很難斷定。人或以爲也許兩
家相距不遠，只是輕重說耳。

　　然「緣理斷九」之語並非無當。蓋依天臺，根據論點只在性起
性具之差。華嚴「偏指清淨眞如」，只言「性起」，不言「性
具」。而所謂「性起」之性即「清淨眞如心」也。此即荊溪所謂
「唯眞心」（荊溪《金剛錍》有云：「夫唯心之言豈唯眞心？」華
嚴家正是「唯眞心」也，故荊溪亦斥之爲「偏指清淨眞如」）。此
清淨眞如心即如來藏自性清淨心，亦可曰法性心，或法界心，即
《起信論》所謂「一法界大總相法門體」；又可曰「眞如理」，理
即指此眞心而言理也。此眞心或眞如理在迷能生九界，即所謂隨緣

起染淨法也，而其自身之「自性清淨」則不變。是則其隨緣生九界
全是無明底作用，故在還滅時，必須破無明，即破九界，始能還歸
本覺而朗現眞心或眞如理以成佛。此即所謂「緣理斷九」也。又，
在此「隨緣不變」底說法中，眞心或眞如理或法性心與無明煩惱
「體別」而不相即，眞妄和合始生九界，故荊溪即依此即不即而分
判別教與圓教：「即」則爲圓，「不即」爲別。眞心與無明煩惱
「體別」，故有能覆被覆，能障被障，故必須破障方乃顯理，因
此，自然有「緣理斷九」之結果，蓋九界非「性德九」也。是故荊
溪於《法華文句記》卷第一下，解別教觀無生智中有云：

> 眞如在迷，能生九界，即指果佛爲佛法界，故總云十〔十法
> 界〕。是故別人覆理無明爲九界因。故下文中自行化他皆須
> 斷九。九盡方名緣了具足；足故，正因方乃究顯。

又有云：

> 「但理」爲九界覆，而爲所依。法界祇是法性，復是迷悟所
> 依。於中亦應云：從無住本立一切法。無明覆理，能覆所
> 覆，俱名無住。但即不即異，而分教殊。今背迷成悟，專緣
> 理性，而破九界。

此是荊溪述別教爲「緣理斷九」之明顯文字也。「但理」意即只是
理，非「即於無明煩惱」之理也，此言「眞如理」之自身。但它是
迷悟之所依，故就其「隨緣」而言，它亦可「無住」，意即非凝然

堅住。無明煩惱雖能覆理，然可轉化，此亦表示無明亦可「無住」。但是雖可「俱名無住」，而有即不即底差別。因此即不即底差別，遂分出別教與圓教。此即表示在「但理隨緣」底說法下，雖可無住，而仍不相即也。「不即」即成別教，「即」方是圓教。

荊溪《維摩經略疏》卷八釋「五住本」中有「說自住是別教意，依他住即圓教意」之語，而未加解釋。但於其《維摩經玄疏記》中釋之云：

> 說自住即別教意者，是煩惱與法性體別，則是煩惱法性自住，俱名為自。亦可云：離煩惱外，別有法性，法性為他。亦可：法性為自，離法性外，別有煩惱，煩惱為他。故二自他並非圓義。以其惑性，定能為障。破障方乃定能顯理。依他即圓者，更互相依，以體同故，依而復即。故別圓教俱云自他，由體同異，而判二教。今從各說，別自圓他。

案：《維摩經玄疏記》原六卷，今只殘存三卷，收於《續藏經》。上錄文亦見孤山智圓《維摩經略疏垂裕記》。《垂裕記》是解釋荊溪《維摩經略疏》者。《略疏》是略解智者《維摩經玄疏》者。《略疏》與《垂裕記》俱載《大藏經》，而《玄疏》則收於《續藏經》。

上錄《玄疏記》文，「說自住是別教意，依他住是圓教意」。「自住」者，法性外有煩惱，煩惱外有法性，法性與煩惱「體別」，即各有自體而有差別，意即是兩回事之意。即依此「體別」而說「自住」也。即，各持住其自己之意。雖亦可以隨緣而互依

他，然而是體別而有自住性的依他，故為別教，非圓教也。「依他即圓者，更互相依，以體同故，依而復即。」「體同」者法性煩惱同一事體也。法性即煩惱，即在煩惱處見法性，並非煩惱外別有法性也。煩惱即法性，即在法性處說煩惱，並非法性外別有煩惱也。是即體同之依，依而復即也。而別教則雖依而不即，以體異故也。故在別教以自住為主。圓教雖亦可於法性煩惱說「自」，然是「體同」的自，故以「依他」為主。因此，荊溪云：「故別圓教俱云自他，由體同異，而判二教。今從各說，別自圓他。」

知禮《十不二門指要鈔》解「因果不二門」中亦引此《玄疏記》之文而釋之云：

今釋曰：性體具九，起修九用。用還依本，名同體依，此依方即。若不爾者，非今依義。故《妙樂》云：「別教無性德，故自他俱須斷九」。〔案：此云自他是指自行化他而言。此所引語見荊溪《法華文句記》卷第一下。又案：《妙樂》即指荊溪《法華文句記》而說。荊溪住常州妙樂寺，講智者大師《法華玄義》及《法華文句》，人稱妙樂大師。《法華文句記》亦可能在此時作，故後來知禮即以《妙樂》稱此記，表書名，非表人名。如表人名，則云「妙樂云」便太泛，不知何所出。〕是知「但理」隨緣作九，全無明功。既非無作，定能為障。故破此九，方能顯理。若全性起修，乃事即理。豈定為障而定可破？若執「但理隨緣作九」為圓義者，何故《妙樂》中「真如在迷能生九界」判為別耶？〔案：此亦《法華文句記》卷第一下之語見上錄。〕故真妄

合，「即」義未成，猶名自住。彼《疏》〔即荊溪《維摩經
略疏》〕次文〔即「說自住是別教意，依他住是圓教意」以
下之文〕，料簡開合，別教亦云「依法性住」。故須究理，
不可迷名。此宗，若非荊溪精簡，圓義永沈也。

然則法性與煩惱即不即，關係甚大。而即不即之關鍵由於體同體異
之別，而體同體異之別由於性具與性起有別。性具，則體同而即。
性起，則體異而不即。即則為圓教，不即則為別教。華嚴宗言性
起，不言性具，故天臺家以別教視之，且視之為「緣理斷九」也。
知禮《金光明經玄義拾遺記》卷第二有冰水喩云：「若謂結佛界水
為九界冰（隨緣作九），融九界冰歸佛界水（破九顯理），此猶屬
別。若知十界互具如水，情執十界局限如冰，融情執冰，成互具
水，斯為圓理。」此言甚美。不是單指佛界為水，九界為冰，乃是
十界互具為水，情執十界，局限不通，為冰。若情執而不互具，則
雖佛界亦冰也。故成佛必即九界，具九界，而成佛，不是破滅九界
而成佛也。故天臺宗是以具不具，即不即，而判圓別，因而即依
「不具」、「不即」，而視華嚴宗為「緣理斷九」也。

10. 分解的路與詭譎的路

華嚴宗是順唯識宗分解之路前進。阿賴耶緣起是經驗的分解，
如來藏緣起是超越的分解。層層昇進，至真常心而後止，故必偏指
清淨真如心為法性也。因此而有賢首「隨緣不變」之說。是則其言
性起，不言性具，乃是其教義入路限之也。知禮〈天臺教與起信論

融會章〉一文中有問答云：「客曰：且如賢首學通性相，位繼四依，因何釋義全下天臺？余曰：菩薩弘教，各逗機宜。蓋是一類之機，宜聞一途之說。所以作此申通。未必四依有不了也。」其所謂「各逗機宜」，即是弘教入路不同也。順分解之路前進，必進至華嚴宗之形態而後止，此無可逃也，蓋有義理之必然。故其一乘圓教亦只能順「性起」而說也。天臺宗自始即不走分解的路，即不順唯識學之系統而立教，乃是順般若學而前進，進至於「從無住本立一切法」（詳見《智的直覺與中國哲學》〈天臺章〉），故消融一切教義，最後由「一念無明法性心」而言「一念三千」也。此「一念無明法性心」是刹那心、煩惱心，不是分解地偏指清淨眞如心而言也。此是詭譎地就當體之即具而言。故必依十界互具而言「性具」也。迷則是念具，無明具，法性即無明也。悟則是智具，智如不二之法性具，無明即法性也。「性具」之性有虛實兩義。虛說是本質義、原則義，即無論是念具或智具，皆本質上或原則上即具三千法也。實說，即指法性說。不過此法性有在迷與悟時之不同。念具即是迷中之法性具，智具即是悟時之法性具。法性不只是空如之理，而是法性心。悟時爲智如不二，迷時爲念如不二。而三千不改也。迷則三千皆染，悟則三千皆淨。故三千皆本具之「性德」也，不是後起而有的。華嚴宗偏指眞心爲準，故必於隨緣方能說明一切法也。而於還滅顯眞心，則必破九而後顯。這即有前起之生與後返之滅之兩來往，故不圓也。

　　眞心既須破九而顯，然則又何以依《華嚴經》之十身佛而得謂佛心攝具一切法而成爲大緣起陀羅尼耶？此則須依其教義入路而諦認。

　　蓋依《起信論》空如來藏，不空如來藏，所謂不空如來藏即具
無量無漏功德法也。然此所謂「具無量無漏功德法」不是「性具」
的具，而是「性起」的具。而所謂性起的具又是在隨緣起染淨法
後，在還滅中，把那有漏的染淨法統轉成無漏功德，是這樣把一切
法帶進來的，把一切有差別相的法轉成無差別相的功德而帶進來。
並非此如來藏自性清淨心自身還有另一套功德法也。是則具無量無
漏功德法者，一方可說實是具無量無漏豐富的意義而無一法可得，
一方又可說此無量無漏豐富的意義又皆以隨緣起現的法為背景，因
而亦可說攝具了一切法，此即賢首所常說的果門不可說，而因門可
說，而因門之可說即是「寄法顯示」也。所寄之法即是原初隨緣起
現之法，即假託這些法，通過還滅工夫為因，而得佛果：佛果不可
思議，故不可說；而因門有法可寄，工夫歷然，法門歷然，故可說
示也。是則在佛果中，一方可說無一法可得，一方又可說因「寄法
顯示」而有無量法可得，此無量法是還滅後的清淨法、自在法，而
不是隨緣中的情執法。因此，具無量無漏功德法，其直接的意義是
具無量無漏豐富的意義，是「意義」而不是法；只因寄法顯示，始
把法帶進來，是通過「意義」而被帶進來，因而亦可說攝具了一切
法。此一切法，其底子仍是隨緣起現的，並不是真性本具的。是則
真性與一切法之間仍有間隔，不是即而無間的。既通過「意義」而
被帶進來，則即說為「稱性功德」，或法身之「實德」。此實德是
通過把法「外在地帶進來」而說的，不是由「法性真心內在地本
具」而說的。此義見於《起信論》：

　　　　問曰：上說真如，其體平等，離一切相，云何復說體有如是

種種功德？

答曰：雖實有此諸功德義，而無差別之相，等同一味，唯一
真如。此義云何？以無分別，離分別相，是故無二。復以何
義得說差別？以依業識生滅相示。此云何示？以一切法本來
唯心，實無於念；而有妄心，不覺起念，見諸境界，故說無
明；心性不起，即是大智慧光明義故。若心起見，則有不見
之相；心性離見，即是徧照法界義故。若心有動，非真識
知，無有自性，非常非樂，非我非淨，熱惱衰變，則不自
在，乃至具有過恆沙等妄染之義。對此義故，心性無動，則
有過恆沙等諸淨功德相義示現。若心有起，更見前法可念
者，則有所少。如是淨法無量功德，即是一心，更無所念，
是故滿足，名為法身如來之藏。

是則由明與無明對翻，起見不起見對翻，有動無動對翻，而顯示種
種功德義也。此即「寄法顯示」也。

　這樣的「寄法顯示」，始把一切法帶到佛身上來。既帶進來，
始可就佛法身上說大緣起陀羅尼法，即所謂「法界緣起」。此緣起
亦是「寄法顯示」說，實則在佛身上，亦無所謂「緣起」：緣而非
緣，緣無緣相，起而不起，起無起相。在「隨緣不變，不變隨緣」
上，始可說「緣起」：在此所以說「緣起」，以妄心起念故；念憑
依真心而起現一切法，此實不是性起，而是念憑依真性而起，乃是
念起也；念起始可說緣起。賢首於此又分別「緣起」與「性起」：
在隨緣處是緣起，在法身處是性起。是則同一性起，有是間接地
說，有是直接地說：前者是緣起即念起的性起，因憑依真性，故間

接地說性起也；後者是法身之實德，是不起而起起而不起的性起，此是直接地說性起，故法身攝具一切法也，但卻是因「外在地帶進來而爲功德」而攝具也。

但吾人已明「隨緣不變，不變隨緣」是實然層上的事，因此，原則上可有隨緣不到處，儘管已有之實然，如十法界，皆可以眞心隨緣來解釋。因此，在「寄法顯示」上，佛身之功德當有不盡處，即當有所缺。然佛身無限，不能有缺。因此，若非性具，則當有所缺時，而又於化衆生上必不可少，如是，則從法身所說的直接的性起乃是神通變現的性起，即本來無有而作意以起現耳。智者大師於《觀音玄義》卷上講到「性德惡」時有云：

> 若依他人明闡提斷善盡，爲阿黎耶識所熏，更能起善。黎耶即是無記無明，善惡依持，爲一切種子。闡提不斷無記無明，故還生善。佛斷無記無明盡，無所可熏，故惡〔穢惡之法〕不復還生。若欲以惡化物，但作神通變現度衆生爾。若佛地斷惡盡，作神通以化物者，此作意方能起惡。如人畫諸色像，非是任運。如明鏡不動，色像自形，可是不可思議理能應惡。若作意者，與外道何異？今明闡提不斷性德之善，遇緣善發。佛亦不斷性惡〔性德中的穢惡之法〕，機緣所激，慈力所熏，入阿鼻，同一切惡事化衆生。以有性惡故，名不斷。無復修惡，名不常。若修性俱盡，則是斷，不得爲不斷不常。闡提亦爾，性善不斷，還生善根。如來性惡不斷，還能起惡〔任運起現穢惡之法〕。雖起於惡，而是解心無染；通達惡際即是實際；能以五逆相而得解脫，亦不縛不

脫；行於非道，通達佛道。

案：此雖對主「黎耶依持」者而言，實則對主「眞如依持」（即如來藏緣起）者亦可適用。因眞心本不具性德惡，故到用時，只好「作神通以化物」，此即「緣理斷九」，非圓教也。

故圓不圓根本是即不即底問題，亦即性具性起底問題。即則爲圓，不即爲別；性具爲圓，性起爲別。賢首在「寄法顯示」中，立十義以明佛法身攝一切法。如云：「一、敎義，即攝三乘、一乘，乃至五乘等，一切敎義，餘下準之。二、理事，即攝一切理事。三、解行，即攝一切解行。四、因果，即攝一切因果。五、人法，即攝一切人法。六、分齊境位，即攝一切分齊境位。七、師弟法智，即攝一切師弟法智。八、主伴依正，即攝一切主伴依正。九、隨其根欲示現，即攝一切隨其根欲示現。十、逆順體用自在等，即攝一切逆順體用自在等。」（《華嚴一乘敎義分齊章》講「十玄緣起無礙法門」處）毘盧遮那佛法身所攝的這十義底一切法皆是在還滅中通過豐富的意義而透映進來的，並不是十界互具，即於九界而成佛也。這些法旣映進來而爲佛法身之功德，當然是圓融自在而無礙；寄法顯示，說爲十玄緣起，當然亦可說。這只是涅槃法身底分析展布。於此說圓，無人能持異議，因爲這是共法。圓不圓不在此論。又所謂國土海、世界海（見上9節引），皆是「法身無限」一語之分析的鋪排，於此言圓敎亦無意義。又，賢首喜就主伴足不足，以及是否言十十：十佛、十通、十明、十解脫、十無畏、十眼、十世、十諦、十辯、十不共法，以判圓不圓，這樣的十十鋪排以爲圓，亦無意義。同敎一乘圓敎（指天臺說）未言十十，主伴不

具足，因此不算圓。別教一乘圓教言十十，主伴具足，故是眞圓。
這種分判實非圓教之所以爲圓教處。如言佛身，言一身可，言三身
亦可，言無量身亦可，豈必言十身耶？不言十身者豈必不可言耶？
故知以這樣的鋪排爲圓教，實無意趣。因爲這只是「法身無限」一
語之分析，圓不圓不以此定也。是故知禮於《十不二門指要鈔》精
簡「一念」中有云：

> 今既約「即」論斷，故無可滅。約「即」論悟，故無可翻。
> 煩惱生死乃九界法。既十界互具方名圓，佛豈壞九轉九耶？
> 如是方名達於非道，魔界即佛。故圓家斷證迷悟，但約染淨
> 論之，不約善惡淨穢說也〔案：染淨是主觀工夫上的事。迷
> 則爲染，爲執，爲病；斷、證、悟爲淨，爲無執，爲去病。
> 去病不去法。善惡淨穢法門是客觀本有上的事〕。諸宗既不
> 明性具十界，則無圓斷圓悟之義。故但得「即」名，而無
> 「即」義也。此乃一家教觀大途。能知此已，或取或捨，自
> 在用之。

此是圓教所以爲圓教之諦義也。華嚴宗依分解之路前進，故特於佛
法身處分析地鋪排成一個「別教一乘圓教」，實仍只是別教也。圓
教必須依「生死即涅槃，煩惱即菩提」，就「即」字而詭譎地展示
之。凡分解地展示者皆不能「即」，亦即皆不能圓。此即教義入路
限之也。圓別之分根本是兩個抒義模式底差別。

　　既知此已，則以上所冗長討論的別圓，只是圓不圓底問題，並
非說別教義理有差謬。凡判教，藏通別圓，皆佛所說，即皆無謬。

華嚴宗再進而至於「即」，以詭譎的方式出之，便是天臺。圓教只有一而無二。否則即不能是圓。

又，須知，無論圓不圓，法身上的一切法皆是緣起法底實相：實相一相，所謂無相，亦即如相。此即緣起法之「在其自己」。此仍是從智上穩住法之「在其自己」，此即是「本體界的存有論」。以上就佛家言，以天臺宗爲準。因以天臺宗爲準，遂簡別而及華嚴宗，不覺辭費。以下再就道家與儒家言之。

11. 道家的「無執的存有論」

道家並未首先以緣生觀萬物。病都在主觀方面的造作，造作即不自然。造作底根源在心，故一切工夫都在心上作。這工夫即是「致虛守靜」底工夫。故老子曰：「致虛極，守靜篤。萬物並作，吾以觀復。夫物芸芸，各復歸其根。歸根曰靜，是謂復命。復命曰常。知常曰明；不知常，妄作，凶。知常容，容乃公，公乃王，王乃天，天乃道，道乃久，沒身不殆。」此一章是道家智慧方向底全部綱維。「致虛」要致之至於其極，「守靜」要守得篤實。由虛之極而言「無」，由靜之篤而言「復」。虛無與有相對，靜復與動相對。「有」有是在其自己之有，有是造作而不能止的有。「動」有是浮動妄動之動，有是任運而動動無動相之動。自己的生命先虛靜下來，然後可以歸根復命。自己先通過虛靜而歸根復命，然後可於萬物之興起動作而觀其歸根復命。此不單是觀，而亦函一復一切復也。歸根者歸其原初之靜止狀態也，故曰「歸根曰靜」。歸根之靜即是「復命」。復命者復其原初靜止狀態時之「性命之常」也，故

曰「復命曰常」。「性命之常」即是其生命或存在之自然而無造作
浮動之狀態。一切存在是以無思、無慮、無爲之自然韵律爲常度。
「知常曰明」。明即智慧,是則由虛靜而生者。不知常而妄作,則
凶。「不知常」,則無明也。「妄作」,則浮動而失其常度也。
「知常容」,王弼注云:「無所不包通也。」「容乃公」,王注
云:「無所不包通,則乃至於蕩然公平也。」「公乃王」,王注
云:「蕩然公平,則乃至於無所不周普也。」「王」字,依王注,
不是皇王之王,似當與「往」通,此有類於「強爲之名曰大,大曰
逝,逝曰遠,遠曰反」中之「逝」字。「逝」字,王注云:「逝行
也,不守一大體而已。周行無所不至,故曰逝也。」而此處以「無
所不周普」釋「王」,故知王即往,與「逝」義同,實即同於普
也。「王乃天」,王注云:「無所不周普,則乃至於同乎天也。」
「天乃道」,王注云:「與天合德,體道大通,則乃至於極虛無
也。」是乃以「極虛無」訓道,道即虛、無、自然也。「無」者無
造作也,是遮顯。「自然」者循常度也,是表詮。「道乃久,沒身
不殆」,是即生命因道而得其永恆無限之意義。「沒身不殆」,可
以解爲終身無危殆,亦可以解爲身雖沒而不竭盡。此亦如張橫渠所
謂「知死之不亡者,可與言性矣」。橫渠此語雖就儒家義理言,然
而道家之境界亦通於此也。王弼注此語云:「無之爲物,水火不能
害,金石不能殘。用之於心,則虎兕無所投其齒角,兵戈無所容其
鋒刃,何危殆之有乎?」此雖解爲終身無危殆,然亦是玄義之無危
殆也,亦即永恆無限圓融自在之理境。

在虛靜中,觀復以歸根、復命、知常,即是明照萬物之各在其
自己也。「萬物並作」是有。順其「並作」而牽引下去便是膠着之

現象，此為現象的有。「觀復」即是不牽引下去，因而無執無着，故能明照萬物之各在其自己也。此為在其自己之有。明照亦就是「玄覽」，後來所謂冥契。牽引下去，則有定相可執。玄覽、冥契，則無定相可執。此亦是實相一相，所謂無相，即是如相。此如相是因着「虛無」之靜（即莊子所謂止）所生的明而朗現，亦即因著「無」而穩住此如相之有也。此亦是無執的，亦即本體界的存有論。「存有」是就物之在其自己說。本體界中之「本體」，若實指而言之，便是以「無」為本體。「無」當然亦是一種「有」，此是無限的有。此無限的有以「無限的妙用」來規定，是因著虛無了那一切浮動妄動之造作與膠著而遮顯出來的。因此，無限的有，無限的妙用，就是無。即以此無來維繫（所謂穩住）那在其自己之有。此有無兩者通而為一，便曰無執的存有論。此物之在其自己，若客觀地就其為物說，它當然是有限物。然既是由玄覽而冥契，則它即無任何相，因此，亦不可說有限，亦不可說無限，甚至物亦無物相，當然更不能有對象相。它只是與明或無協和為一而一起朗現。此亦可說是「心寂三昧，色寂三昧」也。明或無，若分別地說，是明或無；若無分別地說，就是這「物之在其自己」之如也，並不是離開了那「物之在其自己」而獨自有個明或無而自持其自己也。此即是「和光同塵」，而一委光於塵也。當然亦可反過來說，和塵同光，而一委塵於光也。此即是光塵不二。在此光塵不二下，吾人穩住了塵之如相，此即是無執的存有論。故王弼注「道法自然」云：「法自然者，在方而法方，在圓而法圓，於自然無所違也。」此即將「自然」委於方圓上說，方圓是在其自己之方圓。即是將虛、無與知常之明處的「自然」一委於在其自己之方圓（即歸根復命之方

圓）上而見。當然，亦可反過來說，在其自己之方圓一委於虛、無
與知常之明。後來莊子所謂逍遙無待，所謂平齊萬物，所謂心齋坐
忘，所謂「无聽之以心，而聽之以氣」等等，皆是如此。

　　道家並未以緣生觀萬物，它直把萬物當作一個體物看。但是未
以緣生觀，這並不表示它反對緣生，因爲無人能反對；甚至它亦可
以隱含有此義，不在說不說也。「萬物並作」，順「並作」而牽引
下去，這便是緣生。「天下萬物生於有」，在有底層次上生長成
熟，即是緣生。「有生於無」，這不是緣生，因爲「無」不可視作
緣。故此語中的「生」字亦當別解。無以成有，此「生」字是成就
義、實現義；而「無」所成就的有是有之在其自己。這個關係是
「天得一以淸，地得一以寧，神得一以靈，谷得一以盈，萬物得一
以生」諸語中的關係。「萬物得一以生」，生是萬物在有之層次上
生長其自己，這個生長是緣生。順緣生而執著其有定相，便是現
象，亦即是執的存有論。順緣生而不執，而把它繫屬於「一」（所
謂無與明），那便是緣生的物之在其自己，當體即回復其爲一個體
的自在物，即郭象所謂「獨化」（莊子說「朝徹而後見獨」之
獨）。獨化無化相，因而緣無緣相，生無生相。此亦即是無生無
滅，無常無斷，無一無異，無來無去也。空是空的這些定相，並不
是沒有物。不過順兩家的名言，似乎也有點不同。佛家是把物直散
開作緣生觀：緣生無相，因而無性，即是空；作如是觀，即是緣生
之如相、實相。好像無所謂物。然而那散開的緣生即是物：緣生之
如相即是物之如相。道家好像直就個體物說。個體物繫於明或虛靜
之無，便是個體物之如相；而其生長成熟之緣生亦頓時即冥寂而爲
獨化；獨化則緣生非緣生，只是一自在的個體物之自爾也。道家重

個體物之整一，佛家重散開之緣生。佛家就緣生而當體空寂之，即是緣生物（帶上這個物）之在其自己（如相）。道家就個體物之整一而當體冥契之，緣生轉而為獨化，不見有緣生，因而根本無定相可得，此亦即是個體物之在其自己（如相）。兩者無有異也，勿以名言之異而異於實際理地也。或者說，就緣生而空寂之，可根本無「物」可得，而就個體物而冥契之，可令人執著有「物」可得。然既冥契而為獨化，則亦物而無物也。而佛家亦非無幻化人也。幻化人而如之，豈非仍是一空如之個體物乎？此即是去病不去法也。法而以個體物說之，亦無礙。不得因名言而生執諍也。

　　道家雖未以緣生觀萬物，然主觀之病則必在所隱含之緣生上而起現。前言順「並作」而牽引下去便是緣生。就這樣的緣生而加以執著造作，便是「妄作凶」，亦即是主觀方面之大病。老子云：「為者敗之，執者失之」。老子本已有「為，執」之觀念，並非附會妄加也。「無」者，先作動詞看，就是無的這種為與執。故云：「道常無為而無不為。侯王若能守之，萬物將自化。化而欲作，吾將鎮之以無名之樸。無名之樸，夫亦將無欲。無欲以靜，天下將自定」。「無為」即是無那執著造作之為。「無不為」即是以「無為」之無成就一切也。此與「天得一以清，地得一以寧」云云同也。就治天下言，侯王若能守此道，而不去干擾萬物，則「萬物將自化」，即，它們自己將自能生長變化，無須人來助長之也。此即是「道生之，德畜之」，即無特為生之生也，無特為畜之畜也。此義，若擴大稱極而談，不只限於政治，則所謂「將自化」即是繫於道之「獨化」，而化無化相，亦即各在其自己之「自爾」也。只當就此自化而起欲念時（化而欲作），萬物始各有其主觀方面之大

病，此如煩惱不安是。在此，「吾將鎭之以無名之樸」，而令其各「歸根復命」也。故曰：「化而欲作，吾將鎭之以無名之樸。無名之樸，夫亦將無欲。無欲以靜，天下將自定。」此即通過「無名之樸」（無欲）而復歸返其「獨化自爾」也。故曰「爲學日益，爲道日損。損之又損，以至於無爲，無爲而無不爲。」「損」即是「致虛極」也。此是「爲道」之方向，於此而有「無執的存有論」，此繫於無、明、至人、眞人，乃至天人等等而言也。「爲學日益」則又是另一方向，此即順緣生而執著之經驗知識，亦即「化而欲作」而不知歸返以後之事也。於此，吾人有「執的存有論」，有全部現象界，有種種定相，此則繫於有、無明、成心（莊子）、情識、知性、感性，等等而言也。老子於此方面，詞語簡略，然「爲學日益」這一語即函這一切。至莊子而有「成心」之語；由成心而有是非，有競辯，有各種相對的執著。莊子在主觀之病方面說的甚多，故執與無執之對翻而上達之情亦益見眞切。「且若亦知夫德之所蕩，而知之所出乎哉？德蕩乎名，知出乎爭。名也者相札也，知也者爭之器也。二者凶器，非所以盡行也。」（《莊子·人間世》）名與知都在「爲學日益」底層次上。道家、佛家都在此急想向上翻，故莊子說名與知是「凶器」，而佛家則說爲「徧計執」，煩惱之源也。然而未能眞正極成俗諦（經驗知識）。吾人於此以康德《純粹理性批判》分解部之理論補充之。反而即以成心或識心之執攝此分解部。此種融攝與補充是必然的，勿以皮相之見而謂其不相干也。

12.　儒家的「無執的存有論」

　　言及儒家的「無執的存有論」，則當集中於陽明所言之「知體明覺」而言之。本書開始由道德的進路展露本體，本即是依陽明而言的。

　　儒家立教本就是一個道德意識，無有如此明確而顯豁者。儒家不像佛家那樣從生滅流轉向上翻，亦不像道家那樣從「執、為」向上翻，而是直接由道德意識（慎獨）呈露形而上的實體（本體）的。道德進路是不能由「把眼前不道德的活動加以否定即可顯出道德」這一種程序而形成的。眼前不道德的活動，我們所以能判斷它是不道德的，也是依一內在的標準而始可如此判斷。而此內在的標準並不能由眼前不道德的活動之否定而直接被顯示。徒否定人家，自己未見得是道德。因此，我們必須捨此否定之遮詮，直接由我們的道德意識呈露那內在的道德實體。這是四無傍依而直接靚體挺立的，不是來回旋轉，馳騁妙談，以求解脫或滅度的。在這樣面對所呈露的實體而挺立自己中，這所呈露的實體直接是道德的，同時亦即是形上學的。因此，此實體所貫徹的萬事萬物（行為物與存在物）都直接能保住其道德價值的意義。在此，萬事萬物都是「在其自己」之萬事萬物。此「在其自己」是具有一顯著的道德價值意義的。此如康德說視任何物，不但是人，其自身即為一目的，而不是一工具。視之為一目的，它就是「在其自己」之物。此「在其自己」顯然有一豐富的道德意義。康德說吾人的實踐理性（即自由）可以契接這個「在其自己」，顯然這個「在其自己」是有道德價值

意味的,而不只是認識論上的有條件與無條件底直接對翻。這個有道德價值意味的「在其自己」不是由條件底否定(如時空與範疇之泯寂)所可直接分析出的。時空與範疇當然不能應用於其上,即是說,它當然不能以識而被知。然而當吾人泯除了時空與範疇,即是說,泯除了識之執知,並不能直接達至這有道德意味的「在其自己」。這必須由泯除識之執知這一種遮顯,再進至道德實體之挺立這一種表詮,始能顯出道德意味的在其自己。依康德,這是「在其自己」之本義。而儒家正好能維持住這個本義,這是釋、道兩家所不能至的。不但能維持住這個本義,而且能朗現之,不像康德那樣視「自由」為設準,只由這設準意義的自由來虛籠地接近之。

直接由道德意識所呈露的道德實體有種種名。依孔子所言的仁,可曰仁體。依孟子所言的心,可曰心體,而此本心即性,因而亦可曰性體。依《中庸》所言的誠,可曰誠體。依其與自客觀方面言的天道合一而為一形而上的實體而言,亦可曰道體、神體、寂感真幾、於穆不已之體。依陽明,則曰知體明覺。依劉蕺山,則曰獨體,涉指心體(意體)與性體兩者而言者。雖有種種名,而今特願就陽明所言之知體明覺而言之。何以故?因良知特顯內在的道德決斷故,與具體的道德生活能密切地相連接故。

良知在具體道德生活中的裁決知是知非,它能給吾人的現實生活決定一方向。有是有非(有善有惡)者是吾人意念底活動,而良知是判斷之之標準。良知本身自有準則,而其本身亦是絕對的善、絕對的是。絕對的善無惡與之相對,絕對的是無非與之相對。因此,它本身只是一個天理底如如呈現,在其明覺中的如如呈現,不,其全部明覺就是一天理,其為天理(準則)就是其明覺之自

身。這樣的一個良知（知體明覺），對意念之動而言，自是超越的。意念之動所以有善有惡，有是有非，是因為吾人有感性故，此王陽明所謂隨軀殼起念也。因此，意念之動顯然是落在感性的經驗層上的。意念在感性的經驗層上的活動，因涉及外物，必有其內容。此內容即是陽明所謂「意之所在或所用為物」也。如意在於事親，事親便是一物。此物是意念底內容，因此，我們名之曰「行為物」，亦即所謂「事」也。就「意之所在」說物，那物就是事。此意念是道德生活中的意念，不是純認知中的意指、指向，指向於一個純然的對象。道德生活中的意念很少純然地指向一個外物的。它是因著涉及外物而想到吾人可作或應作什麼事。這是對物所起的一種反應態度，或如何處之之態度，但不是認知的反應態度，亦不是認知地處之之態度。此後者是指向於「物」本身的，此大體是朱子所謂「格物」。指向於物本身而認知地處理之，即是朱子所謂「即物而窮其理」。不管這所窮之理是科學的，抑是形上的，皆是認知地指向於物本身而言之的。但是陽明所說的物是吾人意念之內容，不是指向於物本身而窮其理，乃是反重在吾人之行事，因著涉及物而引起的吾人之行為方面的態度，因此，它是事，不是物，若說物，它就是「行為物」。它既是行為物，則吾人所直接而本質地關心的乃是它的道德上的對或不對，以及如何使之而為對，如若不對，又如何能轉化之而使之為對。這樣，乃直接由認知意義的格物回轉到行為底實踐上，而求如何使此行為合理或正當。使之為合理或正當即是求有以正之，或正其不正以歸於正也。因此，陽明必訓「格」為正，此則便無認知的意義。正之之標準與能力不在外物，亦不在此行為物之本身，乃在那超越的「知體明覺」。因此，只要

把吾人的知體明覺呈露出來，便能使此行為物為正，即意念之發動無不正當。此即所謂致知以正物。倘或意念發動有不正，良知明覺亦能照察之。照察而化之，此後不再犯，這便是正其不正以歸於正，此亦是致知以正物也。致知以正物，則意念之發動亦無不善矣。此即為「誠意」，即，意皆真實無妄，而無自欺處也。良知自有此力量來誠意，來正物。在此，正物即函是「成物」，即成就或實現一正當之行為物。良知是實現一正當之行為物之最根源的動力，亦即道德實踐之最根源的動力。致知正物不間斷，便是德行之「純亦不已」。故吾常說良知是「道德創造」（德行之純亦不已）之最高的原則也。

當致知以誠意正物即成物時，則有善有惡之意即轉為純善之意而純從明覺而發，亦即還歸於明覺而與明覺為一，而成為「無意之意」；而行為物之為事（德行）亦繫於明覺而為事之在其自己，亦即如如之事之自在相，並非是明覺之對象，而只是明覺之直接引生，直承明覺而來之自在物，此即是「無物之物」。王龍溪云：「無意之意則應圓，無物之物則用神。」所謂「無意之意」即意無意相也。「無物之物」即物無物相也。主要是無對象相，而只是自在相，亦即是如相，而無任何相也。因為它繫屬於明覺，而非繫屬於識心（知性）故。「無意之意則應圓」，即無意相之意其應物也，並不像初為意念時那樣膠著於物，歧為異情之兩在（有善有惡即異情之兩在，劉蕺山云：「念兩在而異情」），而是純善無定在而圓應無方也。此時意之應物即是明覺之應物，故陽明亦從明覺之感應說物也。此時，物繫於明覺，即是「無物之物則用神」也。明覺應物，應無應相。就行為物言，並非一有外在的既成的行為物為

其所應，而只是知體明覺之具體地不容已地流行，即在此流行中，知體明覺與行爲物一體呈現也。「意之所在爲物」，此物既是行爲物，本由意念之所引發，於此似亦可言意念之創造性（意念不創造物，但可創造事，對事負責）。只因此意念本身之活動有膠著性，因而兩在而異情，而且把其所意在的物（行爲物）刺出去而爲其對象，因此，此物遂成爲外在的有物相之物矣。及其繫於明覺之感應，則即不成爲外在的有物相之物，故云：只在知體明覺之具體地不容已地流行中，知體明覺與行爲物一體呈現也。

　　當意爲「無意之意」，物爲「無物之物」時，則知體明覺即無善惡可知。此時，知體明覺即爲無知之知，無覺之覺。「無知之知」即是知無知相；無覺之覺即是覺無覺相。只是一明體之不容已地寂寂朗朗而流行也。故王龍溪云：「無知之知則體寂。」當意念動時即覺之，覺之即化之（王龍溪稱顏子不貳過爲「纔動即覺，纔覺即化」），此時，即有覺相。有覺相即有知相也。有知相，即隨意念之動而浮現一動相，故其體不寂也。然此不寂只是爲意念之動所帶起，並非其自身尙有浮動也。其自體還仍是寂靜如如的。當意爲無意之意，無意念之動帶起其覺相、動相時，它即歸於其本身之寂矣。其本身之寂靜如如，即是周濂溪所謂「動而無動，靜而無靜，神也」，亦是莊子所謂「其一也一，其不一也一」也。

　　以上是就致知以誠意與正物而言，物是意之所在之行爲物。在此步工夫中，吾人彰知體明覺之道德的意義。現在，再就明覺之感應說「物」以彰知體明覺之存有論的意義。王陽明云：「理一而已。以其理之凝聚而言，則謂之性。以其凝聚之主宰而言，則謂之心。以其主宰之發動而言，則謂之意。以其發動之明覺而言，則謂

之知。以其明覺之感應而言，則謂之物。」（《傳習錄》卷二，
〈答羅整菴少宰書〉）。在此，陽明即從「明覺之感應」處說物。
就字義而言，「感應」本身並不是物，這只是知體明覺之具體的活
動。「以其明覺之感應而言，則謂之物」，實即於明覺之感應中，
就其所感應者或感應處而言，則謂之物。感應是能所合一的，故如
此渾淪說之。無知之知的知體明覺並不是空懸的，它乃是寂寂朗朗
具體地不容已地在流行。說流行，更渾淪，故實之以感應。說感應
仍渾淪，故分疏之以能所，即就其所感應處而言物也。此「所」無
對象義，故分疏之以能所是方便之權言；因此，仍須合之，而言一
體呈現也。在渾淪的感應中，明覺與物不分而分，分而不分，一體
朗現也。此亦如智者所云：「如如之境即如如之智，智即是境。說
智及智處，皆名為般若。亦例云：說處及處智，皆名為所諦。是非
境之境而言為境，非智之智而言為智。亦名心寂三昧，亦名色寂三
昧」（《四念處》卷四）。在此渾淪的感應中說物，此彰知體明覺
之存在論的意義。

　　意之所在為物，此物是事（行為物）。此一件行為之事（例如
事親或讀書）是就物（例如親或書）而引起的。此時吾人只注意事
而不注意物，物只是被涉及，非重點之所在。事親之事，即，這一
件行為，如何才算正當？如何是不正當？孝為正當，不孝為不正
當。如何實現這孝行？此乃是良知之力量。在此，吾人所注意的是
「事親」，而不是「親」這個存在物。親之為存在物是在事親中被
帶進來的。當然我們亦可注意這個存在物。這注意是在「如何實現
事親這一孝行」之問題中注意。這一注意是認知的注意，即我們需
要了解親本身身心之狀況。如是，這顯然顯出良知是實現孝行底

「形式因」與「動力因」，只此還不夠，還需有一「材質因」，即
經驗的知識。在事親之行為中，我們注意親之為存在物是認知地注
意之，這樣注意之，以為實現事親這一孝行提供一經驗的條件，
即，提供一材質因，而此是副屬的。在此副屬層上，我們有一現象
界，有一認知的活動，有一執的存有論。而就事親這一層說，當事
親這一孝行實現而繫屬於知體明覺，在知體明覺中一體而化時，我
們即有一無執的存有論。此時，我的事親之行與親之為存在物俱是
「在其自己」者。因此，我們有一本體界全部朗現，而認知活動亦
轉為明覺之朗照，即所謂智的直覺是。至此，我們不再說意之所在
為物，而只說明覺之感應處為物。

　　在渾淪的感應中，就感應處說物，我們此時是事物雙彰。感應
於親，而有事親之行；感應於兄、民、書、君、訟，等等，而有從
兄、治民、讀書、事君、聽訟，等等之事。親、兄、民、書、君、
訟等，則所謂物也。事親、從兄、治民、讀書等，則所謂事也。
（視親、兄、民、君等為物，好像有點不敬，但此只就其為一獨立
的存在，所謂存在物或個體物，而言。訟本亦是事。但就聽訟而
言，則訟即指兩造之對質，可視作一物，即客觀的兩造身上的事。
從我而言，聽訟是事，訟是物。從他而言，訟是事，各對方是物。
因此，事有是主觀地說者，有是客觀地說者。今只就主觀面言
事。）事是感應於物而有以對之或處之之態度或方式。這些態度或
方式便就是我的行為。眞誠惻怛之良知，良知之天理，不能只限於
事，而不可通於物。心外無事，心外亦無物。一切蓋皆在吾良知明
覺之感應的貫徹與涵潤中。事在良知之感應的貫徹中而為合天理之
事，一是皆為吾之德行之純亦不已。而物亦在良知之感應的涵潤中

而如如地成其爲物，一是皆得其位育而無失所之差。此即所謂事物雙彰也。

　　此義更可就陽明之〈大學問〉而言之。〈大學問〉中有云：「大人者以天地萬物爲一體者也。〔……〕大人之能以天地萬物爲一體也，非意之也，其心之仁本若是其與天地萬物而爲一也。豈惟大人，雖小人之心亦莫不然，彼顧自小之耳。是故見孺子入井而必有怵惕惻隱之心焉，是其仁之與孺子而爲一體也。孺子猶同類者也。見鳥獸之哀鳴鷇觫而必有不忍之心焉，是其仁之與鳥獸而爲一體也。鳥獸猶有知覺者也。見草木之摧折而必有憫恤之心焉，是其仁之與草木而爲一體也。草木猶有生意者也。見瓦石之毀壞而必有顧惜之心焉，是其仁之與瓦石而爲一體也。是其一體之仁也，雖小人之心亦必有之。是乃根於天命之性而自然靈昭不昧者也。」（《陽明全集》卷二十六）。由眞誠惻怛之仁心之感通，或良知明覺之感應，而與天地萬物爲一體。蓋此感通或感應並不能原則上劃一界限也。其極必與天地萬物爲一體。散開說，感應於孺子，即與孺子爲一體，而孺子得其所。感應於鳥獸、草木、瓦石，亦皆然。「親親而仁民，仁民而愛物」，亦皆然。「老者安之，少者懷之，朋友信之」，亦皆然。感應於物而物皆得其所，則吾之行事亦皆純正而得其理。就事言，良知明覺是吾實踐德行之道德的根據；就物言，良知明覺是天地萬物之存有論的根據。故主觀地說，是由仁心之感通而與天地萬物爲一體，而客觀地說，則此一體之仁心頓時即是天地萬物之生化之理。仁心如此，良知明覺亦如此。蓋良知之眞誠惻怛即此眞誠惻怛之仁心也。

　　《中庸》言：「誠者物之終始，不誠無物。」此物字亦可事物

兩賅。一切事與物皆是誠體之所貫而使之成始而成終。此明是「本體宇宙論的」縱貫語句。《中庸》又言：「誠者非自成己而已也，所以成物也。成己仁也，成物智也，性之德也，合外內之道也。」誠體既成己，亦成物。「成己」是就事言，「成物」則是就物言。成己是內，成物是外。就此內外而言，則有仁智分屬之權說。然仁與智皆是「性之德」（本質的內容），亦即皆是誠體之內容，故此成己成物之誠體便是合內外而爲一之道。《中庸》言誠，至明道而由仁說，至陽明而由良知明覺說，其實皆是說的這同一本體。是故就成己與成物之分而有事與物之不同，然而其根據則是一本而無二。就成己而言，是道德實踐；就成物而言，是自我實踐之功化。即在此功化中含有一道德的形上學，即無執的存有論。此是在合內外而爲一，依誠體而實踐，這實踐之下，亦即是在圓教之下的形上學，故是實踐的形上學，因而亦曰道德的形上學，在本書，即名曰無執的存有論。是故陽明落於《大學》上言格物，訓物爲事，訓格爲正，是就「意之所在爲物」而言。若就明覺之感應而言，則事物兼賅，而格字之「正」義，在事在物，俱轉而爲「成」義。成非字義之訓，乃是就義理之轉進而言。落在此感應上予「格物」一訓詁，則格是感格之格。此則倒反較近於原初降神之義：在祭祀之時，以誠敬感神而使之降也。此義若用於格物，就明覺之感應而言，便是明覺感應於物而來物並來一切行事也。來之即成之。故引申而就義理言，此時格物最終即成己成物之謂也。此時，格物不但無認知的工夫義，亦且無「正其不正以歸於正」之誠意實踐之後天工夫義（依王龍溪，誠意爲後天之學）。格物轉成「成物」。成者實現之之謂也。此示良知明覺是實現原理也。就成己言，它是道德

創造之原理，即引生德行之「純亦不已」。就成物言，它是宇宙生化之原理，亦即道德形上學中的存有論的原理，使物物皆如如地得其所而然其然，即良知明覺之同於天命實體而「於穆不已」也。在圓教下，道德創造與宇宙生化是一，一是皆在明覺之感應中一體朗現。是故象山云：「宇宙內事即己分內事」，此全物從事也，而事彰物亦彰。明道云：「只此便是天地之化，不可離此個別有天地之化。」此全事從物也，而物彰事亦彰。蓋物之存有必在吾之行事中存有，吾之行事亦必在成物中完成也。此感應無外之一體朗現遂使格物無後天工夫義，此是「即本體便是工夫」，而王龍溪喜說此義也。其所謂「四無」亦就此而說。然皆是陽明學應有之義也。

在感應無外之一體朗現中，事是「在其自己」之事，是「實事」，亦是德行；物是「在其自己」之物，其自身即為一目的。此時，事與物俱不可作現象看，因為它們繫於明覺之感應，而不繫於識心（知性）之認知。它們可以是知體明覺之「用」，因其感應而為用，但是用不必是現象。如羅近溪云：「抬頭舉目渾全只是知體著見，啟口容聲纖悉〔細〕盡是知體發揮。」此時之抬頭舉目，啟口容聲，便是實事、實德，而不可以作現象看。它們只是在其自己之如相。如相無相，是即實相：不但無善惡相，並亦無生滅常斷一異來去相，焉得視為現象？它們是知體之著見，即是如如地在知體中呈現。此時全知體是事用，全事用是知體。全知體是事用，則知體即在用；全事用是知體，則事用即在體。儒者所謂體用，所謂即體即用，所謂體用不二等，並不可以康德所說的智思物（本體界者）與感觸物（現象界者）以及其所說物自身與現象而視之。因為用並不是現象，而是「在其自己」之如相。因此，此所謂體用倒有

點類康德所說的上帝與物自身之關係（上帝只創造物自身，不創造現象）。只是知體明覺之為體與上帝不同而已。然而在陽明，既言知體明覺為究極實在，即不須再言上帝矣。至於說到物自身與現象，此亦不是此處所謂體用。因為物自身並不是體（知體明覺之體），而現象亦不是這裡所謂用。依康德，現象與物自身之分可以到處應用，知體明覺亦可以現象與物自身視之。當其是內部感觸直覺底對象時，它是現象；當其不是感觸直覺底對象，進而是非感觸直覺底對象，即智的直覺之對象時，它便是物自身，即知體明覺之在其自己。知體明覺之在其自己即我們現在所謂「體」，不是一個存在物。我們視之為物自身，此「物自身」中的物是虛說，故落實了，即知體明覺之在其自己。我們現在所謂體用是就「知體明覺之在其自己」與其所感應的物與事而言，不是就它自身之可分為現象與物自身而言。任何一物之分為現象與物自身，這現象與物自身間的關係並不是體用關係。現象與物自身之分是對應主體而言，如對應認知心而言，即為現象，對應知體明覺而言，即為物自身（依本書，物自身取積極的意義）。現象與物自身間的關係頗難言。我們只說它是憑依關係，即現象是由感性的認知心憑依物自身而挑起的，這不能說體用。體用只就知體明覺之感應無外而言，因此，其所感應的物，與由此應物而引來的事（德行），俱是用。而物與事俱是在其自己者。物之在其自己其自身即是一目的，而不是一工具；事之在其自己其自身即是吾人之德行，知體之著見。凡此俱不可視作現象。

只有當事與物轉為認知心底對象時，它們才是現象。它們此時是在時空中，而為概念所決定。因此，物即喪失其「在其自己」之

意義，而被拉扯在條件串系中，而不復其自身即是一目的；而事亦
喪失其「在其自己」之意義，而亦被拉扯於條件串系中，而不復是
吾人之實德。當其一旦被拉扯於條件串系中，它們即都在緣起中。
但既是在條件串系中，它們即是有定相的緣起，即，是現象意義的
緣起，而不是空無自性的緣起，即不是如相無相之實相的緣起。但
緣起，如就其爲緣起而觀之，而不加以任何執著，它本就是無自性
的（因爲有自性即不須緣起），因而亦就是無定相的。定相是概念
所決定成的，因此，顯然是屬於偏計執的。儒家對於事物無緣起底
說法，但此不能逃，不在說不說。當事與物對見聞之知而言，即必
須在緣起中。緣起繫於見聞之知而有定相，即是現象；緣起繫於知
體明覺而歸於事與物之在其自己，即喪失其緣起義。儒家不直就緣
起之定相與無定相（如相）而直接翻，而是緣起繫於知體明覺而歸
於事與物之在其自己，即喪失其緣起義。物之在其自己其自身即是
一目的，此時即不作緣起觀；事之在其自己其自身是實德，是知體
之著見，是一個道德意義的「實事」，此時亦不作緣起觀。事與物
既都是在其自己，不在時空中，亦不在概念決定中，它們當然無定
相，亦即是如相。我們可以空卻它們的由計執而成的定相，但卻並
不因此空卻其自身即是如幻如化的假名法（此是實相的緣起）。儒
者在此說是「實事」，這是繫於知體明覺而有道德意義的實事，事
因著知體明覺之感應，良知之天理，而爲實而非幻。就知體明覺，
良知之天理，說實理，不只是就空卻執著而說空理。因此，儒者說
實理實事，此是眞體用。事如此，物亦然。物之在其自己其自身即
是一目的，我們可以空卻它的由計執而成的定相，然而它本身卻是
一自在的「目的」，而不是一幻化的假名。就其自身爲一目的而

言，我們亦可以說物是「實物」，是因著知體明覺之感應，良知之天理，爲實而非幻。此是儒者的道德意義的無執的存有論。

13.　判敎與融通

　　然則實事實物定與緣起幻化的幻有不相容乎？答曰：並非不相容，乃因所繫屬的超越主體不同，故有不同的意義耳。吾人可先從下面說起。無論事或物，就其爲現實的事或物而言之，它總是依因待緣而生的，即，總是在緣起中存在。這點儒者亦不能否認，不在說不說，因爲這是事實。緣生的事實，在見聞之知下，或在識心之知下，被表象之以時間與空間，而且被決定之以概念，便成有定相的緣起。定相顯然是屬於執著的。儒者對此雖未多說，因爲他們的重點不在知識論，亦不在因著執著而生的煩惱之直接滅度，然而如果一旦有人說之，或他們自己一旦意識到，則他們亦必承認這事實，而不能故意違背之。他們承認之，亦並不能達至與其基本精神相衝突之境。定相既是執著，則如果不執而空卻此等定相，那便是幻化無自性的緣起，而幻化無自性的緣起當體即空也，即以此空如無相爲緣起底實相。此點，儒者雖未說及，然佛家說之亦無礙。因爲既承認定相是執，則此點乃必然者。因此，空卻定相而爲空如無相的緣起，則無執的主體便是般若智。因此，相應般若智而言，定須是以空如無相爲實相。縱使言到眞常心，亦仍是如此。然而在此卻並透不出道德意識來，故佛家至此而極。因此，儒家的道德意識遂顯其殊特。相應於道德意識中的知體明覺而言，則空如無相的幻化緣起即轉爲「實事」與「實物」，而並非幻。此實而非幻乃是由

於知體明覺中之天理而貞定住的。故此義乃是高一層者。此並非是
以空如無相的緣起爲緣起之在其自己,乃是轉進一步,以實事爲事
之在其自己,以實物(其自身即爲一目的之物)爲物之在其自己。

　　或者說,儒家既以實事與實物爲終極,則它雖可承認緣生爲一
事實,但它可根本不承認定相緣起爲執,以及空卻此定相便是空如
無相的幻化緣起,這兩層意思。雖在見聞之知下,眼見有生滅常斷
一異來去,這都是自然如此,何必定說爲執?陽明亦說良知亦只是
這口說,這眼見,這耳聞,耳目是良知之發竅。見聞之知何必定是
執知耶?答曰:這只是儒家對於識知與知體明覺之知,以及對於現
象與物自身,並未曾嚴格劃分開,然而並非不可嚴格劃分開。其所
以未曾劃分開,並非層次混亂,乃實是眉目很清楚地急欲以良知通
見聞而爲一也。它並未留住於見聞之知這一層次上積極地展示一說
明經驗知識的知識論。它說及見聞是通於良知而說,結果乃是知體
之流行於日用,還是在說明實德實事,而不在說明知識。即使朱子
即物窮理,道問學,亦是重在實德實事,而不重在獨立地說明知識
也。可是既有經驗知識,而此亦復必要,則即需要獨立地予一反省
的說明。在此一層次上,嚴格的劃分是必要的。進而再通而爲一,
那是另一層次上的問題。在通而爲一底層次上,不但是直接地繫屬
於知體明覺底感應的事與物爲實事實物,即繫屬於識心之執的執知
(見聞之知)以及此知所知的對象俱有被肯定的價值。因此,那兩
層意思(即定相緣起爲執,以及空卻定相便是實相,這兩層意思)
是可以承認的。承認之,不但不背於儒家的基本精神,而且更可以
充實而彰顯其基本精神。若說未嚴格劃分開,便是層次混亂,那也
不對。因爲知體明覺底感應無外明非識心也。其通於見聞,乃是見

聞之上屬於知體明覺，並非抹殺見聞之知本身獨自成一套也。只因特重德行，故未充分意識及此而已。因此，若因儒家未曾嚴格劃分開，便說它可根本不承認那兩層意思，或說它根本層次混亂，這皆不對。

以上是從下面說起。我們現在再從上面說起。不管是佛家的般若智心，抑或是道家的道心，抑或是儒家的知體明覺，它們皆是無限心。同一無限心而有不同的說法，這不同的說法不能形成不相容；它們只是同一無限心底不同意義。無限心本有無量豐富的意義，每一意義皆與其他意義相鎔融，相滲透，而不能形成其他意義底障礙。否則這一意義便不是無限心底意義。無限心就是這一意義，亦就是這無量意義，並不是離這一意義或這些意義而別有一個無限心。無限心只是總說而已。任一意義就是無限心自己。而任一意義皆通於其他意義而不相礙。一義通全體就是無限心自己。若義義相礙而不相通，那便不是無限心；而相礙的義便是決定概念所決定成的抽象的義，而不是無限心底具體的義。就空如無相的幻化緣起而言，我們就說般若智心或如來藏自性清淨心，所謂真常心。而繫屬於這主體，我們就說空如無相的幻化緣起，而不能說實事實物。這種相對應而成的限定只是教之入路使然。但般若智心或真常心既是無限心，由一特定入路而呈現者，則當其既呈現已，它便不能排拒其他意義，如道家的道心玄智義，或儒家的知體明覺義。如若不然，它便不是無限心。如果般若智心不能排拒知體明覺義，則空如無相的幻化緣起亦不能排拒其自身之為實事實物。般若智心既是無限心，則它無理由必排拒道德意義的知體明覺之感應，亦無理由認為此道德意義的知體明覺之感應有礙於其清淨。道德意義的知

體明覺之感應無外因而引生德行之純亦不已而成己成物,這亦是在佛菩薩身上所當有的事。不然,佛心便有限。因此,佛心不能排拒道德意義的知體明覺之感應。佛心如此,儒家的聖心亦然,道家的道心亦然。我們不能說聖心(知體明覺之感應)定排拒般若智心義以及道心玄智義。若如此,那便不是聖心。因此,佛家所說的如來藏自性清淨心所具有的無量無漏清淨功德,以及道家所說的自然無為的孔德之容,儒家的知體明覺之感應必不能排拒之。若排拒之,是即無異承認自己不清淨而且不自然而有造作。焉有知體明覺之感應而不清淨且不自然而有造作者乎?同理,我們亦不能說道心玄智必排拒般若智義及知體明覺義。若必排拒之,是即無異承認玄智可有執而且不道德。焉有道心玄智而尚可有執而且不道德者乎?(你可以超自覺而渾化,然而不能排拒道德心。)

　　無限心既意義相通而不相礙,則繫屬於道心玄智,便是萬物皆自爾獨化;繫屬於般若智心,便是法法皆如;繫屬於知體明覺,便是實事實物:凡此皆亦是相容而不相礙。然則有這些差別者皆是教之限定。而每一教既皆顯示一無限心,則就無限心言,便不能有限定。世人將無限心與教之限定同一化,遂起競爭而互相排拒。是無異於既顯無限心而又使之成為有限也。是以聖心無諍,知夫教之限定皆所以特顯無限心之某一義,而不能盡其全蘊;然若知限而不為其所限,則面對無限心,一義即通全蘊,而不排拒其他,全蘊即是一義,而無剩欠,是即莊子所謂不「隱於小成」之大成也。

　　然無限心何以必通過教之限定而彰顯耶?答曰:此蓋依於人之殊特而然。人是有限而可無限的。現實地說,人是有限的;理想地說,人可是無限的。其現實地為有限者,是因為他有感性;其理想

地可爲無限者，是因爲他能超越乎其感性而不爲其感性所圍。他超
越乎其感性而不爲其感性所圍，他即呈現一無限心。因此，他即以
此無限心爲體。他之可爲無限，是因爲他以無限心爲體。他若能充
分朗現此無限心，他即是一無限的存在。他之爲無限是即於有限而
爲無限的，即是說，他不必毀棄感性而始可爲無限。他不毀棄感性
而轉化了感性，使它完全從心。此時，感性是透明了的感性，感性
即不作感性看，而是知體之著見。此即孟子所說：「仁義禮智根於
心，其生色也，睟然見於面，盎於背，施於四體，四體不言而
喻」，亦即其所謂「以道徇身」也。佛家言「法身有色」，亦是此
義。《涅槃經》言：「色是無常，因滅是色，獲得解脫常住之色。
受想行識亦是無常，因滅是識，獲得解脫常住之識。色即是苦，因
滅是色，獲得解脫安樂之色。受想行識亦復如是。色即是空，因滅
空色，獲得解脫非空之色。受想行識亦復如是。色是無我，因滅是
色，獲得解脫眞我之色。受想行識亦復如是。色是不淨，因滅是
色，獲得解脫清淨之色。受想行識亦復如是。」（《涅槃經》卷三
十八，〈憍陳如品〉）凡此云云亦是即有限而成無限也。道家莊子
云：「其一也一，其不一也一。其一也，與天爲徒。其不一也，與
人爲徒。天與人不相勝也，是之謂眞人。」（〈大宗師〉）此亦是
不毀色身而成眞人也。甚至耶教道成肉身，亦是於有限而見無限，
而耶穌之生命即是一無限之生命也。若不即有限而見無限，則無限
歸無限，有限歸有限，有限成定有限，即是一徒然之存在，而無限
亦終不可得而見也。

　　耶教認上帝爲無限的存在，認人爲有限的存在，於耶穌則視爲
「道成肉身」，是上帝底事，而不視爲耶穌之爲人底事，如是，遂

視耶穌爲神，而不視之爲人，因而亦不能說人人皆可以爲耶穌。此則便成無限歸無限，有限歸有限，有限成定有限，而人亦成無體的徒然的存在，人只能信仰那超越而外在的上帝，而不能以上帝爲體，因而遂堵絕了「人之可以無限心爲體而可成爲無限者」之路。因爲若不堵絕這條門路，則無限心一進來，上帝便成徒設；否則上帝只是一無限心。但是這兩個歸結，耶教皆不願承認。即，它既不願承認上帝只是徒設，亦不願承認上帝只是一無限心而爲吾人之體。因此，它既不能以上帝爲體，復亦必堵絕人以無限心爲體之路。因此，人只成一無體的徒然存在，人只能圍於其現實的有限存在內而輾轉顛倒，而不能以無限心爲體以條暢其生命而上達天德。吾人說：「道成肉身」亦是即有限而見無限。但這個意思，在耶教，並不是以人的身分體現無限心而成爲無限者，乃是以神的身分於肉身中見上帝。這是上帝底差遣之上帝底事，並不是「人之體現無限心以上達天德」底事。人焉能上達天德？這豈不是僭越嗎？但這只是耶教後來的說法，耶穌本人並未如此著實。縱使耶穌亦如此著實，我們亦可把他的生命看成是即有限而見無限（見無限心以爲體），因而亦是即有限而成爲無限者。如是人人皆可以爲耶穌。這樣，道成肉身是人底事，不是上帝底事。但這不是耶教中人所願承認的。有些傳教者不想以「道成肉身」表示耶教底特徵。因爲在某義，孔子、釋迦，亦可說是道成肉身。因此，他們遂說十字架才是耶教底特徵。但耶穌上十字架犧牲受苦，這只是一時的遭遇，聖人的生命之現實面不必人人皆同，縱使是自願的，甘願以自己的犧牲來替衆生贖罪，而上十字架亦不是自己所能決定的。因此，說十字架是特徵，還不如說道成肉身是上帝底事更爲顯明。因此，「道成

肉身」有兩方式，一是視作上帝底事，一是視作人底事。前者亦只是教之一途，並非必然。若依佛家說，亦只是一種方便，並非究竟。以理究竟言之，以「視作人底事」為順適。這樣便是基督教底開放，開放而為人人皆可以上達天德，即有限而成為無限者。這樣，上帝內在化即是無限心，外在化即是人格神，決無不可相通者。若必欲視作人格神，則亦莫逆於心，不必非之。眾生機宜不一，聖人設教原有多途。耶穌，不管你視之為人也好，視之為神也好，他總是一個現實的人。他既是一現實的人，他即不能把一切話都說盡了，他亦只能在一定方式下成道。因此，在教之限定下彰顯無限心，這一通義仍可適用於他，不過他所彰顯的不是作為吾人之體的無限心，而是那個超越而外在的上帝——無限歸無限的那個無限的存在。

　　今可只就此通義而言之。上帝只有當祂內在化而為無限心以為吾人之體，或無限心即是上帝時，祂始能彰其用。因彰其用，祂始能成為具體而真實的，朗朗如在目前，吾人可與之覿面相當。這樣，耶教始可契接「慎獨」這一個樞紐。依此而言，耶穌之道成肉身，視作上帝底事，只是「彰顯道」這彰顯歷程中之一機相（一形態）。這一機相之所成就是吾所說的「證所不證能，泯能而歸所」。這一機相當然有其價值，可使吾人知道客觀地有一無限體，以為眾生之所仰望。但光只是仰望，並無濟於事；無限體只是客觀地存在，亦無用。這個即是吾所說的離教，不是圓盈之教（離盈二字取自《墨經》「堅白離，堅白盈」之離盈）。因為它開不出「慎獨」這一樞紐。因此，眾生無可以通過自己的實踐，以與於上達天德之份，此即隔絕了眾生底生命之無限性；而上帝只成了一客觀的

存在，遂亦不能彰其具體而眞實的作用，在吾生命中彰其成德之作用。因此，離了以後，必須再返回來與我的生命相盈並著，然後始可圓滿。有了返回來這一機相，然後始可契接「愼獨」這一樞紐。從愼獨說，我們直證無限心以爲體。此時上帝即是無限心，無限心即是上帝，不再說人格神的上帝。因爲只有一個無限，不能有兩個無限。亦正因此故，說人格神亦可，說無限心亦可，即此兩者可相通也。說人格神只是一機相。佛菩薩可爲衆生之所敬禮膜拜，無限心亦可外在化而爲衆生之所祈禱。衆生機宜不一，故亦可將無限心示現爲人格神也。然必須知這只是一個權宜的機相，不是圓盈的究竟。只有在「愼獨」底樞紐上，衆生皆有份，始可達到圓盈之教。中國的儒釋道三教皆握住了這一樞紐，故皆能即有限而成爲無限。愼獨是儒家的說法，佛家則說修止觀，道家則說致虛守靜。當然各家亦皆有其他說法，有種種名，今只略舉其一。然無論如何，這一切說法皆表示通過自己的實踐可以朗現無限心，故皆是圓盈教也。

　　無論離教盈教，就教說，皆有其限定相。此即必通過教之限定以彰顯無限也（此無限在離教爲人格神，在盈教爲無限心）。蓋成教的聖者之生命同時亦是一現實的生命，因此，他不能說盡一切話，他必在一定形態下表現道，而同時衆生亦機宜不一，有適於此而悟，有適於彼而悟，亦必在一定形態下醒悟也。是以凡教皆有限定相，亦即是一途之通路。人總是通過一通路而彰顯那無限者。無限者通過一通路，通過一現實生命（一個體生命），而被彰顯，同時即被限定。這是一必然的詭譎，因而必然有一辯證的歷程以破除此限定。知是教之一途，旣知已，則即不可是己以排他，是即雖限定而不爲其所囿，是即不限定。惟有有此不限定之通達，始能眞朗

現那無限心。無限心既朗現已，則就無限心言，它有無量義、無量德、相鎔融、相滲透，而不相排拒。因此，雖知教之一途只彰顯一義，然既是無限心，則其所彰顯之一義即不因教之限而自限，因此，亦不執此一義而排他，因為若排他，即非無限心故。不但此一義不排他，而且此一義即通全蘊，全蘊盡收於此一義。此之謂圓盈教之大通。然須知此大通不是一個教，乃是各圓盈教者之通達。至此，教無教相，乃得意而忘教也。只是一眞實生命之作其所應作，一無限心之如如流行。此如如流行，此作所應作，吾不知其是屬於儒教者，屬於佛教者，屬於道教者，抑或屬於耶教者。

因此，由離而盈，由盈而通。離盈是教，通非教也。此是此時代之判教。盈中有正盈與偏盈：儒是正盈，佛老是偏盈。正盈者能獨顯道德意識以成己成物也。偏盈者只遮顯空無以求滅度或求自得也。正備偏，偏不備正。故偏盈者未能至乎極圓也。正盈中亦有圓與不圓：周、張、明道、五峰、蕺山，以及陸、王，皆圓盈也；伊川與朱子則為不圓之正盈，以心與理未能一故。偏盈中亦有圓與不圓；空宗、有宗，是通教，華嚴是別教，唯天臺是圓教。道家之老莊大端皆可至於圓，無甚差別也。唯於言詮上，莊子之「調適而上遂」顯得更圓耳。相應離教而言者，康德近於正盈而未至也。以未能依自由意志透顯無限心故；又不承認人可有智的直覺故；意志自由、靈魂不滅、上帝存在，皆為設準故，又不能一故。

14.　哲學原型以及其可學

本書依正盈之智慧方向，融攝康德，會通偏盈，以立一各系統

統一之軌轍。融攝康德者，吸收其〈分解部〉以成俗諦也。就此而言執的存有論，亦曰現象界的存有論，此相應識心之執（知性連同感性）而言也。會通偏盈者，以知體明覺之感應無外為準，會通般若與玄智以成真諦也。就此而言無執的存有論，亦曰本體界的存有論，此相應知體明覺之感應無外而言也。

　　哲學者依各聖哲之智慧方向疏通而為一，以成就兩層之存有論，並通而為一整一系統也。為明此義，更引康德之言以明確之。康德在《純粹理性批判・超越的方法論》第三章〈純粹理性底建構〉中有云：

> 如果我把客觀地視之的知識之一切內容皆抽掉，則一切知識，主觀地視之，皆或是歷史的，或是理性的。歷史的知識是由材料〔故實〕而來的知識；理性的知識是依原則而來的知識。一種知識，不管它是如何地根源地被給與，就其關聯於得有之之個人說，如果此人知此知識只如其從外面而被給與於他那樣而知之，此從外面而給與於他，不管是通過直接的經驗，或通過記述，或通過教導，只要是從外面而給與於他，則此種知識仍然只是歷史的。因此，任何人，如果他要學習（嚴格意義的學習）一個哲學系統，例如吳爾弗底系統，雖然他可以在其頭腦中有此系統底一切原則、一切說明、一切證明，連同其全部主張底形式區分，或如一般所說，對於這一切皆精通，然而他所有的仍不過是吳爾弗哲學底完整的歷史知識。他只能知道並判斷那已給與於他者。如果我們爭辯一個定義，他不會知道從

何處去得到另一個。他是依據另一人的心靈而形成他自己的心靈，而模仿的機能其自身並非創生的。換言之，他的知識在他身上並不曾從理性而發生出，雖然客觀地視之，他的知識實是由於理性而來的知識，然而就此知識之主觀的性格而言，它仍然只是歷史的。他已經把握了它，而且已經保有了它；那就是說，他已經學習得很好，但他只是一個活的人之石膏模型。各種理性的知識，客觀地說，它們是理性的（即，它們只在人類理性中有其第一根源），它們主觀地說也能被稱爲是理性的者，只當它們從理性底普遍根源中，即是說，從原則中，而被引生出時，它們始能如此被稱謂。（它們由理性底普遍根源而引生，但是從這普遍的根源也能發生出對於那所已學習者之批評，不，甚至拒絕之）。

一切發生自理性的知識或是由概念而被引生出，或是由對於概念底構造〔即去構造一個概念〕而被引生出。前者名曰哲學的知識，後者則名曰數學的知識。這兩種知識間的基本差異，我已論之於此〈超越的方法論〉中之首章〔案：即〈純粹理性之訓練〉章第一節〕。（如剛纔上段所已說者），知識能夠客觀地說是哲學的，然而主觀地說，仍是歷史的，此如初學者便是如此，而一切那些從未超出其學派的人也是如此，他們終生停留於初學者之境。但是須注意，數學知識，就其主觀的性格而言，而且準確地就其已被學習而言，亦能被視爲是發生自理性的知識，因此，就數學知識而言，沒有像我們在哲學知識中所引出的那樣的

差別。這是由於這事實而然,即:數學知識底根源,即教師所能由之以引生出其知識的那唯一根源,除存於理性底本質的而且是真正的原則外,無處可以存在,因此,它不能為初學者從任何其他根源而獲得,而且它亦不能被爭辯;而這不能被爭辯轉而又由於這事實,即:理性底使用在此只能是具體的,雖然同樣亦是先驗的,所謂具體的使用,即是說,是在直覺中的使用,此直覺是純粹的,而且確然亦即因其是純粹的,所以它亦是不會有錯誤的,它排除了幻像與差錯。因此,在發生自理性的一切學問中,只有數學才是能被學習的;哲學從不能被學習,除只依歷史的樣式去學;就那有關於理性者而言,我們至多能學著去作哲學的思考。

哲學是一切哲學知識底系統。如果我們理解哲學為估計一切從事於哲學活動的嘗試的基型〔原型〕,又如果這個基型是可用來對於每一主觀哲學作估計(主觀哲學底結構常是千差萬別的,而且是可更變的),則此基型必須客觀地來視之。這樣地視之,則哲學只是一可能學問底理念,此理念在現實上是無處可存在的,但是,依許多不同的途徑,我們可努力去求接近之,直至一個真正的途徑,叢雜之以感性底產品之夾雜的真正途徑,終於被發見,以及一個影像(迄今以往所有的影像皆無效)已達至相似於那基型之境(只要這基型已賦與於有死之人),為止。除直到那時,否則我們不能學習哲學;因為它在什麼地方呢?誰能有之呢?我們將如何去認識它呢?我們只能學著去作哲學

思考，即是說，學著去練習理性底才能，即依照理性底普遍原則，依據某一現實地存在的有事於哲學者的嘗試，去練習理性底才能，但是，縱然這樣學著去練習，也總要保留理性在這些原則底根源方面，去研究、去穩固，或去拒絕這些原則之權利。

迄今以往，哲學底概念只是一經院式的概念——一個知識系統底概念，此概念只在其為一學問的性格中被尋求，因此，它只籌劃這系統的統一，即適當於學問的那系統的統一，因而結果，它不過是知識底邏輯圓滿。但是，這裡同樣也有另一個哲學底概念，即一「宇宙性的概念」，此宇宙性的概念總是「哲學」一詞之真實基礎，特別當其已為人所體之，而且其基型已被表象於理想的哲學家〔哲人〕中時，為然。依此觀點而言，哲學是把一切知識關聯於人類理性底本質目的之學，而哲學家不是理性領域中的一個技匠，而是其自身就是人類理性底立法者。在哲學一詞底這個意思中，去稱一個人為哲學家，並妄以為他已等於那只存於理念中的模型，這必是過情的虛譽。

數學家、自然哲學家，以及邏輯學家，不管前兩者在其理性知識底領域中的進步是若何的成功，而後兩者，尤其在哲學知識方面，在理性領域中猶仍只是一些技匠。〔案：此語中的自然哲學家可兩屬，和數學家連說，所謂「前兩者」，則是取其為物理學家的意義，其所從事者為科學，此如牛頓；和邏輯學家連說，所謂「後兩者」，則是取其為哲學家的意義，其所從事者為自然哲學，如古希臘的自

然哲學家所從事者。牛頓亦名其書曰《自然哲學之原理》。至於邏輯學家,以前皆從事哲學研究。惟演變至今日,始有純粹的邏輯學家,因邏輯學可是一獨立的專學故。康德說邏輯學家在哲學知識方面猶仍只是一些技匠。至今日則根本不談哲學,乃是技匠中之技匠,演變而至於設計電腦,則尤是純然的技匠。〕今設想有一教師,在理想中思議之,他把那三家底工作分派給那三家,並且用他們爲工具,去推進人類理性底本質目的。我們必須單名此一教師爲一哲學家;但是由於他並不存在,而關於「他的立法」之觀念是見之於每一人類所具有的理性中,因此,我們將緊守這理性,較更準確地去決定哲學所規定者,即從理性底本質目的之觀點,依照這「宇宙性的概念」,就著系統的統一,去決定哲學所規定者。〔案:關於哲學之「宇宙性的概念」,康德有底注云:所謂宇宙性的概念,在此,是意謂這樣一個概念,即,它關繫到那每一個人所必然地對之有一興趣者;依此,如果一門學問只被視爲這樣一種學科,即依某種自由選擇的目的而設計的這樣一種學科,則我必須依照經院式的概念去決定它。〕

本質的目的,自其當身而言之,並不就是最高的目的;依理性在完整的系統統一方面之要求而言,在這些本質的目的中,只有一個始可說爲是最高的目的。因此,本質的目的或是終極目的,或是諸隸屬目的,此等隸屬目的是必然地當作工具而與那終極目的相連繫。終極目的不過就是人底全部天職,而討論此全部天職的哲學即被名曰道德哲學。

由於道德哲學所有的這種優越性，即優越於理性底一切其他業績的這種優越性，所以古人在其使用「哲學家」一詞時，常特別意指「道德家」而言；而甚至在今日，我們亦因著某種類比而被引導去稱一個在理性底指導下顯示自制的人曰哲學家，不管其知識為如何地有限。

人類理性底立法（哲學）有兩種對象，即自然與自由，因此，它不只含有自然底法則，亦含有道德法則，它把這兩種法則首先呈現於兩個不同系統中，然而最後則呈現之於一個整一的哲學系統中。自然底哲學〔關於自然界底哲學〕討論那一切「是什麼」者，而道德哲學則討論那「應當是什麼」者。

案：以上七段文字，康德首先說明數學知識與哲學知識不同。數學知識，就其被學得而言，它沒有歷史的與理性的之差別，即，其主觀性格與客觀性格是一。這是由於此種知識底根源，不管從教者或學者方面說，「只處於理性底本質的而且是真正的原則中」，除此以外，它不能有別處可以存在。因此，初學者亦不能從任何其他根源而獲得這種知識。因為這種知識只有一個理性的來源，所以它亦不能被爭辯。而其所以不能被爭辯又是由於理性底使用在此是在純粹的直覺中，而亦恰因此故，它亦不能有錯誤。因此，數學知識是可被學習的，而其被學習亦無歷史的與理性的間之差別。

　　但是，哲學的知識，雖然客觀地說，是理性的，而主觀地自其被學得言，則有歷史的與理性的間之差別。初學者，以及從未超出其學派的人，大抵皆只是模倣，所謂鸚鵡學語，因此，其學習皆只

是歷史的樣式。但是，當他們從理性底普遍根源，即是說，從原則中，不是從歷史的故實中，而引生其知識時，他們的知識始可以說主觀地亦是理性的。但是，哲學的知識，到現在爲止，並未達至像數學那樣，它並不是一套定然而不可移，又不可爭辯，又無錯誤的知識。因此，縱使主觀地說，它是從理性底普遍根源而被引生出，然而仍是可移易、可爭辯、可有錯誤與虛幻的。因此，到現在爲止，我們尚無一套完整的，定然而不可移的哲學知識可學。就那關於理性者而言，我們所能作的至多是學著去作哲學的思考，學著依照理性底普遍原則去練習理性底才能，而不能去學哲學。所謂去學哲學者只是依歷史的樣式去學，而這亦只是一種模做而已。

　　注意，康德說哲學不能被學是因爲我們沒有一套完整而不可移的哲學知識可學。如果我們客觀地有了這一套，而我們主觀地依理性底普遍原則而吸收這一套又有一定的途徑，即亦是定然而不可移，因而結果，主觀的活動與客觀的系統同一，則哲學便成可學的。然則我們客觀地究竟有沒有這一套呢？以往歷史事實上沒有，但並非不可能。而且它亦將不只是一邏輯的可能而已，而且亦實是可實現的一可能。

　　依康德「哲學是一切哲學知識之系統」。此系統是估量每一主觀哲學的基型或原型，因此，它必須是客觀地完整的一套。但它現實上並不存在，所以它只是一可能學問底理念。但它不是一永遠掛空而不能實現的理念。依康德，我們可依許多不同的途徑努力去接近之，直至一眞正的途徑終於被發見，一個相似於這基型的影像被達到，而後止。然則一個眞正的途徑究竟是否能被發見？依康德，這似乎是可能的，因此，那個理念是可實現的。這要看這眞正的途

徑如何被規定，以及所謂不同的途徑如何被規定。

　　依康德，這個意思的哲學，即作為一可能學問底理念的哲學，就是他所說的「哲學之宇宙性的概念」。他規定這「宇宙性的概念」是意指這概念關係於那每一人所必然對之有興趣或每一人皆與有份焉的東西。他想這個「宇宙性的概念」是哲學一詞之眞實基礎，特別當其已為人所體之，而其基型已被表象於理想的哲學家中時，為然。依此義而言，「哲學是把一切知識關聯於人類理性底本質目的之學」。本質目的中，有是終極目的（最高的目的），有是隸屬的目的（當作工具而連繫於終極目的）。終極目的就是人類底全部天職，而此不過就是實現「最高善」，圓善意義的最高善。把一切知識關聯到這個目的上的學問就是哲學。這個意義的哲學就是哲學之宇宙性的概念，因為它關聯到那每一人所必然對之有興趣者，或每一人皆與有份焉的東西。這個意義的哲學，其所展露的全部義理與智慧方向是「哲學」一詞之眞實基礎，特別當其已為人所體之（人化），而其基型已被表象之於理想的哲學家中時，為然。「已為人所體之」就是通過存在的踐履而全部朗現於一智慧生命中。孟子說：「仁者人也，合而言之，道也」。仁是人之所以為人之道，亦函人之體之：人能人此仁（人之）而始成為人；仁與人合言，仁才是道。我們要如此了解仁。程伊川云：「公而以人體之，為仁」。仁先從理或道去想，只是一個「公」字，無偏無黨，廓然而大公的公。然這太籠統，太形式化。「以人體之」，便具體，便眞實化。故云「公而以人體之為仁」。必須如此具體而眞實地去了解仁道。依此而言，眞能人化那個被思議為宇宙性的哲學的那個人就是聖人；而這個聖人當該是孔子，因為他的智慧方向是正盈之

教，而亦符合康德所說的「把一切知識關聯於人類理性底本質目的」的那個哲學，即哲學原型的哲學。如果依古希臘的意義，哲學家意指「道德家」而言，則康德所說的「理想的哲學家」亦當該是孔子。聖人與理想的哲學家為同一。但依中國的傳統，我寧願將聖人與理想的哲學家分開，其間當該有一點距離。因此，人化那宇宙性的哲學中所詮表的道理與方向者為「聖人」；依聖人所人化的方向，把那宇宙性的哲學之基型全部系統地彰顯出來者為「理想的哲學家」。依康德，「此理想的哲學家不是理性領域中的一個技匠，而是其自身就是人類理性底立法者」。依聖人與理想的哲學家有別言，真正是人類理性底立法者的那個人是聖人，而不是理想的哲學家。或如此說亦可，即：聖人是人類理性底踐履的立法者，而理想的哲學家則是人類理性底詮表的立法者，雖然他亦並非無實踐，然而未到聖人之境，因此，他相當於賢人或菩薩。

依康德，這個理想的哲學家（理想的教師）現實上並不存在，當然我們所說的聖人更不存在。因此，他說：「由於他並不存在，而關於『其立法』之觀念是見之於每一人類所具有的理性中，因此，我們將緊守這理性，較更準確地去決定哲學所規定者，即，從理性底本質目的之觀點，依照宇宙性的概念，就著系統的統一，較更準確地去決定哲學所規定者。」所謂這樣「較更準確地去決定哲學所規定者」就是展露人類理性底立法。康德說：「人類理性底立法（哲學）有兩種對象，即自然與自由，因此，它不只含有自然底法則，而且亦含有道德法則，它首先呈現之於兩個不同的系統中，然而最後則呈現之於一個整一的（獨一的）哲學系統中。」這就是較為更準確地決定了哲學所規定者。展露「人類理性底立法」之學

就是哲學，此已幾近於那哲學原型矣。我們可說康德已幾近於那理想的哲學家，如此稱之，不算「過譽」。當然，他未達至聖人之境。

說聖人是人類理性底踐履的立法者，是因為他是理性底體現者，他的生命全部是理性。說理性的哲學家是人類理性底詮表的立法者，是因為他正視了那理性，他的智慧方向完全定在理性中。說他們是人類理性底立法者，就等於說他們是踐履地或詮表地表現了人類理性底立法作用。展露這「立法作用」的就是哲學。在此，我們願意不只是「較為更準確地」，而且亦較為更定然而不可移地，「去決定哲學之所規定者」。我們在此比康德更為積極。此較積極之路數如下。

(1)首先我們承認康德在理想中所思議的教師，唯一堪稱為哲學家，而現實上並不存在者，他確實存在，在此，我們以孔子作代表。這是因為中國的宗教（取廣義）是盈教，上帝已轉化而為無限心，因此主張人雖有限而可無限，即是說，是「即於有限」而成為無限的，而且人人皆可有份。西方的哲學傳統無此樣的哲學家，他們只是試探著作一些哲學性的思考活動，因此，他們所成就的哲學只是哲學之「經院性的概念」，而哲學家亦只是一些技匠（依康德此不可稱曰哲學家）。因此，遂迫使康德說哲學原型，即依「宇宙性的概念」而想的哲學，現實上並不存在，更說不到已為人所體之；吾人只能依不同的途徑努力求接近之，直至一真正的途徑被發見，一相似於原型的影像被達到，而後止。我們現在可說，這個真正途徑已為康德所摸索到；他較準確地決定了哲學所規定者，因此，他的哲學已幾近於那原型。但這只是一個作哲學思考者（依康

德的謙懷如此說）所或然地（較準確地）規定的「影像」，而不是一個聖人（康德所認爲唯一堪稱爲哲學家者）所定然地朗現的原型，因此，大體規模與方向雖已近之，而有許多不圓實處。這並不是由於康德的不行，乃是他的傳統限之。至於說到西方的宗教傳統，耶穌對此並無多大幫助，康德亦並不說耶穌是那理想的教師。這是因爲耶教有宗而無教故。有宗者以上帝爲宗；無教者，無實踐的道路以通之，未開出「人人皆可以爲聖人」之通路。

(2)哲學底原型（宇宙性的概念）不能永停在作哲學思考的人之籌劃卜度中，必須在一聖人底生命中朗現。我們即依聖人底生命與智慧之方向，亦即盈教之方向，來定然而不可移地而且具體而現實地決定哲學之原型。既決定已，我們就說能體現而人化此原型者就是我們所依以決定此哲學原型的那個聖人。

(3)我們依聖人底盈教所決定的哲學原型不過就是兩層存有論：執的存有論與無執的存有論，並通此兩層存有論而爲一整一系統。此是決定哲學原型底唯一眞正途徑。由此途徑所朗現地決定的哲學原型正合乎康德所說「哲學是把一切知識關聯到人類理性底本質目的上之學」，也就是展露「人類理性底兩層立法」之學。此就是說「哲學是一切哲學知識之系統」。

(4)我們所說依一眞正途徑決定哲學原型，此所謂唯一的眞正途徑是以儒家的正盈教爲主，旁通偏盈的道家與佛家，以及離教的耶教，而爲一，而言者。如果在此說「不同的途徑」，此「不同途徑」與康德依西方哲學傳統所說者不同。蓋此等途徑雖有不同，而皆是定然的，而亦皆可定然地通而爲一者，因爲他們皆通無限心故。在此，耶教雖有宗而無教，對於哲學原型之決定原無幫助，而

現在亦可以使之有幫助，以盈通離而攝夫離，這便是使之有幫助：它不能外於盈教，而盈教亦不外之。

(5)如果哲學原型可由聖人底生命而朗現，而吾人亦依聖人底朗現而規定此原型，則此原型是具體地存在的。如果它是具體地存在的，則它亦是可學的。不過它之為可學雖可類比於數學，而與數學不同。因為數學是形式的科學，而此卻是「內容的真理」，即「把一切知識關聯到人類理性底本質目的上之學」。因此，在此，學必須是「覺悟」義。「學者覺也」。覺者以自家真誠心與聖人底生命，以及與依聖人底朗現而規定的哲學原型，存在地相呼應相感通之謂也。假定吾人以兩層存有論攝一切哲學知識，則在「學」字底此義之下去學時，雖即使是歷史的，亦同時即是理性的，雖暫時是經院式的，亦最終是宇宙性的。因此，主觀的活動，即「依理性底普遍原則去學」之主觀的活動，同時即是客觀的原型之步步朗現。學即是通過歷史的哲學事實而啟發自己的理性生命，因此，隨時是學，隨時即是覺，而不只是模倣也。因為兩層立法原是我們的理性之所本有，原是我們的無限心之所必有的展現，因此，學哲學即是覺悟此兩層立法之全部系統而使之在我生命中如如朗現。一念迴機，便同本得。因此，不覺則已，一覺就是這一套，不能有其他更替，亦不能有任何歧出。主觀性格（覺悟）與客觀性格（原型）一起皆是定然的，同由一根（無限心）而發，同依一根而呈現。一如在數學方面，教者與學者皆由「理性底本質的而且是真正的原則」而引生其知識，他們不能有任何其他來源。陸象山云：「夫子以仁發明斯道，其言渾無罅縫；孟子十字打開，更無隱遁」。康德較準確地規定為兩層立法，我們復進而更具體而定然地規定為兩層存有

論，凡此皆只是充實而明確那「十字打開」所昭露的原型，又皆不能越過夫子底「渾無罅縫」。夫子底「渾無罅縫」是夫子底德行與智慧之「純亦不已」地流露，而孟子之「十字打開」是其「泰山巖巖」的生命之光明的昭朗。他們皆不是哲學思辨地摸索求接近。我們之進而更具體而定然地規定爲兩層存有論之通而爲一，雖是隔一層，亦應當在存在的呼應下依其流露與昭朗而如實地如此規定之，不是或然的摸索思辨也。只有當無此「渾無罅縫」與「十字打開」的典型時，始有康德所說的依不同的途徑努力摸索求接近。如此說，雖是康德的謙懷，然而確亦是實情。康德努力摸索底結果已幾近之矣，他似已獲得一眞正的途徑，達到一相似於原型的形像。然而由於他無一聖者底生命爲依據，他不能圓實而定然化那原型，把他的生命與思辨融化於那「渾無罅縫」的流露與「十字打開」的昭朗中而渾化其個人的思辨相。因此，他仍退處於個人的哲學思考之主觀的嘗試中，他當然不能自吹：我即是哲學家；我的哲學就是哲學原型；旣已有原型，哲學便可學，那就是說，你們學我的哲學便可，當然你們之學我的哲學亦不必只是歷史的、模倣的，亦可由你們自己的理性之「普遍的根源」來引生你們自己的哲學知識，與我所規定者同。這樣，他雖已幾近之，然而仍停於「或然的」狀態中。事實上，他亦實不能至於圓實，故其所思亦不能成爲定然的。那個理想的教師，堪稱爲哲學家者，旣不存在，而他又不敢自吹爲哲學家，則他雖已幾近之，即，由於見到理想教師底立法作用是見之於每一人類所具有的理性中，因而他「緊守這理性，從理性底本質目的之觀點，依照哲學之宇宙性的概念，就系統的統一，去更準確地決定哲學之所規定者」，這樣而幾近於那哲學之原型，然而他

仍須保留「理性底權利」，即「去研究、穩固，或拒絕他所依理性
底普遍根源而立的那些普遍原則」之權利。他是把理性空懸在那裡
以為標準。我見到理性底立法作用，甚至我能較準確地規定之，然
而這是我的主觀活動，容或有差錯與虛幻處，是以須保留理性去研
究、穩固，或拒絕之之權利。幾近者尚且如此，那些依哲學之經院
式的概念隨便立原則者（雖亦是理性底普遍原則）更不必言。然而
如果我們依一「渾無罅縫」之典型而達至圓實定然之境，則哲學原
型已如如朗現。如是，則我們依理性底普遍根源而立的那些理性底
普遍原則由之以確定此原型者一是皆是理性自己之呈現，主觀的哲
思活動與客觀的哲學原型在存在的呼應中同一化。理性自己之呈現
就是哲學原型之所在。此時，並無次級偏差者，摸索思辨以求之
者，為其所研究、穩固或拒絕之對象。如是，哲學原型已定，便可
如數學那樣，通過覺悟而為定然地可學者。

　　(6)如是，我們只有一個哲學原型，並無主觀的哲學可言。一切
主觀哲學而千差萬別者皆是由於自己頹墮於私智穿鑿中而然。如果
它們尚是哲學的，而不是自我否定的魔道，則客觀地觀之，它們或
只是一孔之見，或只是全部歷程中之一動相，而皆可被消化。由各
種專題之研究而成的各種哲學當然是被許可的。然這一些不同的哲
學並無礙於哲學原型之為定然，皆可被融攝於哲學原型中而通化
之。因為「哲學就是一切哲學知識之系統」。此種無礙亦猶如達無
限心的不同途徑之無礙。

　　(7)哲學原型雖就盈教而立，然而一旦付諸實踐，則不但無主觀
哲學可言，亦無哲學原型可言，此即哲學無哲學相，而只是在存在
的呼應中，即，與聖者之生命智慧相呼應中，上達天德之踐履，並

在此踐履中，對於無限心之如如證悟與如如朗現。然而人生覺悟之
事，創造即重複，重複即創造，每一人皆須從頭來。是以學不厭，
敎不倦，各種專題哲學必須有，千差萬變的主觀哲學亦不可免，而
哲學原型亦必須不斷地予以昭明而不使之沈晦：此亦是法輪常轉
也。

《牟宗三先生全集》總目